本书得到贵州师范大学马克思主义理论学科建设经费资助；
本书得到贵州省马克思主义中国化“两个结合”的地方实践推动高端智库资助

公民绿色生活意识提升机制研究

RESEARCH ON THE MECHANISM FOR ENHANCING CITIZENS' GREEN LIFE AWARENESS

余满晖 —— 著

社会科学文献出版社
SOCIAL SCIENCES ACADEMIC PRESS (CHINA)

自 序

贵州师范大学为进一步推进马克思主义理论学科建设，拟资助部分学术著作出版。本书有幸得到此项经费的资助，计划年内出版与读者见面。

思想是时代的回响。新时代党的二十大报告提出要“推动绿色发展，促进人与自然和谐共生”，不仅在实践上进一步推进了社会主义生态文明建设的新高潮，而且在理论上要求广大哲学社会科学工作者立时代之潮头，发思想之先声，积极述学立论、建言献策。与此相联系，本书围绕公民绿色生活意识提升机制的研究主题，分析反思当下的研究状况，为现实地回应我们党的有关精神指示而展开深入研究、科学论证，以推进学理创新，促使我们把对党的相关精神的把握统一在正确认识的基础之上。

综观本书，在前期项目研究成果的基础上一方面内容上增加了近十万字，大幅扩展了行文篇幅；另一方面在篇章结构上进行了微调，这样全书除“绪论”、“结束语”和“附录”等部分以外，一共分为六章，其中第一章、第二章和第三章集中研究“是什么”的问题，第四章主要厘清“为什么”的问题，第五章、第六章梳理提炼“怎么做”的问题。在这些章节中，第四章、第六章虽然具体论述尚显粗糙，但对相关问题的提炼及相应对策的思考仍是本书的主要创新所在。

当然，公民绿色生活意识提升机制的研究内容涉及多个方面，很多问题繁杂难以处理，因此本书肯定会有诸多不足之处，望诸位同人批评指正！

余满晖

2023 年 10 月

目　录

绪　论 …… 001
第一节　概念界定 …… 003
第二节　研究依据 …… 007
第三节　研究意义 …… 028
第四节　思路方法 …… 030

第一章　公民绿色生活意识的外在培育机制 …… 033
第一节　教育引导机制 …… 035
第二节　宣传导向机制 …… 046
第三节　文化熏陶机制 …… 054
第四节　实践养成机制 …… 067

第二章　公民绿色生活意识的内在发展机制 …… 073
第一节　感性形成机制 …… 075
第二节　理性跃迁机制 …… 084
第三节　价值转化机制 …… 093

第三章　公民绿色生活意识提升的保障机制 …… 107
第一节　领导保障机制 …… 109
第二节　政策保障机制 …… 124
第三节　制度保障机制 …… 139

第四章　公民绿色生活意识提升机制的总体构架与问题 …… 155
第一节　公民绿色生活意识提升机制的总体构架 …… 157
第二节　公民绿色生活意识提升机制存在的问题 …… 162

第三节　公民绿色生活意识提升机制存在问题的成因 …… 196

第五章　国外绿色生活意识提升机制建设及其启示 …… 215
第一节　西方社会环境抗议与公民绿色生活意识提升机制 …… 218
第二节　西方政治活动与公民绿色生活意识提升机制 …… 226
第三节　西方经济活动与公民绿色生活意识提升机制 …… 238
第四节　西方现代环境教育与公民绿色生活意识提升机制 …… 245
第五节　西方公民绿色生活意识提升机制的层级结构及其启示 …… 251

第六章　公民绿色生活意识提升机制健全的对策 …… 257
第一节　优化外在培育机制，提高公民绿色生活意识 …… 259
第二节　健全内在发展机制，推动公民绿色生活意识跃迁转化 …… 274
第三节　完善保障机制，强化公民绿色生活意识提升的支撑 …… 282
第四节　综合协同作用，推进提升机制的体系化建设 …… 292

结束语 …… 300

附　录 …… 302

参考文献 …… 330

后　记 …… 336

绪 论

党的二十大提出要推动形成绿色低碳的生活方式，建设美丽中国。思想是行动的先导，因而推进绿色生活方式，一项重要任务是必须提高公民绿色生活意识。[①] 对此，习近平同志在十八届中央政治局第四十一次集体学习时的讲话中，就强调“要强化公民环境意识”[②]。由此可见，立足于建设美丽中国的实践基础研究我国公民绿色生活意识的提升机制非常重要。

第一节 概念界定

一 公民

这一概念早在古希腊的历史文献中就有记录。当时在奴隶制民主共和制度的基础上，出现了公民的称谓。如在亚里士多德所著的《政治学》中，“由波里衍生几个重要名词：（一）πολιτης（‘波里德’），为属于城邦的人，即‘公民’”[③]，而“全称的公民是‘凡得参加司法事务和治权机构的人们’”[④]。后来欧洲社会中封建制度取代了奴隶制度，公民概念也随之被弃置不再使用。直到工业革命兴起，在它的推动下，资本主义成了占统治地位的生产方式，资本主义制度战胜了张扬地方特权、等级制度和人身依附的封建制度，公民概念被重新提出，并被各个资本主义国家在法律条文中使用。

因为“公”与“私”相对，表意国家或集体，“民”泛指人、人民或某种人，所以中文用单音节的“公”和“民”合成的复音节词“公民”的词义与西文所指具有一致性，但具体含义依语境不同有一定差别。如先秦文献《韩非子·五蠹》中记载：“是以公民少而私人众矣。”其意为公之民。西汉刘向《列女传·齐伤槐女》记载：“（婧）对曰：‘妾父衍，幸得充城郭为公民。’”这里指君主之民、公家之民。近代康有为所撰《大同书》乙部第三章说：“凡未辟之岛皆为公地，居者即为公民。”这里则指称居住在公共土地上的人。

---

① 与《中共中央、国务院关于加快推进生态文明建设的意见》中“提高全民生态文明意识”的话语表达方式相一致，本书采用“提高（或提升）公民绿色生活意识”的表述方式。

② 中共中央文献研究室编《习近平关于社会主义生态文明建设论述摘编》，中央文献出版社2017年版，第122页。

③〔古希腊〕亚里士多德：《政治学》，吴寿彭译，商务印书馆1965年版，第110页。

④〔古希腊〕亚里士多德：《政治学》，吴寿彭译，商务印书馆1965年版，第111页。

我国具有现代意义的公民概念是在辛亥革命前后以西学东渐的方式由西方传入的。在这一过程中，《中华民国临时约法》提出“主权在民”，并对人民享有的各项权利进行了根本法层面上的确认，使“臣民”被“国民”替代，推动了公民观念在当时社会上的传播和深入人心。2018 年，第五次修正的《中华人民共和国宪法》在第三十三条中明确指出“凡具有中华人民共和国国籍的人都是中华人民共和国公民”。因此，与此相一致，本书中我国公民指具有中华人民共和国国籍的人。相应地，外国公民指具有外国国籍的人（具有哪一个国家的国籍，就是哪一个国家的公民）。另外，与“我国哲学社会科学应该以我们正在做的事情为中心”① 相关，本书如无特殊说明，公民一般是指我国公民。

二　绿色生活意识

20 世纪 60 年代以来，随着现代环境运动的兴起，人们在生产、生活中的环保意识、生态意识、节约意识通过教育、宣传、实践养成等方式不断得到增强。与之相联系，我国在推进生态文明建设的过程中，也强调要充分发挥人民群众的积极性、主动性和创造性，“提高全社会生态文明意识”②，实现生产与生活方式绿色化。

因为绿色词义为“像草和树叶茂盛时的颜色”③，有生命的寓意，能指包括自然、生态、环保等，所以生活中的环保意识、生态意识、节约意识，如对勤俭节约、绿色低碳、文明健康的生活方式和消费模式的倡导，就其本性来说自然而然地都被统括在绿色生活意识的外延之中。

同时，在《现代汉语词典》中，环保即“有关防止自然环境恶化，改善环境使之适于人类劳动和生活的工作”④；生态“指生物在一定的自然环境下生存和发展的状态，也指生物的生理特征和生活习性”⑤；节约意为

① 习近平：《在哲学社会科学工作座谈会上的讲话》，人民出版社 2016 年版，第 21 页。

② 中共中央文献研究室编《十八大以来重要文献选编》（中），中央文献出版社 2016 年版，第 487 页。

③ 中国社会科学院语言研究所词典编辑室编《现代汉语词典》，商务印书馆 2016 年版，第 854 页。

④ 中国社会科学院语言研究所词典编辑室编《现代汉语词典》，商务印书馆 2016 年版，第 568 页。

⑤ 中国社会科学院语言研究所词典编辑室编《现代汉语词典》，商务印书馆 2016 年版，第 1169 页。

“节省”[①]，也即“使可能被耗费掉的不被耗费掉或少耗费掉”[②]；生态文明指“人类在社会历史发展过程中所创造的一种新形态的文明，致力于形成体现节约能源资源和保护生态环境的产业结构、增长方式、消费模式，使生态环境能够随着社会发展而得到同步改善”[③]。由此可见，环保意识、生态意识、节约意识都包含在既面向生活领域，又面向生产领域的生态文明意识之中。这也意味着生态文明意识是绿色生活意识的“种”概念，绿色生活意识是生态文明意识的“子”概念，也即生态文明意识不一定是绿色生活意识，而绿色生活意识一定是生态文明意识。

从现有资料来看，关于绿色生活意识，虽然人们事实上在日常生活中经常提及，甚至在学理上也进行了一系列相关的分析与探究，但是到目前为止关于此概念暂无一个明确、权威、公知性的定义。因此，综合上述情况，本书对绿色生活意识的内涵和外延两个方面进行了专门性的界定，其“所指”的直接依据见于党的十九大报告、二十大报告与国家发展和改革委员会印发的《绿色生活创建行动总体方案》。其中 2017 年 10 月，习近平同志在党的十九大报告中专章论述“加快生态文明体制改革，建设美丽中国”时，强调必须“倡导简约适度、绿色低碳的生活方式，反对奢侈浪费和不合理消费，开展创建节约型机关、绿色家庭、绿色学校、绿色社区和绿色出行等行动”[④]。为贯彻落实习近平生态文明思想和党的十九大精神，2019 年 10 月印发的《绿色生活创建行动总体方案》进一步提出要“通过开展节约型机关、绿色家庭、绿色学校、绿色社区、绿色出行、绿色商场、绿色建筑等创建行动，广泛宣传推广简约适度、绿色低碳、文明健康的生活理念”[⑤]。2022 年 10 月，党的二十大召开，大会报告再一次强调要“倡导绿色

---

① 中国社会科学院语言研究所词典编辑室编《现代汉语词典》，商务印书馆 2016 年版，第 665 页。

② 中国社会科学院语言研究所词典编辑室编《现代汉语词典》，商务印书馆 2016 年版，第 664 页。

③ 中国社会科学院语言研究所词典编辑室编《现代汉语词典》，商务印书馆 2016 年版，第 1170 页。

④ 习近平：《决胜全面建成小康社会 夺取新时代中国特色社会主义伟大胜利——在中国共产党第十九次全国代表大会上的报告》，人民出版社 2017 年版，第 51 页。

⑤ 国家发展和改革委员会：《绿色生活创建行动总体方案》，2019 年 10 月 29 日，https：//www. ndrc. gov. cn/fggz/hjyzy/stwmjs/201911/W020191106335558437011. pdf。

消费，推动形成绿色低碳的生产方式和生活方式”[①]，以促进人与自然和谐共生，推进美丽中国建设。与此相一致，本书将绿色生活意识规定为它属于生态文明意识的重要内容，内在地包含着对自然的尊重、保护和顺应，其核心要义即在生活中倡导简约适度、绿色低碳、文明健康，具体包括勤俭节约意识、合理消费意识、绿色安居意识、绿色出行意识、机关干部（学校师生）环保意识、绿色社区文化、绿色家风等。

三　机制

“机制”这个概念在古希腊文中可以找到它的源头，在使用过程中其发展演化出多种词义。如霍恩比所著的《牛津高阶英汉双解词典》中 mechanism（机制）的词义有三种，分别指“机械装置”“（机体或装置的）结构，构造”“手法；技巧；程序”[②]。

在我国，20 世纪 80 年代《瞭望周刊》编辑部收到一些群众来信，反映一些文件、报刊和领导人的讲话中经常使用机制一词，但他们对机制一词并不理解。他们查阅了一些词典，均无详尽解释。为此该刊编辑部专门约请了中国社会科学院的相关专家写文作答，提出“‘机制’是从‘机器’与‘制动’这两个科技术语中各取一字构成的，原意是指机器构造及其制动原理和运行规则。后来，生物学与医学用类比方法，借‘机制’喻指生物机体尤其是人体的结构和功能，旨在探究它们内在运行、调节的方式和规律”[③]。与此相类似，1999 年上海辞书出版社出版的《辞海》将机制解释为“原指机器的构造和动作原理，生物学和医学在研究一种生物的功能（例如光合作用或肌肉收缩）时，常借指其内在工作方式，包括有关生物结构组成部分的相互关系，及其间发生的各种变化过程的物理、化学性质和相互联系”[④]。2016 年出版的《现代汉语词典》第 7 版列出了四种不同的关于机制的释义，即：①机器的构造和工作原理，如计算机的机制；②机体的

---

① 习近平：《高举中国特色社会主义伟大旗帜 为全面建设社会主义现代化国家而团结奋斗——在中国共产党第二十次全国代表大会上的报告》，人民出版社 2022 年版，第 50 页。

② 〔英〕霍恩比：《牛津高阶英汉双解词典》，李北达编译，商务印书馆、牛津大学出版社 2002 年版，第 919 页。

③ 陈芜：《“机制”的由来及其演化》，《瞭望周刊》1988 年第 50 期。

④ 夏征农主编《辞海》，上海辞书出版社 1999 年版缩印本，第 3548 页。

构造、功能和相互关系，如动脉硬化的机制；③指某些自然现象的物理、化学规律，如优选法中优化对象的机制；④泛指一个工作系统的组织或部分之间相互作用的过程和方式。[①]

可见，随着社会的发展特别是系统论、协同学等横断科学的勃兴，机制一词的内在内涵也在不断丰富。但与诸如做法、经验和对策等偏向于阐述"怎么做"的概念相区别，机制重在揭示的是"怎么样"。当然，"怎么样"和"怎么做"并没有绝对不可逾越的鸿沟，只有立足于"怎么样"，才能知晓"怎么做"；而"怎么做"了，就预示着会"怎么样"。

综上所述，本书将机制这个注重阐发"怎么样"的概念在《现代汉语词典》释义的基础上进行了进一步的综合，意指提升公民的绿色生活意识作为一个关涉诸多对象相互作用的复杂的系统工程的有机构成及其相互关系、相关功能。

第二节　研究依据

一　现实实践状况

当今时代，随着大工业生产的日渐深入发展，人类借助机器的帮助一方面持续提升自己的智力与体力水平，另一方面也在前所未有的深度与广度上与自然界相互作用。他们在生活中扔下了如山的垃圾，排放了似海的污水，乱猎乱捕了大量的野生动物等，让人生活的环境中出现了一系列不利于人的反人化变化。例如由聚苯乙烯、聚丙烯、聚氯乙烯等高分子化合物制成的塑料袋、食品包装膜、快餐盒等日常用品质轻、防水、耐用、成本低，给人们的生活带来了极大的便利。然而，人们在享受"塑料革命"带来的方便的同时，也正面临这场"塑料革命"带来的"塑料灾难"。

一方面，在使用塑料生活用品时，用来装物品的超薄塑料袋一般由聚氯乙烯塑料制成。这种塑料中多残留有毒的氯乙烯单体，所以如果人长时间地吸入和接触这种有毒的单体会引起手腕、手指浮肿，皮肤红斑、水肿、硬化或坏死，脾肿大，肝损伤，消化功能障碍等。另外，当温度达到一定

① 中国社会科学院语言研究所词典编辑室编《现代汉语词典》，商务印书馆 2016 年版，第 600 页。

限值时，盛装食物的一次性发泡塑料饭盒中会有游离状态的苯乙烯和其他有害物质迁移出来渗入食物中。人们吃了这种受污染的食物，肝脏、肾脏及中枢神经系统都会受到损伤。

另一方面，在使用完毕塑料生活用品后，成为固体废物的塑料制品由于被使用多受到了污染而不能再回收利用，因而被使用者随意乱丢乱扔，不仅产生“视觉污染”，影响自然景观，而且由于塑料类生活垃圾在自然状态下降解耗时极长，一般情况下需要 100~200 年，这些未能自然分解的塑料一团一团横七竖八地遍布地面、地下和水中，会造成严重的生活环境污染。一是成为带病的老鼠、鸟类及蚊蝇等生物的栖息地，它们在塑料垃圾上留存的尿液、粪便和寄生虫等常常是传染疾病的根源。一旦出现起风的日子，如超薄塑料袋这些轻飘飘的塑料垃圾和纸屑、粉尘等一起随风飞扬，其中的病原物也四散传播。二是塑料制作的饭盒、袋子、面包纸和瓶瓶罐罐等进入江河湖海，在影响人、船水面通行的同时，它们残留的如氯乙烯单体等有毒物质也会持续不断地进入水体。在这种情况下，一个塑料饭盒、一只塑料袋可能对河流、水库等大面积存在的水域影响不大，但是如果这些塑料垃圾数多量大，层层叠叠地堆积在水体中，那么肯定会造成比较严重的水污染。三是废旧塑料垃圾进入土壤中，会恶化土壤环境，影响庄稼、树木等对水分、养分的吸收，抑制它们的生长发育，造成农作物减产，树木成林受阻。四是塑料制品高温下会放出二噁英和多氯联苯等持久性有机污染物，排放出大量的烟尘，因此使用常规焚烧方法处理塑料生活垃圾，除了可能会引发哮喘等呼吸系统健康问题以外，还会让人面临患癌概率增加等一系列风险。

家庭、商场、医院和游乐场所等排放的生活污水也给人类带来了不可忽视的环境问题。其中比较突出的一是“水冲厕所”的污水污染。这些夹带粪尿的污水含有大量氮、磷和有机污染物，被排放进入自然河流等水体后，会迅速促使该水体富营养化，在厌氧细菌作用下，易生成恶臭物质，导致整个河道及其周边地区臭气冲天，不仅水中鱼虾难以生存，而且水面附近人畜也不能安居。“据某城市数据资料显示，该城市河道污染在 20 世纪 80 年代时，1/3 是工业污水，2/3 是生活污水；而 20 世纪 90 年代后期以来，污水源基本是生活污水，而生活污水中的 26% 是水冲厕所产生的。这些厕所的排泄物只能通过城市下水道移送，而每个人每天都要上厕所，每天都要排放氮、磷物质。拥有几百万人的城市，每天排放的污水是一个惊人的数字，哪个河道能承受得了。”①

二是日常洗涤带来的环境污染。如“从全球洗衣粉行业各细分产品近些年市场规模表现情况来看，全球洗衣粉行业一直处于稳步上升的发展趋势。……预计 2024 年，全球洗衣粉市场规模将提升至 343.1 亿美元”②。这种由人工合成的有机化合物即使是无磷洗衣粉，经使用对环境也有不可忽视的影响。据分析“使用洗衣粉清洗衣物时，应多用清水涮洗衣物上的洗衣粉残留物，直到洗衣粉彻底涮洗掉。因为洗衣粉中含有荧光增白剂等化工原料，这种原料刺激人的皮肤，衣物若长时间涮洗不干净会导致人的皮肤诱发皮炎、湿疹，甚至可以致癌”③。至于含磷洗衣粉，在用于洗涤衣物后形成含磷的废水流入江河湖泊，会迅速促使这些水域富营养化，造成水生生物大量死亡。最终整个水体黑臭不堪，生态系统遭到严重破坏。

三是医疗机构用水造成的污染。医疗机构的污水来源及成分复杂。它们的诊疗室、动物房、化验室、手术室、同位素治疗诊断室、X 光照相洗印室等的排水，住院、门诊区域工作人员及病人排放的生活污水，机构食堂、家属宿舍等的排水，相互叠加一起构成了医疗机构的污水源。这种复杂的来源使医疗机构的污水不仅含有一般生活污水的污染物，还含有多种病原性微生物以及酸、碱、重金属、消毒剂、有机溶剂、放射性物质等。

对一个城市来讲，其域内医疗机构相对比较集中。每天处于不同地点的多个医疗机构时时刻刻一起排放污水。这些污水一是受到医院病人带来的传染性细菌、病毒等病原性微生物污染而具有程度不等的传染性；二是其中含有的酸、碱、重金属、消毒剂、有机溶剂等，部分可致癌、致畸或致突变；三是如同位素治疗和诊断产生放射性污水，水中的放射性同位素在衰变过程中产生 a、β 和 γ 射线，经在人体内累积而危害人体健康。为此

① 王倩主编《何以构筑美好的家园——谈环境污染》，上海科学普及出版社 2012 年版，第 100~101 页。

② 江苏省盐城市市场监管局：《洗衣粉、洗衣皂、非医用口罩等疫情防控用品专项监督抽查分析报告》，2021 年 9 月 22 日，http://www.yancheng.gov.cn/art/2021/9/22/art_3252_3731180.html。

③ 江苏省盐城市市场监管局：《洗衣粉、洗衣皂、非医用口罩等疫情防控用品专项监督抽查分析报告》，2021 年 9 月 22 日，http://www.yancheng.gov.cn/art/2021/9/22/art_3252_3731180.html。

面对这些量大而污染成分复杂的生活污水，各地，尤其是城市地区需要解决更多、更困难的环境污染问题，也面临更大的环境压力。

汽车在日常使用中排放的尾气也带来了严重的环境污染。在今天，随着汽车产量和保有量的不断增加，汽车带来的尾气污染也日益严重。这种尾气中的污染物主要是苯并芘、一氧化碳、二氧化硫、碳氢化合物、氮氧化合物、含铅化合物以及固体悬浮颗粒物等。通常情况下，这些污染物刚排放时多随尾气蔓延在距离地面一米左右的地方，恰好位于人的呼吸带附近，因而严重威胁人体的健康。例如汽车尾气排放的醛类中，占比约70%的甲醛具有刺激性，能刺激眼睛和呼吸道，浓度达到一定的比值，更是能引起人不断咳嗽、胸痛、恶心、呕吐。至于乙醛，浓度高时有麻醉作用。辛辣刺激性气体丙烯醛会强烈刺激人的眼睛与呼吸道，损害支气管细胞，让暴露在其中的人出现咽喉炎、胸部压迫感、支气管炎等病症。一旦大量吸入，可引起肺炎、肺水肿，严重时会使人出现休克、肾炎、心力衰竭等病症及至死亡。

不仅如此，汽车尾气中的污染物进入大气中达到一定浓度后还会引发酸雨，导致农作物、森林生长受阻，甚至死亡。比较典型的还有光化学烟雾事件，迄今它们在美国洛杉矶、日本东京等地多次发生。据载美国城市洛杉矶“白天，纵横交错的城市高速公路上拥挤着数百万辆汽车，整个城市仿佛一个庞大的蚁穴。然而好景不长，从20世纪40年代初开始，人们就发现这座城市一改以往的温柔，变得‘疯狂’起来。每年从夏季至早秋，只要是晴朗的日子，城市上空就会出现一种浅蓝色的烟雾，使整座城市变得浑浊不清。这种烟雾使人眼睛发红，咽喉疼痛，呼吸憋闷，头昏，头痛。1943年以后，烟雾更加肆虐，以致远离城市100千米以外的海拔2000米高山上的大片松林也因此枯死，柑橘减产。仅1950~1951年两年间，美国因大气污染造成的损失就达15亿美元。1955年，因呼吸系统衰竭死亡的65岁以上的老人达400多人。1970年，约有75%以上的市民患上了红眼病。这就是最早出现的新型大气污染事件——光化学烟雾”①。当这种光化学烟雾事件也在日本东京等地多次出现后，“日本环保部门经对东京几个主要污染源排放的主要污染物进行调查后发现，汽车排放的一氧化碳、氮氧化物、

① 刘芳主编《不容忽视的全球污染》，安徽文艺出版社2011年版，第24~25页。

碳氢化合物三种污染物约占总排放量的80%”[①]。

至于我国国内，新中国成立以来，我们党团结带领全国人民不断推进实践创新、理论创新、制度创新，实现了从根本上扭转命运、持续走向繁荣富强的飞跃。但同时“过去很长一段时间，我们城市工作指导思想不太重视人居环境建设”[②]，“农村许多地方污水乱排、垃圾乱扔、秸秆乱烧”[③]。如“餐饮环节上的浪费现象触目惊心。广大干部群众对餐饮浪费等各种浪费行为特别是公款浪费行为反映强烈。联想到我国还有为数众多的困难群众，各种浪费现象的严重存在令人十分痛心”[④]。

与此相联系，20世纪70年代以来，以与国际生态保护活动对接为契机，我国开始认识到当今时代环境问题是人类的共同挑战，因而采取各种措施推动提升公民的绿色生活意识。这一与中国现代环保演进进程紧密缠绕的历史，大致表现为前后衔接、逐步递进的三个阶段。

第一，起步阶段（从1972年到十一届三中全会）。

1972年6月5~16日，一百多个国家的政府代表团、科学家以及其他代表共一千多名人士齐聚瑞典的斯德哥尔摩，一起参与了联合国召开的人类环境会议，共商全球面临的环境危机及其解决对策。经过充分分析讨论和广泛交换意见，大会通过了《联合国人类环境会议宣言》（简称《人类环境宣言》）和《行动计划》。当时在周恩来总理的直接过问下，我国也选派代表团参加了这次会议。它“对中国代表团来说，是‘一次生动的课堂’（曲格平）……揭开了中国当代环境保护的序幕”[⑤]。在其影响下，国务院委托国家计委于1973年8月5~20日在首都北京组织召开了我国第一次环境保护会议，会议审议通过的《关于保护和改善环境的若干规定（试行草案）》确立了“全面规划，合理布局，综合利用，化害为利，依靠群众，大家动

---

① 刘芳主编《不容忽视的全球污染》，安徽文艺出版社2011年版，第25~26页。

② 中共中央文献研究室编《习近平关于社会主义生态文明建设论述摘编》，中央文献出版社2017年版，第89页。

③ 中共中央文献研究室编《习近平关于社会主义生态文明建设论述摘编》，中央文献出版社2017年版，第89页。

④ 中共中央文献研究室编《论群众路线——重要论述摘编》，中央文献出版社、党建读物出版社2013年版，第130页。

⑤ 刘友宾：《建构中国环境话语体系的可贵努力——重读〈人类环境宣言〉》，《中国环境报》2015年1月8日。

手，保护环境，造福人民”的关于环境保护工作的三十二字方针（以下称“三十二字方针”）。根据方针精神，《关于保护和改善环境的若干规定（试行草案）》在其第九部分指出要“大力开展环境保护的科学研究工作，做好宣传教育”[①]，促使人们提高绿色生产生活的意识，增强环保工作的积极性、主动性和自觉性。

一方面，“有关大专院校要设置环境保护的专业和课程，培养技术人才”[②]。为此，1972~1978年，我国国内多所大学相继设置了有关环保的专业，开设了相关的课程。北京大学是中国最早开展环境学科教学和科研的高校之一。1972年，北京大学开始着手创建环境科学专业，当时划分为环境化学和环境地学两个方向。此后到1974年，北京大学以环境科学专业为依托，开展了一系列研究工作。如它对北京西郊环境质量的评价、对兰州光化学烟雾污染的分析等，都是早期我国环境学科领域科研工作的典型范例。这些工作的开展和完成，使北京大学环境科学专业进一步深化了学术底蕴，强化了专业理论厚度。至1978年，环境科学专业最初设置的环境化学、环境地学两个方向都获得了硕士学位授权点，开始培养本专业的研究生，旨在增强人们的绿色意识，环境保护教育的水平、层次相比以前都得到了显著的提升。此外，北京工业大学1978年设立了环境工程、环境监测两个专业，它们都是我国国内高校最早建立的环境专业之一。是年随着北京工业大学院系设置的调整，这两个专业被归并到新设立的化学与环境工程学系。该系全面深入地贯彻我们党在环境保护方面提出的“三十二字方针”，既注重学生生态技术的把握，也重视他们绿色意识的养成，为国家培养了一大批推进环保工作急需的专门性技术人才。中山大学地理学系1974年也开始招收环境保护方向的大学生。20世纪70年代末，设置于1961年的气象学专业独立成系，同期成立了环境科学研究所。1978年，同济大学成立了高廷耀任组长的环境治理组，开始把环境保护和治理提到学校的教学日程中。稍后先前的水暖工程系更名为热能与环境工程系，增设了环境工程专业，同期从给水排水专业中抽调学生开设环境工程专业试点班。这些都进一步推进了当时大专院校专门性的环保知识技能、绿色生

---

① 《关于保护和改善环境的若干规定（试行草案）》，《工业用水与废水》1974年第2期。

② 《关于保护和改善环境的若干规定（试行草案）》，《工业用水与废水》1974年第2期。

产生活意识教育的开展。

另一方面，对于社会群众，根据《关于保护和改善环境的若干规定（试行草案）》提出的依靠群众，大家动手的要求，一是依靠群众，放手宣传发动他们一起参与环保行动。平时注意采取各种形式，通过电影、电视、广播、书刊宣传环境保护的重要意义①，提升群众的环保意识，促使他们自觉投身于环境保护的现实行动，切实推动环保工作的开展。其中的代表如1975年由长春电影制片厂制作，玛拉沁夫编剧，朱文顺、刘中明导演的《沙漠的春天》电影讲述了内蒙古的布尔塔拉草原正面临风沙侵吞的严重自然灾害，公社社长达木林不愿直面困难，采取筹划卖掉牧民家的牲畜，鼓动群众外出打猎和逃荒的消极办法来应对。在这关键时刻，公社党委副书记娜仁花以彻底改造沙漠的信心，说服了正准备外出逃荒的牧民们，一起努力去实现改造沙漠的蓝图。在这个过程中，娜仁花坚定地依靠党、依靠群众，一边斗智斗勇，粉碎敌人的破坏行动，一边战天战地，以大无畏的精神向沙漠进军，最终使昔日漫漫黄沙遍布的沙化草场，今朝变成了绿浪滚滚的无边海洋。全剧虽然渲染了当时以阶级斗争为纲的时代色彩，但是也鲜明地表现了内蒙古草原上的牧民们向往天蓝水澈的环保生活和草茂畜旺的生态风光的美好愿望。在那“相当长的一段时期里，全国人民所能看到的电影只有‘三战’（《地道战》《地雷战》《南征北战》）”② 的环境下，电影《沙漠的春天》特有的光、电、声、画、情一起作用于人们的心灵，持久地与他们的思想产生共鸣，这就在很大程度上增强了人们的绿色生产、生活意识，推动他们自觉地与自然和谐相处。二是从群众中来，以群众生活中鲜活的事实展示环境问题的危害，体现人们绿色生活意识的觉醒。如1973年10月15日，《人民日报》登载了湖北省天门县李场中学题为《环境保护工作要抓紧》的群众来信。信中就以作者陶家庆、艾学用生活在受污染的环境中的亲身感受为切入点，在提出要保护广大群众生活环境的迫切问题的同时，也凸显了普通群众对生态良好生活环境的期待。三是到群众中去，学习基层干部、群众保护生活环境的先进经验。比较典型的如1978年7月11日，《人民日报》刊载了《鸭儿湖恢复青春》一文，介绍了

① 《关于保护和改善环境的若干规定（试行草案）》，《工业用水与废水》1974年第2期。

② 钱大丰等：《中国电影史》，中国广播电视出版社1995年版，第129页。

湖北省鄂城县的鸭儿湖受到严重污染，两万多名公社民兵等通过向省水生生物研究所取经，在他们的技术指导下群众、干部和科技人员三结合一起分析论证，对症施策进行综合治理，终于使鸭儿湖恢复了青春，附近群众的生活环境大为好转。四是一切为了群众，进行生活环境治理。从“三十二字方针”提出的“保护环境，造福人民”来看，我们开展环保工作的出发点和落脚点都是人民群众。正是在发展经济过程中，人民群众的生活环境受到了污染，促使我们党和政府开始关注环境问题，满足群众对生态良好的生活的期待。对此 1973 年 6 月 16 日，《人民日报》以《经济发展和环境保护》为题刊文，提到对于影响群众生活的环境问题要“进行认真处理，防止危害。为了人民的利益，即使花费一定的代价，也是十分必要的”。这样，广大干部群众在了解到现在进行污染防治等活动归根结底是为了自己的生活更加美好时，他们开始觉醒的绿色生产生活意识必将得到进一步的提升。如中国社会科学院当代中国研究所《当代中国史研究》所载，20 世纪 70 年代初，中国应对环境问题的工作，推动了“政府、企业、科研机构和社会中一部分人环境观念的转变”①。

第二，渐进式推进阶段（十一届三中全会到党的十八大）。

随着十一届三中全会的召开，我国有关公民绿色生活意识提升机制的构建工作也进入了一个新阶段，其中特别是相关宣传导向机制、教育引导机制和保障机制的建设等都取得了重要进展。

具体到宣传导向机制方面，首先在队伍建设上，这个时期全国专门性的环境宣教人员共有 1000 多人，以他们为基础，我国已经初步建立了一支环境宣传队伍。其次在宣传网络上，中央层面国家环境保护局设有指导和协调全国环境宣传工作的专门性机构。地方层面全国有 23 个省级 100 多个地市级宣教机构。这说明各地大都设立了宣教处或宣教中心。这样，就大体形成了一张从中央延伸到地方的环境宣传网络。最后在环境宣传阵地上，除了诸多省份专门创办了自己的刊物宣传环保以外，仅国家环境保护局一家单位就创办了《世界环境》《环境工作通讯》等多份刊物，向公众宣传普及环境保护的相关信息。

在教育引导机制方面，这一阶段我国已经初步形成了一个由专业教育

① 刘宏焘：《20 世纪 70 年代的环境污染调查与中国环保事业的起步》，《当代中国史研究》2015 年第 4 期。

（全日制普通高等学校、中等专业学校环境保护类的专业研究；主要针对在职环境保护人员的岗位培训和专业培训）、普及教育（在高校各个专业、中小学开展的通识性环境教育）构成的分层次、多形式的环境教育体系。在专业研究领域，此时设置了有关环境保护专业（或系）的高校共有126所。本专科层次在校专科生约2000人，本科生1万人以上。研究生层次107个硕士授予单位分属于51种环境学科（专业），77个博士授予单位涉及39种环境学科（专业），在校研究生人数突破了500人。至于设置了环境学科相关专业的中专和职业高中，数量分别为160多所和230多所，在校生多达1.2万人。经过多年努力，它们总共在环境专业培养了包括中专、大专、本科、研究生四个层次的专门性人才2万多名。在岗位培训和专业培训领域，这一时期针对全国整个环境保护系统多达7万名以上的职工，国家环境保护局在同济大学建立了专门性的培训中心，着力培养环境保护领域的科技骨干，几年来共培训了500多人次。各地环境保护部门面向全体职员，举办了4600多期各种岗位的培训班，培训人员数量达到18万人次以上。此外中国环境管理干部学院、长沙环境保护学校还进行了成人学历教育。两校采取招收二年制大专班与三年制中专班的形式，让一部分环保系统的干部群众在职学习，以提升他们的学历，更新他们的知识。在学校的普及教育领域，清华大学、浙江大学、南京大学、北京师范大学和中国纺织大学等一批高等院校，根据国家“大学和中等专业学校的理、工、农、医、经济、法律等专业，要设置环境保护课程”[①] 的要求，在非环境保护类专业的本科生和研究生中开设了公共选修课“环境科学概论”。普通的中小学也被要求在相应学科的教学之中渗透环境科学知识。如制定于1992年的《九年义务教育全日制小学、初级中学课程计划（试行）》规定初中物理、化学、生物等学科应重视环境教育。当时我国一些地区的中小学，不仅设置了“环境保护”的选修课，还各自编写了30多种选修课教材。[②] 此外，还需特别提及的是，在这一阶段，全国逐步开展创建“绿色学校”活动，以教育部门为主导，各地学校踊跃参与，师生的环境意识得到了进一步提高。

---

① 国务院：《关于在国民经济调整时期加强环境保护工作的决定》，1981年2月24日，http://www.people.com.cn/item/flfgk/gwyfg/1981/112511198101.html。

② 有关“宣传导向机制”和“教育引导机制”的论述参见国家环境保护局编《中国环境保护21世纪议程》，中国环境科学出版社1995年版，第244~248页。

在相关保障机制方面，一是领导保障上，1992 年 10 月，中国共产党第十四次全国代表大会在北京召开，江泽民同志在大会报告中阐述“不断改善人民生活，严格控制人口增长，加强环境保护”① 这个必须努力实现、关系全局的主要任务时，特别指出“要增强全民族的环境意识”②。2002 年 11 月，在党的第十六次全国代表大会上，江泽民同志再次强调要“树立全民环保意识，搞好生态保护和建设”③。2007 年 10 月，我们党在北京召开了第十七次全国代表大会，胡锦涛同志在大会报告中论述了实现全面建设小康社会奋斗目标的新要求，提出要基本形成节约能源资源和保护生态环境的消费模式，使“生态文明观念在全社会牢固树立”④。

二是政策⑤保障上，1996 年 3 月，国务院颁布了《关于环境保护若干问题的决定》，决定“进一步加强环境保护宣传教育，广泛普及和宣传环境科学知识和法律知识，切实增强全民族的环境意识和法制观念。各地区、各部门必须把环境保护法律知识作为干部和职工培训的重要内容，提高各级领导干部和人民群众遵守环境保护法律法规的自觉性。大、中、小学要开展环境教育。……报纸、广播、电视等新闻媒介，应当及时报道和表彰环境保护工作中的先进典型，公开揭露和批评污染、破坏生态环境的违法行为。对严重污染、破坏生态环境的单位和个人予以曝光，发挥新闻舆论的监督作用”⑥。同年 12 月，国家环境保护局、国家教委等联合印发了《全国环境宣传教育行动纲要（1996—2010 年）》，专门指出“到 2000 年，在全国逐步开展创建‘绿色学校’活动”⑦。2001 年 4 月，为了更好地贯彻落实

---

① 《江泽民文选》第 1 卷，人民出版社 2006 年版，第 239 页。

② 《江泽民文选》第 1 卷，人民出版社 2006 年版，第 240 页。

③ 《江泽民文选》第 3 卷，人民出版社 2006 年版，第 546 页。

④ 《胡锦涛文选》第 2 卷，人民出版社 2016 年版，第 628 页。

⑤ 在《辞海》中，政策是“国家、政党为实现一定历史时期的路线和任务而规定的行动准则”（夏征农主编《辞海》，上海辞书出版社 1999 年版缩印本，第 4165 页），制度指“要求成员共同遵守的、按一定程序办事的规程或行动准则”（夏征农主编《辞海》，上海辞书出版社 1999 年版缩印本，第 523 页），可见政策和制度所指的边界并非泾渭分明。为了避免论述浑浊，在本书中，所有涉及政策都是我们党和政府公开发布的相关文件，除此以外，符合制度定义的则归类到制度。

⑥ 国务院：《关于环境保护若干问题的决定》，1996 年 8 月 3 日，http：//www.people.com.cn/item/flfgk/gwyfg/1996/112511199605.html。

⑦ 国家环境保护总局宣传教育司编《环境宣传教育文献汇编（2001—2005 年）》，中国环境科学出版社 2006 年版，第 291 页。

《全国环境宣传教育行动纲要（1996—2010年）》，加大环境宣传教育工作的力度，国家环境保护总局又印发了《2001—2005年全国环境宣传教育工作纲要》，以改革和加强新形势下的环境宣传教育工作，推动我国环境保护事业的发展。2003年1月，国务院印发了《中国21世纪初可持续发展行动纲要》，提出要“积极发展各级各类教育，提高全民可持续发展意识。强化人力资源开发，提高公众参与可持续发展的科学文化素质”①。2005年12月，国务院又颁布了《关于落实科学发展观加强环境保护的决定》，再次提出要深入开展环境保护宣传教育，提高全民保护环境的自觉性。2006年12月，国家环境保护总局下发了《关于做好“十一五”时期环境宣传教育工作的意见》，提出一要努力形成与建设环境友好型社会相适应的环境宣传教育格局；二要着力抓好面向公众的环境宣传教育；三要切实加强环境宣传教育队伍与能力建设；四要加强组织领导，协调联动，共同推进环境宣传教育工作。② 2007年12月，国务院办公厅专门下发了《关于限制生产销售使用塑料购物袋的通知》，要求“从2008年6月1日起，在全国范围内禁止生产、销售、使用厚度小于0.025毫米的塑料购物袋……在所有超市、商场、集贸市场等商品零售场所实行塑料购物袋有偿使用制度，一律不得免费提供塑料购物袋。商品零售场所必须对塑料购物袋明码标价，并在商品价外收取塑料购物袋价款，不得无偿提供或将塑料购物袋价款隐含在商品总价内合并收取”③。2009年6月，环境保护部等三部委在《关于做好新形势下环境宣传教育工作的意见》中再次强调要大力加强环境新闻宣传工作，积极推进面向公众的环境宣传教育，重视环境宣传教育理论研究工作，加强环境宣传教育能力建设和组织保障。④ 2011年4月，环境保护部等六部委颁布了《全国环境宣传教育行动纲要（2011—2015年）》，提出要“把加强环境宣传教育工作、增强全社会的环境保护意识放到更加重要

① 国务院：《关于印发中国21世纪初可持续发展行动纲要的通知》，2003年1月14日，http://www.gov.cn/xxgk/pub/govpublic/mrlm/200803/t20080328_32657.html。

② 国家环境保护总局：《关于做好“十一五”时期环境宣传教育工作的意见》，2006年12月19日，http://www.mee.gov.cn/gkml/zj/wj/200910/t20091022_172435.htm。

③ 国务院办公厅：《关于限制生产销售使用塑料购物袋的通知》，2007年12月31日，http://www.gov.cn/zwgk/2008-01/08/content_852879.htm。

④ 环境保护部等：《关于做好新形势下环境宣传教育工作的意见》，2009年6月1日，http://www.moe.gov.cn/jyb_xxgk/gk_gbgg/moe_0/moe_2642/moe_2860/tnull_14907.html。

的位置”①，“各级政府要加大对环境宣传教育工作的资金投入力度，把环境宣传教育经费纳入年度财政预算予以保障。各级环保宣传教育部门要积极扩宽资金投入渠道，努力争取各级财政、发改委基础设施建设项目及各类专项资金的投入；要充分调动社会力量，扩大社会资源进入环保宣教的途径，多渠道增加社会融资”②。

三是制度保障上，1979 年 9 月，第五届全国人民代表大会常务委员会第十一次会议通过了《中华人民共和国环境保护法（试行）》，在第五章“科学研究和宣传教育”中，要求“文化宣传部门要积极开展环境科学知识的宣传教育工作，提高广大人民群众对环境保护工作的认识和科学技术水平。要有计划地培养环境保护的专门人材。教育部门要在大专院校有关科系设置环境保护必修课程或专业；在中小学课程中，要适当编写有关环境保护的内容”③。1989 年 12 月，第七届全国人民代表大会常务委员会第十一次会议通过《中华人民共和国环境保护法》，第五条强调“国家鼓励环境保护科学教育事业的发展，加强环境保护科学技术的研究和开发，提高环境保护科学技术水平，普及环境保护的科学知识”④。2002 年 6 月，第九届全国人民代表大会常务委员会第二十八次会议通过《中华人民共和国清洁生产促进法》，第十五条指出“国务院教育行政主管部门，应当将清洁生产技术和管理课程纳入有关高等教育、职业教育和技术培训体系。县级以上人民政府有关行政主管部门组织开展清洁生产的宣传和培训，提高国家工作人员、企业经营管理者和公众的清洁生产意识，培养清洁生产管理和技术人员。新闻出版、广播影视、文化等单位和有关社会团体，应当发挥各自优势做好清洁生产宣传工作”⑤。

第三，跃迁式发展阶段（党的十八大以来）。

2012 年 11 月，中国共产党第十八次全国代表大会在北京召开，中国特

---

① 环境保护部等：《全国环境宣传教育行动纲要（2011—2015 年）》，2011 年 4 月 22 日，http：//www. mee. gov. cn/gkml/hbb/bwj/201105/t20110506_210316. htm。

② 环境保护部等：《全国环境宣传教育行动纲要（2011—2015 年）》，2011 年 4 月 22 日，http：//www. mee. gov. cn/gkml/hbb/bwj/201105/t20110506_210316. htm。

③《中华人民共和国环境保护法（试行）》，1979 年 9 月 13 日，http：//www. npc. gov. cn/wxzl/gongbao/2000-12/10/content_5004381. htm。

④《中华人民共和国环境保护法》，1989 年 12 月 26 日，http：//www. gov. cn/bumenfuwu/2012-11/13/content_2601277. htm。

⑤《中华人民共和国清洁生产促进法》，2002 年 6 月 29 日，http：//www. gov. cn/gongbao/content/2002/content_61640. htm。

色社会主义进入了新时代。与党的十八大报告专章提出要“大力推进生态文明建设”① 相联系，这一时期我国强化公民绿色生活意识的相关工作出现了跨越式的发展，形成了一个以美丽中国的追求为引领，外在培育机制②（教育引导机制、宣传导向机制、文化熏陶机制、实践养成机制）、内在发展机制（感性形成机制、理性跃迁机制、价值转化机制）和保障机制（领导保障机制、政策保障机制、制度保障机制）相互作用，一起协力推进公民绿色生活意识水平提升的较为严整的机制综合体。

在这个综合体的作用下，一方面公民的绿色生活意识得到了较为明显的提升。据环境保护部宣传教育司编的《全国公众生态文明意识调查研究报告（2013）》指出，当今“公众高度认同中央提出的建设生态文明的战略目标，向往‘美丽中国’的尽快实现。对于党的十八大报告中提出的建设‘美丽中国’战略，99.5%的被调查者选择了高度关注、积极参与等选项，其余的被调查者选择了关注、愿意参与；当被问及‘您了解生态文明吗’，93%的受访者选择了解（‘非常了解’为14.7%），其余的被调查者表示会加强对相关知识的关注和学习”③。另一方面面对推动形成绿色发展方

① 中共中央文献研究室编《十八大以来重要文献选编》（上），中央文献出版社2014年版，第30页。

② 此处之所以如此分类运思，主要是两方面的原因。一是在十八届中央政治局第十三次集体学习时的讲话中，习近平同志提出“要通过教育引导、舆论宣传、文化熏陶、实践养成……使社会主义核心价值观内化为人们的精神追求，外化为人们的自觉行动”（中共中央文献研究室编《习近平关于社会主义文化建设论述摘编》，中央文献出版社2017年版，第108页）。二是《中共中央、国务院关于加快推进生态文明建设的意见》在总第二十九条（第八部分）中，阐述了通过教育、宣传、文化熏陶、实践养成，“提高全民生态文明意识”，积极培育生态文化、生态道德。此外，还需要说明的是，考虑到本书的研究主题，也为了防止相关论述浑浊不清，根据教育部司局机构对应管理的教育分类，本书中教育引导机制涉及的教育活动，一般是指教育主管部门批准认可的基础教育（幼儿教育、义务教育、高中教育等）、高等教育、职业教育与成人教育（高等继续教育、城乡社会教育等），此外还包括与学校教育直接相关的活动，如在家庭完成学校布置的作业，在社会开展学校设计安排的教育科研活动等。其他诸如宣传导向机制、文化熏陶机制、实践养成机制中论及的宣传导向活动、文化熏陶活动、实践养成活动，是指在上述教育活动之外，或依靠灌输的方式，运用各种符号传播绿色生活意识观念以影响人们的思想和行动（宣传导向）；或通过创作文化作品，创建文化基地等构建绿色文化场，潜移默化、濡化渗透让公众的绿色生活意识不断显化提高（文化熏陶）；或采取动员干部群众，从身边节约小事做起，参与建设美丽中国的实践，提升他们的绿色生活意识（实践养成）。

③ 环境保护部宣传教育司编《全国公众生态文明意识调查研究报告（2013）》，中国环境出版社2015年版，第67页。

式和生活方式这“一场深刻革命”，当下公民绿色生活意识的提升机制也需要进一步优化完善，以实现全面建成美丽中国的光荣梦想。

二 理论研究状况

在人类历史上，20 世纪 60 年代以前，“除了在一般人们很难看到的科技刊物中有那么几个零星的词条外，实际上没有公众讨论滴滴涕及其他杀虫剂或化学药品正在增长的潜在危险”①。1962 年，美国海洋生物学家，现代环境保护运动的先驱蕾切尔·卡森发表了《寂静的春天》，对资本主义工业繁荣背后人与自然的冲突进行了深刻的揭示，由此拉开了真正意义上现代环境运动的帷幕，开启了提升人们绿色生活意识的自觉视域。受此推动，主要依附于环境教育的关于绿色生活意识提升的探究，在国际上开始进入主流的研究。

其中 20 世纪 60 年代为起步阶段。1965 年，英国教育者和环境保护主义者首次走到一起，在凯尔大学举行了一场考察乡村环境保护及其有关教育问题的研讨会议，取得了要通过教育增强人们环保意识的重要共识。1968 年，来自联邦德国、瑞士、意大利等 10 个国家的大约 30 位学者在意大利的罗马召开会议，会后组建了一个国际性的非政府学术团体“罗马俱乐部”。它旨在通过对污染、资源等问题的分析，提高公众的全球意识，敦促国际组织与各国有关部门在社会、政治领域进行制度改革，并采取必要的行动，使人类摆脱所面临的零增长困境。因此，与蕾切尔·卡森用个人方式唤起人们的环保意识和生态关怀互为补充，“罗马俱乐部”以各国有识之士的共同力量推进公众绿色意识的提高。

20 世纪 70 年代至 80 年代为初步发展阶段。在这一时期，由主权国家组成的国际组织如联合国的相关机构已经深度参与进来，发挥了重要的引领作用。如 1970 年，国际自然与自然资源保护同盟（IUCN）和联合国教科文组织（UNESCO）的专家在美国的内华达州卡森市召开了一次国际会议，提出为了培养、认识和评价人与其文化环境、生态环境之间相互关系所必需的技能与态度，应当对它们关涉的相关价值与观念进行认识和澄清，“促

---

① 〔美〕蕾切尔·卡森：《寂静的春天》，吕瑞兰等译，上海译文出版社 2008 年版，引言第Ⅴ页。

使人们对与环境质量相关的问题做出决策，并形成与环境质量相关的人类行为准则”①。1975 年，联合国教科文组织和联合国环境规划署（UNEP）在贝尔格莱德共同发起了一场国际研讨会。这次会议的与会学者提出了一个政府间的国际声明即著名的《贝尔格莱德宪章》，指出要“为每一个人提供机会以获取保护和改善环境的知识、价值观、态度、责任感和技能”②。以此为基础，1977 年在苏联格鲁吉亚举行的第比利斯会议发布宣言，从鼓励在学习体验中参与、培养净化价值观念等多个方面进一步明确了提升人们环保意识的具体途径。

1980 年，环境保护领域的一件大事是《世界自然资源保护大纲》由国际自然与自然资源保护同盟、联合国环境规划署和世界野生生物基金会（WWF）编纂出版。该书指出当前“除了少数人以外，绝大多数人认为，从自然生态系统及组成这些系统的各种动植物身上所得的利益，与开发利用这些生态系统所得的利益相比，是微不足道的。因此使许多物种遭到破坏或毁灭。在人们没有认识到必须保护自然生态系统和物种的原因之前，他们是不会重视自然保护工作的”③。所以应大力向那些买卖玩赏动物的商人和消费者、为消遣目的进行狩猎和捕鱼的人等进行宣传解释。“要充分利用几种宣传工具（如广播、电视、期刊），利用群众与动植物接触的时机（如国家公园和其他自然保护区、动物园和植物园、自然历史博物馆），宣讲自然保护的目的及其对人类的生存和福利所起的重要作用。此外，应划出一些专门地区，作为开展生态学和自然保护方面的训练、示范和教育基地（供大、中、小学和群众使用）。”④

1987 年，联合国教科文组织和联合国环境规划署还在莫斯科组织召开了会议，与会专家再次强调了提高公众意识对环境保护的重要意义，指出“从长远来看，除非公众能普遍认识到环境质量与满足人类需求之间的重要联系，

① 〔英〕帕尔默：《21 世纪的环境教育——理论、实践、进展与前景》，田青等译，中国轻工业出版社 2002 年版，第 6 页。

② 〔英〕帕尔默：《21 世纪的环境教育——理论、实践、进展与前景》，田青等译，中国轻工业出版社 2002 年版，第 7 页。

③ 国际自然与自然资源保护同盟等编《世界自然资源保护大纲》，国务院环境保护领导小组办公室 1982 年版，第 53 页。

④ 国际自然与自然资源保护同盟等编《世界自然资源保护大纲》，国务院环境保护领导小组办公室 1982 年版，第 55 页。

否则国内外环境所面临的威胁无法得到明显改观。人类的行动均出自某种动机，而这种动机又源自人们对事物的认识，这也就是为什么我们认为通过一定的环境教育（能）使人们的环境意识得到加强，这是非常重要的原因”①。

在联合国相关机构和其他国际组织的推动下，1987~1988 年也成了欧洲共同体的环境年。特别值得一提的是 1988 年，欧洲共同体召开部长会议，会议通过的决议案中包括“提高公众对环境问题的意识”的目的以及四项指导原则，其中“个人，尤其作为消费者，应采取保护环境的行动”② 单独作为一项原则被特别提出来用作人们行为的指导。

20 世纪 90 年代为开始专题探究和系统阐发的阶段。这时世界各地一些大学积极培养学生的环境意识，它们在教育中“提出了绿色大学概念，要求大学在日常的教学、科研、管理的生活中贯彻绿色的理念”③。1992 年，在里约热内卢召开了联合国环境与发展大会也即“全球首脑高级会晤”，同期还举行了数百个利益群体和非政府组织的专家学者参加的“全球论坛”。会议通过的《21 世纪议程》在推动公民绿色生活意识提升方面可以说是一个里程碑式的纲领文件。它在第 36 章专门用整整一节内容从行动依据、目标、活动、实施手段等方面系统性地探讨了强化公众环保意识的问题。文中特别指出当下我们需要加强公众对环境与发展问题的认识，培养个人对环境的责任感，目标是广泛提高公众相关的认识。为此在具体内容和方法上可以考虑让学童参与包括安全的饮用水、卫生和食物及生态系统在内的环境卫生研究；与新闻媒介、演艺界、娱乐界和广告工业合作，利用它们的经验来影响公众的行为和消费模式；与科学界合作以便有效地向公众进行宣传，尤其在农村地区要将先进的方法与民间媒介相结合；酌情提倡无害环境的休闲和旅游活动，并根据地方习俗来推动相关知识的传播工作；鼓励动员男女都参与认识宣传运动，强调家庭在环境活动中的作用，尤其是新闻机构、区域及国家相关业务机构更应积极地参与和协调。④

---

① 〔英〕帕尔默：《21 世纪的环境教育——理论、实践、进展与前景》，田青等译，中国轻工业出版社 2002 年版，第 17 页。

② 〔英〕帕尔默：《21 世纪的环境教育——理论、实践、进展与前景》，田青等译，中国轻工业出版社 2002 年版，第 18 页。

③ 王学俭等：《生态文明与公民意识》，人民出版社 2011 年版，第 116 页。

④ 此处有关加强公众环保意识的论述，参见联合国新闻部信息技术科《21 世纪议程》，2002 年 4 月 18 日，https：//www. un. org/chinese/events/wssd/chap36. htm。

21 世纪以来为深入探索阶段。进入 21 世纪，随着提高公众绿色生活意识的重要性获得国际各界（包括许多政府在内）的认可，① 相关论域的研究也在持续推进。诸多论者依据他们的论述偏向在绿色生活意识提升的学科分类（罗尼·利普舒茨、马克·史密斯、皮亚·庞萨帕等）、性质定义（威廉·斯代普、哈洛德·阿·亨格福德等）、提升内容（施韦泽、奥尔多·利奥波德、丹尼尔、福克斯等）、提升目标（威廉姆·贝尔·斯泰普、格福特等）、模式方法（亚瑟·卢卡斯、罗伯特·E. 罗斯等）、理论评述（拉塞尔·林克、L. A. 帕尔默等）等方面各自用力，颇有创获。近年来，相关研究出现了两个方面的转变：一是研究视角从注重自然环境转向社会和个体层面（关注绿色服务系统、企业的社会责任等）；二是从绿色保护本体知识的研究转向绿色实践力的研究（绿色素养、行动能力等成为文献重要的关键词）。形成的研究热点大致有三个方面：其一，提升活动的测量与评价（海姆利希、约翰逊、马诺利、尼斯比特、厄恩斯特、泰默、门罗等）；其二，绿色行动能力研究（延森、施纳克等）；其三，反思绿色发展教育理念（吉克林、杰科普尼娜等）。

可见，国外已有成果对绿色生活意识提升的依据、目标、原则、演进史、基本内容、实施手段、价值意义等方面都有论及。它们在提升目标上的高瞻远瞩、对提升原则的深邃思考、关于提升价值意义的深刻揭示等成为本书研究的重要借鉴。不过，一是在研究视角上国外这些成果多在专门的中国视野之外阐发他们的环保意见和生态关怀，所以他们的研究相对我国而言一方面多是属于不同地域之间共性问题的普遍性的探究，难以具体揭示关涉我国公民绿色生活意识提升的问题的特殊性；另一方面他们的研究成果即使在具体化上达到了极高的水准，然而其分析的案例等在诸如文化、教育等依附背景上与我国实际情况存在差异所以会在很大程度上降低它们的借鉴价值，极端情况下这些研究成果对我国相关工作不仅没有任何启发意义，甚至还会影响我国公民绿色生活意识的提高。

二是在研究内容上国外既有成果虽然多考察了具体的自然环境、社会和个体等各种因素，也将人文学科的价值呵护与自然科学的精确测算不断在更深邃的程度与更广阔的空间相互统一，但是少聚焦社会制度进行终极

---

① 〔英〕帕尔默：《21 世纪的环境教育——理论、实践、进展与前景》，田青等译，中国轻工业出版社 2002 年版，第 28 页。

关怀，这让国外诸多论者难以看到或者有意无视资本主义制度本身与提高公民绿色生活意识之间的固有矛盾，因此他们绞尽脑汁开出的一剂剂“良方”始终难以取得预期理想的实效。

三是在研究路径上国外相关成果依附环境教育，致力于追寻不断相对完善的方案、方法以达到广泛提高公众与绿色生活相容的认识的目的，这表明既与环境教育密切相关，但又突破了具体教育活动边界的关于绿色生活意识提升活动“怎么样”的研究亟须加强，特别是既有成果多注重外在的方法探究，因而它们对本质上以知性对象和价值观念在场的绿色生活意识本身的内在跃迁的展开并不充分。

与国外相类似，在我国国内，相关公民绿色生活意识提升的研究也主要渗透在环境教育论域，大致从20世纪70年代开始起步。当时《节约用水与环境保护》（《环境保护》1973年）、《造林绿化与环境保护》（《福建林业科技》1974年）、《环境保护通俗讲座——第一讲 人和环境》（《中山大学学报》1975年）等被公开刊发的系列论文开始向群众宣传普及防治污染、保护环境的重要意义，以提升群众的环保意识。到70年代末，受改革开放的国策开始实行的影响，与70年代初期、中期相比，学界出现了一个比较明显的趋势，即众多研究者从先前注重本土环保宣传开始转向重点关注国外有关工作。当时诸如《国外大学的环境学课程》（《环境保护》1978年）、《美国重新使用杀虫脒》（《农业科技通讯》1979年）等文献，多强调对国外经验的吸取。

20世纪80年代到90年代，相关研究处于稳步发展阶段。这时诸如《让生活的环境更加美好》（《环境研究》1982年）、《应该加强环境保护的宣传工作》（《中国环境管理》1985年）、《环境意识与环境教育刍议》（《重庆环境保护》1987年）、《生态文化与中国的环境教育》（《中国环境管理》1991年）、《环境伦理、环境教育与将来世代》（《国外社会科学》1995年）、《人类生态环境意识对大熊猫栖息地影响的研究》（《四川大学学报》1998年）、《环境道德及其教育问题》（《社会科学》1999年）等一系列相关期刊论文得以刊发。同时在著作方面，这一时期出现了三个特别值得关注的变化：一是专论生态环保意识的学术著作开始问世。其代表成果是刘湘溶的《生态意识论》（四川教育出版社，1994），它对人类生态意识的形成、其主要特点以及生态意识与文化、人口生产、消费生活的关系进行了具体论述。二是开始以全书总论题的形式专题介绍低碳、环保的生活。这方面主要是董治长的《生活中的污染与预防》（高等教育出版社，1993）。该书探讨了生活中各种污染的致害程度范围，并专门分析了它们的致害机制与预防措施。三是开始专门以调研报告的形式研究公众的环保意识。1999年，国家环境保护总局和教育部合作编写完成了《全国公众环境意识调查报告》（中国环境科学出版社，1999）。该项调查研究是我国至1999年为止样本量最大、考察范围最广的一次公众环境意识调查。它以国际上标准的田野调查方式方法科学设计调研问卷，确定样本抽样方式，深入分析取得数据，最终得出的调查结果表明当时我国“公众的环境意识尚处于较低水平，与环保工作的要求还有相当的差距，面对我国仍然十分严峻的环境形势，普及环境保护知识，提高公众的环境意识，任重而道远”①。

到21世纪初，相关研究进展迅速，特别是党的十八大以来达到高潮。这一发展阶段相关成果主要体现出三个特点。

第一，切近专题的研究成果的数量呈爆发式增长。在CNKI出版物数据总库中，报纸、图书、古籍、学术期刊、学术辑刊、国内会议、国际会议、博硕士学位论文等类型的文献，在2000年以前以“绿色生活”为主题的仅有8篇（部），此后数量逐年急速增加，迄今总计2000余篇（部）。而“生态文明意识”这一研究主题，在数据总库检索2000年以前一共只有10篇期刊入选，现在文献数量合计达到1800余篇（部）。

第二，多元化的论述当中研究主题的逆向集中。从专著、编著和普及读本来看，21世纪诸如《绿色生活与未来》（化学工业出版社，2001）、《绿色生活》（羊城晚报出版社，2002）、《绿色社区 绿色生活》（中国环境科学出版社，2003）、《绿色消费与绿色营销》（光明日报出版社，2004）、《节约型机关》（中国时代经济出版社，2005）、《绿色生活与环境科学》（内蒙古人民出版社，2006）、《多元校园 绿色校园 人文校园》（华南理工大学出版社，2007）、《绿色生活密码》（人民日报出版社，2008）、《生态文明与绿色生活》（东北林业大学出版社，2009）、《绿色生活 衣食住行》（上海科学普及出版社，2010）、《生态文明与公民意识》（人民出版社，2011）、《生态文明意识培养》（上海交通大学出版社，2012）、《美丽中国之绿色生活》（广东科技出版社，2013）、

---

① 国家环境保护总局等编《全国公众环境意识调查报告》，中国环境科学出版社1999年版，序言第Ⅰ页。

《低碳开启绿色生活》（甘肃科学技术出版社，2014）、《绿色大学建设理论与实践》（中国石油大学出版社，2015）、《低碳生活》（化学工业出版社，2016）、《让科技引导绿色生活》（广西美术出版社，2017）、《我国公民生态文明意识培育研究》（东北师范大学出版社，2018）、《绿色发展新理念——绿色学校》（人民日报出版社，2019）等图书陆续出版。它们论及有关提升绿色生活意识的内容、方法、意义、历史演进、现实状况、未来展望等多方面的系列问题，但总的来看，相对于本书的研究，这些成果多逆向集中于“为何提升”“提升什么”“怎样提升”的论题，暂未见以绿色生活意识提升机制为讨论主题，直接追问提升活动本身“怎么样”的文献。

从学术论文来看，上述倾向也比较明显。具体说来，依研究偏向，它们除了一贯特别重视相关内容与方法的阐发以外（刘湘溶的《消费的伦理与伦理的消费》、谭建光的《志愿服务与绿色生活》、方世南的《生态文明与现代生活方式的科学建构》等），还大体论及以下五类议题。其一，绿色生活意识提升的意义（严耕的《论绿色生活对人类需要的全面满足》、周箴的《基本素质教育在可持续发展中的作用》、王永明的《生态休闲的哲学基础及其意义建构》等）；其二，绿色生活意识提升的国外动态（陈建成的《美国绿色MBA教育的类型、特征与启示》、廖小平的《环境教育的国际经验与中国现实》、钟永德的《国外生态旅游环境教育研究综述》等）；其三，绿色生活意识提升的发展史（张三元的《绿色生活方式的构建与人的全面发展》、冯建军的《全球公民社会与全球公民教育》等）；其四，绿色生活意识提升与中国特色社会主义建设（秦书生等的《绿色消费与生态文明建设》、冯国忠等的《中国梦与大学生生态文明教育》等）；其五，绿色生活意识提升的测评（洪大用的《环境关心的测量：NEP量表在中国的应用评估》、赵万里的《绿色生活方式中的现代性隐喻——基于CGSS2010数据的实证研究》等）。

第三，相关成果求“实”的倾向进一步得到加强。其中在实证研究内容方面，“新世纪以来，国内先后开展了多次关于公众环境意识的调查研究，如2007年中国社科院环境意识项目、北京市公众环境意识调查、2012年中国环境文化促进会的‘全民环境意识评估体系’研究”①。2013年，由

① 环境保护部宣传教育司编《全国公众生态文明意识调查研究报告（2013）》，中国环境出版社2015年版，序言第Ⅱ页。

环境保护部宣传教育司牵头组织，历时一年完成了《全国公众生态文明意识调查研究报告（2013）》（中国环境出版社，2015）。它“针对公众生态文明意识方面的专门调查研究目前在国内尚属首次，具有探索性和开创性”①，得到了各环保部门、科研机构、新闻媒体、社会公众的广泛关注。另外，齐睿等完成的《全国大学生生态文明意识调查（2016）》（武汉大学出版社，2018）也很值得一提。它通过学缘网络，运用滚雪球法向全国多达 152 所高校的大学生分发问卷，分别从知晓度、认同度、践行度三个维度构建评价指标体系，分析得出当前我国大学生生态文明意识整体呈现低水平平均的特点，因此提出了“媒体应加大生态文明的宣传力度，拓宽宣传渠道，创新宣教方式”② 等提升我国大学生生态文明意识的相关建议。

在实践养成路径方法的探索方面，2000 年以来，在中国国家数字图书馆以“绿色生活”为主题词检索图书，诸如《绿色生活手册》（上海人民出版社，2002）、《绿色生活一本通》（广西师范大学出版社，2009）、《绿色生活 ABC》（电子工业出版社，2011）、《绿色生活之穿》（中国商务出版社，2015）、《绿色生活指南》（江西科学技术出版社，2016）等占据了多数比例。它们一般直接依附于公众的日常生活，在介绍绿色生活实践的过程中通过具体化、形象化的现实生活图景潜移默化地作用于人们的心灵，促使他们绿色地思考、生态地生活。

由此可知，国内相关成果在放眼世界的同时也扎根于我国建设社会主义的实践，因而它们既表现出了关涉问题的普遍性，也阐发了中国本土的特殊性。其中诸多论者坚定地立足于社会主义生态文明新时代，在推进形成绿色发展方式和生活方式，建设美丽中国的过程中，围绕新形势下增强人们的节约意识、环保意识、生态意识的任务和挑战多方位发力，不仅为提高公众的相关认识作出了他们的努力，而且也凸显了中国特色社会主义制度在这方面具有的显著优势，从而在时代的高起点上为本书研究提供了重要参考。

不过，我国已有的研究，从总体上看仍然非常薄弱。其中在学术思想上，国内既有成果一是主要渗透在环境教育论域，多从“为何提升”“提升

---

① 环境保护部宣传教育司编《全国公众生态文明意识调查研究报告（2013）》，中国环境出版社 2015 年版，序言第Ⅱ页。

② 齐睿等：《全国大学生生态文明意识调查（2016）》，武汉大学出版社 2018 年版，第 106 页。

什么”“怎样提升”的维度运思，这使专门以绿色生活意识提升机制为研究主题，直接专论提升活动本身“怎么样”的研究暂未完全独立出来，因而相关分析在广度和深度上也尚待进一步延伸与拓展。二是多围绕学习、宣传、生活实践等主要表征外在客观性的提升场域、提升活动进行分析，少有聚焦于提升主体的内在主观意识世界，在低层次的感性认识与高层次的理性把握的辩证统一中具体探讨绿色生活意识的思维运动及其发展过程的研究。三是多切近专题的伴生性研究，专论公民绿色生活意识提升机制的研究多不系统，为此针对它们的体系化的研究，尤其是机制的相互协同方面亟须发力推进。四是即使新时代我们党提出分两步走在 21 世纪中叶建成富强民主文明和谐美丽的社会主义现代化强国这一奋斗目标，“美丽”事实上已经成为社会主义核心价值体系中的重要内容的前提条件下，关于绿色生活意识提升，既有成果也多囿于知识性层面的论述，暂未深入研究这种意识不断发生跃迁，最终上升到与“美丽”相一致的高度，成为人们的核心价值等问题。这也在很大程度上导致绿色生活意识何以能引领市场意识与工业文明意识的相关阐述尚不彻底。

在学术观点上，首先，多把绿色生活意识的提升归结为一种特殊的教育，而没有清晰地认识到它实际上是包含教育引导在内的多种机制支撑的复合型活动；其次，多认为绿色生活意识的提升单纯只是认识真理的问题，而没有充分注意到它同时也是价值观的建构；最后，多强调外来移植的观点，在本土意见的挖掘方面尚待进一步用力。

在研究方法上，一是偏向运用分析的方法，对多淹没在与其相切近的主题中的公民绿色生活意识提升机制进行论述，导致在这个研究过程中系统综合性的阐述相对薄弱；二是与依附环境教育相关，多囿于教育学、生态学的学科方法论展开致思之路，在与马克思主义相结合进行研究方面尚待加强；三是具体方法运用上多较单薄，甚至单兵作战，在多学科方法的交叉和综合使用上亟须强化。

第三节　研究意义

当今时代，立足于我国现实，着眼于学界的研究状况，研究公民绿色生活意识的提升机制具有极为重要的学术意义、应用意义和社会意义。

在学术意义方面，第一，有助于深入学习、宣传我们党的精神。开展公民绿色生活意识提升机制的研究，是在全面回顾总结国内外相关研究的学术史和研究现状，展望未来“我们要牢固树立社会主义生态文明观，推动形成人与自然和谐发展现代化建设新格局，为保护生态环境作出我们这代人的努力”① 的使命基础上，为从理论方面回应我们党的有关精神指示而科学谋划、精心组织的具体学术行动，因此必将对我们深入学习宣传我们党的精神产生积极的推动作用。第二，有助于推进我国公民绿色生活意识提升机制的学理研究，促使理论创新。本书将严格遵循党中央的精神导向，全面贯彻习近平同志发表的“理论的生命力在于创新。创新是哲学社会科学发展的永恒主题，也是社会发展、实践深化、历史前进对哲学社会科学的必然要求”② 的重要讲话，分析反思当下的研究状况，以此力求深化对新的实际的理解，深化对马克思主义特别是中国特色社会主义理论体系中相关增强公民绿色生活意识的内容的理解，深化对我国公民绿色生活意识提升机制存在的问题、国外相关经验的理解，做到在学理上有新的发现、新的概括、新的论证、新的结论，从而实现理论创新。第三，有助于澄清学术问题，明辨理论是非。迄今为止，国内外学术界对于本书的研究主题进行了一些相关论述，提出了一些有价值的见解，但如前所述既有研究还存在不少待解决的认识问题。这些问题在一定程度上使相关阐述显得含混不清。本书围绕我国公民绿色生活意识提升机制这个主题展开深入研究、科学论证，必将推进相关理论是非问题的解决，促使我们把对党的相关精神的把握统一在正确认识的思想基础之上。第四，有助于推进多门学科的建设。公民绿色生活意识的提升机制是一个跨学科、综合性的研究课题，涉及马克思主义理论、教育学、生态学、社会学、哲学等多门学科。开展相关研究，有助于促使这些相关学科研究的交叉综合和深度融合，从而相互借力、协力和合力，一起把学科建设推到新的高地。

在应用意义方面，第一，有助于贯彻落实我们党的精神。本书将在科学的调查研究基础上，本着咨政促事、服务现实的宗旨，根据实际需要，

---

① 习近平：《决胜全面建成小康社会　夺取新时代中国特色社会主义伟大胜利——在中国共产党第十九次全国代表大会上的报告》，人民出版社 2017 年版，第 52 页。

② 习近平：《在哲学社会科学工作座谈会上的讲话》，人民出版社 2016 年版，第 20 页。

把研究的成果呈送我们党的各级组织、政府相关部门，供决策机构、执行机构和监察机构制定政策、采取行动时参考，以促使新时代我们党相关精神更为科学地被实践践行，更加全面地被贯彻落实。第二，有助于在实践中解决相关问题，进一步推动提高公民的绿色生活意识。围绕本书研究主题，系统地分析公民绿色生活意识的提升机制，让人们更加全面深入地抓住其中关涉的问题的“根本”，推动这些问题得以解决，从而掌握广大群众，促使他们在自己的生活中更加自觉地珍爱自然，更加积极地保护生态，更加努力地去建设美丽中国。第三，有助于既快又好地推动科研工作者相关研究知识的积累、研究能力的培养以及研究水平的提高。本书独有的系统性、专门性的研究，能让诸多研究人员以更加广阔的视野、更加深邃的厚度对接有关公民绿色生活意识提升机制的理论知识与行动实践，因而能促使他们在自己相关的知与行两方面都得到综合性的发展。

在社会意义方面，有助于全民牢固地树立社会主义生态文明观，加快形成简约适度、绿色低碳、文明健康的社会生活方式。本书在研究过程中，在按照个体—群体的进路，找准个人意识、国家追求之间的共鸣点的同时，采取实践—认识的方式，广泛动员、大力倡议干部群众从身边小事做起，参与建设美丽中国的实践，大家一起来努力，生产更多优质的生态产品，创造更加优美的生活环境，由此人民优美生态环境的需要得到满足，从而从个体到群体整个社会都更为强力地认同社会主义生态文明观，更加主动自觉地遵循简约适度、绿色低碳和文明健康的生活方式。

第四节 思路方法

在研究思路方面，本书按照是什么—为什么—怎么办的逻辑理路，在建设美丽中国的视域下，沿两条相互印证的线索进行研究：一是对公民绿色生活意识提升机制的理论分析；二是与公民绿色生活意识提升机制相关的实践活动探究。具体说来，除“绪论”等以外，第一章、第二章和第三章先以分述的形式，分别论述我国公民绿色生活意识的外在培育机制、内在发展机制及其保障机制的建设现状。第四章第一节在前三章研究的基础上，以高屋建瓴的方式进一步阐发前述三种机制之间的层级关系，由此揭示出新时代我国公民绿色生活意识提升机制的总体架构。这样由分到总，系统地阐明研究对象“是什么”。

第四章第二节、第三节立足于社会调研提供的实证数据，遵循个别与一般的辩证关系，通过抽样调查的方式揭示当下我国公民绿色生活意识提升机制存在的问题及其成因，旨在厘清“为什么”的问题。

第五章通过研究国外公民绿色生活意识提升机制及其启示，在横向空间上继续拓展本书研讨的视域的同时，以西方为借鉴，从中批判地吸取经验，由此将之融通进第六章，集中提炼健全我国公民绿色生活意识提升机制的对策，解决“怎么办”的问题。

在研究方法方面，本书以辩证唯物主义和历史唯物主义为指南，注重哲学、教育学、生态学、社会学和马克思主义理论等多学科研究方法的交叉综合使用，在具体研究过程中，主要运用以下方法。

1. 文献分析研究方法

绵延几千年的中华传统文化，形成了富有特色的生态思想，是当下相关学理深化发展的深厚基础。放眼全球，国外在环境教育、绿色发展等方面进行了长期的探索和实践，积累了丰富的有关提高公民绿色生活意识的经验和教训，可供我们参考和借鉴。改革开放以来，我们党不断根据新的实践进行理论创新。诸如绿色发展理念、社会主义生态文明观等，都是我们党提出的具有原创性、时代性的概念和理论，为我们推进各项工作提供了科学指导。

本书将通过实地搜集，或者借力大数据技术，利用各种数据库资源，将这三个方面的文献资料进行辑录、整理和研究，据此来阐述我国公民绿色生活意识提升机制，以从理论上促使本书研究问题的解决。

2. 系统综合研究方法

系统综合研究方法是一种满足整体、统筹全局、把整体与部分辩证地统一起来的科学方法。因此，在本研究过程中，我们必须从公民绿色生活意识提升机制内外关系的整体性出发，把分析与综合、分解与协调、定性与定量研究辩证统一起来，以综合作为落脚点和归宿贯穿于研究过程的始终，进行系统的选择优化，精确处理部分与部分、部分与整体的辩证关系，科学地把握相关机制系统体系，达到整体优化。

3. 比较对照研究方法

有比较对照才有借鉴和优化。公民绿色生活意识提升机制既是中外都在关注的学理论域和实践关涉对象，也包括诸多机制在空间上的立体性展开，这就为比较对照研究的引入提供了必要性和可能性。这种比较对照主要分为两个方面。一方面是国际比较。探究公民绿色生活意识提升机制是一个需要借鉴和自主创新相统一的过程。西方发达国家的成功经验可以为我所用，但这个过程中却有一个不同国家各自具有的需要充分考虑的具体国情的问题，这就离不开中外之间的比较分析。另一方面是我国相关机制之间的对照。公民绿色生活意识的提升机制不是一个单一对象，而是包括外在培育机制、内在发展机制和保障机制在内的机制复合体。这意味着我们要凸显这个复合体的有机构成及其相互关系、相关功能，这种不同机制间的对照是一项很有必要做的重要工作。

4. 实证调查研究方法

实证调查研究可以将个别典型上升到一般规律性的东西，也可以从事实层面佐证理论探讨的结论。本书在理论研究的前提条件下，随机性地选择我国东西南北中的某些地区，主要采取问卷调查的方式，对党政机关、企事业单位、社会组织、普通社区中的人员等进行随机性调查，了解这些不同层面、不同群体的自然人对绿色生活意识提升机制的认识程度及其相关的构建、推进活动在具体区域的部署和落实情况，再通过“数据分析—提出问题—分析问题—得出结论”的逻辑推演和事实探讨，使研究结果更具有说服力。

第一章

公民绿色生活意识的外在培育机制

立足于新时代建设美丽中国的实践，教育引导、宣传导向、文化熏陶和实践养成作为外在客观的作用力量，我国通过它们直接辩证发力培育公民的绿色生活意识，形成了具有独特张力的教育引导机制、宣传导向机制、文化熏陶机制与实践养成机制。

第一节　教育引导机制

当下随着建设美丽中国的步伐进一步向前迈进，我国通过教育引导提高公民绿色生活意识的机制也逐渐成形。其中在教育引导层级上，主要表现为学校教育、家庭教育和社会教育“三位一体”。它们以学校教育为基础和起点，向家庭和社会延伸，构成了一个有机的整体。

顶层设计方面，2016 年 4 月，教育部等六部委印发了《全国环境宣传教育工作纲要（2016—2020 年）》，提出要“积极引导公众知行合一，自觉履行环境保护义务，力戒奢侈浪费和不合理消费，使绿色生活方式深入人心”①。2019 年 10 月，国家发展和改革委员会印发了《绿色生活创建行动总体方案》，要求“推广简约适度、绿色低碳、文明健康的生活理念和生活方式，建立完善绿色生活的相关政策和管理制度，推动绿色消费”②。2021 年 2 月，生态环境部等六部委共同发布了《“美丽中国，我是行动者”提升公民生态文明意识行动计划（2021—2025 年）》，明确要“推进生态文明学校教育，将生态文明教育纳入国民教育体系，完善生态环境保护学科建设，加大生态环境保护高层次人才培养力度”③。这些“纲要”“方案”“计划”的印发，从全局的战略性高度，为我们统筹大、中、小学以及社会、家庭各方面力量协同提升公民的绿色生活意识指明了方向。

作为顶层设计的具体展开，在中小学校内，课内教育与课外引导相结合，彼此配套培育学生的绿色生活意识。在课内教育方面，长期以来，中

① 教育部等：《全国环境宣传教育工作纲要（2016—2020 年）》，2016 年 4 月 6 日，https：//www. mee. gov. cn/gkml/hbb/bwj/201604/t20160418_335307. htm。

② 国家发展和改革委员会：《绿色生活创建行动总体方案》，2019 年 10 月 29 日，https：//www. ndrc. gov. cn/fggz/hjyzy/stwmjs/201911/W020191106335558437011. pdf。

③ 寇江泽：《六部门联合发布行动计划 生态文明教育将纳入国民教育体系》，《人民日报》2021 年 3 月 2 日。

小学的语文、生物、地理、历史、政治等课程以各自的独特方式一直在倡导绿色生活的理念。例如十二省小语教材编写委员会等编写的小学一年级语文课本，就通过课文“共同的家”和课后“读一读”等，图文并茂地告诉学生地球是我们共同的家，我们热爱大自然，人和动物是朋友。[①] 近年来，不少省份开始编写、审定和使用分别适用于小学、初中、高中学生的普及性生态文明教育读本。这三个阶段教材的内容由深到浅，有不少篇幅专门介绍了绿色学校、绿色家庭和绿色社区的创建。

与课内教育配套，中小学生在校期间，学校课外引导也是“八仙过海，各显神通”。平时，学校以学生守则或班级守则的方式要求学生不乱扔纸屑，不随地吐痰，及时关灯和关水龙头。有些学校甚至在教室、走廊的电灯开关边或者洗手间的水龙头旁专门贴上小标语温馨提示使用者注意节水节能。如果在校就餐，没有公共食堂的话学校一般会安排各班班主任依据本班男女生饮食的具体情况上报后勤餐务部门预先确定好各位学生餐食的分量，在保证吃饱的情况下尽量做到不浪费。有公共食堂的情况下食堂都会对各类饭菜明码标价，多吃多付钱，少吃少付钱，用价格机制管控浪费行为。就餐过程中负责收拾餐桌的工勤人员如果发现某位就餐者存在浪费现象或者不注意将残食归盘也会给予提醒。此时就餐者多会感到不好意思而及时改正。用餐完毕后学校一般都明确要求学生将餐具和残食统一收集到指定地点，以便后续分类别进行再循环或者无害化处理。

在高校内部，通识性教育与专业性教育“两手抓”，协力倡导绿色生活的理念。一方面，高校诸多公共通识课程都渗透了有关绿色生活意识的教育内容。诸如“形势与政策”“马克思主义基本原理概论”“思想道德与法治”“习近平新时代中国特色社会主义思想概论”等，它们在阐发人与自然的关系或者生态文明建设等内容时都包括了对绿色生活方式的倡导。另一方面，高校也在持续发展和提升与公民绿色生活意识密切相关的专业性教育。近年来这方面例如环保专业无论是从学校的数量、专业设置的类别，还是从选读的学生的人数来看，其建设的总体成效都比较显著，具体情况如表 1-1 所示。

---

① 十二省小语教材编写委员会等编《义务教育课程标准实验教科书（S 版）·语文·一年级上册》，语文出版社 2005 年版，第 56、76 页。

表 1-1　本专科、研究生层次开设环保专业情况

	开设环保专业情况
专科	开设生态农业技术专业（农林牧渔类）的有 4 所，毕业生规模 50 人以下；植物保护与检疫技术专业（农林牧渔类）的有 36 所，毕业生规模 700~800 人；森林资源保护专业（农林牧渔类）的有 9 所，毕业生规模 150~200 人；野生植物资源保护与利用专业（农林牧渔类）的有 5 所，毕业生规模 50 人以下；野生动物资源保护与利用专业（农林牧渔类）的有 3 所，毕业生规模 50 人以下；森林生态旅游专业（农林牧渔类）的有 17 所，毕业学生规模 250~300 人；自然保护区建设与管理专业（农林牧渔类）的有 3 所，毕业学生规模 100~150 人；环境艺术设计专业（文化艺术类）的有 618 所，毕业学生规模 34000~36000 人；环境监测与控制技术专业（资源环境与安全类）的有 84 所，毕业学生规模 2000~2500 人；农村环境保护专业（资源环境与安全类）的有 5 所，毕业学生规模 50 人以下；室内环境检测与控制技术专业（资源环境与安全类）的有 7 所，毕业学生规模 100~150 人；环境工程技术专业（资源环境与安全类）的有 186 所，毕业学生规模 6000~7000 人；环境信息技术专业（资源环境与安全类）的有 3 所，毕业学生规模 50 人以下；环境规划与管理专业（资源环境与安全类）的有 13 所，毕业学生规模 600~700 人；环境评价与咨询服务专业（资源环境与安全类）的有 41 所，毕业学生规模 1000~1500 人。另有毕业生规模暂无统计数据的核与辐射检测防护技术专业（环境保护类）开设学校 2 所；污染修复与生态工程技术专业（环境保护类）开设学校 9 所；清洁生产与减排技术（环境保护类）开设学校 3 所；资源综合利用与管理技术（环境保护类）开设学校 4 所
本科	开设资源与环境经济学专业（经济学类）的有 12 所，毕业学生规模 400~450 人；自然地理与资源环境专业（理学类）的有 106 所，毕业学生规模 3000~3500 人；海洋资源与环境专业（理学类）的有 16 所，毕业学生规模 300~350 人；生态学专业（理学类）的有 69 所，毕业学生规模 1000~1500 人；环境科学与工程专业（工学类）的有 36 所，毕业学生规模 300~350 人；环境工程专业（工学类）的有 384 所，毕业学生规模 22000~24000 人；环境科学专业（工学类）的有 234 所，毕业学生规模 9000~10000 人；环境生态工程专业（工学类）的有 47 所，毕业学生规模 500~600 人；环保设备工程专业（工学类）的有 12 所，毕业学生规模 300~350 人；资源环境科学专业（工学类）的有 20 所，毕业学生规模 700~800 人；水质科学与技术专业（工学类）的有 5 所，毕业学生规模 100~150 人；植物保护专业（农学类）的有 62 所，毕业学生规模 4000~4500 人；农业资源与环境专业（农学类）的有 51 所，毕业学生规模 2500~3000 人；野生动物与自然保护区管理专业（农学类）的有 10 所，毕业学生规模 300~350 人；水土保持与荒漠化防治专业（农学类）的有 23 所，毕业学生规模 1000~1500 人；森林保护专业（农学类）的有 23 所，毕业学生规模 600~700 人；环境设计专业（艺术学类）的有 765 所，毕业学生规模 65000~70000 人
硕士研究生	开设人口、资源与环境经济学专业（经济学类）的高校（包括科研院所）有 85 所；环境与资源保护法学专业（法学类）的有 58 所；大气物理学与大气环境专业（理学类）的有 16 所；生态学（理学类）专业的有 39 所；环境科学与工程专业（理学类、工学类、农学类）的有 298 所；农业生物环境与能源工程专业（工学类）的有 30 所；资源与环境专业（工学类）的有 37 所；农业资源与环境专业（农学类）的有 77 所；植物保护专业（农学类）的有 7 所；森林保护学专业（农学类）的有 20 所；野生动植物保护与利用专业（农学类）的有 23 所；资源利用与植物保护专业（农学类）的有 19 所；水土保持与荒漠化防治专业（农学类）的有 30 所

续表

	开设环保专业情况
博士研究生	开设人口、资源与环境经济学专业（经济学类）的有26所；环境与资源保护法学专业（法学类）的有10所；大气物理学与大气环境专业（理学类）的有5所；生态学专业（理学类）的有54所；环境科学与工程专业（理学类、工学类）的有87所；水文学及水资源专业（工学类）的有15所；农业生物环境与能源工程专业（工学类）的有15所；农业资源与环境专业（农学类）的有32所；植物保护专业（农学类）的有2所；森林保护学专业（农学类）的有11所；野生动植物保护与利用专业（农学类）的有9所；水土保持与荒漠化防治专业（农学类）的有11所

资料来源：本专科层次相关数据引自“阳光高考（教育部高校招生阳光工程指定平台）专业库”，2017年12月30日，https：//gaokao. chsi. com. cn/zyk/zybk/。研究生层次相关数据引自“中国研究生招生信息网专业知识库”，2020年12月31日，https：//yz. chsi. com. cn/zyk/。本专科层次统计截止时间为2017年12月30日，研究生层次统计截止时间为2020年12月31日。

可见，随着中国特色社会主义进入新时代，高校抓通识性教育与专业性教育两手都硬，它们一起作用从广度与深度上把培育师生绿色生活意识的教育活动不断推到新的“高地”。

此外，围绕各级“绿色学校”的创建，近年来，中央与地方上联下动，共同发力强化广大师生的绿色观念。在中央层面，例如生态环境部宣传教育中心凭借“我的绿色大学”项目网站等的支撑，开展了一系列工作。其中2020年，它联合国家教育行政学院中国教育干部网络学院，开展了教师环境友好使者环境教育线上培训。报名培训的教师在“我的绿色大学”网站平台进行线上学习、完成作业并积极行动实践，将获得“由国家教育行政学院远程培训中心出具的学时证明；由生态环境部宣教中心和国家教育行政学院远程培训中心联合颁发的教师环境友好使者证书；成绩优异者将会入选赴国外短期学习的学员人才库和参加国内生态环境教育交流研讨的机会，同时您的优秀案例将会展示，我们提供给您免费录制环境教育慕课的机会；如果您想更加优秀，我们邀请您一同进行全国中小学教师的环境教育培训工作，入选我们的专家师资库”①。

在地方层面，“绿色学校”的创建也卓有成效。各地多通过以评促建、动态管理的方式，推动当地“绿色学校”建设，以提高公民的绿色生活意识。比较典型的如2021年10月广东省教育厅向域内各地级以上市教育局、

① 生态环境部宣传教育中心等：《2020年教师环境友好使者专题培训活动》，2020年4月27日，https：//org. ttcdw. cn/project/276174035783057408。

各普通高校、省属中小学（中职学校）发布了《关于认定第二批“广东省绿色学校”的通知》，认定3259所学校为第二批“广东省绿色学校”，各地具体数量如表1-2所示。

表1-2 第二批“广东省绿色学校”各地具体数量

单位：所

序号	所在市	绿色学校数量	序号	所在市	绿色学校数量
1	广州市	440	12	中山市	89
2	深圳市	85	13	江门市	126
3	珠海市	12	14	阳江市	38
4	汕头市	159	15	湛江市	362
5	佛山市	133	16	茂名市	617
6	韶关市	0	17	肇庆市	107
7	河源市	140	18	清远市	88
8	梅州市	122	19	潮州市	247
9	惠州市	0	20	揭阳市	112
10	汕尾市	88	21	云浮市	56
11	东莞市	238			

资料来源：江门市教育局《转发广东省教育厅关于认定第二批“广东省绿色学校”的通知》，2021年10月19日，见http：//www.jiangmen.gov.cn/jmjyj/gkmlpt/content/2/2443/post_2443834.html#64。

这些学校在被省教育厅发文认定的同时，都专门制作题有“广东省绿色学校”文字的牌匾（见图1-1）公开悬挂。今后省教育厅“将对认定的‘绿色学校’实行动态管理，进行抽检”①。这些措施的施行，一方面，促使各个学校在评审认定前能根据“绿色学校”创建评价标准的要求，迅速行动起来，坚持绿色发展主旋律，积极开展生态文明教育、绿色环保节能活动等工作，并逐项督促落实；另一方面，评审认定后也能进一步推动“被认定为‘绿色学校’的学校继续努力，在生态文明教育和绿色校园建设实践中，结合自身特点与绿色文明理念，积极探索绿色学校创建的新理念、

① 江门市教育局：《转发广东省教育厅关于认定第二批“广东省绿色学校”的通知》，2021年10月19日，http：//www.jiangmen.gov.cn/jmjyj/gkmlpt/content/2/2443/post_2443834.html#64。

新思路，不断提高教育基地建设水平”①。

图 1-1 “广东省绿色学校”牌匾

资料来源：江门市教育局《转发广东省教育厅关于认定第二批“广东省绿色学校”的通知》，2021 年 10 月 19 日，http：//www.jiangmen.gov.cn/jmjyj/gkmlpt/content/2/2443/post_2443834.html#64。

在学校教育的基础上，与提升学生绿色生活意识相关的教育还“一体三分”，延伸到了家庭和社会。在向家庭延伸的向度，② 中小学强化学生的绿色生活意识主要可分为三种类型：一是布置有关绿色生活的作文等书面家庭作业，让学生居家在观察住所内外环境的基础上完成。二是让学生在家长协助下，买一条小鱼、几根蔬菜等带到学校，通过实物分析这些动植物的生态习性与宜居环境。三是要求学生利用假期短足或者远足考察，近距离感受沿途各地的生态环境状况。高校采取的比较典型的措施是在寒假或暑假安排学生在家乡开展地方生态环境方面的调研，到校后统一将调研报告上交学院或者授课老师，按照优秀、良好、中等、及格、不及格的档次评定成绩，及格者给予相应的学分。也有高校的公共课如“毛泽东思想和中国特色社会主义理论体系概论”在学校授课之外会要求学生假期在家进行社会调研，并专门安排一定的学分（一般不超过总学分的 1/3），按调

① 江门市教育局：《转发广东省教育厅关于认定第二批“广东省绿色学校”的通知》，2021 年 10 月 19 日，http：//www.jiangmen.gov.cn/jmjyj/gkmlpt/content/2/2443/post_2443834.html#64。

② 与家庭教育紧密相关的学前教育，将在“教育引导过程”中具体论述。

研结果的优劣情况决定是否给予学分。这种调研尽管没有对内容做统一的硬性要求，不过由于其中相当一部分学生是以发生在自己家乡的生态环境问题为对象进行的研究，客观上有利于提升这些学生的绿色生活意识。

在向社会延伸的向度，每个学年在条件允许的情况下，诸多小学都会按照自己的实际情况要么组织学生在学校附近短足郊游，要么安排师生去烈士陵园祭拜先烈等。中学也根据学校、地方的不同，或组织学生户外参观，或去城郊专门的训练中心利用一周左右的时间进行短训，总之具体形式也比较多样。如在我国西部的贵州省贵阳市，学校会与坐落在较偏僻农村的农训中心签订协议开展合作，每学年选派一个年级的学生在各班班主任的带领下去农训中心进行农训。其间为给师生创造一个远离现代化喧嚣的环境，学校专门规定学生家长不允许探望自己的孩子，学生在不带书籍的同时，也不准携带诸如电脑、手机、游戏机、电话手表等任何电子产品以及各类零食。每天在教官指导下，学生按班级分成若干兴趣小组参加植树、种菜、做年糕、手工染布等活动。其中一个重要目标就是让学生在参与活动的过程中亲近自然，融入自然，从而在今后的生活中能够更加自觉地去珍爱自然，保护自然。在高校，各学校依据自己的实际情况，有的采取集中一到两周时间，有的时间规划上比较灵活，安排学生开展社会实践活动。此外，一些科研项目等也需要师生外出进行社会考察。这些活动的具体主题千差万别，但是不少却自然而然地渗透了倡导保护环境、绿色生活的内容。例如学生去调研学校附近水源地的水质情况。他们在按照学科要求科学分析水源各项水质指标的过程中，一般也会探究其中污染物的成因和影响，进而强化自己保护环境、绿色生活的自觉意识。

除了学校教育直接延伸到社会，近年来，学校以外的社会组织或个人，利用多渠道来源的经费，面向公众开展的各种社会教育发展迅速。它们与其他教育形式相互补充，多位一体，对于促进公民提升绿色生活意识也起到了积极作用。如据中国网报道 2019 年 7 月四川省成都市龙泉驿社教中心以“垃圾分类我在行，环境保护我先行”为主题开展教育活动，倡导居民“绿色”生活，提高环保意识（见图 1-2）。活动中，社教中心的工作人员通过放映垃圾分类影片、发放倡议书等方式为居民普及有关垃圾分类的知识，现场诸多小朋友与其他居民热情参与其中。“活动相关负责人表示，此次活动增强了辖区居民对垃圾分类知识的了解，引导居民从自身做起，增强对垃圾分类知识的了解并积极参与到实践垃圾分类的行动中来，让‘绿色、低碳、环保’的理念深入人心，从而不断提高社区居民自觉爱护环境卫生的意识和环保意识。”[①]

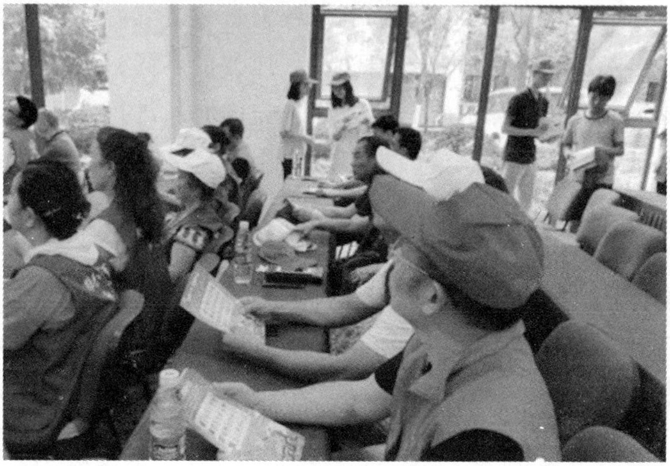

图 1-2 龙泉驿社教中心倡导居民“绿色”生活，提高环保意识

资料来源：李含《龙泉驿社教中心倡导居民“绿色”生活，提高环保意识》，2019 年 7 月 23 日，见 http://edu.china.com.cn/2019-07/23/content_75022484.htm。

在教育引导过程中，按照学前教育—学校教育—在职教育的程式步步推进，从娃娃抓起，贯穿终身进行绿色生活教育。2017 年 1 月，国务院印发了《国家教育事业发展“十三五”规划》，提出要“将生态文明理念融入教育全过程”[②]。除学校教育前面已有阐发外，在学前教育阶段，目前已有省份发布条例要求“在学前教育机构开展儿童生态文明养成教育”[③]。实际操作中，与新时代我国大力推进生态文明建设相一致，当今有关绿色生活意识培养的内容广泛渗透在我国学前教育的过程之中。它们与学校教育相衔接，主要以绘本衔接课本，家庭和托儿机构双向用力，开展幼儿绿色生

① 李含：《龙泉驿社教中心倡导居民“绿色”生活，提高环保意识》，2019 年 7 月 23 日，http://edu.china.com.cn/2019-07/23/content_75022484.htm。

② 《国务院关于印发国家教育事业发展“十三五”规划的通知》，2017 年 1 月 10 日，http://www.gov.cn/zhengce/content/2017-01/19/content_5161341.htm。

③ 江西省第十三届人民代表大会常务委员会：《江西省生态文明建设促进条例》，2019 年 12 月 17 日，http://drc.jiangxi.gov.cn/art/2019/12/17/art_14590_1250843.html。

活的养成教育。如表1-3是与学前教育有关的部分环保绘本及其主要启蒙目标。

表1-3　与学前教育有关的部分环保绘本及其主要启蒙目标

<table>
<tr><th></th><th>环保书名</th><th>主要启蒙目标</th></tr>
<tr><td rowspan="3">综合类</td><td>《幼儿园生态文明教育绘本》</td><td rowspan="3">1. 了解生态文明建设的主要内容和重要意义。2. 了解建设生态文明要从我做起。3. 了解做合格的生态小公民主要要做什么</td></tr>
<tr><td>《绿色环保从我做起：生态文明》</td></tr>
<tr><td>《生态小公民》</td></tr>
<tr><td rowspan="8">动物类</td><td>《当鳄鱼遇见熊猫》</td><td rowspan="8">1. 了解动物的本领，知道动物是我们人类的好朋友，我们要一起保护它们。2. 了解人与动物的依存关系，知道保护动物从不用皮制品开始，懂得爱护小动物也是保护环境的行为，激发幼儿关心、爱护动物的情感，形成初步的环保意识。3. 了解动物受到伤害的原因，学习保护动物、保护自然环境的方法。4. 了解鸟与环境的关系，萌发爱鸟、护鸟的热情，增强环保意识</td></tr>
<tr><td>《大自然的时间魔法》</td></tr>
<tr><td>《好忙的鸟儿》</td></tr>
<tr><td>《地底下动物》</td></tr>
<tr><td>《抢救动物园》</td></tr>
<tr><td>《蚯蚓的日记》</td></tr>
<tr><td>《动物绝对不应该穿衣服》</td></tr>
<tr><td>《地球清洁工》</td></tr>
<tr><td rowspan="5">植物类</td><td>《绿色庆典》</td><td rowspan="5">1. 了解树对人和动物有很多好处，知道保护树木的基本常识，初步产生环保意识。2. 了解绿化的好处，萌发为了生存要保护好自然环境的良好情感。3. 了解树木被损坏的严重后果，学习种植生活中常见植物，培养爱护树木、保护树木、热爱大自然的情感</td></tr>
<tr><td>《两棵树》</td></tr>
<tr><td>《植树的男人》</td></tr>
<tr><td>《春神跳舞的森林》</td></tr>
<tr><td>《一粒种子的旅行》</td></tr>
<tr><td rowspan="8">环境类</td><td>《扔或不扔》</td><td rowspan="8">1. 了解生活垃圾及其危害，懂得不乱扔垃圾，保持环境的清洁。2. 了解全球变暖的危害，知道几种防止全球变暖的方法，做自己力所能及的事来保护环境。3. 了解自然环境与人类的关系，知道地球是人类的家。4. 了解吸烟对人体健康的危害，认识禁烟标志，懂得其含义。5. 了解环境的美需要我们自己去创造，懂得做一些环保方面力所能及的事，自觉养成良好的生活习惯。6. 了解保护环境就是保护自己，每个人都应该为保护环境尽一份自己的力量</td></tr>
<tr><td>《垃圾宝宝送回家》</td></tr>
<tr><td>《垃圾分类·垃圾宝宝住哪里》</td></tr>
<tr><td>《如果地球被我们吃掉了》</td></tr>
<tr><td>《灰尘的环球旅行》</td></tr>
<tr><td>《大烟斗爷爷》</td></tr>
<tr><td>《只有一个星球》</td></tr>
<tr><td>《没水了》</td></tr>
</table>

资料来源：伊文英《我和环保绘本做朋友：第九届环保节系列活动（八）》，2020年5月4日，https：//www. sohu. com/a/392964511_782703。

可见在学前教育阶段，不仅幼儿环保启蒙读物种类较多，关涉内容也多样，而且多方位多层次对培养幼儿的绿色生活意识确立了比较明确的启蒙目标。

至于在职教育，一方面是干部在职教育。近年来生态环境部宣传教育中心联合各省组织部门或生态环境厅（局）人事部门共同组织实施“生态环境人才队伍建设”项目，举办了中组部委托生态环境部举办的党政领导干部专题研究班、省部合作对口支援西部五省区党政领导干部专题培训班、全国地市级和县级生态环境局长培训班，以及生态环境部系统厅局级、处级、青年干部培训班和新录用人员、挂职锻炼人员培训班等。平均每年办班 20 期左右，参训人员大约 1200 人次。另一方面是其他在职教育。2012 年以来，仅生态环境部宣传教育中心一家，其面向全国生态环境系统和重点企业，紧密结合生态环境部重点工作和生态环境领域热点，围绕“两高”司法解释、新环境保护法、大气污染防治、水污染防治、土壤污染防治、突发环境事件与应急管理、环境监管执法与企业环境守法等主题，邀请生态环境部机关各司局及部属单位领导、高校相关领域专家等授课，开展生态环境专题培训和委托培训，累计举办培训班 200 余期，历年来培训人数合计达到 4 万余人。①

在教育引导形式上，一方面，言传和身教相统一，协同用力提高公民的绿色生活意识。语言是思维的物质外壳，各级各类学校的老师通过言传培养学生的绿色生活意识是一个重要的途径。当下众多教育工作者充分利用课堂教学这个主渠道，在教室里的三尺讲台上或直接用口头语言“口呼”，或使用黑板粉笔，凭借纸质教材教辅，用书面语言“笔引”，使学生由一张张“白纸”转变成一个个“绿色人”，于平凡中做出了不平凡的业绩，同时也确证了传统的东西的独特特点与可用价值。如图 1-3 所示，这些培养学生绿色生活意识的传统的纸质载体设计了“活动园地”“讨论交流”“拓展阅读”等板块，既有关于塑料危害的交流，也有对垃圾分类回收认识的调查，还有绿色汽车的介绍，以此向受教育者展现了一个涵容丰富的内容空间。并且它们定价相对便宜，移动、保存无特殊要求，阅读时不需要价格昂贵的外放设备的支持，操作也非常简单。尤为重要的是它们在

---

① 参见生态环境部宣传教育中心网站首页“CEEC 项目”的“干部培训”和“社会培训”栏目。

编写前都经过了充分的酝酿，在编写、出版过程中又经过了编者、审定专家和出版社相关人员等的层层审查把关，因此在政治性、科学性、严谨性、典型性、针对性、可读性、趣味性等方面，各方已经在力所能及的范围内做到了当时的极致，这使它们用起来可靠、可信、顺手。

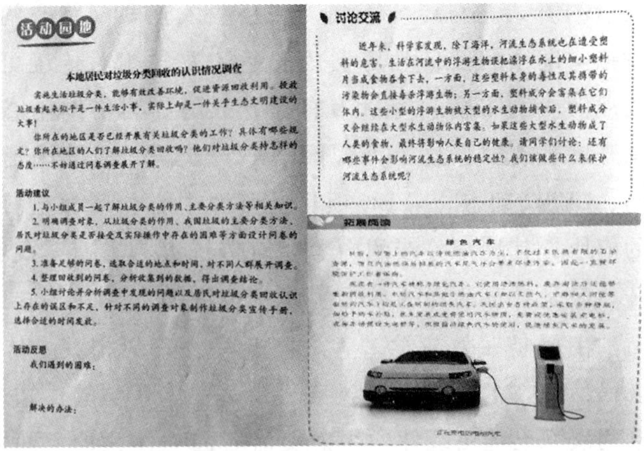
活动园地

本地居民对垃圾分类回收的认识情况调查

实施生活垃圾分类，能够有效改善环境，促进资源回收利用。投放垃圾看起来似乎是一件生活小事，实际上却是一件关乎生态文明建设的大事！

你所在的地区是否已经开展有关垃圾分类的工作？具体有哪些规定？你所在地区的人们了解垃圾分类回收吗？他们对垃圾分类持怎样的态度……不妨通过问卷调查展开了解。

活动建议

1. 与小组成员一起了解垃圾分类的作用、主要分类方法等相关知识。

2. 明确调查对象，从垃圾分类的作用、我国垃圾的主要分类方法、居民对垃圾分类是否接受及实际操作中存在的困难等方面设计问卷的问题。

3. 准备足够的问卷，选取合适的地点和时间，对不同人群展开调查。

4. 整理回收到的问卷，分析收集到的数据，得出调查结论。

5. 小组讨论并分析调查中发现的问题以及居民对垃圾分类回收认识上存在的误区和不足，针对不同的调查对象制作垃圾分类宣传手册，选择合适的时间发放。

活动反思

我们遇到的困难：

解决的办法：

讨论交流

近年来，科学家发现，除了海洋，河流生态系统也在遭受塑料的危害。生活在河流中的浮游生物误把漂浮在水上的细小塑料片当成食物吞食下去，一方面，这些塑料本身的毒性及其携带的污染物会直接毒杀浮游生物；另一方面，塑料成分会富集在它们体内。这些小型的浮游生物被大型的水生动物捕食后，塑料成分又会继续在大型水生动物体内富集。如果这些大型水生动物成了人类的食物，最终将影响人类自己的健康。请同学们讨论：还有哪些事件会影响河流生态系统的稳定性？我们该做些什么来保护河流生态系统呢？

拓展阅读

绿色汽车

图 1-3 《贵州省生态文明教育读本・初中版》

资料来源：《贵州省生态文明教育读本・初中版》，贵州科技出版社、上海科技教育出版社 2020 年版，第 22、44、104 页。

与言传紧密结合的，是教育者倡导绿色生活的身教。在教育学生的过程中，授课老师多自觉以身作则。例如他们上课使用粉笔板书时，将一支粉笔写了又写，能不留粉笔头就尽量不留；为节省纸张，纸质授课材料都是双面书写或打印；下课随手关掉讲台的电源。甚至有学校的老师为了避免让学生感到督查推动形成绿色生活方式只是针对学生而不针对老师，要求在教工餐厅的餐具收纳处安排专人架起摄像机拍摄教工就餐后餐盘剩饭剩菜情况。当然这样做主要目的并非曝光不特定对象的不文明就餐行为，而是创造一种环境，形成一种氛围，让学生实实在在看到，“光盘行动”师生一样都有要求，相较而言对于教师要求更为严格，因而也就让广大学生能以更加平和的心态自觉地吃多少、取多少、买多少，力争做到不浪费一粒饭、一根菜。

另一方面，传统和现代双线并进，强化学生的绿色生活意识。面对信息化的新时代，我国诸多教育工作者因时而进、因势而新，在提高学生绿色生活意识的教育活动中不断探索采用诸如微课、易班这类新的现代化教学形式满足学生的期待。与传统相比较，这种信息化的现代性转换一是拓展了教育活动发生的场所。它们不再局限于狭小的教室，而是延伸到了常规教育手段较难发挥作用的地点，如受教育者的寝室、食堂、操场、校园小径，甚至校外学生的居住地等，这些都有可能成为教学场所。二是革新了教育话语表达的方式。与传统不同，一旦融入互联网络空间，大家可以远隔关山在虚拟空间中交流，教育话语表达的方式相对传统更为多样。三是教育内容关涉面大为丰富，容量多有提升。例如当借助生态环境部宣传教育中心网站开展教育时，这个大型网络平台在同一时间向活动参与者提供了环境新闻、CEEC 动态、CEEC 项目、资源中心、环保科普、党群工作等多个不同的模块，其教育关涉的内容相对传统大为丰富，既有纵向延伸，又有平面展开。四是教育活动的参与主体从传统的二元互动转向多元参与。传统的教育活动主要是在教与学二者之间互动，其他相关主体难以参与进来。而借助现代信息技术，传统的教与学二元主体互动的模式被完全突破。这时教育活动的展开已经由线性的平面交流转向立体化的空间多向度接入。与之相一致，除了传统媒体时代的教与学二元主体外，学生家长、教育管理人员、教育协同人员、教育统计人员、跨时空的其他班级等多元主体都可以接入网络参与互动。这样，与信息化教育方式方法的引入相联系，我国通过教育引导提升公民绿色生活意识的行动也站到了时代的最前沿，因而也取得了比较明显的成效。据统计，近年来仅高校范围内“大学生的生态参与意识不断增强，渗透在日常生活中，并且对大学生自己的选择产生正面的积极的影响”①。

第二节　宣传导向机制

从宣传导向的构成来看，一方面，根据宣传内容的不同，以美丽中国宣传为中心，资源环境国情宣传、绿色生活法律法规与科学知识宣传相辅相成。2012 年 11 月，党的十八大报告提出要“努力建设美丽中国，实现中

---

① 齐睿等：《全国大学生生态文明意识调查（2016）》，武汉大学出版社 2018 年版，第 102 页。

华民族永续发展”[①]。为了贯彻落实党的精神，我国掀起了“建设美丽中国”宣传活动的热潮。比较突出的如中华环保世纪行宣传活动（1993 年由全国人大环资委会同中宣部等 14 个部门共同主办，新华社、《人民日报》、中央电视台等多家单位参加），从 2013 年开始，一直到 2017 年连续五年都始终把“大力推进生态文明，努力建设美丽中国”作为活动主题，聚焦党中央高度关注、人民群众普遍关心的突出环境问题，积极弘扬先进典型，努力反映百姓诉求，对“提高全社会的法律意识和环境资源保护意识发挥了重要作用”[②]。其他如 2016 年 11 月，环境保护部、国家新闻出版广电总局联合启动了“美丽中国”环境保护公益广告作品征集暨展播活动。活动以“改善环境质量共建美丽中国”为主题，强调宣传绿色发展理念，倡导勤俭节约的消费观。2021 年 1 月，生态环境部等六部门共同制定并发布了《“美丽中国，我是行动者”提升公民生态文明意识行动计划（2021—2025 年）》，提出要围绕与公众的出行、家居、消费、餐饮、快递、出游、观影等日常生活紧密相关的各方面，引导人们坚持绿色低碳的生活理念，形成全社会崇尚生态文明、践行绿色生活的生动局面。

在美丽中国宣传的统帅和推动下，为强化公民的绿色生活意识，资源环境国情宣传、绿色生活法律法规与科学知识宣传等也开展得如火如荼。其中资源环境国情宣传方面，自然资源部及其派出机构、各地方自然资源主管部门多牵头组织，向民众宣传我国自然资源的当前状况、面临困难及治理方案等一系列知识内容，以引导社会公众树立生态文明理念，增强绿色生产生活的意识。如自然资源部宣传教育中心自成立以来，紧密结合我国自然资源现状，开展了诸如《我们属于大自然》节目制作、“做大自然的守护者”答题等多种多样的活动着力传播生态文明思想，践行生态文明理念，倡导和谐共生文化，展开绿水青山画卷。各地方自然资源主管部门按照自然资源部下发的关于组织开展诸如土地日、海洋日、测绘日、地球日相关主题宣传活动的通知，根据本地区实际情况，也八仙过海，牵头开展各具特色的活动，大力宣传我国自然资源国情国策，引导公众建立节约资

---

① 中共中央文献研究室编《十八大以来重要文献选编》（上），中央文献出版社 2014 年版，第 31 页。

② 冯涛：《中华环保世纪行 2020 宣传活动简介》，2020 年 9 月 25 日，http://www.npc.gov.cn/npc/2020zhhbsjx002/202009/de4f84a48fd1422c8b81b70f266a5c69.shtml。

源、保护环境的自然资源观，还自己生活于其中的自然以宁静、和谐与美丽。其中围绕第51个世界地球日“珍爱地球 人与自然和谐共生”的宣传主题，北京市地勘院承办的宣传周活动在西郊雨洪调蓄工程基地拉开帷幕，对广大市民进行了水资源保护、环境及生态修复、城市可持续发展等相关知识的传播。上海市规划和自然资源局组织了青少年环保绘画大赛、获奖作品展出，同步发放宣传资料，开展世界地球日宣传和公众参与互动。云南省自然资源厅邀请中国地质学会理事、云南省地质学会名誉理事长等省内50位地质专家为大自然代言，以自然的名义向受众灌输珍爱地球的理念。总之，各地自然资源部门开展的活动既主题鲜明，又互动性强，让相关宣传不仅富含趣味，而且不失“鲜”味。

绿色生活法律法规宣传方面，在中央，如前面提到的中华环保世纪行宣传活动“紧密配合全国人大常委会环境资源立法和监督工作重点，每年确定一个宣传主题，组织中央媒体记者进行采访报道，大力宣传我国环境与资源保护方面的法律法规”[①]。在地方，较为典型的如2017年9月，河南省、市、县环保系统2.1万名工作人员加上各地配合参与的干部群众共计10万余人组成22个工作组赶赴全省各地，因地制宜在农村绕村巡视、入户调查，城市“白天进单位、访商户、上公园、站街头、入菜场，晚上进社区、进文化广场”[②]，开展了一场历时一个多月的环保法律法规深入城乡居民的大宣传活动。至于地方基层，它们多也在相应村组、社区、企业中积极开展宣传普及有关绿色生活法律法规知识的工作。如2021年3月，合肥市高新技术产业开发区的“部门动态”就介绍了该区南岗科技园为普及市民环保法律知识，特别开展了“绿色生活 你我同行”环保法律法规宣传活动。其间宣传人员深入惠民新村、和园、畅园等小区，大同格兰、燕庄食用油等园区企业，现场发放宣传材料，解答园区住户、企业提出的环保法律法规方面的问题，让居民学会用法律维护自身的环境利益，使企业透彻理解环境保护的法律法规及其相关政策，以推动形成全民依法治污的良好氛围。

---

① 李杰：《中华环保世纪行宣传活动简介》，2022年3月2日，http：//www.npc.gov.cn/zgrdw/npc/zt/qt/2014zhhbsjx/2012-07/09/content_1865187.htm。

② 生态环境部宣传教育中心：《河南：全省10万人开展环保法律法规深入城乡居民户大宣传》，2017年9月6日，http：//xjs.mee.gov.cn/dtxx/201709/t20170906_421007.shtml。

绿色生活科学知识宣传方面，政府以生态环境部门为主，以绿色社区为平台，深入居民社区开展环境科普宣传活动；以“6·5”世界环境日为契机，组织开展面向公众的环境科普宣传活动；以国际合作项目拓宽资金渠道，全方位、多层次地搭建环境科普工作平台进行宣传；以资料中心编写、制作的环境保护宣传资料为载体，充分利用现有科普资源，开展环境科普宣传工作。具体操作上如生态环境部宣传教育中心就对外专设了一个“环保科普”的栏目，向公众大力宣传包括“生命之源——水”“发展的血液——能源”“另一种资源——垃圾”等科普知识。

至于由全国学会、协会、研究会与地方协会及基层组织组成的中国科学技术协会等群众组织或人民团体，它们在组织开展绿色生活科学知识宣传上也出力颇多。如中国环境科学学会连续多年参与全国科普日宣传活动。2018 年 9 月，它在北京主场承办了“绿色生活”板块宣传活动。“展区以专家讲解、互动体验、成果展示等多种形式，向公众展示创新科技如何引领绿色生活”[①]，最大限度地发挥了绿色生活科普工作的传播和宣传功能。

另一方面，根据宣传形式的不同，传统媒体宣传和现代媒体宣传齐头并进。当今时代虽然信息化发展步伐不断加快，但是通过传统大众媒体宣传引导公众绿色生活仍然是一项极为重要的工作。实际行动过程中，宣传人员或步行，或乘坐代步交通工具，走街串巷，进村入户，贴标语、挂横幅、竖广告牌，发放宣传资料，与乡村村民、社区居民、市场商贩、企业员工等亲切交谈，了解他们对自己生活环境状况的所思所想、所盼所望，通过手头资料告诉他们应该怎样做才能实现所想所盼和所行所动统一，将自己对优美生活环境的期盼变成现实。当然，具体操作上，依宣传地点和宣传对象等的不同，宣传的做法也有所差异。如在贵州省的一些乡村，村中房屋朝向公共道路的一面多贴有小型宣传牌，以通俗易懂又朗朗上口的语言告知村民们垃圾要归类集中，树木要依时栽种，花草要小心避让，村居环境要共同爱护。而在贵州城市社区，同样是路边的宣传牌，不仅做得更大，有时几乎占据了居民楼的整整一面墙，而且内容更为丰富、具体、全面。宣传牌上有大字、小字、黑白字、彩色字，有卡通绘画、传统绘画、

---

① 吴燕芳：《2018 年全国科普日北京主场之“绿色生活”展区侧记》，2018 年 9 月 19 日，http：//share.gmw.cn/kepu/2018-09/19/content_31261433.htm。

科普绘画、儿童绘画，有绿色生活倡议、社区公约、国家环保法律的简介，有科普知识、新能源介绍，有居民环保典型人物及其事迹展示，等等。如果条件允许，社区还会开展如“绿色生活进万家”等低碳环保主题宣传，形式上有低碳环保趣味知识问答、垃圾分类我知道、节水行动我参与、绿色家电到我家等一系列寓宣传于游乐的活动。这些轻松活跃的宣传方式方法吸引了数量众多的社区居民积极参与，使日常生活中低碳环保的相关知识得到更为深入的传播和普及。

立足于信息化技术的基础，现代媒体宣传在推动提高公民绿色生活意识的过程中扮演着越来越重要的角色。从整体来看，不仅宣传载体有电脑、手机、数字楼宇电视、数字车载电视、交互式网络电视（IPTV）、数字电影、触摸媒体、数字杂志、数字报纸、数字广播等，而且宣传平台从微博、微信、门户网站到抖音、钉钉、公众号、视频网站、腾讯会议、手机客户端、新闻客户端、社交媒体账号等不断创新拓展，并且宣传内容衣食住行游全方位覆盖，多层次展示。从部分来看，例如生态环境部宣传教育中心以在线建设的门户网站为宣传绿色生活的集成依托基础，将各种各样的平台和丰富多样的内容有机整合在一起，充分调动人们使用的电脑、手机等各种工具载体，向公众倡导低碳的生活方式、环保的生活理念。首先相关宣传渠道就有《世界环境》杂志等专题网站、环境新闻、微言环保（包括微信、微博）、“6・5”世界环境日宣传活动、“清洁节水中国行 一家一年一万升”宣传活动、宣传片、环保手机报、公益广告、奥运系列广告、气候变化系列广告、环境保护公众参与等多种。其次内容上包括清洁能源、绿色办公、垃圾分类、绿色出行、节约用水、节约能源、限制塑料等涉及日常生活的各个“板块”。最后在形式上可分为在线的文字、音频、视频、图片等多个类别。其中特别是“节能减排的解决之道”“清洁能源之路”“保护环境 从心开始”等诸多视频文件，它们通过屏幕光、电、声、色、画的立体式作用，镜头推、拉、摇、移，俯、仰、跟、追的转换，既给受众带来了量多面广的环保信息，也让他们在多维的视觉、听觉复合性撞击中更能感受到宣传活动中倡导的绿色主题，从而最大限度地放大宣传活动的“声音”，取得更好的宣传引导效果。其他各级各类组织机构开展线上宣传活动，即使仅限于某一个主题，一般也都能充分利用现代媒体以小见大，以点带面，向社会传送表现多样、涵容丰富的绿色信息流。例如某市宣传生活垃圾分类收集知识，充分地发挥网络和自媒体平台的辐射作用，使用快手、抖音等平台，制作上传多条接地气的有关归集生活垃圾的短视频，通过全市主流公众号、媒体客户端等平台，面向市域党政机关、企事业单位、社区居民用户，精准推送相关视频、音频、图解、动漫等宣传活动的文图。此外，市融媒体中心还通过微信等在线征集到了几十个 H5 作品，在此基础上推出 H5 微展播，充分展现市区各部门、企业、社区在生活垃圾分类处理方面的工作成效，让大家既学习经验，也你追我赶，达到了激发热情、交流经验的效果，凝聚形成了全市共同做好分类归集处理生活垃圾的强大合力。

在推动提升公众绿色生活意识的过程中，虽然传统媒体宣传和现代媒体宣传在形式上齐头并进，但是绝不等于它们之间具有不可逾越的鸿沟，而是二者多相互融合，传统中有现代，现代中有传统，一起综合作用于宣传对象。以“清洁节水中国行 一家一年一万升”宣传活动为例，历年来既有线下传统的节水展板展览、节水海报展示、节水手绘主题 T 恤、节水知识问答、节水生活会、节水洗衣大赛、节水文艺表演、节水趣味运动会、节水助力徒步走、节水“环保宣言”签名活动、“妈妈叫我节水小能手”节水游戏、“水滴娃娃节水行动”原创节水剪纸、工厂节水设施开放参观等现场宣传活动，也有节水主题微电影大赛、环保公益广告大赛等线上线下一体化活动。无论开展的是何种性质、何种类型的宣传活动，在启动或总结时一般都会挂网在线与公众见面。这样既“键对键”，又“面对面”，把网上的绿色生活意识引导和网下的绿色生活意识工作结合起来，不断打造出更具亲和力、更有感染力、更显实效性的绿色生活意识宣传新路径与新形式，进一步促进了公众绿色生活意识整体水平的提升。

从宣传导向的分工协作来看，政府宣传起主导作用，市场、社会和个人宣传协同用力。其中关于政府宣传的主导作用，第一，它是我们党和国家相关决策部署的要求。如 2018 年 6 月，《中共中央、国务院关于全面加强生态环境保护 坚决打好污染防治攻坚战的意见》提出“各级党委和政府必须坚决扛起生态文明建设和生态环境保护的政治责任，对本行政区域的生态环境保护工作及生态环境质量负总责，主要负责人是本行政区域生态环境保护第一责任人，至少每季度研究一次生态环境保护工作，其他有关领导成员在职责范围内承担相应责任。各地要制定责任清单，把任务分解落实到有关部门”。这些政治责任或者工作任务就包括“倡导简约适度、绿色低碳的生活方式，反对奢侈浪费和不合理消费”[①]，引导公众绿色居住、绿色出行等。

第二，政府部门从全局的角度，出台了一系列政策性文件，以强有力的计划和政策指导、推动各项强化我国公民绿色生活意识的宣传工作。表 1-4 是党的十八大以来我国发布的部分有关宣传倡导绿色生活的政策性文件。

表 1-4　党的十八大以来我国发布的部分有关宣传倡导绿色生活的政策性文件

年份	政策性文件及其发布机构
2013	《城镇排水与污水处理条例》（国务院）、《关于加快发展节能环保产业的意见》（国务院）、《大气污染防治行动计划》（国务院）
2014	《全国生态文明意识调查研究报告》（环境保护部）
2015	《中共中央、国务院关于加快推进生态文明建设的意见》（国务院等）、《生态文明体制改革总体方案》（国务院等）
2016	《“十三五”生态环境保护规划》（国务院）
2017	《生活垃圾分类制度实施方案》（国家发展和改革委员会等）
2018	《中共中央、国务院关于全面加强生态环境保护 坚决打好污染防治攻坚战的意见》（国务院等）、《公民生态环境行为规范（试行）》（生态环境部等）
2019	《绿色生活创建行动总体方案》（国家发展和改革委员会）、《绿色出行行动计划（2019—2022 年）》（交通运输部等）
2020	《关于构建现代环境治理体系的指导意见》（国务院等）
2021	《“美丽中国，我是行动者”提升公民生态文明意识行动计划（2021—2025 年）》（生态环境部等）

毋庸置疑，这些属于中央层面的政策性文件在顶层设计上对宣传倡导绿色生活的各方面、各层次、各要素进行了统筹性的规划。随着中央有关政策的颁布和实施，各级各类地方政府也以此为依据制定了相应的政策性文件，既统揽全局，又自上而下系统谋划，从而最大限度地集中了有效资源，有力地推动了有关绿色生活意识宣传活动的目标被高效快捷地实现。

---

① 《中共中央、国务院关于全面加强生态环境保护 坚决打好污染防治攻坚战的意见》，2018 年 6 月 24 日，http://www.gov.cn/zhengce/2018-06/24/content_5300953.htm。

第三，政府部门作为主力军，组织参加宣传工作。例如为落实《绿色生活创建行动总体方案》，国管局、中直管理局具体组织中央和国家机关本级以及牵头负责推进县级及以上党政机关开展创建节约型机关行动的宣传。各省（区、市）机关事务主管部门按要求制定本地区创建节约型机关行动方案及评分表，明确达标分值，具体负责推进域内节约型机关创建行动的宣传。受此推动，各地市、县直至基层都在积极做好节约型机关创建的宣传工作。它们一是通过文件批示、会议宣讲传达部署。二者一齐跟进，要求各机关人员必须积极践行绿色办公和绿色生活理念，将节约意识、低碳观念融入自己的日常工作。二是全面宣传，广泛普及。如将有关节约型机关创建实施方案送到机关全体人员工作的案头，让他们对照学习，及时了解创建的目标要求；专门设立张贴“绿色出行倡议书”、生活垃圾分类图等内容的公示栏和广告牌，普及节约知识；平时在机关工作微信群、QQ 群、公众号上不定时地推送节约提示，提醒各机关人员养成节约习惯。三是切入细节，深入开展宣传。常见的有在机关空调开关处粘贴温度调节提示、在打印机旁张贴双面用纸标语、在食堂挂上“我‘光盘’，我光荣”横幅等。通过这些措施，让节约意识在各个机关全体人员心中得到牢固树立。

关于市场、社会和个人宣传，它们在政府宣传的导向推动下，一起协同用力强化公众的绿色生活意识。市场方面，诸多企业积极响应党和国家倡导简约、绿色、低碳生活方式的号召，或者打造出注重绿色发展的企业文化理念，或者大力培养主管领导、普通员工的环保节俭意识，或者走出企业进社区、进楼宇向街坊群众宣传绿色生活知识，不断加强与自然和谐的生活理念的宣传力度，构建共治共享的绿色生活新风尚。社会方面，诸如中国科协、全国妇联及其地方和基层等群众组织和人民团体最为突出地发挥了党和政府联系群众的桥梁和纽带作用。它们不仅广泛参与政府有关提升公民绿色生活意识的政策性文件的制定和发布，而且自觉坚持党的领导，深入贯彻落实党的精神，开展了一系列倡导推进绿色生活的宣传活动（见图 1-4）。如 2020 年 7 月，大连市各级妇联多措并举开展节能低碳宣传活动。“在‘回娘家’推送《全国节能宣传周：保护绿水青山，节能增效从我做起》《全国节能宣传周：与“能小宝”“节小贝”一起，开启绿色技能新生活》《全国低碳日：绿色生活 从我做起》等多篇文章，宣传节能知识和绿色生活理念。各区市县妇联积极转发，通过官方微信号、微信群、公告栏、倡议书、LED 大屏、社区滚屏、线上讲座等各种载体平台，开展了形式多样的宣传动员工作，形成上下联动合力，引导全市广大家庭积极参与的良好氛围。”① 个人方面，近年来也涌现出一大批具有一定影响力的先进个人。他们以组织者或者参与者身份积极组织参加垃圾分类、节能节水、珍惜粮食等文明创建、好习惯培养等系列宣传活动，在活动中通过演讲、征文、绘画、布置展板、发放宣传品、写作新闻报道等各种方式传播绿色文明生活方式，促使绿色理念深入人心，绿色生活渐成时尚。

图 1-4　2017“清洁节水中国行 一家一年一万升”活动闭幕式嘉宾与获奖代表

资料来源：生态环境部宣传教育中心《节水牵动你我他 绿色生活进万家——2017“清洁节水中国行 一家一年一万升”活动闭幕》，2017 年 6 月 23 日，http://www.chinaeol.net/ceecxm/qjjszgxyjynywsxchd/201706/t20170623_458497.shtml。

第三节　文化熏陶机制

首先，从熏陶文化的组成来看，围绕公民绿色生活意识的提升，它们以马克思主义绿色文化为灵魂，以传统绿色文化为根基，以国外绿色文化为借鉴，形成了一个整体。

在诸如《1844 年经济学哲学手稿》《关于费尔巴哈的提纲》《德意志意

① 《大连市各级妇联多措并举开展节能低碳宣传教育活动》，2020 年 7 月 3 日，http://2012.women.dl.gov.cn/info/81_183064.htm。

识形态》《反杜林论》《自然辩证法》《资本论》等系列论著中，马克思主义经典作家们聚焦人与自然的生态向度，批判如费尔巴哈等旧哲学家“从来没有把感性世界理解为构成这一世界的个人的全部活生生的感性活动”[①]，实际上从反面表明他们认为应该“把感性世界理解为构成这一世界的个人的全部活生生的感性活动”，也即把人化自然理解为人的实践活动改造的结果，因而人化自然中出现的如生活环境恶化等反人化的现象多是人自己造成的。我们要有效克服自然界中的反人化现象，就必须合理控制自己的行为使之与感性的自然界相和谐。但在资本主义私有制即社会强制性分工的宰制下，“生产力、社会状况和意识，彼此之间可能而且一定会发生矛盾，因为分工使精神活动和物质活动、享受和劳动、生产和消费由不同的个人来分担这种情况不仅成为可能，而且成为现实，而要使这三个因素彼此不发生矛盾，则只有再消灭分工”[②]。这样，资本主义私有制（强制性分工）让社会陷入激烈的矛盾冲突之中，所以是它带来了社会的不和谐或者生态问题，因而要解决生态问题，使社会不发生尖锐的矛盾重新和谐，我们就必须扬弃资本主义私有制或者强制性的分工。

至于直接涉及人们衣食住行的消费，从其本性上来说，“消费直接也是生产，正如在自然界中元素和化学物质的消费是植物的生产一样。例如，在吃喝这一种消费形式中，人生产自己的身体，这是明显的事。而对于以这种或那种方式从某一方面来生产人的其他任何消费方式也都可以这样说”[③]。正是在这种消费过程中，自然界的物质进入人的体内，生产了人自己的无机的身体。不过，在资本主义生产方式下，以消费表征的这种人与自然之间的物质变换也受到资本主义私有制的束缚。典型的例子如“人的自然排泄物和破衣碎布等等，是消费排泄物。消费排泄物对农业来说最为重要。在利用这种排泄物方面，资本主义经济浪费很大；例如，在伦敦，450 万人的粪便，就没有什么好的处理方法，只好花很多钱用来污染泰晤士河”[④]。

马克思、恩格斯等经典作家上述关于生态和消费的自我意识在历史发展的当代，随着加快构建中国特色哲学社会科学号角的吹响而与党的十八

---

① 《马克思恩格斯选集》第 1 卷，人民出版社 2012 年版，第 157~158 页。
② 《马克思恩格斯选集》第 1 卷，人民出版社 2012 年版，第 162~163 页。
③ 《马克思恩格斯选集》第 2 卷，人民出版社 2012 年版，第 690 页。
④ 《马克思恩格斯文集》第 7 卷，人民出版社 2009 年版，第 115 页。

大以前中国化的马克思主义“如党的理论和路线方针政策，中国特色社会主义道路、理论体系、制度，我国经济、政治、法律、文化、社会、生态、外交、国防、党建等领域形成的哲学社会科学思想和成果”[①] 相互激荡，这些成果中民族的、大众的、科学的绿色思想相互贯通，一起作为主体内容和发展的最大增量，构建形成新时代需要被极力张扬的我们的绿色文化的灵魂。

而绵延了几千年的中国传统文化，则是通过它们独特的内容和方式表现了我国先民们朴素的绿色追求与无穷的创造性智慧。如道家，他们以“道”为出发点，认为“道生一，一生二，二生三，三生万物”（《道德经》第四十二章），也即世间万事万物都不是开天辟地以来就一直亘古不变地存在的，而是由独一无二的“道”生成出来的，因而提出了“天人一体”的观点。“万物一也”（《庄子·知北游》），因此就这个意义而言表面上外在的自然并不疏离于人之外。这样，作为结果，自然环境中出现了生态危机，从最一般的层面来看就是人本身患了病。所以，人们破坏自然环境，他们实际上也等于是在伤害自己。

同时，“道”本身包含着阴阳二气，这使“万物负阴而抱阳，冲气以为和”（《道德经》第四十二章），也即阴阳二气相交形成一种适匀协调、和谐统一的状态，背阴而向阳的万物在阴阳二气这种互相激荡的状态中产生，不断发展形成新的和谐体。因此“明白于天地之德者，此之谓大本大宗，与天和者也。所以均调天下，与人和者也。与人和者，谓之人乐；与天和者，谓之天乐”（《庄子·天道》）。由此可知，人们认识了天地的根本之后，就可以凭它来均衡调和天下，在人与自然关系上做到和谐发展，在人与人关系上实现与他人和谐相处。这就是所谓的“天乐”和“人乐”。

并且，道家认为“道生之，德畜之，物形之，势成之。是以万物莫不尊道而贵德。道之尊，德之贵，夫莫之命而常自然”（《道德经》第五十一章）。因此“人法地，地法天，天法道，道法自然”（《道德经》第二十五章）。归根结底，人要循“道”而行，遵从自然规律办事，这样才能“成其大”。

---

① 习近平：《在哲学社会科学工作座谈会上的讲话》，人民出版社 2016 年版，第 16 页。

与道家相类似，儒家也提出了“天人合一”的观想与“和为贵”的绿色思辨，除此以外荀子还阐述了“天行有常”的观点。他对传统关于天和神的观念进行了批判，指出：“列星随旋，日月递照，四时代御，阴阳大化，风雨博施，万物各得其和以生，各得其养以成，不见其事而见其功，夫是之谓神；皆知其所以成，莫知其无形，夫是之谓天。”（《荀子·天论》）因此，在荀子看来，天不过就是客观存在的自然界，它的运行变化不是在预示社会的治乱吉凶，而是有着自己固有的规律，即“天行有常，不为尧存，不为桀亡。应之以治则吉，应之以乱则凶”（《荀子·天论》）。正因为自然界是独立于人事而以其固有规律运行的，所以人不能违背这种客观规律，而只能利用自然规律来达成事功。

其他如孔子论及与“仁”紧密相依的“克己”和“爱人”。在自己的弟子颜渊问什么是“仁”时，孔子认为：“克己复礼为仁。一日克己复礼，天下归仁焉。为仁由己，而由人乎哉？”（《论语·颜渊》）因此，一个人要达到“仁”的要求，一个重要方面就是要做到“克己”，自觉地约束自己的行为。当然，在孔子的视域中，以实践理性在场的“仁”除了“克己”以外，它还突出表现在“爱人”上。当自己的弟子樊迟问仁，子曰：“爱人。”（《论语·颜渊》）并且，孔子肯定诸如“己所不欲，勿施于人”（《论语·颜渊》）、“君子成人之美，不成人之恶”（《论语·颜渊》）等都是合乎“仁”的“爱人”的表现。

秦汉以降，董仲舒把孔子倡导的“仁爱”由人推及物，完成了“仁”从爱人普及至“仁爱万物”的转变。他认为《春秋》为仁义法，“质于爱民，以下至于鸟兽昆虫莫不爱。不爱，奚足谓仁？仁者，爱人之名也”（《春秋繁露·仁义法》）。这表明尽管“仁”的原则是爱人，然而不仅在于爱护自己，也在于爱别人。真正的美善之人，不仅真心实意地爱别人，对鸟兽昆虫直至自然万物没有不爱的。

如儒家经典《中庸》还论述了尽物之性、参赞化育的观点。它指出“唯天下至诚，为能尽其性；能尽其性，则能尽人之性；能尽人之性，则能尽物之性；能尽物之性，则可以赞天地之化育；可以赞天地之化育，则可以与天地参矣”（《中庸》第二十二章）。也就是说，人如果彻悟天地万物运行的至理，就能够完全合理地发挥和利用万物的天性，继而与天地共同作用，化育万物。

“儒释道”三家当中，佛家的思想也具有丰富的绿色意蕴。其由“因果报应”引出的“天地与我同根，万物与我一体”（《涅槃无名论·妙存第七》）的观念打通了与儒家、道家“天人合一”的逻辑界限，把对自然和人的绿色关怀统一起来，以朴素的方式抽象地开启了“人与自然是生命共同体”的原初视域。

不仅如此，佛家大力倡导众生平等，万物皆有佛性。《妙法莲华经文句》说：“若言处处受生，故名众生者。此据业力五道流转也。”因此，“一切众生悉有佛性”（《大般涅槃经》）。按照这种理路，人在天地万物的等级序次中并不具有优先性，完全没有权利要求其他“众生”为自己“献祭”。那些贪婪地向自然界索取，甚至为了一己私欲不惜砍光大片大片的森林、挖掉一座一座的高山、污染一条一条的河流的行为，无一不是在“造孽”。

为此，佛家宣扬“无缘大慈”“同体大悲”（《大乘本生心地观经》）的理念。在佛教徒看来，自己要以慈悲心关怀万物、以慈悲心真诚生活。如果剥离现象，那么在本质上佛教徒的这种慈悲心与儒家的仁爱万物并无不同。除此以外，佛家还主张“不杀、不盗、不邪淫、不妄语、不饮酒”（《长阿含经》），教导人们要节制欲望，过朴素节俭的生活。而一旦节制了过多的欲望，相应的人们与外在自然界激励对抗的矛盾就会得到解决。

儒释道对生态、绿色的呵护，通过它们自身的社会影响也极为广泛而深刻地渗透进了我国民众的日常生活之中，促使先民们在他们的衣食住行等方方面面以其独特的内容和方式表现出了自己朴素的生态追求与无穷的创造性智慧。如早在秦汉时期的青铜日常生活用器，就通过青铜器的纹饰、形制结构凸显出了我国源远流长的传统生态追求。其中诸如汉彩绘雁鱼铜灯、汉长信宫灯等我国青铜工艺史上极为珍贵的艺术珍品，更是巧妙地利用虹吸原理顺自然之势引灯烟进入中空的灯腹，甚至加水消烟，净化室内空气。隋唐以来，与日常出行密切相关的桥梁的发展也趋向鼎盛。这一时期在梁桥、索桥和浮桥的建造技术上都有所突破，而石拱桥更是达到顶峰。它们样式灵活多变，单跨既有空腹与实腹之分，也有圆弧拱、半圆拱、椭圆拱等之别，多跨则有联拱拱桥等。特别是隋文帝开皇中期（591 年至 599 年）由著名工匠李春设计建造的赵州桥，它作为现存最早的单孔敞肩空腹圆弧石拱桥，以结构组合的和谐协调、外在造型构意的天人合一、桥物关系处理的顺应自然、人桥友好的自觉追求，极为典型地体现了古人精湛的石拱桥建造技术中内含的人与自然和谐的价值取向。[①] 及至明清，衣食住也在传统的范式中将生活与绿色更为和谐地统一起来。它们取自然之形，循造化之理，究天然之趣，于端庄、稳重、平和、协调中展现了人们对美丽生活的坚守。甚者如明代居家使用的家具，用材节省，少漆无过多的装饰，突出木色纹理的材质美，形成清新、雅致、简约的主体风格。这样，在长期的历史发展中，中华优秀传统文化事实上构建出了一个充满"绿意"的"基地"。当今时代，我们提升公民绿色生活意识的知与行、理论与实践都扎根于这个绿色的"基地"，从中吸取中华民族先民们漫长奋斗积累的绿色文化养分，聚集千千万万群众聚合的磅礴之力，因而具有无比深厚的历史底蕴、无比强大的前进定力。

至于国外哲学社会科学，20 世纪 60 年代以来，现代生态主义思潮就开始兴起，它们在诘难"人类中心主义"的同时，把批判的锋芒对准了当代西方的经济、文化等领域。如自然中心主义者强调突破传统道德只关注人与人之间关系的樊篱，而将生态伦理学的适用边界扩展到人与非人存在物之间的关系。在他们看来，"传统作为对象世界的客体——自然界被认为是一个有目的导向的自组织性'生命共同体'，并不因为人生活和行动于其中而是人的自然；相反，人这个'神圣的主体'在支持我们生存的生命之源中并不具有特殊的地位，它像自然界的其他动物、植物甚至山川、河流一样同质、同构地消融在自然当中"[②]。

与此相联系，经过 20 世纪 70 年代起始的"红—绿"碰撞交融，勃兴的生态马克思主义思潮也将对马克思主义的关注拓展到生态环境的论域。例如本·阿格尔认为随着历史的发展，资本主义生产方式确实因其快速的资本积累出现了难以有效利用的后果，不过资本主义却以垄断的资本主义取代自由经营的资本主义的生产关系内部的转换，提高了企业经营管理水平及劳动生产率，在一定程度上缓和了生产过剩的经济危机。有鉴于此，"今天，危机的趋势已转移到消费领域，即生态危机取代了经济危机。资本

① 余满晖等：《生态文明建设的理论与实践》，社会科学文献出版社 2020 年版，第 64~74 页。

② 余满晖：《论马克思和自然中心主义在主客关系上的反转》，《山西师大学报》（社会科学版）2015 年第 5 期。

主义由于不能为了向人们提供缓解其异化所需要的无穷无尽的商品而维持其现存工业增长速度，因而将触发这一危机"①。而福斯特通过为马克思的生态性辩护，提出按照唯物主义的观点，人类活动与人类生存于其中的自然环境二者之间存在相互联系、相互作用、相互影响关系，这意味着生态问题不是一个生态中心主义和人类中心主义二元对立的问题，而是一个在深刻理解人与自然之间不断地由低级到高级、由简单到复杂进化发展的物质关系或者新陈代谢关系的条件下的人类与一般生物二者共同进化、一起发展的问题。因此，相对于像哲学上的唯灵论或唯心主义仅仅关注单一向度的生态价值因而注定都无益于深刻洞见人类与自然界之间这些复杂关系的种种看法，唯物主义并不致力于在一种类似于培根式的支配自然和发展经济的思想中扩展张力，它实际上维护的是生态系统的价值。所以，"彻底的生态学分析同时需要唯物主义和辩证法"②。

这样，伴随现代生态主义思潮的不断扩展张力，国外思想文化界是众声喧哗，各自在自己的独特向度立论，在人类走向明天的路途方向上持续发力。面对这些资源积淀形成的成果，我国当下通过熏陶促进公民绿色生活意识提升的文化既不忘本来，也吸收外来，既向内看，又向外看，批判地吸收借鉴，从中得到了有益的滋养，在提高解决特殊性问题的同时，也有了更强的能力去解决共同性、普遍性的问题。

与融通各方资源紧密相关，新时代我国绿色生活文化在居民衣食住行游等各个向度都在协调稳健发展。如表 1-5 所示，目前这些方面在各自的范围内不断充实新的内容，使绿色拓展到了日常生活的方方面面。与此相联系，从公众绿色生活中抽象出来的哲学、艺术、制度以及知识、经验等的形式和内容也不断丰富。近年来相关书籍及其他资料文献大量与公众见面。③ 它们以其独特的内容影响指向对象，借以熏陶民众，将绿色生活的观念渗透进他们的心田。

① 〔加〕本·阿格尔：《西方马克思主义概论》，慎之等译，中国人民大学出版社 1991 年版，第 486 页。

② 〔美〕约翰·贝拉米·福斯特：《马克思的生态学——唯物主义与自然》，刘仁胜等译，高等教育出版社 2006 年版，第 18 页。

③ 具体情况参见第一章文献述评中的相关阐述。

表 1-5 新时代我国绿色生活文化在居民衣食住行等方面的主要内容

类别		主要内容
衣	服饰	绿色洗衣、绿色低碳着装、合理使用化妆品、旧服饰循环利用
食	饮食	爱惜粮食、不剩饭剩菜、不食野生动物、选择绿色食品；不用一次性餐具
住	家居	家庭节水节电、合理利用废物、室内污染清除、屋顶绿化
行	出行	购买环保汽车、绿色驾驶（不原地热车、停车及时熄火、平稳驾驶、少开空调和暖气、尽可能不使用车顶行李架等）、绿色洗车（使用循环水、避免使用含磷清洁剂等）、使用绿色汽车燃料（天然气、液化石油气、无铅汽油、生物燃料等）、选择公共交通工具
	办公	尽量用电子邮件、微信、QQ 等传递信息、双面打印、不使用氯漂白的纸张、及时关闭办公设备电源、多爬楼梯、不用一次性水杯、少用空调和注意空调温度设置不要过高或过低
	购物	购买简单包装的商品、购买大包装商品、使用非一次性购物袋、不购买过多的物品、避免购买对环境产生不利影响的商品
	娱乐	选取不用电的娱乐（下棋、跳绳、踢毽子等）、拒绝礼品包装、减少外出就餐
	旅游	文明旅游（不在景点树木上刻字、采摘植物、践踏花草等）、自带洗漱用品
	……	……

从熏陶文化的层级来看，处于最底层的绿色物质生活文化是公众在自己的绿色文化生产中构建出来的一定的、必然的、与人们的精神生活相对立的物质性实体。这种物质性的东西随着一定阶段社会生产力的发展在持续改变自己存在形式的同时也不断在人们社会生活中扩展自己的力量张力，就像“千手如来”一样将万万千千的触手探伸到人们日常生活领域的每一个角落，既有平面展开也有纵向延伸地构建出一定时期内的绿色文化关系网络，形成绿色精神生活文化竖立其上，并有一定的与绿色趋向具有一致性的意义内含于其中的现实文化基础，因而归根结底它们不仅不被人们的意志抑或精神决定，相反是以决定的形式制约着人们的绿色精神文化生活。一切社会的绿色精神文化的生成出现、发展变化都依附于这个现实基础或者关系网络展开自己的活动过程。物质生活文化方面一开始是诸如及时关水、关电，贴提示不要剩饭剩菜的小纸条等低水平的构建，接着是使用节能灯、节能家电、节水喷壶等高一级设备配制，再到闪耀着科幻色彩的智能建筑、新能源代步工具、整体节能节水中央一体化数字自动调控设施甚至智慧生态城市等的成形，人们精神生活绿色化拓展的广度和探入的深度都随之不断突破各自的极限，达

到新的时空界域。并且，绿色物质生活文化的每一次跃迁性发展，不仅仅只是绿色精神生活文化在同一方向的运动变化，实际上也意味着整个社会绿色生活水准的根本性升高。与之相一致，民众包括绿色生活意识在内的绿色生活综合素养也会跨越式地被提高到新的高度。因此，绿色物质生活文化就是“发动机”，就是“第一推动力”。这种“第一推动力”能被推动一方面是由于内因，即绿色物质生活文化的生产者、生产资料、生产对象三者之间的对立统一运动。一开始是以生产工具为标志的生产资料的改进。比如关于绿色住宅的采光照明，通常通过使用节能灯以及及时关闭灯具的电源开关来达到节能的目的，不过即使这样做仍然不能完全避免电力的消耗。在光导纤维及其生产设备出现以后，我们就可以利用光纤优良的导光性能在住宅的周围或房顶上安装太阳光导入系统进行照明。如图 1-5、表 1-6 所示某品牌太阳光采光照明设备（36 镜，采光面积 0.20m^2，配置 20m 光纤）的原理图和实测资料。

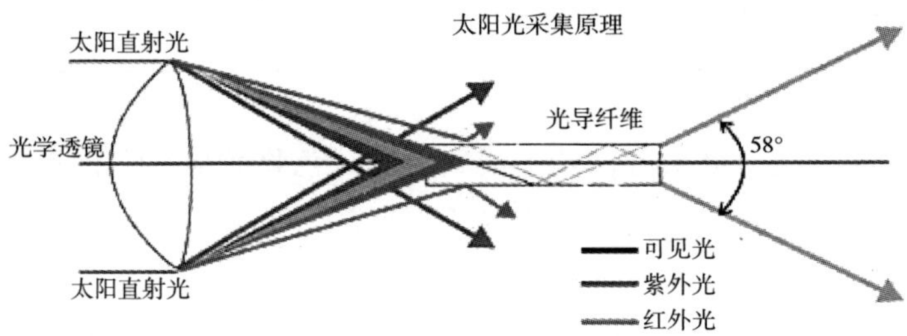

图 1-5　某品牌太阳光采光照明设备的原理图

资料来源：《光导照明中国事务部有关太阳光导入系统光源灯的说明》，2021 年 3 月 24 日，https：//item.taobao.com/item.htm？spm = a230r.1.14.31.5bc73c92R5mslW&id = 614439298875&ns = 1&abbucket = 5#detail。

表 1-6　某品牌太阳光采光照明设备实测资料

室外光强	照射面积	室内地面光强（层高 2.6m）	40 瓦白炽灯地面光强（层高 2.6m）	场所
40000lux（早 9 点）	20m^2	180lux	85lux	设计室、书房、电脑室、厨房、教室、洗手间、洗衣房、楼梯、走廊、餐厅、仓库、地下车库
80000lux（早 10 点）	20m^2	250lux	85lux	
100000lux（午 13 点）	20m^2	350lux	85lux	

资料来源：《光导照明中国事务部有关太阳光导入系统光源灯的说明》，2021 年 3 月 24 日，https：//item.taobao.com/item.htm？spm = a230r.1.14.31.5bc73c92R5mslW&id = 614439298875&ns = 1&abbucket = 5#detail。

通过与白炽灯对比，这种颇有科技含量的太阳光照明设备在光照效率上有最小 2 倍，最大 4 倍的提高，如果不开启自动追踪太阳光的微型低耗能马达，那么完全可以不使用电力，其节能效果不言而喻。不过，新型自然光照设备的研发、制造、安装、维护也对既有的生产者提出了新的要求，他们有关绿色生活、生产的知识、技能应通过个人自助学习、社会进修培训等不断得到更新换代。而一旦相关智能水平提高，生产者对接的绿色生产对象的层级也会随之提高。这时，他们用更加深邃的目光、更加明察的见识、更加灵巧的双手，操作更加有力的工具，改造更加复杂化的对象，并在生产者、生产资料和生产对象的相互促进中把绿色物质生活文化建设整体推升到新的高地。对此我国已经做了不少工作，以新能源汽车为例我国出台了诸如《关于新能源汽车免征车辆购置税有关政策的公告》《免征车辆购置税的新能源汽车车型目录》《关于稳定和扩大汽车消费若干措施的通知》《关于调整轻型汽车国六排放标准实施有关要求的公告》《关于修改〈乘用车企业平均燃料消耗量与新能源汽车积分并行管理办法〉的决定》《关于进一步完善新能源汽车推广应用财政补贴政策的通知》等几十项有关政策，2020 年“全年新能源汽车产量 145.6 万辆，比上年增长 17.3%”①。特别是 2020 年 10 月中国共产党第十九届中央委员会第五次全体会议再一次明确提出要“广泛形成绿色生产生活方式，碳排放达峰后稳中有降，生态环境根本好转”②，确保到 2035 年基本实现建设美丽中国的远景目标，进一步推进了我国绿色物质生活文化的发展。

另外，绿色精神生活文化也能动地影响到绿色物质生活文化的发展。新时代随着各地大力倡导社会主义生态文明观，营造绿色生活的良好风气，这样由精神文化倒推物质文化，这些地方在绿色机关、绿色社区、绿色家庭、绿色学校、绿色出行等物质文化向度的建设也成绩斐然。比较典型的如据中国网新闻中心报道，近年来，滦南县“结合城市更新和存量住房改造提升，以老旧小区改造、市政基础设施建设和公共服务设施维护等工作为重点，对全县 17 个老旧小区的屋面、外墙、楼梯间、落水管、散水等楼体部分，以及供水、排水、弱电、道路、供热、消防、生活垃圾分类、绿化、移动通信电缆入地等

① 国家统计局：《中华人民共和国 2020 年国民经济和社会发展统计公报》，2021 年 2 月 28 日，http：//www.stats.gov.cn/tjsj/zxfb/202102/t20210227_1814154.html。

② 《中国共产党第十九届中央委员会第五次全体会议公报》，2020 年 10 月 29 日，http：//www.chinanews.com/gn/2020/10-29/9325672.shtml。

基础配套设施部分进行改造更新。结合海绵城市和海绵区域建设工作，对各社区地形地貌进行竖向设计，避免和解决内涝积水问题。结合‘数智滦南’建设，对小区综合管理系统、门禁、充电桩等进行同步改造，利用数字基座将社区管理、物业管理、楼宇对讲系统、安防系统等结合在一起，为居民营造更加舒适、安全的居住环境”①。迄今绿色社区数量达到了社区总量的60%。

为此，我们党和政府非常重视繁荣发展绿色精神生活文化。其中最为典型的是2015年10月，中国共产党第十八届中央委员会第五次全体会议在会议公报中首次提出了绿色发展理念。它以其创新性的理论涵容融入绿色精神生活文化，使新时代绿色精神文化既更能自觉地面向世界，又进一步从单纯的个人生活中进行扬弃，更加紧密地对接美丽中国建设的现实，开创了绿色精神文化建设的新境界。

从文化熏陶的作用方式来看，这主要是通过构建“绿色文化场”，以连续不断的“文化熏陶循环”濡化公众，让他们的绿色生活意识不断显化。这种“绿色文化场”可以是绿色物质生活文化或者绿色精神生活文化中单一的一本绿色生活指南书、一辆新能源小汽车等某一特殊对象，也可以是二者之中多种要素相互作用，有机统一构建形成的节约型机关、绿色家庭、绿色学校、绿色社区等。按照《绿色生活创建行动总体方案》的部署要求，我国正在大力推进有关“绿色文化场”的建设，至今已经取得了不俗的成效。如国家发展和改革委员会官网介绍了2020年春节期间，国家节能中心干部在我国东北地区、东部地区、中部地区、西部地区的广大城乡开展了绿色家庭创建现状的专题调研，具体情况如表1-7所示。

表1-7　绿色家庭创建现状的调研情况

调研类别	调研情况
节水节电和节约粮食	在节水节电上，有一半以上受访者听说过能效等级的概念，30%受访者反馈节电节水设备正成为家庭的首选，有25%的受访者认为虽然不会刻意选择高能效产品，但目前大品牌家电和灯具多数都属于高能效产品，选择空间大。在节约粮食上，75%以上家庭都有按需做餐、点餐，餐后打包的习惯，认为节约是中华民族优良传统；60岁以上老人因为经历过贫困，有着牢固的节约意识；年轻人则更多受2013年“光盘行动”的影响

① 《滦南六成社区建成绿色社区》，2022年10月15日，https：//m.china.com.cn/pcpage/doc_1_1854052_2350064.html。

续表

调研类别	调研情况
塑料制品使用	城市居民逐步养成自带购物袋的习惯，很多家庭塑料袋多次反复使用，个别环保主义者更是践行“零塑料”，通过自己做饭、不点外卖，选择玻璃瓶、布袋、纸袋装或散装的商品等，从消费端禁止塑料制品的流通
垃圾减量分类	大城市对垃圾分类的关注度逐步提高，不少大型城市已设置 4 类垃圾分类箱。乡村垃圾投放逐步规范，配备了收纳桶，统一回收、统一处置
公共出行	无论城市还是乡村，电动车、自行车因省时、健身等优势成为更多人短途外出的首选，使用量迅速扩大。由于公交、地铁等公共交通基础设施更完备，且停车位紧张、停车费用较高，大城市居民公共出行比例更高
绿色发展知识	将近 20%受访者表示对“生态文明”和“绿色发展”有较深入理解，55%受访者表示有大概认识

资料来源：国家节能中心《“绿色家庭”创建的现状和建议》，2020 年 4 月 13 日，见 https：//www. ndrc. gov. cn/xxgk/jd/wsdwhfz/202004/t20200413_1225609. html。

可见关于绿色家庭的创建，诸如节水节电、节约粮食等方面的情况都非常令人鼓舞，使“城乡居民普遍感受到了家乡环境在逐渐向好”①。

当然，如绿色家庭等“绿色文化场”，一方面它们被人们的绿色生活观念中介过因而具有意义方面的规定性，是包含意义的客观存在。这种意义既与创建“绿色文化场”的创建者的精神密切相关，是被“绿色文化场”传达的创建者的精神，但又不是作为“绿色文化场”创建者的精神本身。因为精神活动只存在于人们的头脑之中，归属于人头脑之外的“绿色文化场”里不可能有精神。另一方面“绿色文化场”又具有物质方面的规定性，表现为一定的物质形态，以诸多有机统一的物质性组件的形式外显出来。这些组件和组件之间的排列组合是由“绿色文化场”的创建者选取和规定的。之所以这样选取与规定而不那样选取与规定，是创建者认为只有这样选取与规定才能最恰到好处地通过“绿色文化场”的物质性组件传达自己的精神。所以，“绿色文化场”的物质方面即物质性组件系统是为表达创建者的精神服务的。创建者在创建“绿色文化场”时，不是为了“文化场”而创作“文化场”，而是要通过“绿色文化场”传达自己的精神。由于人头脑中的精神看不见，摸不着，因此当它被传达时就需要一

① 国家节能中心：《“绿色家庭”创建的现状和建议》，2020 年 4 月 13 日，https：//www. ndrc. gov. cn/xxgk/jd/wsdwhfz/202004/t20200413_1225609. html。

个物质性的承担者，担当这个物质性的承担者的就是“绿色文化场”中的物质性组件。

由此可见，“绿色文化场”的本质不是它的物质方面的规定性，不是组成“绿色文化场”的物质性组件。物质性组件只是传达精神的载体，为传达“绿色文化场”创建者的精神服务。“绿色文化场”的本质是它内含的意义，即被传达的“绿色文化场”创建者的精神。在哲学范围内，存在是根本之“有”，是唯一的，没有两个或两个以上不同的存在。如唯物主义者认为根本之“有”是物质，精神是物质派生的。唯心主义者认为根本之“有”是精神，物质是精神派生的。但在日常生活中，只要是“有”，就是存在。因而可以把人脑的机能——主观意识称为精神存在，同时相应的把外在的客观世界命名为物质存在。这样，“绿色文化场”中的意义就既不是精神存在，也不是物质存在。但是，“绿色文化场”中的意义又确确实实是被传达的“绿色文化场”创建者头脑中的主观意识，不可能是虚无。那它是什么呢？它仅仅是被传达的精神，是精神的代表而不是精神本身。这就表明“绿色文化场”的意义不是作为存在的存在，也即不是存在物或某东西。由于只要是存在物或某东西，就可以成为认识的对象，为此“绿色文化场”的意义不是认识的对象，不能被认识，只能作为熏陶活动的对象，通过文化的熏陶被人们理解和把握。

在“绿色文化场”的熏陶过程中，因为“绿色文化场”的意义不是存在物或某东西，所以公众的理解活动不是也不可能直接指向“绿色文化场”的意义，而是从理解“绿色文化场”的局部到理解“绿色文化场”的整体，再从理解“绿色文化场”的整体到理解“绿色文化场”的局部，整体上表现为一种循环式的“文化熏陶循环”运动。这种从局部到整体，再从整体到局部的“文化熏陶循环”并不是原地转圈活动，而是一种前进上升运动。人们对“绿色文化场”整体的正确理解保证了对“绿色文化场”局部的正确理解，而对“绿色文化场”局部的正确理解又保证了对“绿色文化场”整体的正确理解。文化熏陶活动的每一次循环，总的来说，不是使理解远离“绿色文化场”的意义，而是使理解更接近“绿色文化场”创建者的精神，从而让受熏陶者的思想不断受到“绿色文化场”意义的濡化，最终实质性地提高自己的绿色生活意识。

第四节　实践养成机制

在实践养成的基本路径上，这方面主要是广泛动员干部群众从身边节约小事做起，参与美丽中国建设实践，提升他们的绿色生活意识。

人不可能天生就具有绿色生活意识。对此，一方面马克思在《关于费尔巴哈的提纲》中批判“从前的一切唯物主义（包括费尔巴哈的唯物主义）的主要缺点是：对对象、现实、感性，只是从客体的或者直观的形式去理解”[①]。这意味着“从前的一切唯物主义”认为现实世界中包括人在内的一切对象仅仅只是自然存在或者自然感性，是既成的、先在的东西。马克思既然断定这一点是“从前的一切唯物主义”的主要缺点，也就表明他和“从前的一切唯物主义”相区别，并不认为人等感性对象是先在的、既成的。另一方面马克思又指出：“和唯物主义相反，唯心主义却把能动的方面抽象地发展了。”[②] 可见，在马克思的视阈中，黑格尔等唯心主义者虽然坚持世界是“自我异化的精神”[③]，在本性上是抽象的、唯心的，但是他们却发展了人的能动的方面，认为人等感性对象不是既成的，而是人自己能动的创造性活动生成出来的。由此出发，既然人作为对象是自己的能动性的活动生成的，这就意味着人在刚刚脱离母体呱呱坠地的那一刻，尽管拥有法律意义上的人权，也四肢健全，头脑和躯干俱备，然而从社会方面来看却还只是一个“人种”，还不是真正意义上的人，更谈不上具有绿色生活意识。

至于生成人的创造性活动，马克思对“关于环境和教育起改变作用的唯物主义学说”[④] 进行了批判。这种学说坚持“环境决定论”和“教育决定论”，认为人被改变，是环境和纯思想中的说教在起最终决定作用。然而，这些观点借以支撑的前提或出发点却都是形而上学地预设的即他们都僵死地、机械地悬设了一个先在的、既成的仿佛开天辟地以来就一直没有发生任何变化的“环境”或“教育者”。其实，这不过是“环境决定论”

① 《马克思恩格斯选集》第 1 卷，人民出版社第 2012 年版，第 133 页。
② 《马克思恩格斯选集》第 1 卷，人民出版社第 2012 年版，第 133 页。
③ 〔德〕黑格尔：《自然哲学》，梁志学等译，商务印书馆 1980 年版，第 21 页。
④ 《马克思恩格斯选集》第 1 卷，人民出版社第 2012 年版，第 134 页。

和“教育决定论”者在书斋中的奇思妙想。人现实生活的世界中的一切，实际上都“是工业和社会状况的产物，是历史的产物，是世世代代活动的结果”①。这说明人类社会无论是历史上还是现实中都不存在所谓始终如一不变的“环境”或“教育者”。那么，到底是什么改变了“环境”和“教育者”呢？马克思认为“环境的改变和人的活动或自我改变的一致，只能被看做是并合理地理解为革命的实践”②，即最终改变环境，改变人的只能是实践。换言之，实实在在的实践工作才在改变人或者培育人的绿色生活意识的过程中起着最终的决定作用。做，才是马克思主义，不做，半点马克思主义也没有。

与此相联系，新时代我国扎实推进了一系列实践活动以培育公民的绿色生活意识。如据自然资源部国家林业和草原局政府网介绍，2021 年从中央到地方都在大力开展春季义务植树活动，其部分活动情况如表 1-8 所示。

表 1-8　2021 年从中央到地方开展的部分春季义务植树活动情况

中共中央	4 月 2 日，党和国家领导人习近平、李克强、栗战书、汪洋、王沪宁、赵乐际、韩正、王岐山等同首都群众一起参加了义务植树活动
全国政协机关	3 月 30 日，全国政协机关干部职工 100 余人，到西山国家森林公园参加了义务植树活动
国家林业和草原局	日前，国家林业和草原局华东调查规划设计院部分党支部在杭州市余杭区长乐林场联合开展以“心系国家生态安全 着力推进国土绿化”为主题的春季义务植树活动
北京	北京设立 15 处春季义务植树尽责接待点，设立林木抚育活动接待点 22 处。其中西城区人大、政协在金中都公园广场参加“爱卫护绿我先行”志愿服务活动，与志愿者一起为树木松土、浇水、施肥、挂树牌，倡导爱绿护景文明行为。石景山区启动“添绿冬奥，尽责有我”百场全民义务植树活动，以“春植、夏认、秋抚、冬防”为目标，多种形式尽责活动贯穿全年
重庆	为进一步提高全民绿化意识，推深做实国土绿化和“两岸青山·千里林带”等重点生态工程建设，助力乡村振兴，重庆市各区县组织领导及干部群众积极开展春季义务植树活动

① 《马克思恩格斯选集》第 1 卷，人民出版社第 2012 年版，第 155 页。

② 《马克思恩格斯选集》第 1 卷，人民出版社第 2012 年版，第 134 页。

续表

吉林	开展了各级领导植树活动、"40周年纪念林"植树活动、防护林体系建设攻坚活动等
甘肃	陇南各县区目前已完成人工造林0.85万亩，义务植树55万株
山西	纪念全民义务植树四十周年暨2021年省城各界义务植树活动在太原市阳曲县省城青年义务植树基地举行。此次活动的主题是"全民植树四十载，携手创森谱新篇"。干部职工代表及社会各界群众、志愿者、新闻媒体代表共700余人参加活动
河南	新乡市抢抓国土绿化的黄金时期，迅速掀起全民国土绿化高潮
陕西	3月13日，陕西省领导在西安市蓝田县灞河上游植树点与当地的干部群众种下了秦岭红豆杉等多种苗木2000余株，以实际行动履行植树义务。陕西省发改委、省财政厅、省审计厅、省林业局等部门在鄠邑区朱雀森林公园附近的秦岭北坡开展植树活动。宝鸡市各级机关事业单位干部和社会各界人士、群众3万余人开展义务植树活动160场次。咸阳市级领导在渭城区渭柳湿地公园植树点，与干部群众一同参加义务植树活动。商洛市各县区、市相关单位先后组织开展了"党政领导干部植树""共建绿色军营""城区增绿补绿"等各具特色的义务植树造林活动120场次，参加人数达到34万余人。韩城市将全民义务植树活动与黄河流域生态修复治理、乡村振兴有机结合，40多个部门及8个镇办联合开展义务植树活动，累计5000余人参与了添绿植绿活动
广西	2月26日，自治区党政军领导义务植树活动在广西高峰森林公园举行。贺州市领导干部与市民一同参加在大钟山公园举行的认种认养公益植树活动。梧州市党政军领导干部及市民共200余人在红岭新区六旺大道开展义务植树活动。玉林市全市共有5万多人参与义务植树
宁夏	截止到3月17日，中卫市中宁县干部群众共挖坑56.6万个，完成栽植1.94万株
福建	福州市扎实推进春季造林绿化工作，成立10个造林服务工作组，全部下沉各县（市）区蹲点服务，组织全体林业干部全员上阵，抢抓造林绿化"窗口期"，集中力量做好春季植树造林工作
湖南	省直机关"播种绿色希望·共建生态家园"义务植树青年志愿服务活动在林业科技示范园举行；今年长沙市义务植树活动主要集中在3月、9月进行，建立完善19个市级义务植树基地（造林绿化类10个、抚育管护等类型基地9个）和98个县（乡）级义务植树基地，全年计划400万人次以上适龄公民参加；2月19日，娄底市10.57万人参加了义务植树
浙江	1月4日，为持续推进全省全民义务植树活动，浙江省、市、县三级联动，各地共组织植树活动100多场次，参与人数近万人
安徽	宣城市组织开展"我为汽车栽棵树"——"碳中和"林建设试点活动，当地"有车一族"和乡村干部等320人栽种树木1540株

续表

四川	以“全员植绿护绿助发展，国家森林城市共创建”为主题的春季义务植树活动在雅安市雨城区草坝镇举行，市领导和干部群众共栽种白碧桃等300余株。南充市开展了以“绿满嘉陵江 林拥南充城”为主题的春季义务植树活动。干部群众共3000多人栽植苗木1.5万多株
江西	3月1日，江西省委、省人大、省政府、省政协领导班子成员来到南昌九龙湖市民休闲公园，参加了义务植树活动

资料来源：国家林业和草原局的“生态修复·植树造林”栏目，2021年4月7日，http://www.forestry.gov.cn/main/130/index.html。

对于2021年开展的全民义务植树运动，习近平同志在参加活动时特别指出：“每年这个时候，我们一起参加义务植树，就是要倡导人人爱绿植绿护绿的文明风尚，让大家都树立起植树造林、绿化祖国的责任意识，形成全社会的自觉行动，共同建设人与自然和谐共生的美丽家园。”①

除了全民义务植树运动，由我国生态环境部宣传教育中心牵头，历年来也连续组织了多项全国性环保实践活动。如表1-9所示，“清洁节水中国行 一家一年一万升”等也如全民义务植树一样连续开展了多年。正是在此类共建美丽家园的行动过程中，我国广大干部群众一起“撸起袖子加油干”，通过自己的双手节能节水、植绿护绿等，由此他们看见了青山，望见了绿水，感受到了春华，体验到了冬绿，在共享劳动成果，满足他们日益增长的优美生态环境需要的同时也记起了乡愁，从而强化了自己环保低碳的生态观念，提升了绿色生活的精神意识。

表1-9　多项全国性环保实践活动介绍

行动名称	行动内容及目标
小河长小湖长青少年环境志愿行动	自2018年起，由生态环境部宣教中心发起的小河长小湖长青少年环境志愿行动项目已在全国30所项目学校中顺利实施，各项目学校围绕当地河湖环境问题开展了丰富多样的实践活动，以提高青少年生态环境保护意识及环境创新能力
“清洁节水中国行 一家一年一万升”	自2012年连续八年共吸引41万公众以及近87万名学生直接参与活动，鼓励和倡导他们以实际行动践行环保

① 《倡导人人爱绿植绿护绿的文明风尚 共同建设人与自然和谐共生的美丽家园》，《人民日报》2021年4月3日。

续表

行动名称	行动内容及目标
“美丽中国，我是行动者”——全国中学生水科技发明比赛	18 年来，比赛活动吸引了国内数十万青少年学生参与，致力于培养我国广大学生的生态环保意识及水资源保护的科技创新能力，有效提高了生态环保方面公众的参与水平

资料来源：生态环境部宣传教育中心的“CEEC 动态”，2021 年 4 月 7 日，见 http：//www.chinaeol.net/ceecst/。

在实践养成的实践类型构成上，传统实践和虚拟实践相互用力，一起协同强化公民的绿色生活意识。在传统视域中，“人的认识，主要地依赖于物质的生产活动”①。同时，在社会生活中，人的衣食住行游活动这些不同类型的实践，在生产劳动的基础上产生和发展起来，它们和生产劳动一起相互作用和反作用，形成了一个相互联系、相互影响、相互促进的实践场域。在这个实践场域的作用下，人们“逐渐地了解自然的现象、自然的性质、自然的规律性、人和自然的关系”②，因此也逐渐地了解到“人与自然是生命共同体，人类必须尊重自然、顺应自然、保护自然。人类只有遵循自然规律才能有效防止在开发利用自然上走弯路，人类对大自然的伤害最终会伤及人类自身”③。而一旦具有了这种观念意识，人们在自己的日常生活中就会真正做到把客观外在的自然界当成主观自我的“无机的身体”，继而就会自觉地“像保护眼睛一样保护生态环境，像对待生命一样对待生态环境”④。

当今人类社会在科学技术的推动下一日千里地向前发展，人类实践在现代信息技术的作用下也出现了新的变化，除了传统视域中的实践类型，还分化出了虚拟实践这种新的实践形式。“虚拟实践是伴随信息化和网络化发展而产生的，其实质是主体和客体之间通过数字化中介系统在虚拟空间进行的双向对象化的活动，主要活跃于网络世界，具有交互性、开放性、间接性等特点。”⑤ 作为与传统实践相对应的实践形式，虚拟实践在提升公众绿色生活意识方面发挥了重要的补充作用。在主要由政府部门组织的活动方

① 《毛泽东选集》第 1 卷，人民出版社 1991 年版，第 282 页。

② 《毛泽东选集》第 1 卷，人民出版社 1991 年版，第 282~283 页。

③ 习近平：《决胜全面建成小康社会　夺取新时代中国特色社会主义伟大胜利——在中国共产党第十九次全国代表大会上的报告》，人民出版社 2017 年版，第 50 页。

④ 《习近平关于社会主义生态文明建设论述摘编》，中央文献出版社 2017 年版，第 12 页。

⑤ 本书编写组：《马克思主义基本原理概论》，高等教育出版社 2018 年版，第 61 页。

面，如表 1-10 所示，仅 2021 年 1～4 月，国家林业和草原局政府网就在线报道了该局西北调查规划设计院以及北京、吉林、广东、湖北、陕西、云南、甘肃、湖南等多个省有关“互联网+全民义务植树”活动开展情况。

表 1-10 “互联网+全民义务植树”活动开展情况

国家林业和草原局	2021 年清明节期间，国家林业和草原局西北调查规划设计院依托“互联网+全民义务植树”平台，开展了“我为英烈种棵树”网上祭扫活动，为红军长征第一村——福建省长汀县南山镇中复村生态保护修复贡献西北院力量
北京	至今北京市圆满完成 25 个“互联网+全民义务植树”基地建设任务，成为全国拥有“互联网+全民义务植树”基地最多的省份
吉林	从 2020 年开始，将每年 4 月确定为全省造林绿化活动月，规划建设 89 个“互联网+全民义务植树”基地
广东	2019 年以来，“广东林业网友植树节”已累计发动网友 10 万余名，线上参与植绿活动
湖北	2018 年，武汉获批全国“互联网+全民义务植树”试点，组织策划了 500 多场植树活动。2020 年春，“种一棵希望之树”的网络植树活动异常火爆，4000 多万网友通过网络为武汉加油添绿
陕西	大力推广“互联网+全民义务植树”新模式，组织策划上线了“相约温泉河·共建美丽富平”“护好眉坞一片绿 守住秦岭千里林”等 14 个网络报名、实体参与尽责项目
云南	开通了“云南全民义务植树网”，2020 年率先在楚雄州启动“互联网+义务植树”试点，推出了义务植树公益募捐项目。2017 年以来，全省已有近 2 万人次通过“互联网+”方式参与义务植树
甘肃	截止到 2020 年，甘肃省酒泉市金塔县与中国绿化基金会等深度合作，累计完成公益造林 985 万株
湖南	韶山市建设成立了“互联网+全民义务植树”基地，广大市民积极参与“互联网+全民义务植树”，认养领养树木

资料来源：国家林业和草原局的“生态修复·植树造林”栏目，2021 年 4 月 16 日，http://www.forestry.gov.cn/main/130/index.html。

从上述情况看，这些地方广大干部群众非常踊跃参与“互联网+义务植树”新模式，大家一起努力积极绿化家乡，绿化祖国，从中弘扬和培育生态文化，让爱绿植绿护绿成为广大城乡居民的新时尚。

第二章

公民绿色生活意识的内在发展机制

从主体自身的思维运动发展过程来看，公民绿色生活意识的内在发展机制大体可分为感性形成机制、理性跃迁机制和价值转化机制。它们三者相互联系、相互作用、相互影响，一起从主观的精神意识层面体现了人们绿色生活意识的发展水平和辩证跃迁。

第一节　感性形成机制

在内在精神运动的维度上，有关绿色生活的感性具体是人感觉器官的“刺激冲动”和神经中枢相互作用形成的“生动的直观”。与此相关，感性形成机制也分为感性形成的生理机制与感性形成的实现机制。

一　感性形成的生理机制

感性形成的生理机制凸显的主要是在对绿色生活的感性反映过程中，人的感觉器官与神经中枢互动生成的以生理现象为生理性基础，生理现象和作为观念化结果的心理现象二者的相辅相成、辩证作用。

具体来说，按照巴甫洛夫的高级神经活动学说，我国在绿色生活创建方面取得的积极成果作为客观存在的直接刺激物属于生物反射活动中触发反射活动的信号。这些信号所标志的外来作用是真实存在的能生成刺激冲动的东西，所以当它们在刺激到人的视觉、听觉等感觉器官后，完全能够引起该信号所标志的这样一种刺激物在人的神经系统中所引起的相对应的回答反应，同时对人这个有机体生成具有生物学的或社会的意义。这即意味着反射活动的信号刺激机体生成的反射活动，它们都既是生物学层面上的生理现象，也是社会人反映对象、认识世界层面上的心理现象。当然，即使生理性反射活动的实现，与此同时与其密切联系着地就会出现大脑反映外在对象，我们也不能把这二者等同起来，将反映、认识对象的心理现象融归到动物性的生理现象之中，更不能把反射活动的心理现象属性理解为绝对独立的、处于现实的时间和空间之外的、与物质的神经生理现象完全隔绝的所谓彻底的精神运动，而是应从反射活动的生理现象的形成因素也是心理现象的形成因素上将人反射活动体现出来的生理现象和心理现象理解为一个统一的过程中不可分割的两个方面。

这样，当广大干部群众受到客观性的绿色反射信号的刺激，一方面，这体现为一个生理现象的过程。人们生理上由眼、耳等生理感受器、相应的传导神经和人脑构建形成了一个既是对接了外在对象的开环，也是相对独立的闭环的分析系统。凡是作用于或者刺激了这个分析系统的所有一切东西，它都会相应地产生刺激反应活动，对之实现着各种不同的而且十分具体的把握。首先，生理感受器受到刺激，比如看到了蓝天、白云、绿草、树林，听到了久违的雁鸣、鹤唳、泉声、松涛，以这些刺激表征的人们周围世界的对象会在生理感受器中被分解成一系列由特殊化学物质以量或质的不同代表的反应要素或刺激冲动。其次，生理感受器产生的反应要素、刺激冲动通过神经细胞间的化学反应得以沿着传导神经向中枢神经传送，直至到达中枢神经系统的最高级部分——人的大脑。最后，大脑的皮质细胞接收到传递而来的神经冲动后，会对这些神经冲动进行筛选过滤，从其中分出这些或那些关键性东西，再将它们分组重构，综合成为人脑中介过的复合的神经冲动逆向沿传导神经外送，经传出神经末梢和它们所支配的肌肉或腺体构成的“效应器”对外界刺激作出相应的反应。

需要指出的是，受视网膜、耳蜗等仅与周围感觉神经末梢直接连通的限制，生理感受器本身对于外在世界只能实现最初的、非常原始的反映。而在现实生活中，人接触到的并不是纯粹的声音或单纯的颜色等单一的刺激，而是周围世界的种种对象对立统一构成的混合性的刺激，这使人的生理感受器总是在同一时间与多种多样的刺激联系对接，因而面对人仅指向特定对象发生刺激反应的任务要求生理感受器这种初级、原始的分析还远远不够。这就需要分析系统中的核心部分——也即由无数细胞及其突起所组成的大脑皮质内的神经中枢——来接管与对象发生反应的工作。如此当某种孤立的刺激物，例如颜色“绿色”与周围环境多样的刺激相互缠绕，一起相混合达到大脑的视觉中枢时，视觉中枢会将这种复合式的兴奋扩展到全部的皮质细胞，先向邻近的视觉中枢扩展，继而传导到相当遥远的皮质神经中枢，而不是像通常人们所认为的那样视觉神经中枢一接收到外界的复合刺激就立即独自发生严格孤立的反应。这种刺激的扩散过程的不断发展，就在多个视觉中枢的反应共鸣中转化成为其对立过程，即兴奋的集中，集中针对颜色“绿色”进行反应。

另一方面，“绿色”反射信号的刺激还体现为一个心理现象的过程。当生理感受器、传导神经和人脑之间发生相互作用的生理现象时，公众其实也在由外而内把外在世界中的各种对象反映进入大脑。与生理过程相类似，公众周围环境中常在的青山、长流的清水、常新的空气刺激生理感受器的同时，他们对外在生态地呈现的信号的反映也就开始了。比如人眼，它大体由角膜、巩膜、虹膜、脉络膜、睫状体、晶状体、玻璃体、悬韧带、瞳孔、视网膜、视神经等组成。这些组织相互作用，事实上构建形成了一个天然的全天候照相机。如果一片树林进入人的视野其反射的光线刺激了人的眼睛，那么经过晶状体、玻璃体等的屈光调整，瞳孔的开大与缩小对光量的控制，就会马上生成一个树林的倒立实像落在人眼的视网膜上，并由视网膜上的视神经把影像向神经中枢人脑传递。毋庸讳言，这时的反映活动与机械式的照相并无区别。外在的树林怎样，眼睛反映的映像就怎样，二者基本上是一一对应的关系。因此这一阶段还只是反映活动的前期。随着传导神经将外界树林反射的信号的刺激传递到人的大脑，感性反映活动就步入了后期。这一时期大脑开始对接收到的映像进行加工，这种加工一是受到人眼、传导神经和大脑的生理状况的影响。比如人眼有近视的疾病，屈光不正，外界平行光线射入眼内，经屈光调节形成的映像聚焦落在视网膜之前，就会导致视网膜上得到的影像模糊不清。此外传导神经或者大脑受损也会相应削弱加工的效果。二是受外界对象状况的影响。当被反映的对象形状过大或者过小，距眼过近或者过远，反射入眼的光线过强或者过弱，都会影响到对对象的反映。据测算，正常人的眼睛，要清楚地识别出花草树木的种类，明视距离只能在几十米以内；距离大于 250 米小于 270 米时，只能看清楚普通对象的轮廓；间距大于 500 米时，看到的对象就比较模糊；一旦观察对象的明视距离超过 4000 米以上，通常情况下都不易看到。三是受反映主体心理状况的影响。在反映过程中，反映者的即时的心理状况在主体心理层面形成了一个观察外在对象的视野。这个视野虽然没有对错之分，但是却可以以不同的心理状态对反映主体反映自己周围的对象产生正向或者负向作用。比如一个人反映对象时如果心理状况比较稳定，那么他的相关观察就可能比较细致深入，反之看事物就可能忐忑不安，不能集中注意力，而这都会影响到他们反映对象的精度、信度和效度。当然，因为所有的反映主体都不是某种虚幻的纯粹观念领域中的人，而是处在现实生活中有血有肉的，可以通过经验实证的人，所以人们开展反映活动时，依据不同的现实的历史中的人的不同情况，上述反映外在对象的视野可以进行转换。不过，无论怎样转换，这个由反映主体即时的心理状况构成的视野都不可能主动或者被动地闭合。否则反映主体就会变成人们毫无根据地从口头说的、思考出来的、想象出来的东西也即离群索居于茫茫太空的非现实的个人。而随着反映主体的绝对观念化，相应地反映活动以及正确地反映对象也就自然而然地成为“抽象的思辨”抑或“意识的空话”。

就大脑对客观的绿色反射信号进行加工本身来说，一旦相关信号正面形象怎么样、反面表现怎么样、上下尺寸怎么样、左右外观怎么样、表面联系怎么样、感性内容怎么样等，大脑对之都有直观性的了解和把握之后，它就会能动地将了解到的各种、各类、各部分映像按照它们外在显示出的相互关系有机统一起来，在人的头脑中通过高度综合的方式构建出形象化的思维具体——感觉、知觉和表象。这些思维具体因为它们加工改造的过程受到了上述主体生理、心理方面的一系列因素的影响，所以与外界被反映的现实具体既有联系，又有区别。它们可能与现实具体具有相同形制体式、色彩动作，例如现实世界中有绿树、红花，因此人脑的主观世界中由于人的反映活动也有绿树、红花的主观映像。但是作为思维具体的绿树、红花并不像相机拍的相片一样与现实具体的绿树、红花一一对应，它们都带有人的信号分析系统中介的痕迹，即使单一的一种感觉如“绿色”，也千人千面，各有不同。尤其是在人脑的能动性的作用下，极端情况下为了突出典型性，人脑甚至能“移形换影，移花接木”，在“绿色”的浓淡深浅、范围大小、方位位置等方面直观性地再加工，创造出与现实具体殊异的效果。

不过，无论人的生理、心理方面如何作用，无论人脑如何发挥能动性、创造性，外在的现实具体仍然保持着它们的优先性。思维具体不是无根的“毛毛雨”，不是高高耸立在云霄中的独立王国。没有外界信号，没有现实具体，人脑不能对着虚空反映，自然也就不可能凭空创造出思维具体，因而思维具体始终都是立足在现实具体的基础之上。先有现实具体，再有现实具体的反映思维具体。

这也说明，上述生理过程和心理过程虽然是同一个过程的两个方面，但是它们二者所处的地位还是有所区别的。相对于心理过程，生理过程是“制约者”。在外在对象世界作用下，大脑中所发生的那些生理神经的活动，制约着人脑的心理反应活动。同时，作为“被制约者”的心理过程，也不是机械地、形而上学地被生理过程规约，它以自己反映活动的能动性、创造性鲜明地体现出了它的相对独立性，作为人的认知活动的超越性。

由此可见，面向我国创建绿色生活的现实，人的神经生理过程展开的同时进行反映的心理过程也开始展开的对立统一过程中，如图 2-1 所示。外界由外而内的绿色刺激信号流是过程展开的客观性根源与动因。在人脑这个“司令部”的分析、综合处理下，生理过程提供了心理过程的生理性基础，心理过程是生理过程的观念化结果，并在这种结果中能动地构建已经从动物中提升出来的人关于绿色生活的感性具体。

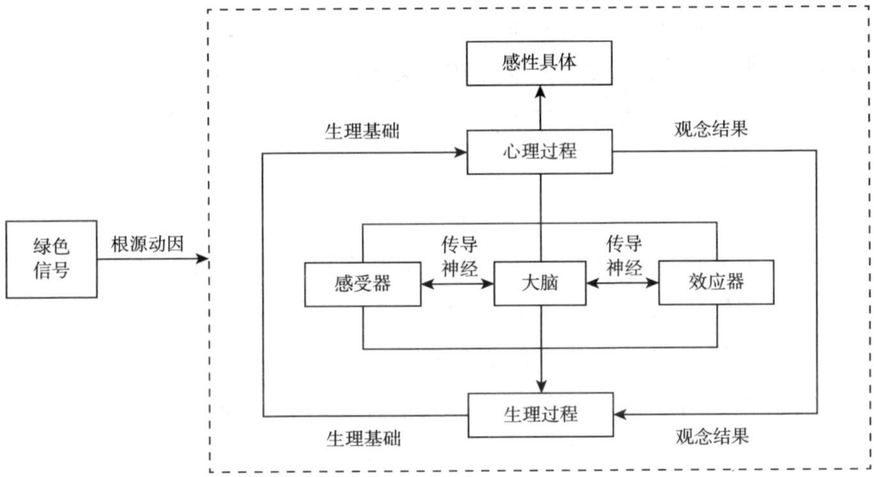

图 2-1 感性形成的生理机制

二 感性形成的实现机制

感性形成的实现机制突出地体现为立足于美丽中国的建设行动，从中华民族不懈追求复兴的历史进程与公民个人民生问题的现实转换中获得共同的情感体验和共鸣，在自我遗忘和选择性留存的对立统一中持续推动反映绿色生活的感性具体现实实现。

中国特色社会主义进入新时代，我们为实现中华民族永续发展而努力建设美丽中国，在这个行动过程中人们通过他们的感觉器官对接到了万万千千的感性对象，但他们的头脑并不可能将这些形形色色、性质不一的反映一个不漏、兼容并包地留存下来，否则，即使人的大脑有超过一百亿个以上的神经元，拥有世界上最完善、最精密的结构也会遇到容量不足、处理不能的困难。因此，现实的反映发生的同时在另一方面也意味着反映的被遗忘。事实上，一个想把所有对感性世界的反映都牢固地“刻录”进头脑中的人并不是一个正常的反映者，甚至这样的人是否存在都是一个尚无确凿答案的问题。那么，面对这些种类不一、如山如海的感性的感觉、知觉和表象，一个人在认识时如何能积极、主动地遗忘“他者”，有选择性地将指向绿色生活的感性具体留存在自己的头脑中，从而现实地实现对绿色生活的感性反映呢？这就需要通过相应的“中介”，以促进公众的情感体验和共鸣，继而推动相关感性活动的现实实现。

从中华民族不懈追求民族复兴的进程来看，自 1840 年鸦片战争开始，中国被迫踏上了赔款割地、丧权辱国的道路，民族独立、人民解放、国家富强从此成为几代中国人的梦想。为了实现这个梦想，无数仁人志士前仆后继地投入反帝反封建的斗争行列，但最后都以失败而告终。直到“十月革命一声炮响，给我们送来了马克思列宁主义”①。在它的指导推动下，中国无产阶级的先锋队即中国共产党团结带领人民经过长期的艰苦奋斗，“迎来了实现中华民族伟大复兴的光明前景”②。当然，在这个过程中，随着我国社会主义现代化建设事业不断拓展张力，当下“我们的工作还存在一些不足，面临不少困难和问题”③。其中关于公民的生活环境，在全球范围内，自工业革命以降，人类就开始大量使用煤炭和其他化工燃料，使排放到供给人们呼吸的空气中的二氧化碳数量急剧上升。二战以后的几十年间，世界上越来越多的国家在取得民族独立后又接续走向工业化，这使我们的星球上一个接一个地竖起冒着浓烟的烟囱，道路上也行驶着越来越多、型号各异的车辆，它们一起像吞云吐雾的巨型怪兽一样向大气层中倾泻诸如二氧化碳和甲烷等温室气体。这些向空气中排放的物质导致人类共同生活的家园——地球的地面平均气温逐年上升，温室效应更为明显。另外南北半球甚至出现了大范围的臭氧层空洞，全球粮食安全等都受到了严重威胁。

---

① 《毛泽东选集》第 4 卷，人民出版社 1991 年版，第 1471 页。

② 习近平：《决胜全面建成小康社会　夺取新时代中国特色社会主义伟大胜利——在中国共产党第十九次全国代表大会上的报告》，人民出版社 2017 年版，第 10 页。

③ 习近平：《高举中国特色社会主义伟大旗帜 为全面建设社会主义现代化国家而团结奋斗——在中国共产党第二十次全国代表大会上的报告》，人民出版社 2022 年版，第 14 页。

人类正在毁灭自己的“家”。至于中国国内，当下“我国生态文明建设和生态环境保护面临不少困难和挑战，存在许多不足。一些地方和部门对生态环境保护认识不到位，责任落实不到位；经济社会发展同生态环境保护的矛盾仍然突出，资源环境承载能力已经达到或接近上限；城乡区域统筹不够，新老环境问题交织，区域性、布局性、结构性环境风险凸显，重污染天气、黑臭水体、垃圾围城、生态破坏等问题时有发生。这些问题，成为重要的民生之患、民心之痛”①，让广大民众对优美生活环境的期待更为迫切。

由于当前我国“人民群众对清新空气、干净饮水、安全食品、优美环境的要求越来越强烈”②，因此，新时代推进中国特色社会主义建设，就紧密结合了中国的这个具体实际，探求解决这个问题的新思路、新方法、新措施。对此习近平同志在《围绕贯彻党的十八届五中全会精神做好当前经济工作》的重要讲话中，指出我们“要坚定不移走绿色低碳循环发展之路，构建绿色产业体系和空间格局，引导形成绿色生产方式和生活方式，促进人与自然和谐共生”③。为了贯彻落实这一重要指示，在党的领导下，全国人民一起撸起袖子加油干，使当前我国生态环境质量总体上持续好转，民众日益增长的优美生态环境需要不断得到满足，开创了实现民族复兴梦想的崭新局面。

这就意味着，在中国特色社会主义新时代，我国推进绿色发展，倡导简约适度、绿色低碳的生活方式，事关中华民族永续发展的千年大计，在很大程度上它已经上升到民族复兴的高度，内化到中华民族复兴的历史进程中并与之紧密融合为一体，致力解决新阶段、新形势、新条件下中华民族如何发展，怎样复兴的问题。为此早在 2013 年，习近平同志在致生态文明贵阳国际论坛的贺信中就明确指出：“走向生态文明新时代，建设美丽中国，是实现中华民族伟大复兴的中国梦的重要内容。”④

---

① 《中共中央、国务院关于全面加强生态环境保护 坚决打好污染防治攻坚战的意见》，2018 年 6 月 24 日，http：//www. xinhuanet. com/politics/2018-06/24/c_1123028598. htm。

② 中共中央文献研究室编《习近平关于社会主义生态文明建设论述摘编》，中央文献出版社 2017 年版，第 28 页。

③ 中共中央文献研究室编《习近平关于社会主义生态文明建设论述摘编》，中央文献出版社 2017 年版，第 31~32 页。

④ 《生态文明贵阳国际论坛二〇一三年年会开幕 习近平致贺信》，《人民日报》2013 年 7 月 21 日。

由此可见，我国推进绿色发展，倡导简约适度、绿色低碳的生活方式进程中取得的一项项前所未有的现实成就，不仅是我们走向民族复兴征程中一级接一级的坚实“阶梯”，更是一颗又一颗组成民族复兴运动本身的结构性“颗粒”。

从公民个人民生问题的现实转换来看，1957年4月，邓小平同志在西安干部会上的讲话中指出：“要看到，尽管我们的成绩很大，工农业生产发展得很快，在工业建设方面打下了初步的基础，建设了不少企业，但是一直到现在，我们的国家还是一个贫穷的国家，落后的国家。”[①] 在这个国家，一段时期内人们斗天战地，在社会主义建设中取得了巨大成就，但“盼温饱”“求生存”仍是重要的民生问题。为此1975年3月，在中共省、市、自治区委员会主管工业的书记会议上，邓小平同志再一次提道：“目前生产的形势怎么样？农业还比较好一点，但是，粮食产量按全国人口平均每人只有六百零九斤，储备粮也不多，农民的收入就那么一点。工业方面，那就确实值得引起严重注意。现有的生产能力没有发挥出来。去年一年，工业生产情况是不好的。今年是第四个五年计划的最后一年，生产再搞不好，势必影响第五个五年计划的实行。”[②]

在《1844年经济学哲学手稿》中，马克思指出：“忧心忡忡的、贫穷的人对最美丽的景色都没有什么感觉。”[③] 正是由于过去“我们穷，底子薄”[④]，虽然我们当时在保护环境上做了不少工作，提出了如争取“在十二年内，基本上消灭荒地荒山，在一切宅旁、村旁、路旁、水旁，以及荒地上荒山上，即在一切可能的地方，均要按规格种起树来，实行绿化”[⑤] 等一系列构想，但是，老百姓更为重视的还是吃饭穿衣问题，因而一般情况下他们难以对生态环境有什么特别的感觉。

随着党的十一届三中全会的召开，我国坚持“一个中心、两个基本点”为核心内容的社会主义初级阶段基本路线，极大程度地解放和发展了生产力，有力地推动了对人民日益增长的物质文化需要的满足。当今中国特色

---

① 《邓小平文选》第1卷，人民出版社1994年版，第262页。
② 《邓小平文选》第2卷，人民出版社1994年版，第4~5页。
③ 《马克思恩格斯文集》第1卷，人民出版社2009年版，第192页。
④ 《邓小平文选》第2卷，人民出版社1994年版，第257页。
⑤ 《毛泽东文集》第6卷，人民出版社1999年版，第509页。

社会主义进入新时代，人民的生活持续不断得到改善。据统计，近年来我国居民恩格尔系数连续八年下降，2019年不到29%，进入了联合国确定的富足标准即恩格尔系数处于20%到30%的区间段。在主要耐用消费品上，全国居民每百户电冰箱、空调的拥有量分别达到一百台以上；洗衣机每户接近一台；汽车每三户拥有一辆。全国城镇新增就业超额完成年度目标任务，达到了1180万余人。失业率也低于预期目标，全年平均仅5.6%。居民人均可支配收入与经济增长基本同步，实际增长为2.1%。[①] 与此相联系，与公民个人直接相关的民生问题发生了跃迁性的转换。这种转换的一个重要方面体现在公众生活幸福指数中生态环境的地位不断提高。例如2018年，国家信息中心会同有关专家及机构在全国除了北京、上海、天津、重庆四个直辖市以外的二十七个省、自治区开展了"2018中国幸福小康指数"之"寻找幸福百县"的调查，总共评选出了一百座小城荣登"幸福百县榜"。在介绍入选幸福县榜单的某城市的十大幸福指数时，排名第一位的是自然生态环境好、空气质量好。其中特别强调该地境内森林覆盖率50%以上，建成区绿地率接近40%，城市大气质量优良率达到99%以上，县域绿色发展评价等级为最高一级A⁺，拥有国家园林城市、国家节水型城市、国家森林城市等多项殊荣。这就以具有直接现实性的生活实践比较典型地说明了与先前不同，当下广大人民群众在自己的生活中越来越重视周围环境是否优美、取用食品是否安全、饮用水源是否洁净、呼吸空气是否清新、住所是否绿色环保等一系列环境问题，也即"老百姓过去'盼温饱'，现在'盼环保'；过去'求生存'，现在'求生态'"[②]。当下对老百姓来说，"环境就是民生，青山就是美丽，蓝天也是幸福"[③]。

因为青山、白云、蓝天、碧水对老百姓来说都是美丽、幸福和如金山银山般的财富，所以他们内在的神经系统受青山常在、清水长流、空气常新环境的激发以后，就进一步与生态文明建设提供的诸多优质生态产品乃

---

① 数据引自《国家统计局局长就2020年全年国民经济运行情况答记者问》，2021年1月18日，http://www.stats.gov.cn/tjsj/sjjd/202101/t20210118_1812480.html。

② 中共中央宣传部编《习近平总书记系列重要讲话读本》，学习出版社、人民出版社2016年版，第233页。

③ 中共中央宣传部编《习近平总书记系列重要讲话读本》，学习出版社、人民出版社2016年版，第233页。

至整个宁静、和谐、美丽的大自然共鸣，从而引发他们产生感性愉悦，体味感性满足，生成感性需求，继而通过自我情感推动，从心理感受和精神欲望的感性层面现实地实现对绿色生活的现象性反映。

可见，正是上述活动与行为的“中介”作用的相互交错、相互协力，形成了一个个力的平行四边形，最终汇集而成一股磅礴的力量洪流，冲击着人们的视觉、听觉、触觉等感官，让人的感性共鸣更加强烈，感性体验更为真切，因而对绿色生活的感性反映也更加深刻、持久、自觉，相应的也就能动地遗忘了“他者”。当然，在现实中这种创造性的遗忘与留存的对立统一并不是相互作用一次就完结了，而是循环往复一次又一次，而其中每一次循环所形成的对绿色生活的感性反映，“都比较地进到了高一级的程度”①。

第二节　理性跃迁机制

公众在形成生动的感性具体以后，他们内在的绿色生活意识的辩证运动并没有停止，而是继续向前跃进，相应的先前的感性形成机制就发展为理性跃迁机制，总体上表现为在认识论的辩证法和唯物论的作用下，按照克服—保留结构的扬弃途径，实现现实的理性跃迁。

一　“具体—抽象”结构的跃迁必要性

在《实践论》中，毛泽东同志指出人们在认识过程中，属于感觉的阶段只是认识活动的初级阶段，“这种反映是不完全的”。因此，我们感性形成的有关绿色生活的“认识有待于深化，认识的感性阶段有待于发展到理性阶段——这就是认识论的辩证法”②。

确实，人脑通过眼睛、耳朵、鼻子、舌头、皮肤等感觉器官直接对接我国越来越与人和谐共生的自然，它们得到的有关绿色生活的感性具体还停留于现象层面或者外部联系，具有直接性、形象性、丰富性的特点。就直接性来说，如此有关绿色生活的感性具体把握到的只是在人的感觉中直

① 《毛泽东选集》第1卷，人民出版社1991年版，第297页。
② 《毛泽东选集》第1卷，人民出版社1991年版，第291页。

接呈现的东西，作为反映对象的人们的生活在具体的发展、变化中所表现出来的外部形态是怎样的，他们就怎样反映。这时虽然人脑会在一定程度上对外在被反映的绿色生活进行加工、改造，但是这种加工和改造活动尚未透过绿色生活表面的、直接的东西深入被反映对象的背后或内在的本质，还没有把握具体的绿色生活的各个环节、各个方面的内在联系及其相互之间的矛盾转化，因此即使人脑加工过了感觉器官反映而来的绿色感性映像，被人脑中介了的绿色感性具体的各个规定都没有得到清晰的区分或者充分的展开，它们就本身的性质来看仍然是“自在的概念”，呈现为一种直接的自我联系，表现的是事物“原始的同一性”，如绿树就是绿树、红花就是红花。

关于形象性，这里是指有关绿色生活的感性具体通过由特定的声、光、色、线、形、质等物理因素所构成的图形、图像、图式等具体可感的绿色符号，形象化地表达人的绿色情感。诸如沿山而下树木葱葱的慢坡、一泓蜿蜒的流水、耸立在村头的月亮桥、红枫老树、篱院瓦房等，它们以形搭架，以象填充，就构成了我们宁静、和谐、美丽的故乡印象。

这样，与具体性和形象性一致，相关绿色生活的感性具体也凸显了自己的丰富性。色彩有浓淡之别、温度有冷热之辨、声音有高低不同，绿色生活的感性映像世界在我们的心灵中展现为一幅幅摇曳多姿的画卷。它们各自和相互之间所呈现出来的特点各有差异，既让人体悟到绿色生活世界的厚度，也让人目不暇接，听闻难辨。

在这种情况下，面对社会主义生态文明新时代众多优质的生态日用品和更加优美的生活环境，相关绿色生活的感性具体囿于自身的直接性等特点，只能感知到绿色生活的外部联系，只是达到对绿色生活的现象性把握。因而在这个阶段，人们关于绿色生活的感性把握首先在信度上需要提高。比如当前有地方为了美化市容市貌，向街道两边已经发黄枯死的浅草带喷洒绿色的化学药剂，以营造绿草如茵、生态良好的视觉效果。更有甚者，为了应付上级环境督查，补种入土的树苗从表面上看树冠、树干齐全，就是地底下没有树根，以至于人用手轻轻一拔，就可以轻而易举地连“根”拔起。事实上这些做法都类似于掩耳盗铃，不仅不会起到保护生态、美化环境的作用，反而会进一步加剧环境的损害。但它们对人直观的感觉感知又有很大的欺骗性，假如人们的认识仅停留于对象的表面，很有可能会感觉这些地方的环保工作做得还不错。

其次，相关感性认识在效度（准确度）上需要增强。如桉树成材速度很快，植株用途广泛，既可医用治疗呼吸道感染、化脓性中耳炎、急慢性肾盂肾炎等疾病，也可使用茎干制作纸浆、枕木、家具、电杆等器具，还可利用其超强的萌芽更新能力净化空气、成林固土，因此一些地方对桉树略做了解之后在植树造林过程中多有栽种，希望速生的桉树在带来可观经济效益的同时，也能有效改善本地的生态环境。但这种树木的生长发育实际上极度耗水、耗肥，栽下的一棵棵桉树就像一台台抽水机和一个个吸肥黑洞，海量地汲取地下水资源和各种肥料。林地面积小、植株少影响还不明显，一旦大面积生长起来往往导致当地地下水位下降，土壤肥力显著降低甚至枯竭。不但达不到先前期望的改善当地生态环境的效果，严重情况下反而会破坏地方生态。面对出现的如此意想不到的问题，诸多地方没有进行深入的调查研究，一般情况下就是野蛮地将桉树林一砍了之，从而造成了更为严重的环境破坏。

最后，感性形成的认同度也亟须强化。在思维发展的感性形成阶段，公众尚未深入、透彻理解如绿水青山和金山银山的关系，他们在观念意识上对绿色生活的认同总体上还是自发的、低水平的，因而面对市场经济条件下经济利益的诱惑，这种认同感在强度上并不具有优先性。特别是在温饱问题才刚刚解决，人们生活尚不富裕的情况下，很有可能他们中的一些人为了一时的经济效益而放弃环境效益，实际上不再认同绿色生活的方式。近年来，我们查处的诸多环境违法案件，以及惩治的一些破坏生态的行为，都以鲜活的现实行为将绿色生活认同强弱的问题从彼岸拉回到了此岸，让我们一再认识到强化相关认同度的重要性。如据央视网报道，在整治某重要生态屏障所在地违建别墅时，一些人表态时的调门很高，到了落实时却效果差，甚至出现阳奉阴违的现象，归结起来就是这些人“那个时候只是认识到，它是一种建设上的违规行为，还没有把它上升到整个生态环境保护这样一个高度来认识”①，没有深刻认识到生态环境保护的重要性，因此眼睛只盯着一时的经济发展，对面向长远的良好生态环境的认同降格了、

① 《秦岭违建别墅整治始末 一抓到底正风纪》，2019 年 1 月 9 日，http：//m. news. cctv. com/2019/01/09/ARTIqYrZxDwiIJe9vAXC0oHh190109. shtml。

降级了、层层衰减了。

由此可见，我们感性形成的有关绿色生活的认识因其直接、形象、丰富的特点疏离了事物的本质，因而在客观规律——认识论的辩证法的宰制下，极为鲜明地凸显出了自身向绿色理性跃迁的必要性。

二　“感性—理性”结构的跃迁可能性

与直接、形象、丰富的绿色感性意识相对立，绿色理性意识间接、概括、抽象。关于这种理性意识的间接性，这里是指人们理性的绿色生活意识是借助概念、判断、推理来间接反映生态文明建设的现实生活。譬如看到山上郁郁葱葱的人工林，人的头脑中就相应生成了以语词来间接性标示和表达的“人工林”这一概念。

至于概括性，它意味着绿色理性抽象反映的是人们的绿色生活的独特本质与内在规律。这针对的是现实的人工林，它的个别方面的特征，诸如人工林的面积有多大、栽种年限是长还是短、树叶颜色是浓还是淡、有哪些种类的植株、所处地形地貌怎样、距离观察者远近等，所有这些现象层面或者表面形式的东西基本不再凸显于单纯的“人工林”概念的内涵和外延当中。从本性上来说，“人工林”概念是人脑对客观存在的人工林不同于天生地长、自然存在的树林的根本属性的反映。它宣扬的不是眼前特殊的人工林多样的个性，而是对所有人工林共性的概括。

具体到抽象性，既指与反映绿色生活的感性具体相对立，以诸如“人工林”概念或者相关判断、推理等表征的理性抽象的本质特性，也指理性抽象反映绿色生活的方法。这种方法要求人们立足于建设美丽中国的实践，从绿色生活的现象到它的本质，对初步形成的有关绿色生活的感性具体进行形而上的加工处理，以揭示被反映的绿色生活的本质。

为此，缘于反映绿色生活的理性抽象的独特特性，也即以本质存在的理性抽象和现象性的感性具体毕竟是有差别的存在，是被反映的绿色生活的不同层面的东西。因此当我们看到感性的绿色生活现象时，外在直接性地反映进入我们头脑里的还只是繁多的感性具体。如此缘于以本质在场的反映绿色生活的理性抽象的内在潜藏和感性的绿色生活现象的纷繁直接产生冲击，我们在一定程度上很难正确把握反映绿色生活的理性抽象，一些时候甚至做出错误的、相反的结论。这也表明现象和本质、个性与共性的对立意味着从有关绿色生活的感性具体上升到理性抽象，达到对象本质、规律性的理解，并不是一个主观随意的愿望和一蹴而就轻易能完成的任务。

不过，反映绿色生活的感性具体和理性抽象之间并没有不可逾越的鸿沟，它们不是僵死对立的两极，而是存在依赖关系，相互贯通的统一。感性的绿色生活现象是第一性的个别经验性认识，理性的绿色生活抽象不可能是无源之水、无本之木，不可能是从无中生出的有，它作为本质层面的一般总是内含于第一性的感性的绿色生活个别现象之中，离开了感性的绿色生活现象层面的东西，人们无法概括出反映绿色生活的理性抽象。在这个意义上，我们可以说看到了感性的绿色生活现象，就可以概括出反映绿色生活的理性抽象。前者是我们从周围的自然环境和社会环境直观得到的东西，它们属于第一信号系统。后者通过抽象深入本质超越了第一信号系统而与前者对立，成为第一信号的信号。例如 2021 年 4 月 27 日，国家林业和草原局政府网在资讯中介绍了陕西省延安市宜川县坚持悬崖造林十余年，种下 400 多万棵树的事迹。据宜川县第一支专业造林队队长介绍，没种树之前，黄河两岸的水土流失使当地的大山小山几乎看不见整片的绿色，基本上是光秃秃的荒山。一到下雨天，山上的泥土、大小碎石混合着雨水，形成一股股大大小小不等的泥石流横冲直撞全部顺山势奔泻下来。到了 20 世纪 90 年代末，国家开始倡导封山禁牧，退耕还林，宜川县响应号召在 2004 年成立了第一支专业造林队。那时队员尽管总共只有四五个人，但大家目睹家乡生态退化比较严重的状况，都认识到必须让家乡绿起来，才能为子孙后代留点好生态。经过年复一年的不懈努力，悬崖造林的队伍扛着锄头在这片光秃秃的垂直陡峭的“战场”上种下了一棵棵树苗，黄河岸边曾经贫瘠的荒山大部分已经被一片片苍翠的侧柏覆盖。[①] 在这里，宜川县专业造林队队长对没种树之前黄河两岸水土流失状况的直观就属于第一信号系统的感性具体，而专业造林队目睹家乡生态退化，认识到只有前人栽树，子孙后代才能乘凉的推断是理性抽象。

一方面，当下引导、推动专业造林队队员不畏艰险下悬崖，爬陡坡翻山越岭植树的除了直观到当地严峻的生态形势之外，还有他们面向未来有关自己子孙后代对美好生态环境的需要得到满足的推断，因而作为第一信

① 参见张伟《悬崖造林队，17 年种下 400 多万棵树》，《中国绿色时报》2021 年 4 月 27 日。

号的信号，理性抽象可以代替第一信号系统的感性具体信号刺激物刺激抑或激励对象。并且，因为这种推断相对直观到的感性具体把握事物的程度更为深刻，考虑问题的思绪更加悠远，所以以理性抽象在场的专业造林队队员有关未来子孙享受水绿山青生活的推断对他们的刺激、推动、激励和引导必然更加强劲、深刻和持久。另一方面，专业造林队队对自己子孙后代将生活在美丽环境中的推断不是凭空产生的，而是面对当前专业造林队队十余年间植树造林的成果，展望未来式地对第一信号系统的信息进行分析和综合、概括与抽象，不断扬弃第一信号系统的感性具体得到的结果。

因此，正是上述二者相贯通的统一，揭示了反映绿色生活的理性“认识开始于经验——这就是认识论的唯物论”①。由此在有关绿色生活的感性具体与理性的绿色抽象相互之间架起了可能通达的桥梁，开始了由前者向后者的跃迁。

三　“克服—保留”结构的跃迁现实性

在《反杜林论》中，恩格斯指出否定之否定“是自然界、历史和思维的一个极其普遍的、因而极其广泛地起作用的、重要的发展规律”②。在这一规律的作用下，公民反映绿色生活的感性具体发展到理性抽象表现为一个辩证否定—扬弃的过程。

在这个辩证否定的过程中，第一阶段是准备阶段，即为向理性思维跃进准备充分的基础性材料的阶段。在这个阶段，需要“迈开你的两脚，到你的工作范围的各部分各地方去走走，学个孔夫子的‘每事问’，任凭什么才力小也能解决问题，因为你未出门时脑子是空的，归来时脑子已经不是空的了，已经载来了解决问题的各种必要材料”③，也即必须深入生活，扎扎实实地开展调查研究，才能从中获取数量丰富的第一手感性材料。

这些感性具体层面的材料之所以有量上的要求，是因为反映绿色生活的理性抽象指向的是绿色生活的本质或者在这种生活中事物所共有的根本性的东西，是其在本质意义上区别于其他对象的特点。譬如单独的一棵树、

① 《毛泽东选集》第1卷，人民出版社1991年版，第290页。

② 《马克思恩格斯选集》第3卷，人民出版社2012年版，第519~520页。

③ 《毛泽东选集》第1卷，人民出版社1991年版，第110页。

一株花，我们只要通过感觉器官对之进行观察，就可以通过反映活动形成感性具体。但与这棵树、这株花属同一类型的树、花所共同具有的本质是什么，在缺乏充分数量的参照物相对照、相比较的情况下，我们是难以仅凭单一的对象就正确提炼出它成为它所具有的根本特性的。这也是我们做社会调查时，在方法一定的前提下，随机选取的样本数量越多，所得到的结论就越可靠的原因所在。

第二阶段是对外部现象的反映向内部本质的反映跃迁的阶段。这一阶段人们面对丰富的有关绿色生活的感性材料，将之反映形成的感性具体通过与物质语言外壳联系着的概念，在多样的感性具体相互对照的过程中展开分析、综合，对感性材料形成的思维具体进行逻辑加工。这种加工一方面是与人脑独特的机能联系在一起的。人的大脑作为思维的器官或者语言、精神、记忆等高级神经活动的大本营，它的左、右两个半球被分成一个个区域，主导不同的功能。如语言和思维中枢就偏于大脑的左侧半球，外界传导进来的有关绿色生活的感性具体在这些中枢中通过词语活动的方式进行抽象化加工。一是感性具体的概念化。这时在大脑的语言和思维中枢，先前感性形成的关于绿色生活的感觉、知觉、表象等被其中的多层脑皮层神经元网络进一步“编码”处理，去粗取精，去伪存真，克服被反映对象现象层面的属性，把事物非本质的东西放在一边，从中抽象出对象必然的、本质的东西保留下来，以高度抽象的概念实现对现实间接的概括性反映。二是运用判断，确定两个或更多关于绿色生活的概念之间的特定关系。概念既是理性思维活动的结果和产物，同时又是理性思维活动借以进行的单元。在语词概念以不同的排列组合相互联系、相互作用、相互影响对立统一展开的过程中，对概念反映的诸如人工林、青山、绿水等是否存在、是否具有某种属性以及相互之间、与他事物之间是否具有某种关系有所判定的直言判断、联言判断、选言判断、假言判断、模态判断、负判断等诸种判断逐渐成形，用以断定思维对象的趋向和内在联系。如“人工林不但带来了青山，而且带来了绿水”，就以联言判断的方式揭示了人工林与青山、绿水之间的内在本真关系。三是由一个或几个已知的判断为前提，将它们依据同一律、矛盾律、排中律和充足理由律等规律的要求组合起来，按照一定的逻辑关系进行推理。比如山上都是大片大片郁郁葱葱的人工林，我们就由表及里、由此及彼认识到在过去这地方的自然林地可能遭受人力或者自然力的破坏，将来随着人工林中的树木茁壮成长，当地比较脆弱的环境形势将不断得到改善，今后定会提供更多优质的绿色产品满足我们日益增长的优美生态环境需要等系列结论或者新判断。

另一方面除了人脑内在的独特神经活动以外，这种加工也关涉外在理论思维和科学抽象的运用。鉴于绿色生活意识深度关联人与自然界的关系，因而诸如追问“世界是什么”“世界从哪里来”“世界与人是什么关系”等问题的人的世界观，尤其是作为理论化、系统化的世界观的哲学就与绿色低碳的生活理念的培育紧密相依。因为“理论思维的起点决定着理论创新的结果”①，所以如果一个人盲从极端的人类中心主义哲学思潮，一切以人自身优先，那么他即使面对最优美的自然环境通过感性直观形成了感性具体，也不可能在尊重自然、顺应自然、保护自然的意义上扬弃这种感性具体走向宣扬与自然和谐共生的理性抽象。在他的推理中，眼前茂密的森林将来极可能变成一堆堆柴火，成群的野生动物也迟早会被加工成餐桌上的美味。这就需要以马克思主义生态哲学思想为指导，在彻底地批判各种反生态的形上思潮的同时引导人们深入地体悟指向绿色生活的感性具体之中内含的阐发人与自然是生命共同体的理性观念，继而克服感性具体的现象层面的东西，保留其中本质的要素，完成其向理性的绿色抽象的飞跃。

同时，随着人类追逐现代化步伐的不断向前迈进，“最明显的字面意义而言的革命力量”② 科学也日新月异。例如 20 世纪 80 年代发端于北美的绿色化学（又称环境无害化学、环境友好化学、清洁化学）以其关涉催化、有机合成、生物化学、分析化学等学科的丰富内容，“倡导用化学的技术和方法减少或停止那些对人类健康、社区安全、生态环境有害的原料、催化剂、溶剂和试剂、产物、副产物等的使用与产生”③。与现代环境意识的觉醒有关，20 世纪 90 年代以来绿色化学在我国也日渐活跃。它针对绿色化工产品设计、原料的绿色化及新型原料平台、新型反应技术、催化剂制备的绿色化和新型催化技术、溶剂的绿色化及绿色溶剂、新型反应器及过程强化与耦合技术、新型分离技术、绿色化工过程系统集成、计算化学与绿色

① 《习近平谈治国理政》第 2 卷，外文出版社 2017 年版，第 342 页。

② 《马克思恩格斯全集》第 25 卷，人民出版社 2001 年版，第 592 页。

③ 李进军等编著《绿色化学导论》，武汉大学出版社 2015 年版，第 3 页。

化学化工结合等的研究，把降低维持人类生活水平及科技进步所使用与产生的有害物质作为努力的目标，在促进生产方面绿色发展的同时，也在生活领域以其对绿色低碳的价值意义和实现路径的精确性把握渗透进公民绿色生活意识的内在发展机制之中，借助自己的科学性影响受众，让他们对在日常生活中直接观察到的感性具体进行科学的分析、综合，最后克服纷繁的外在现象性达到科学的理性抽象。

由此可见，运用理论思维和科学抽象，通过人脑的加工抽象出概念，作出判断和进行推理从而把有关绿色生活的思维活动从感性具体推升到理性抽象的过程一方面是一个克服现象、外在联系的过程，另一方面是保留本质、内在联系的过程。它们二者是统一的辩证扬弃过程的不同环节、阶段或者侧面，因此尽管各自活动的指向对象、作用性质相互对立，呈现鲜明的差异性，然而它们事实上却紧密缠绕在一起，如同一块镜子的内外两面，相互联动，一个过程的开启也意味着另一个过程的伴随，在现实中难以绝对地将之分割开来。

需要提及的是，反映绿色的感性具体向倡导低碳的理性抽象的飞跃是一个复杂的运动过程，突出地表现为这一过程的推进发展受到了非理性因素的作用。“非理性因素主要是指认识主体的情感和意志。从广义上看，非理性因素还包括认识能力中具有不自觉、非逻辑性等特点的认识形式，如联想、想象、猜测、直觉、顿悟、灵感等。”① 它们与人们绿色生活意识的理性跃迁既对立又统一。一方面，对解决生活环境问题缺乏热情，意志消沉，会使人在相关活动中出现精力难以集中等问题从而阻碍扬弃感性具体走向绿色抽象的思维运动的跃进。另一方面，在美好的心境、饱满的热情和坚忍的意志等的作用下，人们往往能更为能动地调动主体的精神力量去深化自己的认识，推动其完成向绿色理性抽象飞跃的目标。如据《酒泉日报》报道，位于巴丹吉林沙漠和库姆塔格沙漠间的金塔县占总面积 64% 的土地荒漠化，当地吃尽了风沙肆虐之苦的广大干部群众抱定了“一代领着一代干、一代接着一代干，誓与风沙死磕到底”的决心，靠着不肯向风沙低头的倔强劲儿，充满着豪情壮志战风斗沙几十年，如今年复一年的风沙被一排排梭梭、红柳、白刺挡在家门外，并且随着防风治沙初见规模，曾

---

① 本书编写组编《马克思主义基本原理》，高等教育出版社 2021 年版，第 75 页。

经朴素地认为“沙漠里种绿，不就是往土里扔钱”的诸多村民也加深了认识，看到了治理荒漠与改善自己家园环境的内在联系，因此现在支持治沙的人越来越多。[①]

第三节　价值转化机制

在主体自身的思维运动发展过程中，公民的绿色生活意识如果真正抓住了事物的根本，就会因其彻底性而掌握群众，转化成为他们的价值观念。

一　认识—价值结构的转化方向

从转化的性质来看，公民的绿色生活意识按照认识—价值结构的转化方向，向个人的价值追求转化。

根据思维运动客观规律的要求，有关绿色生活的认识形成后，这种思想意识当然不能空谈一阵就束之高阁，人们必须使它再回到生活中去指导行动以改造世界。党的十八大以来，在绿色发展理念的引领下，一场关乎中华民族永续发展的绿色变革已经开启征程。据生态环境部报告，仅 2020 年一年，全国生态环境系统牵头一是认真贯彻落实习近平同志重要指示批示精神，坚决完成党中央、国务院部署的重大任务；二是统筹做好疫情防控和经济社会发展生态环保工作，支持“六稳”工作、落实“六保”任务；三是突出“三个治污”，高质量完成污染防治攻坚战目标任务；四是切实有效防范化解各类风险，确保生态环境安全；五是夯基础补短板强弱项，持续推进生态环境治理体系和治理能力现代化；六是持续改进作风，构建与打赢污染防治攻坚战相适应的铁军队伍。[②] 这样，随着面向绿色的认识不断与现实生活对接，我国广大民众的生活环境状况发生了历史性、转折性、全局性变化，取得了一系列前所未有的成就。它们在满足人们日益增长的对优美生活环境的需要的同时，也将精神性的认识“变成”了物质，实现了思想预想的结果。在《费尔巴哈论》中，恩格斯指出：“既然我们自己能

---

① 范昊帆：《抹去一片荒 种满一城绿——金塔县防沙治沙纪实》，《酒泉日报》2022 年 7 月 6 日。

② 黄润秋：《在 2021 年全国生态环境保护工作会议上的工作报告》，2021 年 1 月 21 日，http：//www. heyuan. gov. cn/hyssthjj/gkmlpt/content/0/419/post_419163. html#4609。

够制造出某一自然过程，按照它的条件把它生产出来，并使它为我们的目的服务，从而证明我们对这一过程的理解是正确的。”① 因为思想在现实生活中达到了预期的结果，所以人们当下推动形成绿色生活方式的认识也就被证实为真理。

对于现实的历史的人来讲，他们一方面都是根据自己的内在尺度和主体需要去改造世界，体现出他们能动的物质性活动的目的性或者价值性。比如人一来到世间，进行的第一个历史活动是生产劳动，为的就是解决吃喝穿住行的问题。另一方面人们进行如生产劳动等活动又必须遵循对客观事物及其规律正确反映的真理要求。完全依靠“拍脑袋”，不按照真理的要求办事，不可能在行动中取得成功。这意味着真理尺度和价值尺度具有紧密相关、不可分割的辩证统一关系。真理尺度是实现价值的前提。要满足自己的需要，实现行动的目的，需要认识真理、掌握真理，达到主观认识与客观对象及其规律的相符合、相一致。价值尺度是追求真理的目的。人们之所以不畏艰辛，在现实中不断攻坚克难、勇攀高峰去发现真理，验证真理，是为了实现自己的价值目标，实现自己的美好生活追求。由此可见，真理尺度与价值尺度实际上是统一的人的现实物质性活动呈现出来的两个辩证联系的对立面，任何这种活动只要是成功的活动，都必须是真理尺度和价值尺度即合规律性和合目的性的统一。

归根结底，人的物质性活动是人精神性的理性抽象的基础，因此，与人的能动的物质性活动相一致，人的认识也具有真理尺度和价值尺度这两个辩证联系的对立面。具体到公民的绿色生活意识，从这种意识的本性来看，它显而易见首先是认识主体对客观的绿色生活现实的主观映像，直接体现着人对自己的主观认识与客观对象相符合的真理性要求。但是，意识毕竟是人的能动的意识，是地球上“最美丽的花朵”，因此它绝不是如冷冰冰僵死的照相机一样机械地反映外界对象，而是能动地表现事物，创造性地使世界二重化为客观世界与主观世界。意识的这种能动性作用使人在尊重客观规律，抽象出世界本真面目的同时，还总是表现出人作为能动主体的选择性，也即总是按照一定的目的去确定反映什么对象、不反映什么对象以及怎样反映对象的方式。对此马克思指出：“劳动过程结束时得到

---

① 《马克思恩格斯选集》第4卷，人民出版社2012年版，第232页。

的结果，在这个过程开始时就已经在劳动者的表象中存在着，即已经观念地存在着。”①

当指向绿色生活的人的认识刚得到实现，还未再回到现实生活中进行检验时，它们更多的只是作为主观反映的成果存在，这种反映的内容体现的倾向性、选择性、目的性由于未能再次回到生活中接受现实的审视还仅囿于认识本身，对于主体的人来说还是未得到他们充分认同的外在的东西。例如 20 世纪 90 年代末，从保护和改善生态环境出发，由国务院西部开发工作机构负责综合协调，我国决定实施“退耕还林，封山绿化，以粮代赈，个体承包”的政策。据《人民日报》2018 年 10 月刊载的《退耕还林二十年改变的不止山水》一文介绍，在安塞砖窑湾镇山王河村，“‘1999 年，老马山虽然叫牧场，其实是荒山。’当时的老张从村头喇叭里，第一次听到‘退耕还林’这个词；村里的养羊大户，想不通封山禁牧的政策，在村干部家吵红了脸：‘种粮，人都不够吃。种草，羊能够吃？’”②

在《〈黑格尔法哲学批判〉导言》中，马克思说：“理论只要说服人，就能掌握群众；而理论只要彻底，就能说服人。所谓彻底，就是抓住事物的根本。”③ 真理是主观认识对客观事物及其规律的正确反映。所谓正确反映，是指真理是“主体认识对客体本质和规律的符合、一致和接近”④。因此，一旦关涉绿色生活的认识回到现实生活，在建设美丽中国的行动中经检验满足了真理性的要求，意即作为思想性的东西，它们达到了与认识对象相符合、相一致，也就真正抓住了事物的根本。这样，人们头脑中精神形态的绿色生活意识毫无疑问就彻底了，因而它们就能掌握群众。这时，它们不再表现为人立足于社会物质生活创造性地生成的东西，具有受主体操控的知性性质，而是由于它们自身的真理性力量的作用突出表现为一种让人自觉认同的规约。这种真理性规约紧抓着事物的根本，扬弃了自身的外在性，深入公众内心，让他们把自己头脑中这种倡导绿色低碳、简约适度生活的意识当成自己指路的明灯、前进的导向。这也就意味着，如此绿色生活意识已经实现了由认识向价值的对立面的转化，集中体现为人们的

---

① 《马克思恩格斯文集》第 5 卷，人民出版社 2009 年版，第 208 页。

② 王乐文等：《退耕还林二十年 改变的不止山水》，《人民日报》2018 年 10 月 26 日。

③ 《马克思恩格斯选集》第 1 卷，人民出版社 2012 年版，第 9~10 页。

④ 本书编写组编《马克思主义基本原理概论》，高等教育出版社 2018 年版，第 75 页。

自觉行动所要达到的目标或者需要满足的价值追求。同样是前述的退耕还林，经过20年的坚守，“如今的山王河，房前屋后满眼苍翠。站在村巷眺望山坡，金黄色野菊花、淡紫色雏菊瓣、橙红色杜梨叶，将蜿蜒山径涂抹得五彩缤纷。从山野走入村庄，进而走近百姓，绿色的脚步更显温情”[①]。随着长期以来退耕还林政策的落地实施，家乡的旧貌换了新颜，这让村民们更加自觉地去践行绿色理念，从心底里认同绿水青山就是金山银山。

需要说明的是，人们对真理的把握是一个过程。关于人的认识，在一定条件下从广度上看它们都只能正确反映客观物质世界的某一部分、某一方面或者发展的某一阶段；从深度上看只能正确反映某一特定对象的一定层次、一定程度。所以人的绿色生活意识总是这样，它遵循从物质到意识，再从意识到物质不断上升循环以至无穷的总方向，其中每一次具体的循环都只是达到了对被反映的物质对象某一广度和某一深度的把握，一步步地在横向上拓展，在纵向上深化，在无数相对真理构成的真理“长河”中不断向绝对真理逼近。因此，推动形成绿色生活的人的认识因其真理性能够掌握群众而转化成为群众的价值认同也表现为一个过程。它们与客观物质对象越相符，越能真正地抓住事物的根本，掌握群众就越牢固，群众对它们的内在导向的认同度就越高，体现的价值追求就越强烈。

在其现实性上，这一价值认同的过程与作为主体的人自身的发展紧密纠缠在一起。在茫茫宇宙中人刚来到世间时，他们改造世界、解决人与自然之间矛盾的能力极其低下，因而“自然界起初是作为一种完全异己的、有无限威力的和不可制服的力量与人们对立的，人们同自然界的关系完全像动物同自然界的关系一样，人们就像牲畜一样慑服于自然界”[②]。这使由人观念发展形成的理性抽象在两个向度上凸显出了强劲的张力。一方面是人朴素地寻求用理性掌握自然规律，制天命而用之。人立身于天地，被大自然奴役的同时，也在理性地思考追求对自然的宰制。早在先秦时期，我国荀子就提出：“从天而颂之，孰与制天命而用之?”（《荀子·天论》）后世的刘禹锡等学者进一步发展了荀子的观点。其中刘禹锡在自己所著的《天论》中就提出了“天与人交相胜”这一论断，认为天与人各有其超过对

① 王乐文等：《退耕还林二十年 改变的不止山水》，《人民日报》2018年10月26日。

② 《马克思恩格斯选集》第1卷，人民出版社2012年版，第161页。

方的方面，天只是因其自然的特征而能“胜人”，人却是在自觉地改变自然，有意识地要去“胜天”。另一方面是人对自然的朴素尊崇与膜拜。如在我国春秋时期，黄老学派讲究经世致用，认为人应尊崇天道无为而治，契合了时代潮流，受到诸侯们的重视而成为显学。这种思想的渗透是如此深刻而持久，甚至长期以来人们日常生活中的造物制器都受到了它的影响。诸如汉代青铜镜就多有铭文，“它们与青铜镜的其他关涉自然的元素一起，无声地传达着古人关于自然对象的尊崇”①。

随着资本主义大工业生产的发展，人类一边借助机器的帮助极大地增强了自己的本质力量，使自身能够翻江倒海、移山辟地；另一边这个人类最后一个私有制社会奉行的剩余价值绝对优先的理念又让有产者和无产者都受到物的奴役。因此面对巍巍而存的自然界，资本家们在张扬的工具理性霸权的作用下，不再对外在的这个物质世界怀有敬畏之心，而是为了获取最大的利益不断向自然界贪婪地索取，制造了巨量的废水、废渣、废气，在以野蛮的方式破除自然规律的束缚，制天命而用之的同时，也受到了必须合规律运行的大自然通过洪水、旱灾、酸雨、沙尘暴、物种灭绝、生态失衡等方式发动的最为激烈的反制。面对极为尖锐的人与自然的矛盾，受资本主义私有制宰制的资本家真正认同的是资本拜物教、商品拜物教和金钱拜物教，重点关注的是个人利益、局部利益与短期利益，而在面向长远，追求人与自然和谐共生上多在纯粹的思想领域中喧嚣吵嚷，其真正业绩和关于这些业绩的幻想之间存在非常显著的差距。

当今中国特色社会主义进入新时代，我们党迎难而上，“解决了许多长期想解决而没有解决的难题，办成了许多过去想办而没有办成的大事”②，极为强劲地推动了我国人民物质生活和精神生活水平的全方位提升。国人先前的主要针对吃住不愁等基本层面的物质文化需要已经跃迁到日益增长的对美好生活的需要。这种对优美生活环境的日益增长的期盼，说明新时代人们在推动形成绿色生活方式的过程中积淀形成的诸多认识已经充分掌握了群众，让他们相关的思想意识不再仅仅停留在单纯认识的向度，而是

---

① 余满晖：《论秦汉青铜日常生活用器的生态构建——以汉彩绘雁鱼铜灯为例》，《自然辩证法研究》2017 年第 6 期。

② 习近平：《决胜全面建成小康社会　夺取新时代中国特色社会主义伟大胜利——在中国共产党第十九次全国代表大会上的报告》，人民出版社 2017 年版，第 8 页。

把思想的目的性要求自觉地当作自己的要求，使指向绿色生活的主观认识转化成为自己对理想的客观生活——人与自然相互和谐的生活的热切向往和自觉追求。

二 普通—核心结构的转化级次

从转化的层级方面来看，公民个人的普通绿色生活追求按照普通—核心结构的转化级次被纳入社会主流价值体系，成为富强民主文明和谐美丽的社会主义现代化强国梦中的美丽中国价值取向。

公民的绿色生活观念因其真理性内化于心，其内含的目的性、选择性不断扩展张力，实现对立面的转化成为公民个人的价值追求，它们前进上升的运动并没有停止，而是以辩证唯物主义的科学世界观为哲学底蕴，以绿色发展的时代要求为前进指引，以马克思主义的中国化为转化底蕴，以根本利益一致基础上公民自觉共建美丽中国的实践生成根本动力，由普通到核心，由单个个人到整个社会，继续向社会主流价值跃进。

其一，辩证唯物主义的科学世界观奠定了哲学底蕴。在《反杜林论》中，恩格斯指出："当我们通过思维来考察自然界或人类历史或我们自己的精神活动的时候，首先呈现在我们眼前的，是一幅由种种联系和相互作用无穷无尽地交织起来的画面。"① 这说明在辩证唯物主义者的视域中，他们是以辩证联系的方式来解读有关"世界怎么样"以及"世界与人是什么关系"这些世界观问题的。在他们看来，人，表面上似乎以独立的身份置身于森罗万象、多姿多彩的世界，但实际上只要"不是处在某种虚幻的离群索居和固定不变状态中的人，而是处在现实的、可以通过经验观察到的、在一定条件下进行的发展过程中的人"②，他就必然通过直接联系或者间接联系、本质联系或者非本质联系、必然联系或者偶然联系等与他者相互作用。

与此一脉相承，围绕诸如"世界与人是什么关系"等问题，习近平同志进一步创造性地提出"人与自然是生命共同体"③，因而强调必须"站在

---

① 《马克思恩格斯选集》第3卷，人民出版社2012年版，第395页。

② 《马克思恩格斯选集》第1卷，人民出版社2012年版，第153页。

③ 习近平：《决胜全面建成小康社会　夺取新时代中国特色社会主义伟大胜利——在中国共产党第十九次全国代表大会上的报告》，人民出版社2017年版，第50页。

人与自然和谐共生的高度谋划发展”①。这样就在理论化、系统化的世界观也即哲学的宏大空间中张目举纲，登高望远地向社会阐明了面向大自然，我们应该选择什么样的价值取向。并且，这种重要论述是如此深刻、科学，因此它在为我们提供了认识世界和改造世界的科学方法论的同时，也决定性地影响着广大人民群众的价值观，为他们确立低碳绿色地生活的价值意识并在这一向度不断向前跃进奠定了坚实的哲学底蕴。

其二，新时代我国推进绿色发展的要求提供了前进指引。中国特色社会主义进入新时代，面对生态环境方面的严峻形势，我们党提出要“坚持节约资源和保护环境的基本国策，坚持节约优先、保护优先、自然恢复为主的方针，着力推进绿色发展”②。但一方面，与处于社会主义初级阶段的基本国情相联系，当今我国加快发展方式绿色转型的任务依然比较艰巨。例如据2022年3月全国绿化委员会办公室发布的《2021年中国国土绿化状况公报》指出：“2021年，国土绿化工作虽然取得了新进展新成效，但我国林草资源总量不足、质量不高问题仍然突出，科学绿化理念尚未牢固树立，绿化成果巩固、支撑保障能力仍需加强，科学开展国土绿化仍需坚持不懈、久久为功。”③ 另一方面，随着全球化步伐的深入拓展，不同国家、不同地域、不同观点、不同文化、不同语言背景的人相互之间可以方便地进行个性化交流，促进了社会话语场向多元化发展，在这一过程中一些从属于西方资本主义话语体系的极端个人主义等思想也急速渗入中国。相较于以前，它们早已不再采取赤裸裸的方式，而是改头换面，注重自我的精心包装，以极其隐蔽的方式在思想文化领域争夺自己话语权，同时也增加了广大群众明辨是非的难度，影响到了他们对社会各种价值观的观念判断和现实取舍。

在这样的背景下，我们党开拓进取，以巨大的政治勇气和强烈的责任担当深层次地推进变革。其中2015年3月，习近平同志主持召开中共中央

---

① 习近平：《高举中国特色社会主义伟大旗帜 为全面建设社会主义现代化国家而团结奋斗——在中国共产党第二十次全国代表大会上的报告》，人民出版社2022年版，第50页。

② 中共中央文献研究室编《十八大以来重要文献选编》（上），中央文献出版社2014年版，第31页。

③ 全国绿化委员会办公室：《2021年中国国土绿化状况公报》，2022年3月11日，http://www.forestry.gov.cn/main/586/20220311/132243469507944.html。

政治局会议，审议通过了《中共中央、国务院关于加快推进生态文明建设的意见》。意见强调要“将生态文明纳入社会主义核心价值体系，加强生态文化的宣传教育，倡导勤俭节约、绿色低碳、文明健康的生活方式和消费模式，提高全社会生态文明意识”①。这样，生态文明就作为相对独立的一极，社会主流价值中特殊的个别，体现了新时代中国特色社会主义的内在精神与生命之魂，同时还是普遍性的一般，渗透到各个相对独立的特殊中，特别是融入经济建设之中，推动我国经济发展的各方面和全过程都坚守发展和生态两条底线，成为人与自然和谐共生的绿色发展，以此生产出更多的绿色产品满足人民日益增长的优美生态环境需要。

“我们党来自人民、植根人民、服务人民”②，从来没有自己的私利，一切都以人民为中心。因此，在中国特色社会主义新时代，我们党为了推进绿色发展强调把生态文明纳入社会主义核心价值体系的要求受到了全国各族人民群众的衷心拥护和贯彻落实，让他们把属于个人的普通绿色生活追求进一步内化和普遍化，集聚形成整个社会高度认同的核心价值。如在全国生态文明先行示范区建设过程中，贵州省就明确指出要将生态文明理念融入社会主义核心价值体系，推动形成绿色消费模式，增强全社会资源环境意识。广大干部群众大力开展节约减排家庭社区行动，推动绿色出行，推广绿色建筑，以广覆盖、慢渗透的方式，知行统一，逐步提高公众的生态素养和环境意识，使珍惜资源、保护生态、推行绿色低碳生活方式成为全省人民的主流价值观。

其三，马克思主义的中国化为转化奠定了基础。在本质上，社会主义核心价值体系属于马克思主义。而从原初形态来看，马克思、恩格斯创立提出的马克思主义思想对我国而言是一种舶来品，它的表现形态与我国传统文化并不完全一致，这导致其与我国群众之间存在一定的间距，影响了人们对它的解读与把握。其中仅在话语语种方面，马克思、恩格斯使用德语，列宁使用俄语，它们与我国群众通常使用的汉语属于不同的话语语种。尽管这些语言的词汇、语法、结构具有相通性，但相异的话语语种也决定

---

① 《中共中央、国务院关于加快推进生态文明建设的意见》，2015 年 4 月 25 日，http://www.xinhuanet.com//politics/2015-05/05/c_1115187518.htm。

② 习近平：《决胜全面建成小康社会 夺取新时代中国特色社会主义伟大胜利——在中国共产党第十九次全国代表大会上的报告》，人民出版社 2017 年版，第 66 页。

了国人难以直接去阅读理解这些经典作家们的文本，他们必须通过翻译的形式，将原初的马克思主义生态语言翻译成自己的语言才能去理解其中内含的真知灼见。翻译的过程，表面上是一种语言符号形式向另外一种语言符号形式的转换，实质上是在两种语言符号系统之间寻找等价词和句子的过程。而在现实生活中，不同的语言符号之间，绝对同义的词和句子是少之又少的。因此，翻译总体上都是对原生语言的近似表达。不仅如此，我国广大人民群众的主体是劳动大众，他们当中的一些人由于某种特殊原因可能文化水平比较低。因此马克思、恩格斯等人使用的语言转换成这些人的日常语言一般是通过知识分子这一中介完成的。由此更加拉大了马克思、恩格斯等人的著作所属的话语语种和我国劳动大众的日常语言体系之间的“间距”，强化了二者之间的疏远状态。这样，我国广大普通民众肯定对原初语言传达的马克思主义生态思想了解不多，接受程度自然也不高。

另外，即使除去话语语种的不同，属于舶来品的马克思主义思想在话语表达上与我国传统文化也有诸多差异。例如和谐社会，在《1844 年经济学哲学手稿》中，马克思说共产主义“它是人和自然界之间、人和人之间的矛盾的真正解决，是存在和本质、对象化和自我确证、自由和必然、个体和类之间的斗争的真正解决”①。说明在马克思看来，未来的理想社会是“人和自然界之间、人和人之间的矛盾的真正解决”，是“个体和类之间的斗争的真正解决”。只有未来社会才能真正解决人和自然界、人和人以及人和人类社会之间的矛盾和斗争，因此，未来的共产主义理想社会实际上就是一个各方面极度协调的和谐社会。

我国传统文化很早就论及和谐观念。大约在西周末年，史伯就提出“以他平他谓之和”（《国语·郑语》），认为统一了不同因素，才能使事物产生和发展。此后老子、庄子、孔子、荀子等人也以各有特点的内容与方式阐述了自己关于和谐观念的看法。到了魏晋时期，隐士陶渊明把当时的现实和自己的理想联系起来，讲述了一个远离外在尘世，但“黄发垂髫，并怡然自乐”（《陶渊明集》卷之六）的世外桃源。毋庸讳言，这个与世隔绝而又老少皆安居乐业的世外桃源是陶渊明通过自己奇特瑰丽的想象构建出来的一个与现实污浊黑暗世界相对立的和谐美好的社会。历史发展到近

① 《马克思恩格斯文集》第 1 卷，人民出版社 2009 年版，第 185 页。

代，太平天国的洪秀全等人在起义过程中根据《原道救世歌》《原道醒世训》等著作中阐述的平等思想制订了《天朝田亩制度》，勾画出了一个没有剥削、没有压迫的有衣同穿、有田同耕、有饭同食、有钱同使的大同社会。

综观我国传统文化所关涉的和谐观念，它们本质上虽然与马克思在《1844年经济学哲学手稿》中阐发的共产主义具有一致的和谐追求，但从二者的话语表达来看，首先，马克思的共产主义思想注重批判，我国传统文化偏向建构。马克思通过对资本主义生产方式下工人生产得越多，他们就得到越少的描述，深刻地批判了资本主义私有制度。马克思的这种批判，本质上不崇拜任何东西，它是否定的和革命的，在对事物肯定的理解里包含对事物否定的理解，以及对事物必然灭亡的理解。因此，虽然资本主义生产方式相对封建生产方式而言，在较短暂的统治时间内创造了巨大的物质财富，但资本主义社会仍然是一个人剥削人、人压迫人的疏离了生态要求的社会，因而在它能容纳的生产力全部释放出来后必将被未来的共产主义社会所否定。与此不同，我国以儒家文化为代表的传统文化中如“君子和而不同”等观念却重在强调“立”，即符合传统道德标准的仁人的培育。其次，马克思主义具有鲜明的科学性，中国传统生态思想则重视人文关怀。在《德意志意识形态》中，马克思、恩格斯在批判当时德国各种吵嚷喧嚣的学理不过都是意识的空话与抽象的思辨的同时，明确指出他们自己的思想是“真正的实证科学”，是站在现实的基础上，从物质实践出发，从历史的描述当中抽象出来的理论。毋庸讳言，虽然在写作《1844年经济学哲学手稿》时期马克思还不是一个成熟的马克思主义者，他关于共产主义的论述还留有费尔巴哈哲学人本主义的“尾巴”，但是他关于共产主义是“人和自然界之间、人和人之间的矛盾的真正解决”等论断仍闪耀着科学真理的光芒。到了1845年，马克思发动了一场哲学革命，完全跃迁到了新唯物主义，他对共产主义的阐发当然也达到了彻底的革命性和科学性的统一。至于我国传统文化中的和谐思想，囿于传统文化对科技“奇技淫巧”的评价，它们多从价值理性的维度朴素地强调“为人”“成人”，着重关注君子的养成，学以致其道。即使是关于大同社会的想象，它也主要是对人与其乐业安居幸福生活的一种人文性的关怀与呵护。最后，马克思主义机锋外放，中国传统文化中正平和。马克思阐述自己的共产主义思想，他以辩证否定的方式出之，其对无产阶级恶劣生活状况的揭露与其使命的阐发，对资本主义制度的批判和其肯定会灭亡的判断，对共产主义社会必将成为“经验的存在”的坚定信念，直接、锐利而深刻。而中国传统文化的和谐追求，洋洋有“君子之风”，注“平”重“稳”，宁静平和，少激情、震荡和冲力。

由此可知，同样是阐发和谐社会，舶来的马克思主义与我国传统文化在话语表达的风格、特色、气派等方面也各有自己的特点。这些不同的特点在马克思生态化的共产主义思想与我国群众之间肯定会造成接受、理解上的困难。

马克思主义中国化的重要内容是“使马克思主义在中国具体化，使之在其每一表现中带着必须有的中国的特性”①，因此一方面因为它的“中国的特性”因而它的根在中国，在我国的人民群众。这表明它必然扎根于中国人民长期实践所创造的优秀传统文化之中，客观上完全能够批判地融通传统文化中诸如天人合一、敬畏生命、道法自然、顺应自然、和而不同、取用有节等富有生命力、价值性的绿色智慧和绿色思辨，既让传统的绿色追求能够薪火相传、代代守护，也使它可以推陈出新，古为今用。另一方面它的马克思主义性质又意味着它必然融通了马克思主义的先进文化资源，逻辑上可以畅达马克思主义思想中诸多与绿色发展相关的范畴、原理及马克思的人化自然观、恩格斯与列宁的自然辩证法等不同时期马克思主义者各具特色的绿色思想。这样，通过马克思主义中国化生成的中国化的马克思主义一边对接我国传统优秀文化，另一边对接马克思主义，让马克思主义的革命性、批判性的真理深深地融入我国传统优秀文化当中，以观念的形式构建出充分体现中国特色、中国风格、中国气派，新鲜活泼，为中国人民所喜闻乐见的中国化底蕴。广大干部群众依附这种底蕴，在自我的传统和马克思主义的相互撞击中让自己内心普通的绿色生活追求不断地得到滋润，最终跃迁形成以美丽凸显的社会主流价值观，被纳入社会主义核心价值体系成为其重要组成部分。

其四，在根本利益一致基础上我国公民自觉共建美丽中国的实践提供了转化的根本动力。在《矛盾论》中，毛泽东同志指出：“事物发展的根本

---

① 中共中央文献研究室编《毛泽东年谱（1893~1949）》（修订本）中卷，中央文献出版社2013年版，第94页。

原因，不是在事物的外部而是在事物的内部。”① 当前我国公民个人普通的绿色生活价值取向能被纳入社会主义核心价值体系，其根本原因也在于公民自觉行动的推动，是人民群众自己解放自己、自己推动自己。具体说来，在新时代建设美丽中国的过程中，我们党和国家以推动形成人与自然和谐发展的现代化建设新格局为己任，既创造了更多的物质财富和精神财富，满足了人民日益增长的美好生活需要，也提供了更多的优质生态产品，满足了人民日益增长的优美生态环境需要。

在西方，受资本主义私有制的束缚，发达国家的民众无法从个人私利的“围城”中突围，即使他们之中的诸多睿智者看到了窗外“和煦的阳光”，但资本主义制度下个人私利和社会公利的悖论就像那透明的窗玻璃，让人看到了光明，却仍然被由私有制的本性决定的私人利益所圈禁，找不到现实的出路。因此，西方社会的人们尽管物质生活上可能极尽奢靡，然而精神生活却在不得不极度张扬的私利下被压制、被操控了。“众多的人都在一种异化的烟雾中迷惑不解，不知所措，无法左右自己的命运，即使保暖无虞也照旧不得安宁。犯罪、吸毒、酗酒疯狂和恶作剧的增长，成为人的通风口、人的个人价值实现的替身。从肉欲展览到抽象艺术的闪耀着广告色彩的各种古怪离奇想象，从穷极无聊的时髦到人生如梦的宣泄，都围绕着一个主题：现实生活中的绝望和无路可走。”② 当然，在他们的内心，也早已经消解了崇高，难以重视整体与长远，而是多以精致的利己主义者的身份自扫门前雪，不管他人瓦上霜。

在我国，中国特色社会主义实行公有制为主体、多种所有制经济共同发展的基本经济制度。在这种基本经济制度下建设美丽中国，个人需要社会，社会为了个人，个人、社会相互之间的利益被统筹兼顾。因此在根本利益一致条件下广大人民群众共建美丽中国的实践作为一种创造性的自觉力量，它在个人与社会的统一中作为基础，决定了我国民众在自己的精神生活中也必然自觉地把整体利益和局部利益、长期利益与短期利益统一起来。这使他们在考虑自我单个个体时也心怀整个社会，看到自己脚下的同时也放眼长远发展。因而在他们的内心，个人利益并没有也不可能把他们

① 《毛泽东选集》第 1 卷，人民出版社 1991 年版，第 301 页。

② 唐袅：《科技属于人民：全球化与科技》，中国人民大学出版社 2001 年版，第 338 页。

圈禁起来让他们的精神意识丧失追求崇高而成为单面化的人，反而在个人与社会的辩证统一中，他们自觉地把个人追求与社会整体利益、人类长远利益时时刻刻对照，不断扬弃与整体利益、长期利益不一致的东西，最后让推动形成绿色生活方式等面向未来、面向全局的价值取向深深地烙印在每一个人的心底，继而生成作用强劲的推动力，推动这些价值取向由个人到群体再到整个社会不断聚合、跃迁，成为整个社会的核心价值诉求。

这样，一旦公民的绿色生活意识跃迁成为社会主流价值意识，被纳入社会主义核心价值体系，它就能够凭借自己的核心价值地位，引领包括勃张的市场意识在内的其他社会意识，并在持续发力倡导绿色低碳的生活观念，“形成合理消费的社会风尚，营造爱护生态环境的良好风气”[①] 的过程中不断强化自己的思想先导作用，从而强劲推动当下建设美丽中国的各项工作，满足人民美好生活的需要。

---

① 中共中央文献研究室编《十八大以来重要文献选编》（上），中央文献出版社 2014 年版，第 32 页。

第三章

公民绿色生活意识提升的保障机制

在党的二十大报告中，习近平同志指出新时代我们“经受住了来自政治、经济、意识形态、自然界等方面的风险挑战考验，党和国家事业取得历史性成就、发生历史性变革”①。诸如经济实力实现历史性跃升、共同富裕取得新成效、小康的千年梦想得以实现、全面依法治国总体格局基本形成、全面从严治党深入推进、社会主义核心价值观广泛传播、生态文明制度体系更加健全、国家治理体系和治理能力现代化水平明显提高等历史性成就的取得，在思想与实践上为推动形成人与自然和谐发展的现代化建设新格局打下了坚实的基础。扎根于这片精神与物质相互作用形成的深厚沃土，我国强化公民绿色生活意识的保障机制也生发成形，总体上表现为相互协力的领导保障机制、政策保障机制和制度保障机制一体三分的概貌。

第一节　领导保障机制

领导保障机制主要包括领导队伍素养锤炼机制、领导工作运行机制和领导人员监督机制。

一　领导队伍素养锤炼机制

领导队伍素养锤炼机制以提高领导队伍政治素养与绿色生活意识水平为旨归，以从群众中来，到群众中去为根本路径，做到打铁时自身也硬。

在这方面，党的十八大以来习近平同志作了一系列重要论述，为我们提供了根本遵循。他特别强调“领导带头、层层示范，是我们做好各项工作的重要方法”②。因此，包括提升公民的绿色生活意识在内的各项工作，各级领导干部是带头人，是表率者，“是活动的组织者、推进者、监督者，更是活动的参与者，要以普通党员身份把自己摆进去，力争认识高一层”③。

① 习近平：《高举中国特色社会主义伟大旗帜 为全面建设社会主义现代化国家而团结奋斗——在中国共产党第二十次全国代表大会上的报告》，人民出版社 2022 年版，第 6 页。

② 中共中央文献研究室等编《习近平关于党的群众路线教育实践活动论述摘编》，党建读物出版社、中央文献出版社 2014 年版，第 54 页。

③ 中共中央文献研究室等编《习近平关于党的群众路线教育实践活动论述摘编》，党建读物出版社、中央文献出版社 2014 年版，第 53 页。

正因为党员干部是活动的组织者、推进者、监督者与参与者，所以一方面我们党特别注意“把党的政治建设摆在首位”[①]，注重提高党员干部的政治素养。具体到生态文明建设，2017 年 10 月在党的十九大报告中，习近平同志提出“我们要牢固树立社会主义生态文明观”[②]。这表明在我国，绿色生活意识在具有普遍性的绿色底色的同时，也始终张扬自己的特殊性，即坚持社会主义的发展方向。因此，对于提高公民绿色生活意识等工作，我们党特别强调“不能把加强生态文明建设、加强生态环境保护、提倡绿色低碳生活方式等仅仅作为经济问题。这里面有很大的政治”[③]。只有党员干部的政治素养达到了相应的水平，他们才有可能成为强化公民绿色生活意识活动的好的组织者、推进者、监督者和参与者。与此相联系，习近平同志强调“看一名党员干部特别是高级干部的素质和能力，首先看政治上是否站得稳、靠得住。站得稳、靠得住，最重要的就是要牢固树立‘四个意识’，自觉在思想上政治上行动上同党中央保持高度一致，坚决维护党中央权威和集中统一领导，在各项工作中毫不动摇、百折不挠贯彻落实党中央决策部署，不打任何折扣，不耍任何小聪明，不搞任何小动作”[④]。这样，以习近平同志为核心的党中央通过立意高远、内涵丰富的系列重要论述极为深刻地阐明了新时代党员干部在提升公民绿色生活意识的工作中要成为一个合格的组织者、推进者、监督者、参与者首先该做什么，从而为党和国家推动形成绿色生活方式事业的发展提供了坚强的政治保证。

另一方面我们党也要求全面贯彻绿色发展理念，倡导简约适度、绿色低碳的生活方式，推动提高包括绿色生活意识在内的党员干部的生态文明意识。如果说党员干部的政治素养是“龙头”，那么他们的绿色生活意识等就是“龙身”。只有“龙头”，“头”大“身”虚，整条“龙”就会“身”无力，也即党员干部在提升公民绿色生活意识的各项工作中难以真正履行好组织者、推进者、监督者与参与者的职责。对此习近平同志专门指出

---

① 习近平：《决胜全面建成小康社会　夺取新时代中国特色社会主义伟大胜利——在中国共产党第十九次全国代表大会上的报告》，人民出版社 2017 年版，第 62 页。

② 习近平：《决胜全面建成小康社会　夺取新时代中国特色社会主义伟大胜利——在中国共产党第十九次全国代表大会上的报告》，人民出版社 2017 年版，第 52 页。

③ 中共中央文献研究室编《习近平关于社会主义生态文明建设论述摘编》，中央文献出版社 2017 年版，第 5 页。

④ 《习近平谈治国理政》第三卷，外文出版社 2020 年版，第 83 页。

“全党同志都要清醒认识保护生态环境、治理环境污染的紧迫性和艰巨性，清醒认识加强生态文明建设的重要性和必要性，真正下决心把环境污染治理好、把生态环境建设好”①，“实现经济社会发展与人口、资源、环境相协调，不断提高资源利用水平，加快构建绿色生产体系，大力增强全社会节约意识、环保意识、生态意识”②。

值得一提的是，有关提高党的领导队伍素养，早在《反对本本主义》一文中，毛泽东同志就批评当时“许多巡视员，许多游击队的领导者，许多新接任的工作干部，喜欢一到就宣布政见，看到一点表面，一个枝节，就指手画脚地说这也不对，那也错误。这种纯主观地‘瞎说一顿’，实在是最可恶没有的。他一定要弄坏事情，一定要失掉群众，一定不能解决问题”③。这说明一个共产党员如果对要组织领导的工作一无所知或者半知半解，那么他作为领导，是不能完成带领群众解决实际问题的重任的。并且，新时代我们建设社会主义生态文明，提升公民的绿色生活意识是一项前无古人的伟业。在前进的道路上我们没有多少经验可供借鉴，更多的是在摸着石头过河，一步一步地摸索着向前，在向前中摸索。这种摸索前进的过程，也是面对层出不穷的新事物、新情况、新问题的过程。这些新事物、新情况、新问题，其中一部分或许凭老经验、用老办法就能应付或解决，但也有不少单凭过去的老经验、老办法根本不能应付或解决。因此，习近平同志非常重视领导干部的学习。他指出高度重视学习、善于进行学习“是领导干部健康成长、提高素质、增强本领、不断进步的重要途径。特别是在当今国际国内形势不断发展变化的情况下，领导干部只有认认真真地学习、与时俱进地学习、持之以恒地学习，才能始终跟上时代进步的潮流，才能担当起领导重任。可以说，领导干部的学习水平，在很大程度上决定着工作水平和领导水平”④。这样，在学习新知识的过程中反复思考，在思考新问题的过程中加强学习，党员干部推动形成绿色发展方式和生活方式的素养

① 中共中央文献研究室编《习近平关于社会主义生态文明建设论述摘编》，中央文献出版社2017年版，第7页。

② 中共中央文献研究室编《习近平关于社会主义生态文明建设论述摘编》，中央文献出版社2017年版，第19页。

③ 《毛泽东选集》第1卷，人民出版社1991年版，第110页。

④ 习近平：《领导干部要认认真真学习 老老实实做人 干干净净干事》，《学习时报》2008年5月26日。

与能力就会得到全方位的提高，“打铁”也即推动提升群众的绿色生活意识时自身也肯定会“硬”。

至于如何学习，从根本上来说一方面要坚持从群众中来。2014 年 3 月，习近平同志在参加十二届全国人大二次会议贵州代表团审议时直接把群众中存在的两种观点，即“有人说，贵州生态环境基础脆弱，发展不可避免会破坏生态环境，因此发展要宁慢勿快，否则得不偿失；也有人说，贵州为了摆脱贫困必须加快发展，付出一些生态环境代价也是难免的、必须的”① 拿来进行分析。他深刻地阐明这两种观点或者只强调保护生态，或者只强调发展经济，因此都不全面。如何看待绿水青山和金山银山的关系，关键在人，在人的思路。如果我们把其他条件都满足了，大家肯定都愿意到山清水秀的地方投资、生活、旅游。这就在注重发展的同时，也强调了人的因素，领导干部要用绿色淬炼思想，强化绿色意识，坚守生态底线。其他如 2014 年 6 月，习近平同志通过他的敏锐观察，在中央财经领导小组第六次会议上发表的重要讲话中指出：“改革开放以来，人民生活水平大幅度提高，同时奢侈浪费之风也开始起来了，特别是‘土豪’式的生活方式，纵欲而无节制。有的人觉得住上大别墅、开上豪华车，一掷千金，醉生梦死，人生价值就实现了。看看越来越多的大排量高档汽车，越来越多的高档饭店、豪华会馆、洗浴中心，越来越多的大吃大喝、杯盘狼藉，看看一些地方热衷于建设的大广场、大马路、大草坪、大剧院、大灯光等，要用多少能源呀!”② 所以，我们党员干部能有倡导勤俭节约的风尚及推动能源消费革命的认识，归根结底都是立足于人民群众的生活，从群众生活中看到了问题，继而研究问题取得的成效。大量事实证明，党员干部不是百事通，因此要放下架子，多向群众请教，深入基层调查研究。“下去调研，要去一些困难多的地方、问题多的地方，调研不是光看好的。当地干部有时有些顾虑，怕我们看了那些不好的东西会产生负面印象。这里面有一个政绩观的问题。工作什么时候也会有好的、差的，先进的、落后的。看了困难多、问题多的地方，才能帮助他们解决问题，也有利于我们正确决策。去了就

① 中共中央文献研究室编《习近平关于社会主义生态文明建设论述摘编》，中央文献出版社 2017 年版，第 22 页。

② 中共中央文献研究室编《习近平关于社会主义生态文明建设论述摘编》，中央文献出版社 2017 年版，第 117~118 页。

不要兴师动众，做到既能轻车简从，又能深入一些地方。”①

另一方面要坚持到群众中去，也即让从群众中得来的认识再回到群众中去，在引导群众行动的过程中也通过群众的生活检验主观的认识是否与客观现实相符合、相一致。2013 年 2 月，习近平同志专门看望慰问了在京坚守岗位的一线劳动者并发表了重要讲话，殷切希望“广大市民要珍爱我们生活的环境，节约资源，杜绝浪费，从源头上减少垃圾，使我们的城市更加清洁，更加美丽、更加文明”②。他特别强调要在群众中“加强生态文明宣传教育，增强全民节约意识、环保意识、生态意识”③，“大力宣传节水和洁水观念。树立节约用水就是保护生态、保护水源就是保护家园的意识，营造亲水、惜水、节水的良好氛围，消除水龙头上的浪费，倡导节约每一滴水，使爱护水、节约水成为全社会的良好风尚和自觉行动”④。值得一提的是，在这个过程中，习近平同志非常注意吸取民族文化的养分，重视对群众讲话的中国特色、中国风格、中国气派。一是他常精辟地运用“子钓而不纲，弋不射宿”“天育物有时，地生财有限”“万物各得其和以生，各得其养以成”“圣人之处国者，必于不倾之地，而择地形之肥饶者。乡山，左右经水若泽”“草木荣华滋硕之时则斧斤不入山林，不夭其生，不绝其长也；鼋鼍、鱼鳖、鳅鳝孕别之时，罔罟、毒药不入泽，不夭其生，不绝其长也”等古人名言，言简意赅地与群众讲道理。二是选用“补肾”“翻烧饼”“奇花异草”“金山银山”“寅吃卯粮”“有多少汤泡多少馍”等俗语拉近与群众的距离。三是化用古语等，信手拈来，将传统文化中的名言“一江春水向东流”结合当下的工作略作改动，展望创建绿色生活的美丽前景。四是讲故事传情达意，感染群众。在二十国集团工商峰会开幕式上进行主旨演讲时，习近平同志回顾了他在浙江工作的 6 个年头，特别讲到了杭州是生态文明之都，山明水秀，浸透着江南韵味，以讲述“最忆是杭州”故事

---

① 中共中央文献研究室编《论群众路线——重要论述摘编》，中央文献出版社、党建读物出版社 2013 年版，第 126 页。

② 中共中央文献研究室编《习近平关于社会主义生态文明建设论述摘编》，中央文献出版社 2017 年版，第 115 页。

③ 中共中央文献研究室编《习近平关于社会主义生态文明建设论述摘编》，中央文献出版社 2017 年版，第 116 页。

④ 中共中央文献研究室编《习近平关于社会主义生态文明建设论述摘编》，中央文献出版社 2017 年版，第 116~117 页。

的形式形象化地阐明了“环境就是民生，青山就是美丽，蓝天也是幸福”[①]。另外如在《加快从要素驱动、投资规模驱动发展为主向以创新驱动发展为主的转变》讲话中，习近平同志介绍清朝政府用10年时间绘制了科技水平空前的《皇舆全览图》，却作为密件藏于内府，对当时的经济社会发展没有起什么作用。这说明“学得再多，束之高阁，只是一种猎奇，只是一种雅兴，甚至当作奇技淫巧，那就不可能对现实社会产生作用”[②]。习近平同志的这些话语，紧密对接了干部群众的“地气”，让他们听得顺气，听得乐呵，听得津津有味，因而也非常愿意把听到的东西贯彻到自己的行动中，从而在检验听到的思想与现实相一致的同时进一步增强全面贯彻听到的思想的自觉性。

二　领导工作运行机制

领导工作运行机制突出地表现为辩证统一的两个方面，即党委总览全局、协调各方；各部门在党委领导下各负其责、齐抓共管。

一方面，党的十九大报告指出“党政军民学，东西南北中，党是领导一切的”[③]。因此，当下在推动提升公民绿色生活意识的各项工作中，我们党处于领导地位，党委总览全局。

从中国共产党自身的性质来看，我们党“是中国工人阶级的先锋队，同时是中国人民和中华民族的先锋队，是中国特色社会主义事业的领导核心，代表中国先进生产力的发展要求，代表中国先进文化的前进方向，代表中国最广大人民的根本利益”[④]。因此，中国特色社会主义建设中的各项工作，都坚持党的领导，坚持党把方向、谋大局、定政策、促改革。

具体到建设生态文明，推动强化公民的绿色生活意识，这“是关系人民福祉、关乎民族未来的长远大计”[⑤]。古往今来，生态兴则文明兴，生态

---

① 中共中央宣传部编《习近平总书记系列重要讲话读本》，学习出版社、人民出版社2016年版，第233页。

② 中共中央文献研究室编《十八大以来重要文献选编》（中），中央文献出版社2016年版，第24页。

③ 习近平：《决胜全面建成小康社会　夺取新时代中国特色社会主义伟大胜利——在中国共产党第十九次全国代表大会上的报告》，人民出版社2017年版，第20页。

④ 《中国共产党章程》，人民出版社2016年版，第1页。

⑤ 中共中央文献研究室编《十八大以来重要文献选编》（上），中央文献出版社2014年版，第30页。

衰则文明衰。例如楼兰古城，曾经多有芦苇、红柳、胡杨、芨芨，商旅云集，市场繁荣，是古代丝绸之路上我国内地通往西域的重要交通枢纽。然而由于长期大规模开荒屯田，盲目灌溉，现在流经该地的孔雀河早已改道，绿洲变成了沙漠、戈壁。沙进城埋，楼兰古城逐渐成了西北最荒凉的地区之一。可见我们如果囿于个人私利，目光短视地对大自然无限制地索取，最终必将伤及我们自身。而“过去一切阶级在争得统治之后，总是使整个社会服从于它们发财致富的条件，企图以此来巩固它们已经获得的生活地位”①。毛泽东同志实地考察湖南农民运动时就特别提到那些“无情的地主总是要从佃农身上取得东西，却不肯花几个大钱修理塘坝，让塘干旱，饿死佃农，他们却只知收租”②。资本家也“都知道暴风雨总有一天会到来，但是每个人都希望暴风雨在自己发了大财并把钱藏好以后，落到邻人的头上。我死后哪怕洪水滔天！这就是每个资本家和每个资本家国家的口号”③。

因为中国共产党是无产阶级的政党，与“过去一切阶级”相对立，当今新时代，我们党坚持以人民为中心，致力于实现中华民族的永续发展，加快推动形成绿色发展方式和生活方式，给人民群众创造了良好的生产生活环境，为保护生态环境作出了我们这代人的努力。因而坚持党对强化公民绿色生活意识等一切工作的领导，是我们党的阶级性质决定的。只有“没有什么自己的东西必须加以保护”④ 的中国共产党，才能毫无私心地立足整体，着眼长远，领导我国人民牢固树立社会主义生态文明观，努力建设美丽中国。

从世界社会主义运动的历史来看。20 世纪 80 年代末 90 年代初，东欧剧变，苏联解体，世界社会主义运动由此进入低谷。西方一些理论家和政治家纷纷宣告这是资本主义对社会主义的最终胜利。其中如日裔美国学者弗兰西斯·福山在其《历史的终结》中就提出 20 世纪 80 年代以来世界上发生的一系列重大事件，不只是美苏之间冷战的结束，也是整个社会发展进程中意识形态进化的终点，它表明“自由民主可能形成‘人类意识形态进步的终点’与‘人类统治的最后形态’，也构成‘历史的终结’”⑤。然

① 《马克思恩格斯选集》第 1 卷，人民出版社 2012 年版，第 411 页。
② 《毛泽东选集》第 1 卷，人民出版社 1991 年版，第 41 页。
③ 《马克思恩格斯文集》第 5 卷，人民出版社 2009 年版，第 311 页。
④ 《马克思恩格斯选集》第 1 卷，人民出版社 2012 年版，第 411 页。
⑤ 〔美〕弗兰西斯·福山：《历史的终结》，本书翻译组译，远方出版社 1998 年版，第 1 页。

而，历史的风云际会不仅让美国的次贷危机、欧盟的欧债危机次第登场，给予了福山等人的观点连续重击，而且伴随着人类追逐现代化的步伐进一步向前迈进，西方世界的人们发现自己虽然当下表面上生活轻松愉悦，饱暖无虞，但实际上却早已深陷在无法自拔的困境之中。从人与自然的关系上看，人类转向进入现代化之后，他们借助飞速发展的现代文明工具不断地向自然界开战，使自然界再也难以消化人对其的恶性扰动从而产生了划时代的生态危机。面对“艰难时世”，资本主义社会除制定了一系列强制性的法律法规以消灭人与自然关系的这种异化状态以外，还通过不合理的国际贸易、国际投资等转嫁自己的环境危机到广大发展中国家和地区，甚至倡导复古，期望回归到人类生活的原始状态以克服人与自然界的尖锐矛盾。但无论采用何种形式，都不能从根本上解决环境问题，反而使这个问题在世界上愈演愈烈。

与诸多资本主义国家不同，新时代在我们党的领导下，我国包括强化公民的绿色生活意识在内的大力推进生态文明建设的行动取得了显著进展，也赢得了国际社会的普遍赞誉。在生态文明贵阳国际论坛 2018 年年会上，冰岛前总理奥拉维尔·格里姆松说：“中国已经成为在清洁能源转型方面全球领先的大国。”[①] 日本前首相鸠山由纪夫由衷赞叹中国“认识到了尊重自然、与自然共生的重要性，所以采取了走在世界前列的一系列政策”[②]。世界自然保护联盟荒野专家组主席万斯·马丁赞赏说中国“将每一个人的生态意识动员起来，更好地参与生态保护”[③]。联合国开发计划署驻华代表处国别主任文霭洁则指出：“中国走在创新前沿，提出了很多绿色解决方案。”[④] 联合

① 韩晓明等：《走向生态文明新时代——国际人士在生态文明贵阳国际论坛 2018 年年会上盛赞中国生态文明建设成就》，2018 年 7 月 9 日，见 http://www.wenming.cn/xj_pd/ssrd/201807/t20180709_4749483.shtml。

② 韩晓明等：《走向生态文明新时代——国际人士在生态文明贵阳国际论坛 2018 年年会上盛赞中国生态文明建设成就》，2018 年 7 月 9 日，见 http://www.wenming.cn/xj_pd/ssrd/201807/t20180709_4749483.shtml。

③ 韩晓明等：《走向生态文明新时代——国际人士在生态文明贵阳国际论坛 2018 年年会上盛赞中国生态文明建设成就》，2018 年 7 月 9 日，见 http://www.wenming.cn/xj_pd/ssrd/201807/t20180709_4749483.shtml。

④ 韩晓明等：《走向生态文明新时代——国际人士在生态文明贵阳国际论坛 2018 年年会上盛赞中国生态文明建设成就》，2018 年 7 月 9 日，http://www.wenming.cn/xj_pd/ssrd/201807/t20180709_4749483.shtml。

国秘书长古特雷斯也专门表示："中国将《2030 年可持续发展议程》和《巴黎协定》纳入国家政策，令人欢欣鼓舞。"①

这一切都说明了一个事实，即我们党团结带领全国各族人民建设美丽中国，推动形成绿色发展方式和生活方式的努力通过已经取得的巨大成就有力地揭示、批判了资本主义自身不可克服的缺陷，凸显了中国特色社会主义由于坚持没有任何同整个无产阶级的利益不同的利益的中国共产党的领导，因而扬弃了私有制，相对于资本主义生产方式一切以利益优先而言，具有无可比拟的优越性。因此只有在共产党人的领导下，推动社会主义发展并由此跃迁到共产主义才能充分地克服人类正面临的全球性的生态危机。为此，当今在资本主义与社会主义二元对立的世界中，社会主义即使暂时处于低潮，也并不意味着它历史的终结，而是新的否定之否定的开始。由于共产党人的正确领导，人类社会形态从资本主义社会走向社会主义社会最终进入共产主义社会的发展趋势并没有任何改变。这在给世界社会主义运动指明了光明前景的同时，也意味着在推动提升我国公民绿色生活意识的过程中坚持党的领导，是历史的选择，也是人民依据历史给予党的重托。

另一方面，关于各部门在党委领导下各负其责、齐抓共管，《中国共产党章程》规定，党的根本组织原则是民主集中制即民主基础上的集中和集中指导下的民主相结合。因此，对于提升公民的绿色生活意识，我们党在坚持党委总览全局的前提下，也特别重视充分发挥各级党组织和广大干部的积极性，协调各部门力量各负其责、齐抓共管。对此，习近平同志在谈到推进北方地区冬季清洁取暖时指出"要放开供暖、能源生产和使用等方面准入限制，建立有利于清洁供暖价格机制，支持民营企业进入清洁供暖领域。要通过免税降费和电网让利等方式，通过电力体制和电力价格改革，把电价降下来。通过加强配电网建设、减免过网费、发电企业和供暖用户直接交易等方式，使弃风、弃光严重的地区将风电、光电直接用于供暖。要通过发展绿色金融，加大对清洁供暖企业和项目的支持力度。煤改气要

① 韩晓明等：《走向生态文明新时代——国际人士在生态文明贵阳国际论坛 2018 年年会上盛赞中国生态文明建设成就》，2018 年 7 月 9 日，http：//www.wenming.cn/xj_pd/ssrd/201807/t20180709_4749483.shtml。

多方开拓气源，提高管道输送能力，在落实气源的前提下有规划地推进，防止出现气荒。要支持规模化养殖企业和专业化企业生产沼气、生物天然气，促进秸秆沼气化，更多用于农村清洁取暖”①。可见，党在集中精力领导推进雾霾严重地区基本实现散煤供暖清洁化的过程中，特别注意组织、协调税务部门减免税收，财政部门推进绿色金融发展，发改委调控价格和优化电力体制等。各部门齐抓共管，相互协同，合力推动公众形成绿色生活方式，再由生活方式的改变倒逼提升他们的绿色生活意识。与此相一致，2021 年 1 月，全国爱国卫生运动委员会、中央精神文明建设指导委员会和健康中国行动推进委员会决定在全国持续开展倡导文明健康、绿色环保生活方式活动。这三个机构就有关工作发布的《关于开展倡导文明健康绿色环保生活方式活动的意见》提出为了加强组织领导，各地要进一步统一认识，将倡导文明健康、绿色环保生活方式活动作为巩固疫情防控成果的具体举措，建立省、市、区（县）、街道（乡镇）、社区（村）五级联动的工作体系，结合实际协调各部门充分发挥职能作用，一起协同配合、齐抓共管，研究制定具体实施方案，细化任务分工和责任清单，拿出真办法、真举措发挥政府主导作用、群众主体作用、专家指导作用，以及群团组织、其他社会组织和社工、志愿者的积极作用，及时解决问题，不断增进群众满意度和获得感。②

此外，推动公民绿色生活意识的提升本身也是一项系统工程，涉及多个部门、多个领域、多种性质的工作。如围绕“提高公众无害化处理生活污水的自觉性”这一问题，其中在主体方面，从主体认识层面来看，涉及对公众有关生活污水及其处理等知识的普及与认知水平的提高；从主体实践层面来看，有日常生活中我们做了什么、产生了什么影响、怎样规约自己与他者的行为等一系列问题需要解决。在客体方面，从生活污水来源来看，涉及住宅、机关、学校、医院、商店、公共场所甚至工业企业的卫生间等；从生活污水污染性质来看，有病原物污染、需氧有机物污染、富营养化污染、酸碱盐污染、有毒物质污染、恶臭气体污染等；从生活污水污

① 中共中央文献研究室编《习近平关于社会主义生态文明建设论述摘编》，中央文献出版社 2017 年版，第 92~93 页。

② 全国爱国卫生运动委员会等：《关于开展倡导文明健康绿色环保生活方式活动的意见》，2021 年 1 月 22 日，https：//m.gmw.cn/baijia/2021-01/22/34564492.html。

染范围来看，纵向从空中大气到地下水资源，横向山水林田湖，都会受到生活污水的影响；从生活污水处理工艺来看，有强化生物除磷、循环间歇曝气、旋转接触氧化、连续循环曝气、SPR 处理等多种。这些主体、客体方面的问题纠缠交错，形成了一个错综复杂的问题群。这时面对生活污水无害化处理，“如果种树的只管种树、治水的只管治水、护田的单纯护田，很容易顾此失彼”[①]。这就需要涉及的教育部门、宣传部门、生态环境部门、住房城乡建设部门、交通运输部门、商务部门、税务部门、财政部门、工业和信息化部门以及公、检、法等部门紧密协同，齐抓共管，一起在解决主体和客体方面的问题的过程中推动提高公众无害化处理生活污水、强化绿色生活意识的自觉性。

三 领导人员监督机制

在提高公民绿色生活意识的工作中，领导人员监督机制主要体现为党内监督和党外监督二者相互贯通，增强监督合力。

关于党内监督，新时代以习近平同志为核心的党中央深刻总结中外历史经验，以坚定的决心、顽强的意志、空前的力度坚持不懈地加强、改进党的自我监督。在具体做法上，一是自上而下的组织监督。2022 年修正通过的《中国共产党章程》在第十六条明确规定“党的下级组织必须坚决执行上级组织的决定。下级组织如果认为上级组织的决定不符合本地区、本部门的实际情况，可以请求改变；如果上级组织坚持原决定，下级组织必须执行”[②]。这些根本性的规定，在诸如倡导简约适度、绿色低碳的生活方式等工作中赋予上级党组织领导、管理下级党组织的权限的同时，更授予了上级党组织监督下级党组织的权威，让“上级对下级尤其是上级一把手对下级一把手的监督最管用、最有效”[③]。例如陕西延安计划用 10 年时间，通过削平几十座山头建造一座两倍于目前城区的新城。2012 年随着工程开工，这场在黄土丘陵地貌上进行的一次“大手术”削平了三十多座山头，被铲除的森林植被多达几十平方公里，导致延安市区每当起风就沙尘飞扬

① 中共中央文献研究室编《习近平关于社会主义生态文明建设论述摘编》，中央文献出版社 2017 年版，第 47 页。

② 《中国共产党章程》，2022 年 10 月 22 日，见 https：//www.12371.cn/special/zggcdzc/zggcdzcqw/。

③ 习近平：《论坚持全面深化改革》，中央文献出版社 2018 年版，第 237 页。

乱舞，黄土遮天蔽日。不仅如此，由于“延安周围山体的地层主要是第四系黄土，而黄土的一个重要物理性质就是遇水会发生沉陷，且遇到强降雨过程，还会引发泥石流、山体滑坡等重大地质灾害。若在该区进行大规模的开发活动，势必会进一步恶化地质环境，导致多种次生地质灾害发生。近年陕北雨水增多，经常发生塌方和山体滑坡灾害，造成人民生命财产损失。削山的大量黄土回填到沟里，需要很长时间缓慢沉降，这将埋下重大地质灾害隐患。采取夯实等技术措施，也难以根本改变湿陷性黄土地区遇降水后沉降滑坡的性质”[①]。所以，延安如此宏大的“削山造城”项目面临非常严峻的生态和地质风险。为此习近平同志在十八届中央政治局第四十一次集体学习时的讲话中专门提到他对生态环境保护方面的问题看得很重，党的十八大以来多次就一些严重损害生态环境的事情比如陕西延安削山造城等作出批示，要求严肃查处。[②] 遵照习近平同志批示的要求，自然资源部认真落实党中央的决策部署，在《关于 2017 年国家土地督察工作情况的公告》中作为典型特别指出：“陕西、甘肃在延安新区、兰州新区存在‘削山造城’，大规模违法违规开发未利用地等突出问题，已督促地方政府整改纠正。”[③]

二是自下而上的民主监督。在我们党内，各党委以及党委的书记、副书记与其他常委是通过相关党员选举出来的，他们与选举他们的党员是“代表”和“主人”的关系，党的各级领导干部都只是代表拥有党的权力的党员行使权力。同样，通过党代会下级党组织选举产生参加上级党代会的代表，他们代表下级党组织参与上级党委成员的选举。因此，无论是党的领导，还是党的上级组织，都必须接受普通党员或者下级党组织的监督，普通党员和下级党组织也有权围绕如推动公民绿色生活意识的提升等对党的权力的行使状况、党提出的任务的落实情况进行监督。为此《中国共产党章程》专门规定党员必须“切实开展批评和自我批评，勇于揭露和纠正

---

① 《延安破坏生态“削山造城”谁来承担责任?》，2019 年 1 月 15 日，https://www.hswh.org.cn/wzzx/llyd/st/2019-01-14/54562.html。

② 中共中央文献研究室编《习近平关于社会主义生态文明建设论述摘编》，中央文献出版社 2017 年版，第 15 页。

③ 自然资源部：《关于 2017 年国家土地督察工作情况的公告》，2018 年 4 月 10 日，https://www.mnr.gov.cn/gk/tzgg/201804/t20180410_1992949.html。

违反党的原则的言行和工作中的缺点、错误”①；作为下级党组织“既要向上级组织请示和报告工作，又要独立负责地解决自己职责范围内的问题。上下级组织之间要互通情报、互相支持和互相监督”②。与此相关，在针对贯彻落实绿色发展理念，强化公民绿色生活意识的各项工作的民主监督过程中，我们党强调“推进党务公开，畅通党员参与党内事务、监督党的组织和干部、向上级党组织提出意见和建议的渠道”③。尤其要注意发挥民主生活会在党内监督中的重要作用。民主生活会应做到经常化，遇到重要或者普遍性问题必须及时召开。对于具体事务比如党员干部下基层开展绿色社区创建推进活动等民主监督活动，作为领导不能“搞家长制、一言堂，居高临下、当‘太上皇’，手伸得老长，个人说了算，顺我者昌、逆我者亡，处心积虑树立所谓‘绝对权威’，大有独霸一方之势”④。另外，我们党也指出“党员的民主监督不仅是权利，更是不容推卸的义务，是对党应尽的责任。基层党组织和党员要加强对党的领导干部的监督，督促其正常参加组织生活、履行党员义务。在党的会议上，党员要勇于对违反党章党规的行为提出意见，有根据地批评党的任何组织和任何党员，负责地向党反映党的任何组织和党员违纪违法的事实”⑤。

三是同级相互监督。对于如推动公民绿色生活意识提升等党组织领导的一切工作的同级监督，2020 年 1 月在第十九届中央纪律检查委员会第四次全体会议上，习近平同志指出“破解同级监督难题，关键在常委会。班子成员间日常接触最多，最了解情况，要用好批评和自我批评武器，增强主动监督、相互监督的自觉”⑥。可见，同级监督有关强化公民绿色生活意识的组织领导工作，一方面包括同级党委（党组）和同级纪委之间的相互监督。党委（党组）在相关党内监督中负主体责任。“加强对同级

---

① 《中国共产党章程》，2022 年 10 月 22 日，https：//www.12371.cn/special/zggcdzc/zggcdzcqw/。

② 《中国共产党章程》，2022 年 10 月 22 日，https：//www.12371.cn/special/zggcdzc/zggcdzcqw/。

③ 习近平：《决胜全面建成小康社会　夺取新时代中国特色社会主义伟大胜利——在中国共产党第十九次全国代表大会上的报告》，人民出版社 2017 年版，第 65~66 页。

④ 中共中央党史和文献研究院编《习近平关于全面从严治党论述摘编》，中央文献出版社 2021 年版，第 396 页。

⑤ 中共中央党史和文献研究院编《习近平关于全面从严治党论述摘编》，中央文献出版社 2021 年版，第 409~410 页。

⑥ 中共中央党史和文献研究院编《习近平关于全面从严治党论述摘编》，中央文献出版社 2021 年版，第 423 页。

纪委和所辖范围内纪律检查工作的领导，检查其监督执纪问责工作情况”[①] 是党委（党组）履行的监督职责之一。党的纪律检查委员会是党内监督的专责机关，承担着“加强对同级党委特别是常委会委员、党的工作部门和直接领导的党组织、党的领导干部履行职责、行使权力情况的监督”[②]。因此“纪检组长要一心一意履行监督职责，不要分管其他业务，如果都‘打成一片’、混成一锅粥了，还怎么行使监督职责呢？对党风廉政方面的问题，该发现没有发现就是失职，发现问题不报告、不处理就是渎职，那就要严肃问责查处”[③]。如此同级党委（党组）和同级纪委相向用力，共同把对公民绿色生活意识提升工作的组织领导的监督落到实处。另一方面也包括同级党委“一把手”和其他领导班子成员之间的相互监督。根据党的相关规定，领导班子成员发现班子主要负责人执行党的决议、选人用人、担当责任、从严治党等存在问题，应当及时向其提出，必要时可以直接向上级党组织报告。与此相对应，有关党组负责人如果发现领导班子成员有思想、作风、纪律等方面苗头性、倾向性问题的，也应当及时对其提醒谈话。[④] 通过党委“一把手”和同级其他领导班子成员之间这种相互为用、相互促进的监督活动，我们党在提高公民绿色生活意识的创新性活动、创造性组织领导中更加坚强，配套党的其他监督形式，一起作用使“全党全国贯彻绿色发展理念的自觉性和主动性显著增强，忽视生态环境保护的状况明显改变”[⑤]。

关于党外监督，我们党规定“各级党委应当支持和保证同级人大、政府、监察机关、司法机关等对国家机关及其公职人员依法进行监督，人民

① 中共中央党史和文献研究院编《十八大以来重要文献选编》（下），中央文献出版社 2018 年版，第 443 页。

② 中共中央党史和文献研究院编《十八大以来重要文献选编》（下），中央文献出版社 2018 年版，第 446 页。

③ 中共中央党史和文献研究院编《习近平关于全面从严治党论述摘编》，中央文献出版社 2021 年版，第 395 页。

④ 参见中共中央党史和文献研究院编《习近平关于全面从严治党论述摘编》，中央文献出版社 2021 年版，第 444~445 页。

⑤ 习近平：《决胜全面建成小康社会　夺取新时代中国特色社会主义伟大胜利——在中国共产党第十九次全国代表大会上的报告》，人民出版社 2017 年版，第 5 页。

政协依章程进行民主监督，审计机关依法进行审计监督”①。同时，“各级党组织和党的领导干部应当认真对待、自觉接受社会监督，利用互联网技术和信息化手段，推动党务公开、拓宽监督渠道，虚心接受群众批评。新闻媒体应当坚持党性和人民性相统一，坚持正确导向，加强舆论监督，对典型案例进行剖析，发挥警示作用”②。具体到提高公民绿色生活意识的工作，比较典型的有浙江杭州千岛湖临湖地带违规搞建设问题。千岛湖即新安江水库，是国家著名5A级景区，域内有动物昆虫2000余种，鸟类90种，形态各异的鱼类资源13科94种，有“鱼跃千岛湖”等奇特景观；植物共有1786种，属国家重点保护的树种有20种，湖中岛屿森林覆盖率达82.5%，大多数水域为饮用水水源二级保护区。2013年6月，据中国之声《央广新闻》报道，千岛湖临湖地带存在大面积填湖围地。有文章指出，千岛湖沿湖岸线大兴土木，先前碧波荡漾的湖面正被千岛湖乡村俱乐部（又名千岛湖乡村高尔夫俱乐部）、浙江金基置业有限公司旗下的观岛、红星文化度假村、阳光岛阳光大酒店、麒麟半岛开元度假村、天清岛酒店及别墅等别墅、酒店和高尔夫球场侵蚀。其中特别是占地1500多亩、18洞标准的千岛湖乡村高尔夫俱乐部球场，为营业维护所使用的化肥、除虫剂每个月加起来有十几吨，对附近湖水水质造成很大的威胁。针对媒体的报道，对于这些项目为何会批准、为何会上马建设，当地淳安县政府相关部门的负责人没有给出正面回应，但表示县政府除了全面叫停媒体报道的6个商业项目，还对临湖已批未建、已批已建、已规未建的项目进行全面的大排查并有针对性地进行整改。此外，相关措施还包括进一步做好森林线和湖岸线保护工作，风景区内严禁植被破坏。不过，2014年2月，《每日经济新闻》报道指出该地领导并未完全落实县政府作出的决定，导致先前被叫停的部分项目卷土重来，甚至诸如被曝光削山头填湖建酒店和别墅的红星文化度假村项目如今所建设的别墅已完工，正在紧锣密鼓进行销售。媒体持续的跟踪曝光，让千岛湖临湖地带的填湖围地情况再次登上热搜。对此2018年9月3日，浙江省委常委会召开会议，强调“整治千岛湖等地临湖地带违法建筑，事

① 中共中央党史和文献研究院编《十八大以来重要文献选编》（下），中央文献出版社2018年版，第449页。

② 中共中央党史和文献研究院编《十八大以来重要文献选编》（下），中央文献出版社2018年版，第450页。

关广大群众生产生活安全，事关生态环保建设大局，也是对干部政治意识和工作作风的现实检验。有关市县和部门必须扛起责任，以严实的作风勇担当、善作为，全面落实'共抓大保护、不搞大开发'的理念，好好查一查所辖地的湖边、河边、海边特别是保护区、风景区里有没有违法建筑，坚决做到红线内的违法建筑应拆尽拆、工作中的违规违法应查尽查，并加强监管、长效治理，决不允许出现因工作失责而给全省大花园建设添乱抹黑的现象"①。这在强调党的领导干部必须扛起责任，正确履职用权加强组织领导工作的同时，也显示了如新闻媒体曝光等党外监督必不可少的重要作用。

这样，围绕提升公民绿色生活意识的领导工作的监督，一方面，"对我们党来说，外部监督是必要的"②。让人民监督领导干部，让领导干部的权力在阳光下运行。另一方面，"党的执政地位，决定了党内监督在党和国家各种监督形式中是最基本的、第一位的"③，因而"从根本上讲，还在于强化自身监督"④。作为这两个方面的辩证统一，我们党以党内监督为主导，推动党内监督与党外监督有机贯通、相互协调，不断完善针对倡导绿色低碳生活观念的相关工作的监督体系，增强其监督合力。

第二节　政策保障机制

一　政策保障的层级机制

政策保障的层级机制主要表现为中央政策和地方政策上下联通、刚性政策与柔性政策相互配套。具体到中央政策和地方政策互联互通方面，以"生活污水"为关键词，在国务院政策文件库搜索，党的十八大以来中央层面发布了《乡村建设行动实施方案》等多项政策（见表 3-1）。

---

① 王国峰：《确保作风建设问题整改到位》，《浙江日报》2018 年 9 月 5 日。

② 中共中央党史和文献研究院编《习近平关于全面从严治党论述摘编》，中央文献出版社 2021 年版，第 399 页。

③ 中共中央党史和文献研究院编《习近平关于全面从严治党论述摘编》，中央文献出版社 2021 年版，第 406 页。

④ 中共中央党史和文献研究院编《习近平关于全面从严治党论述摘编》，中央文献出版社 2021 年版，第 399 页。

表 3-1 党的十八大以来中央层面发布的多项政策（以“生活污水”为关键词搜索）

类别	年份	政策名称	相关内容摘录
中共中央有关政策文件	2022	《乡村建设行动实施方案》	统筹农村改厕和生活污水、黑臭水体治理，因地制宜建设污水处理设施，基本消除较大面积的农村黑臭水体
	2021	《农村人居环境整治提升五年行动方案（2021—2025 年）》	加快推进农村生活污水治理 （七）分区分类推进治理。优先治理京津冀、长江经济带、粤港澳大湾区、黄河流域及水质需改善控制单元等区域，重点整治水源保护区和城乡结合部、乡镇政府驻地、中心村、旅游风景区等人口居住集中区域农村生活污水。开展平原、山地、丘陵、缺水、高寒和生态环境敏感等典型地区农村生活污水治理试点，以资源化利用、可持续治理为导向，选择符合农村实际的生活污水治理技术，优先推广运行费用低、管护简便的治理技术，鼓励居住分散地区探索采用人工湿地、土壤渗滤等生态处理技术，积极推进农村生活污水资源化利用。 （八）加强农村黑臭水体治理。摸清全国农村黑臭水体底数，建立治理台账，明确治理优先序。开展农村黑臭水体治理试点，以房前屋后河塘沟渠和群众反映强烈的黑臭水体为重点，采取控源截污、清淤疏浚、生态修复、水体净化等措施综合治理，基本消除较大面积黑臭水体，形成一批可复制可推广的治理模式。鼓励河长制湖长制体系向村级延伸，建立健全促进水质改善的长效运行维护机制
	2021	《中共中央、国务院关于深入打好污染防治攻坚战的意见》	因地制宜推进农村厕所革命、生活污水治理、生活垃圾治理，基本消除较大面积的农村黑臭水体，改善农村人居环境。实施化肥农药减量增效行动和农膜回收行动。加强种养结合，整县推进畜禽粪污资源化利用。规范工厂化水产养殖尾水排污口设置，在水产养殖主产区推进养殖尾水治理。到 2025 年，农村生活污水治理率达到 40%
	2021	《关于推动城乡建设绿色发展的意见》	持续推进农村生活垃圾、污水、厕所粪污、畜禽养殖粪污治理，实施农村水系综合整治，推进生态清洁流域建设，加强水土流失综合治理……因地制宜加快连接港区管网建设，做好船舶生活污水收集处理
	2021	《黄河流域生态保护和高质量发展规划纲要》	做好“厕所革命”与农村生活污水治理的衔接，因地制宜选择治理模式，强化污水管控标准，推动适度规模治理和专业化管理维护……以生活污水、垃圾处理和村容村貌提升为主攻方向，深入开展农村人居环境整治，建立农村人居环境建设和管护长效机制

续表

类别	年份	政策名称	相关内容摘录
中共中央有关政策文件	2020	《中共中央、国务院关于抓好“三农”领域重点工作确保如期实现全面小康的意见》	梯次推进农村生活污水治理，优先解决乡镇所在地和中心村生活污水问题。开展农村黑臭水体整治。支持农民群众开展村庄清洁和绿化行动，推进“美丽家园”建设
国务院有关政策文件	2022	《“十四五”国民健康规划》	选择符合农村实际的生活污水处理技术，推进农村有机废弃物资源化利用
	2022	《国务院办公厅关于加强入河入海排污口监督管理工作的实施意见》	对与群众生活密切相关的公共企事业单位、住宅小区等排污口的整治，应做好统筹，避免损害群众切身利益，确保整治工作安全有序……对于城镇污水收集管网覆盖范围内的生活污水散排口，原则上予以清理合并，污水依法规范接入污水收集管网
	2022	《“十四五”推进农业农村现代化规划》	推进农村厕所革命与生活污水治理有机衔接，鼓励联户、联村、村镇一体处理……以县域为基本单元，以乡镇政府驻地和中心村为重点梯次推进农村生活污水治理，基本消除较大面积的农村黑臭水体。采用符合农村实际的污水处理模式和工艺，优先推广运行费用低、管护简便的治理技术，积极探索资源化利用方式。有条件的地区统筹城乡生活污水处理设施建设和管护
	2022	《国务院办公厅转发国家发展改革委等部门关于加快推进城镇环境基础设施建设指导意见的通知》	推进城镇污水管网全覆盖，推动生活污水收集处理设施“厂网一体化”。加快建设完善城中村、老旧城区、城乡结合部、建制镇和易地扶贫搬迁安置区生活污水收集管网。加大污水管网排查力度，推动老旧管网修复更新……京津冀、长三角、粤港澳大湾区、南水北调东线工程沿线、海南自由贸易港、长江经济带城市和县城、黄河干流沿线城市实现生活污水集中处理能力全覆盖……有序推进建制镇生活污水处理收费
	2022	《国务院关于支持贵州在新时代西部大开发上闯新路的意见》	实施农村人居环境整治提升五年行动，因地制宜开展农村生活污水处理与资源化利用……实施城镇生活污水处理设施提升工程，全面消除城市建成区黑臭水体
	2021	《“十四五”节能减排综合工作方案》	建立农村生活污水处理设施运维费用地方各级财政投入分担机制……到2025年，农村生活污水治理率达到40%……推进城市生活污水管网建设和改造，实施混错接管网改造、老旧破损管网更新修复，加快补齐处理能力缺口，推行污水资源化利用和污泥无害化处置

续表

类别	年份	政策名称	相关内容摘录
国务院有关政策文件	2021	《“十四五”现代综合交通运输体系发展规划》	加强重点领域污染防治……推进生产生活污水、雨污水循环利用
	2021	《国务院关于落实〈政府工作报告〉重点工作分工的意见》	整治入河入海排污口和城市黑臭水体，提高城镇生活污水收集和园区工业废水处置能力
	2021	《国务院关于加快建立健全绿色低碳循环发展经济体系的指导意见》	推动城镇生活污水收集处理设施“厂网一体化”，加快建设污泥无害化资源化处置设施，因地制宜布局污水资源化利用设施，基本消除城市黑臭水体
	2020	《国务院关于深入开展爱国卫生运动的意见》	持续推进县域生活垃圾和污水统筹治理，有条件的地方垃圾污水处理设施和服务向农村延伸。因地制宜加强农村生活污水处理设施建设，确保污水不乱排

与中央层面的政策相联通，在新时代地方层面围绕“生活污水”也相应出台了一系列政策。比较典型的如首批全境列入生态文明先行示范区建设的江西省先后印发了《江西省城镇生活污水处理厂污泥处理处置工作实施方案》（2012 年）、《江西省人民政府关于支持赣西经济转型加快发展的若干意见》（2013 年）、《江西省人民政府关于支持抚州深化区域合作加快发展的若干意见》（2014 年）、《江西省少数民族事业发展“十三五”规划》（2017 年）、《江西省消灭劣 V 类水工作方案》（2017 年）、《支持鄱余万都滨湖四县小康攻坚重点工作责任分工方案》（2017 年）、《江西省农村生活污水治理行动方案（2021—2025 年）》（2022 年）、《江西省推动湘赣边区域合作示范区建设行动方案》（2022 年）、《长江中游城市群发展“十四五”实施方案江西省分工方案》（2022 年）、《江西省“十四五”节能减排综合工作方案》（2022 年）、《关于加快推进城镇环境基础设施建设的实施方案》（2022 年）等政策文件。它们之中较为典型的是 2022 年 3 月 14 日印发的《江西省农村生活污水治理行动方案（2021—2025 年）》，它“以改善农村生态环境质量为目标，以提升农村生活污水治理成效为导向，立足我省农村实际和发展需求，统筹衔接卫生改厕、水系连通、黑臭水体

治理和乡村建设”[①]，从总体要求、重点工作和保障措施等三个方面对江西省农村生活污水治理行动进行了系统说明。

在刚性政策与柔性政策相互配套方面，其中刚性政策一般是指别无选择的强制性政策。党的十八大以来，以“绿色生活意识”为关键词，仅在中国政府网政策文件库搜索，具有强制性的相关刚性政策里中共中央有关文件就有《中共中央、国务院关于加快推进生态文明建设的意见》（2015 年 4 月）、《关于创新体制机制推进农业绿色发展的意见》（2017 年 9 月）、《中共中央、国务院关于全面加强生态环境保护 坚决打好污染防治攻坚战的意见》（2018 年 6 月）、《数字乡村发展战略纲要》（2019 年 5 月）、《中共中央关于制定国民经济和社会发展第十四个五年规划和二〇三五年远景目标的建议》（2020 年 11 月）、《中共中央、国务院关于支持浙江高质量发展建设共同富裕示范区的意见》（2021 年 6 月）等；国务院有关文件也有《“无废城市”建设试点工作方案》（2019 年 1 月）、《“十三五”节能减排综合工作方案》（2017 年 1 月）、《“十三五”生态环境保护规划》（2016 年 12 月）、《“十三五”国家信息化规划》（2016 年 12 月）、《循环经济发展战略及近期行动计划》（2013 年 1 月）等若干。

作为刚性政策的补充，我国还配套出台了包括财补政策、税收政策、价格政策等柔性政策。这些政策多借助成本—收益的比较，通过经济激励等软约束来引导公众强化自己的绿色生活意识。在财补政策上，根据财政部官网中央对地方转移支付管理平台提供的信息，近年来财政部在转移支付方面公布了一系列相关政策以推动提升公民的绿色生活意识。如表 3-2 是其中部分政策情况。

表 3-2 财政部在转移支付方面公布的一系列相关政策

制度类别		制度名称	相关内容摘录
一般性转移支付	重点生态功能区转移支付	《中央对地方重点生态功能区转移支付办法》（2019 年 5 月）	选聘建档立卡人员为生态护林员，安排生态护林员补助；享受转移支付的地区应当切实增强生态环境保护意识，将转移支付资金用于保护生态环境和改善民生

① 江西省人民政府办公厅：《江西省农村生活污水治理行动方案（2021—2025 年）》，2022 年 3 月 14 日，http：//www. jiangxi. gov. cn/art/2022/3/18/art_4969_3891209. html。

续表

制度类别		制度名称	相关内容摘录
专项转移支付	大气污染防治资金	《大气污染防治资金管理办法》（2018 年 10 月）	支持北方地区重点区域按照“宜电则电、宜气则气、宜煤则煤、宜热则热”的原则，推进散煤治理和清洁替代，并同步开展建筑节能改造
	节能减排补助资金	《关于 2016—2020 年新能源汽车推广应用财政支持政策的通知》（2015 年 4 月）	（一）补助对象是消费者。（二）中央财政补助的产品是纳入“新能源汽车推广应用工程推荐车型目录”的纯电动汽车、插电式混合动力汽车和燃料电池汽车
		《关于调整新能源汽车推广应用财政补贴政策的通知》（2016 年 12 月）	在保持 2016—2020 年补贴政策总体稳定的前提下，调整新能源汽车补贴标准
		《关于调整完善新能源汽车推广应用财政补贴政策的通知》（2018 年 2 月）	燃料电池汽车补贴力度保持不变
		《关于完善新能源汽车推广应用财政补贴政策的通知》（2020 年 4 月）	城市公交、道路客运、出租（含网约车）、环卫、城市物流配送、邮政快递、民航机场以及党政机关公务领域符合要求的车辆，2020 年补贴标准不退坡
		《关于进一步完善新能源汽车推广应用财政补贴政策的通知》（2020 年 12 月）	只要符合补贴政策技术门槛要求，均可按规定享受补贴
	林业补助资金	《中央财政林业补助资金管理办法》（2014 年 4 月）	林木良种培育、造林和森林抚育补贴；湿地、林业国家级自然保护区和沙化土地封禁保护区建设与保护补贴；森林公安机关办案（业务）经费和业务装备经费开支补助；国有林场改革补助
	林业草原生态保护恢复资金	《财政部 林草局关于〈林业生态保护恢复资金管理办法〉、〈林业改革发展资金管理办法〉的补充通知》（2019 年 5 月）	增加草原生态修复治理补助，用于草原管护、退化草原人工种草、有害生物防治、防火隔离带建设等补助；森林资源管护支出按照各省工作任务、中央补助标准等因素确定补助规模；林业改革发展资金实施期限至 2022 年，期满后财政部会同国家林业和草原局根据国务院有关规定及林业改革发展形势需要等进行评估，根据评估后结果再作调整
		《林业草原生态保护恢复资金管理办法》（2020 年 4 月）	林业草原生态保护恢复资金主要用于天然林资源保护工程社会保险、“天保工程”政策性社会性支出、全面停止天然林商业性采伐、完善退耕还林政策、新一轮退耕还林还草、草原生态修复治理、生态护林员、国家公园等方面

续表

<table>
<tr><th colspan="2">制度类别</th><th>制度名称</th><th>相关内容摘录</th></tr>
<tr><td rowspan="3">专项转移支付</td><td>水利发展资金</td><td>《水利发展资金管理办法》（2019 年 7 月）</td><td>用于实施最严格水资源管理制度、节约用水和水资源保护</td></tr>
<tr><td>林业改革发展资金</td><td>《林业改革发展资金管理办法》（2020 年 6 月）</td><td>林业改革发展资金主要用于森林资源管护、国土绿化、国家级自然保护区、湿地等生态保护方面</td></tr>
<tr><td>农村环境整治资金</td><td>《农村环境整治资金管理办法》（2019 年 6 月）</td><td>重点支持范围包括以下事项：（一）农村污水和垃圾处理；（二）规模化以下畜禽养殖污染治理；（三）农村饮用水水源地环境保护，水源涵养及生态带建设；（四）其他需要支持的事项</td></tr>
</table>

在税收政策上，通过国家税务总局官网的税收政策库查询，党的十八大以来与提升公民绿色生活意识相关的有《财政部、国家税务总局、工业和信息化部关于免征新能源汽车车辆购置税的公告》（财政部、国家税务总局、工业和信息化部公告 2014 年第 53 号）、《财政部、国家税务总局、工业和信息化部关于节约能源 使用新能源车船车船税优惠政策的通知》（财税〔2015〕51 号）、《财政部、国家税务总局关于调整卷烟消费税的通知》（财税〔2015〕60 号）、《财政部、国家税务总局关于对超豪华小汽车加征消费税有关事项的通知》（财税〔2016〕129 号）、《财政部、国家税务总局关于减征 1.6 升及以下排量乘用车车辆购置税的通知》（财税〔2016〕136 号）、《财政部、税务总局、工业和信息化部、科技部关于免征新能源汽车车辆购置税的公告》（财政部公告 2017 年第 172 号）、《享受车船税减免优惠的节约能源 使用新能源汽车车型目录（第五批）》（工业和信息化部公告 2018 年第 62 号）、《财政部、税务总局、工业和信息化部关于新能源汽车免征车辆购置税有关政策的公告》（财政部公告 2020 年第 21 号）等若干政策。特别值得一提的是为了支持新能源汽车产业发展，促进我国交通能源战略转型，倡导绿色低碳的生活方式，经国务院批准，2014 年 9 月财政部、国家税务总局、工业和信息化部联合发文对购置的新能源汽车免征车辆购置税。此项税收优惠政策 2018 年 1 月得到延续后，2020 年 4 月三部门又联合发布了《财政部、税务总局、工业和信息化部关于新能源汽车免征车辆购置税有关政策的公告》，再次延续了这项税收优惠政策。该公告明确规定自 2021 年 1

月1日至2022年12月31日，对购置的新能源汽车即纯电动汽车、插电式混合动力（含增程式）汽车、燃料电池汽车免征车辆购置税。①

在价格政策上，新时代有关强化公众的绿色生活意识，仅国家发展改革委政策文件库就收录了《国家发展改革委关于“十四五”时期深化价格机制改革行动方案的通知》《国家发展改革委关于创新和完善促进绿色发展价格机制的意见》《国家发展改革委关于全面深化价格机制改革的意见》《国务院办公厅关于创新农村基础设施投融资体制机制的指导意见》《国务院批转发展改革委关于2015年深化经济体制改革重点工作意见的通知》《国务院关于印发水污染防治行动计划的通知》《国家发展改革委关于加大工作力度 确保实现2013年节能减排目标任务的通知》《国家发展和改革委员会关于做好2013年电力迎峰度夏工作的意见》等诸多政策文件。其中比较有代表性的是2017年11月8日发布的《国家发展改革委关于全面深化价格机制改革的意见》，它系统性地提出要制定完善绿色消费价格政策。围绕倡导简约适度、绿色低碳的生活方式，制定完善节能环保价格政策。定期评估完善居民用电用水用气阶梯价格政策。按照补偿成本并合理盈利的原则，逐步调整污水处理、垃圾处理收费标准，推进污水、垃圾减量化、资源化。鼓励缺水地区健全支持再生水回收利用的价格政策。完善北方地区清洁供暖价格政策。根据成品油质量升级进程，制定国Ⅵ标准价格政策。②

这样，上述相关政策在外在时空中中央联通地方，在内在性质上刚性政策配套柔性政策，对居民生活水电气、新能源汽车车辆购置、生活垃圾分类和减量化、低碳办公、绿色出行、绿色家居等，既用强制性方式规约，也从财补、税收、价格等方面进行引导，促使公众强化绿色生活意识，践行绿色生活方式。

二　政策保障的运行机制

政策保障的运行机制大体可概括为各方内外协调配合，相互协力推动政策运行。一方面，保障公民绿色生活意识提升的政策内部协调配合。

---

① 参见《财政部、税务总局、工业和信息化部关于新能源汽车免征车辆购置税有关政策的公告》，2020年4月16日，http：//www.chinatax.gov.cn/chinatax/n371/c5148803/content.html。

② 参见《国家发展改革委关于全面深化价格机制改革的意见》，2017年11月8日，https：//www.ndrc.gov.cn/xxgk/zcfb/tz/201711/t20171110_962590.html。

一是同一政策所涉各运行因素的协调配合。例如 2021 年，中共中央办公厅、国务院办公厅印发了政策性文件《粮食节约行动方案》，在第六部分“坚决遏制餐饮消费环节浪费”中，一共提出了加强餐饮行业经营行为管理、落实单位食堂反食品浪费管理责任、加强公务活动用餐节约、建立健全学校餐饮节约管理长效机制、减少家庭和个人食品浪费、推进厨余垃圾资源化利用等六项要求。其中每一项单一要求诸如“加强餐饮行业经营行为管理”的落地运行，按照它的阐述，除了相关管理部门各位工作人员以高度的责任意识和服务意识，拧成一股绳，力往一处使，既突出依策治理的一般性原则和程序正义的普遍性要求，也通过深入一线或智能“算法”等识别施策对象的个性化特点，不折不扣精准执行政策以外，还包括“餐饮服务经营者主动提示消费者适量点餐，主动提供‘小份菜’、‘小份饭’等服务，在菜单或网络餐饮服务平台的展示页面上向消费者提供食品分量、规格或者建议消费人数等信息”，以及“充分发挥媒体、消费者等社会监督作用，鼓励通过服务热线反映举报餐饮服务经营者浪费行为”[①]。三方立足于建设美丽中国的实践，汲取新时代绿色发展融汇而成的磅礴力量，协同调动一切主客观因素，在相互起促进作用的行动中把“加强餐饮行业经营行为管理”的要求落到实处。

当然，在“加强餐饮行业经营行为管理”这一要求所涉各主体协同行动，推动其现实运行的同时，其他各项要求所涉诸运行因素也在各自的“条块”内相互联系、相互配合、相互作用，以各自对立统一的行动凸显它们表征的政策条文的实践践行。并且，上述所有六项要求的现实践行相互之间既是相对独立的，即它们各自关涉要素的运行构成了一个个独特的“子系统”，又是相互贯通、相互统一的。首先，六个“子系统”一个也不能少。缺少了任意一个，“坚决遏制餐饮消费环节浪费”的政策就存在短板，相关机制肯定会运行不畅。其次，“子系统”的运行相互之间不是自我封闭的，而是存在由此及彼的“桥梁”。其中一个“子系统”运行起来，会与其他“子系统”发生连锁反应，促使其他“子系统”也接续运行。最后，所有的“子系统”都不是离散地孤立行动，它们全都围绕“坚决遏制餐饮

① 中共中央办公厅等：《粮食节约行动方案》，2021 年 11 月 1 日，http：//www.gov.cn/zhengce/2021-11/01/content_5648085.htm。

消费环节浪费”这个中心，相互协调配合，由“点”“线”到“面”有机汇合，叠加成为推动公民绿色生活意识提升的轰轰烈烈的广大干部群众的行动。

二是同一性质但不同类别政策的协调配合。例如同属推动公民绿色生活意识提升的政策，自从党的十九大提出“开展创建节约型机关、绿色家庭、绿色学校、绿色社区和绿色出行等行动”① 以来，国管局等制定了《节约型机关创建行动方案》，强调推动党政机关厉行勤俭节约、反对铺张浪费，提高能源资源利用效率，降低机关运行成本，推行绿色办公，引导干部职工养成简约适度、绿色低碳的生活和工作方式，形成崇尚绿色生活的良好氛围。到2022年，力争70%左右的县级及以上党政机关达到创建要求。②全国妇联等发布了《绿色家庭创建行动方案》，“从卫生管理、节能节水、节约粮食、垃圾分类、绿色出行等生活点滴出发，对广大家庭创建绿色家庭给予具体指导”③。教育部等印发了《绿色学校创建行动方案》，指出到2022年，绿色学校政策等基本完善，“学校绿色生活方式蔚然成风，涌现出一批绿色学校先进典型，广大师生对学校美好学习和生活环境的需求得到满足，获得感和幸福感显著提升”④。住房和城乡建设部等印发了《绿色社区创建行动方案》，提出“将绿色发展理念贯穿社区设计、建设、管理和服务等活动的全过程，以简约适度、绿色低碳的方式，推进社区人居环境建设和整治，不断满足人民群众对美好环境与幸福生活的向往”⑤。交通运输部等印发了《绿色出行创建行动方案》，计划“以直辖市、省会城市、计划单列市、公交都市创建城市、其他城区人口100万以上的城市作为创建对象，鼓励周边中小城镇参与绿色出行创建行动。通过开展绿色出行创建行动，倡导简约适度、绿色低碳的生活方式，引导公众出行优先选择公共交

---

① 习近平：《决胜全面建成小康社会　夺取新时代中国特色社会主义伟大胜利——在中国共产党第十九次全国代表大会上的报告》，人民出版社2017年版，第51页。

② 国管局等：《节约型机关创建行动方案》，2020年3月11日，http://www.gov.cn/zhengce/zhengceku/2020-03/19/5493264/files/a11b5999ba00408791985e471420b768.pdf。

③ 《全国妇联：创建绿色家庭 践行绿色生活》，2021年8月27日，https://www.ndrc.gov.cn/xwdt/ztzl/2021qgjnxcz/bmjncx/202108/t20210827_1294929_ext.html。

④ 教育部等：《绿色学校创建行动方案》，2020年4月3日，https://www.chu.edu.cn/lsxy/2021/0910/c3402a122411/page.htm。

⑤ 住房和城乡建设部等：《绿色社区创建行动方案》，2020年7月22日，http://www.gov.cn/zhengce/zhengceku/2020-08/01/content_5531812.htm。

通、步行和自行车等绿色出行方式，降低小汽车通行总量，整体提升我国各城市的绿色出行水平。到2022年，力争60%以上的创建城市绿色出行比例达到70%以上，绿色出行服务满意率不低于80%”[①]。毋庸置疑，这些行动方案在各自的创建向度上对创建目标、创建内容、组织实施等进行了系列说明和现实推动，同时，它们也绝不是只各管“一方”，而是围绕2019年10月国家发展改革委印发的《绿色生活创建行动总体方案》，彼此通过其互为补充的内在含义和外在行动相互协调配套，将《绿色生活创建行动总体方案》提出的节约型机关创建行动、绿色家庭创建行动、绿色学校创建行动、绿色社区创建行动、绿色出行创建行动等任务齐头推进，并在这种推进过程中达到不断强化公民绿色生活意识的目的。

另一方面，保障公民绿色生活意识提升的专门性政策与其他政策外部协调配合。新时代我国为了推动形成绿色生活方式，在提升公民绿色生活意识领域颁布的相关保障政策数多量大，它们相互之间互为呼应，协同运行。不过“唯物辩证法是否排除外部的原因呢？并不排除”[②]，与此相一致，我们提升公民绿色生活意识的保障政策的运行除了内部的协调配合，还有它们与外部他种性质的政策运行的协调配合。例如2016年12月国家发展改革委等印发了《“十三五”全国城镇生活垃圾无害化处理设施建设规划》，要求“合理布局生活垃圾处理设施，尚不具备处理能力的设市城市和县城要在2018年前具备无害化处理能力。建制镇产生的生活垃圾就近纳入县级或市级垃圾处理设施集中处理，原则上建制镇不单独建设处理设施（距离县市较远的建制镇可视具体情况另行考虑）。加快现有设施的改造升级，逐步缩小地区间生活垃圾处理水平差距”[③]。截止到2021年4月，生态环境部在“信息公开”栏目发布典型案例通报指出：××××等地生活垃圾处理短板明显，生活垃圾造成的环境污染问题较为普遍。“据测算，2020年××生活垃圾产生量为2.9万吨/天，但××生活垃圾无害化处置能力仅为2.16万吨/天，而2020年实际无害化处置量仅2.09万吨/天。《“十三五”××城镇生活

---

① 交通运输部等：《绿色出行创建行动方案》，2020年7月23日，http://www.gov.cn/zhengce/zhengceku/2020-07/26/content_5530095.htm。

② 《毛泽东选集》第1卷，人民出版社1991年版，第302页。

③ 国家发展改革委等：《“十三五”全国城镇生活垃圾无害化处理设施建设规划》，2016年12月31日，https://www.ndrc.gov.cn/xxgk/zcfb/ghwb/201701/W020190905497906455466.pdf。

垃圾无害化处理设施建设规划》提出新建及续建无害化处理设施项目45个，但截至2020年底尚有近1/3项目未建成。××市生活垃圾焚烧厂项目（原××市白水塘生活垃圾焚烧厂工程项目）自2012年6月立项后，搁浅至今仍未建成，导致××市生活垃圾填埋场长期超负荷运行。”[①] 对此，2021年6月26日至27日，该地生态环境厅党组书记率领相关处室主要负责人赴××市推动生活垃圾处理问题有效整改，其间“市委书记蔡锦军参加调研。××市人民政府市长廖立勇、副市长孙环志，自治区生态环境厅二级巡视员李一平，××市有关部门负责同志陪同调研并参加座谈”[②]。由此可见，如《“十三五”全国城镇生活垃圾无害化处理设施建设规划》等政策的贯彻运行，既涉及党、政方面的政策协调配套，也包括生态环境部门、住建部门、电力部门、发展改革委等多个部门的政策协调配套。其中除了推动形成绿色生活方式的专门性的政策文件以外，也包括全面从严治党方面的政策文件以及住建、电力、发展改革委等部门发布的一般性的其他政策文件。它们之中无论是保障公民绿色生活意识提升的专门性政策，还是其他政策，都在各有其位、各司其职的同时，一起在相互之间的紧密配套协同中互动推进，促使彼此良性运行，为我国公民绿色生活意识的提升提供必不可少的政策保障。

三　政策保障的评价机制

“政策需要在实践中检验其正确与否”[③]，需要了解它们被贯彻落实得怎样，这就涉及政策保障的评价机制。具体到公民绿色生活意识的提升，相关评价机制主要表现为以党和政府评价为首要推手，人民群众评价为最终标准，个别性评价与整体性评价并举。

党和政府评价主要分为我们党和政府特定领导人评价和相关部门发文进行评价。秉承为人民服务的宗旨，我们党和政府各级领导常深入基层一线考察，针对保障公民绿色生活意识提升的政策的贯彻落实情况等进行评

---

① 生态环境部：《××××等地生活垃圾处理短板明显 环境风险突出》，2021年4月28日，https：//www. mee. gov. cn/xxgk2018/xxgk/xxgk15/202104/t20210428_831120. html。

② 梁玉桥：《自治区生态环境厅党组书记陈亮赴××市推动生活垃圾处理问题有效整改》，2021年6月28日，http：//sthjt. gxzf. gov. cn/zwxx/qnyw/t9324792. shtml。

③ 夏征农主编《辞海》，上海辞书出版社1999年版缩印本，第4165页。

价指示。其情况据生态环境部“环境要闻”发布的消息，仅 2022 年 1 月至 8 月，生态环境部党组书记孙金龙赴黑龙江省哈尔滨市、双鸭山市、佳木斯市调研生态环境保护相关工作，赴辽宁省大连市调研生态环境保护工作，赴福建省调研生态环境分区管控工作；生态环境部部长黄润秋赴江西省赣州市、吉安市调研对口支援崇义县及生态环境保护相关工作，赴贵州省六盘水市、贵阳市调研突发环境事件应急处置等，赴江苏省镇江市、连云港市、南京市调研生态环境保护整改等工作，赴广西壮族自治区桂林市、防城港市调研生态环境保护、核与辐射安全相关工作，赴湖北省恩施土家族苗族自治州、荆州市、宜昌市调研深入打好农业农村污染治理攻坚战及长江保护修复相关工作情况。其间在崇义县过埠镇铁木村田螺湾，“黄润秋十分关心农村生活污水处理情况，详细询问污水产生量及污水处理设施运维情况，并打开污水井盖察看进水情况”① 进行现场评估。

在部门发文评价上，例如党的十八大以来，生态环境部相关部门一方面公开通报有关生活污水、居民取暖等民生领域的典型案例，通过反向批评的方式对推动公民绿色生活意识提升的政策的施行等情况进行评价；另一方面也聚焦倡导节约意识、环保意识、生态意识等活动，以正向肯定的形式对所涉及的政策的贯彻落实等进行直接或者间接的评议。比较突出的如经过网络投票、专家审议、征求意见、公示等环节，2022 年在“6·5”环境日国家主场活动现场，生态环境部、中央文明办共同揭晓了 2022 年“‘美丽中国，我是行动者’提升公民生态文明意识行动计划”先进典型名单，确定付洪震等 104 位最美生态环境志愿者，首都高校环境文化季等 12 个十佳公众参与案例，北京朝阳环境有限公司等 12 家十佳环保设施开放单位。② 这在表彰先进的同时，事实上也在对公民践行有关生态文明意识的政策的情况进行评价。

与中国共产党是中国特色社会主义事业的领导核心相联系，党和政府评价既有科学性、为民性等本性，又具备引起公众回响的迅捷性，因而在

---

① 《生态环境部部长黄润秋赴江西省调研》，2022 年 8 月 21 日，https：//www.mee.gov.cn/ywdt/hjywnews/202208/t20220821_992107.shtml。

② 参见《2022 年“‘美丽中国，我是行动者’提升公民生态文明意识行动计划”先进典型名单揭晓》，2022 年 6 月 5 日，https：//www.mee.gov.cn/home/ztbd/2022/202265hjr/2022xghd/202206/t20220605_984355.shtml。

推动公民绿色生活意识提升的政策评价机制中一直是首要推手。

至于人民群众评价，2012 年 11 月，习近平同志在《全面贯彻落实党的十八大精神要突出抓好六个方面工作》的重要讲话中指出“我们党领导人民全面建设小康社会、进行改革开放和社会主义现代化建设的根本目的，就是要通过发展社会生产力，不断提高人民物质文化生活水平，促进人的全面发展。检验我们一切工作的成效，最终都要看人民是否真正得到了实惠，人民生活是否真正得到了改善，这是坚持立党为公、执政为民的本质要求，是党和人民事业不断发展的重要保证”[①]，这就以极为透彻的话语向我们表明全面贯彻落实党的十八大精神，建设人与自然和谐共生的现代化等诸多工作归根结底都是为了人民群众，都是为了促进人民群众包括绿色生活意识在内的从物质生活到精神生活的全面提升与发展。

因此，与我们进行“伟大斗争”、推进“伟大事业”的根本目的相统一，检验我们经济建设、政治建设、文化建设、社会建设、生态文明建设这“五位一体”工作的成效都落脚在人民群众。这也就意味着，新时代评价推动公民绿色生活意识提升各项政策正确与否以及这些政策的现实践行情况等毋庸置疑最终也是由人民群众来定断的。在这一点上，2016 年 7 月习近平同志在庆祝中国共产党成立九十五周年大会上的讲话中特别强调“全党同志要把人民放在心中最高位置，坚持全心全意为人民服务的根本宗旨，实现好、维护好、发展好最广大人民根本利益，把人民拥护不拥护、赞成不赞成、高兴不高兴、答应不答应作为衡量一切工作得失的根本标准”[②]。

当然，以人民群众的评价为最终标准，并不直接等于以某一个群众个体的评价为最终依据，那样我们又会犯传统的英雄主义的错误。这种观点把个人与群众形而上学地对立起来，“只见树木，不见森林”[③]，只片面强调个人的作用、个人意见的重要性，无视或者没有发现作为人口绝大多数而存在的人民群众既是社会物质财富的创造者，也是社会精神财富的创造者，

---

① 中共中央党史和文献研究院等编《习近平关于“不忘初心、牢记使命”论述摘编》，中央文献出版社、党建读物出版社 2019 年版，第 127 页。

② 中共中央党史和文献研究院等编《习近平关于“不忘初心、牢记使命”论述摘编》，中央文献出版社、党建读物出版社 2019 年版，第 138 页。

③ 《马克思恩格斯选集》第 3 卷，人民出版社 2012 年版，第 396~397 页。

更是社会变革的决定力量，因而“历史活动是群众的活动”①，广大人民群众的现实实践和观念看法才具有“定海神针”的作用。另外，单个群众个体，特别是杰出人物与作为一个整体“在场”的人民群众并不是完全对立的，他或者她就是人民群众的一员，而且杰出人物还是相关活动的发动者、组织者、领导者，因此，围绕提高公民的绿色生活意识，在政策保障的评价机制中强调把人民群众的评价作为最终标准与肯定我们党和政府特定领导人的评价为首要推手是内在统一，并行不悖的。

关于个别性评价与整体性评价并举，例如在住房和城乡建设部等印发的《绿色社区创建行动方案》中专门附有《绿色社区创建标准（试行）》，其具体内容如表 3-3 所示。

表 3-3 《绿色社区创建标准（试行）》

内容	创建标准	
建立健全社区人居环境建设和整治机制	1	坚持美好环境与幸福生活共同缔造理念，各主体共同参与社区人居环境建设和整治工作
	2	搭建沟通议事平台，利用“互联网+共建共治共享”等线上线下手段，开展多种形式基层协商
	3	设计师、工程师进社区，辅导居民有效谋划人居环境建设和整治方案
推进社区基础设施绿色化	4	社区各类基础设施比较完善
	5	开展了社区道路综合治理、海绵化改造和建设，生活垃圾分类居民小区全覆盖
	6	在基础设施改造建设中落实经济适用、绿色环保的理念
营造社区宜居环境	7	社区绿地布局合理，有公共活动空间和设施
	8	社区停车秩序规范，无占压消防、救护等生命通道的情况
	9	公共空间开展了适老化改造和无障碍设施建设
	10	对噪声扰民等问题进行了有效治理
提高社区信息化智能化水平	11	建设了智能化安防系统
	12	物业管理覆盖面不低于 30%

① 《马克思恩格斯文集》第 1 卷，人民出版社 2009 年版，第 287 页。

续表

内　容		创建标准
培育社区绿色文化	13	社区有固定宣传场所和设施，能定期发布创建信息
	14	对社区工作者、物业服务从业者等相关人员定期开展培训
	15	发布了社区居民绿色生活行为公约
	16	社区相关文物古迹、历史建筑、古树名木等历史文化资源得到有效保护

资料来源：住房和城乡建设部等《绿色社区创建行动方案》，2022 年 7 月 22 日，http：//www.gov.cn/zhengce/zhengceku/2020-08/01/content_5531812.htm。

其中“社区绿地布局合理，有公共活动空间和设施”“社区停车秩序规范，无占压消防、救护等生命通道的情况”“公共空间开展了适老化改造和无障碍设施建设”“对噪声扰民等问题进行了有效治理”等是对属于个别行动的“营造社区宜居环境”的评价。它与对同是个别行动的“建立健全社区人居环境建设和整治机制”“推进社区基础设施绿色化”“提高社区信息化智能化水平”“培育社区绿色文化”的评价相互作用、相互补充，构成专门针对《绿色社区创建行动方案》这一政策整体施行情况的评价。并且，对于《绿色社区创建行动方案》施行情况的评价除了一边有机归集如“营造社区宜居环境”等个别性评价以外，另一边它又与有关《节约型机关创建行动方案》《绿色家庭创建行动方案》《绿色学校创建行动方案》《绿色出行创建行动方案》《绿色商场创建行动方案》《绿色建筑创建行动方案》现实践行的评价都作为相对的个别，彼此之间辩证联系，达成对更高层面的整体——《绿色生活创建行动总体方案》落地实施情况的整体性评价。

这样，按照个别—整体（个别）—整体的循环模式，个别性评价、整体性评价辩证结合、环环相接推进，合力现实地表达了对推动公民绿色生活意识提升的相关政策的评价。

第三节　制度保障机制

一　制度的构成机制

保障公民绿色生活意识提升的制度，从构成来看可归纳为正式制度与非正式制度互为补充，协同用力。其中正式制度指在我们党和政府印发的政策文件以外，符合制度属性要求的国家法律法规以及党政机关、企事业单位等的相关规程或行动准则。例如有关推动提升公民绿色生活意识的法律法规，截至 2021 年 6 月 10 日十三届全国人大常委会第二十九次会议闭幕，中国人大网刊载的现行有效法律目录中，除了 2018 年修正的包含“厉行节约，反对浪费”“组织和鼓励植树造林，保护林木”等内容的根本大法《中华人民共和国宪法》以外，党的十八大以来经修改（修正、修订）重新公布的还有《中华人民共和国野生动物保护法》《中华人民共和国大气污染防治法》《中华人民共和国节约能源法》《中华人民共和国防沙治沙法》《中华人民共和国海洋环境保护法》《中华人民共和国水污染防治法》《中华人民共和国环境保护法》《中华人民共和国固体废物污染环境防治法》《中华人民共和国环境噪声污染防治法》《中华人民共和国环境影响评价法》《中华人民共和国核安全法》《中华人民共和国土壤污染防治法》《中华人民共和国反食品浪费法》《中华人民共和国环境保护税法》《中华人民共和国森林法》《中华人民共和国草原法》《中华人民共和国渔业法》《中华人民共和国水法》《中华人民共和国电力法》《中华人民共和国车辆购置税法》《中华人民共和国循环经济促进法》等法律法规，也有党的十八大以后通过施行的《中华人民共和国旅游法》《中华人民共和国烟叶税法》《中华人民共和国资源税法》《中华人民共和国长江保护法》《中华人民共和国乡村振兴促进法》等法律法规。

在党政机关、企事业单位等的相关规程或行动准则方面，既有原有的制度，也有对标对表新公布的制度。如某市机关事务管理局发布了关于做好市级党政机关控烟工作的行动准则，规定了市级党政机关控烟工作任务各项分值。各机关对照“行动准则”规定的任务要求，制定了包括控烟组织领导措施、控烟健康教育和健康促进措施、领导干部带头控烟措施、规范张贴禁烟标志措施、室内场所禁烟措施、规范设置室外吸烟区措施、控烟考评奖惩措施等一揽子内容的无烟机关建设管理制度。其他如某高校为了制止学生的餐饮浪费行为，督促形成节俭的良好风尚，专门向广大同学发布通知，公告学校相关部门将加大对餐饮浪费行为的监督和曝光力度，对餐饮浪费严重的同学进行实名登记，并将情况通报各相关学院。一般情况下，被实名登记的学生，所在学院接到情况通报后都会对这些学生进行违纪处分。处分的依据是相关部门通报给学院的学生餐饮浪费的具体情况以及学校的大学生违纪处分办法。这所高校试行的《××××大学学生违纪处分办法》虽然不专门针对学生餐饮浪费，但是其中一些条款确也适用此类事件。例如“办法”第五条第五款规定“学生有违纪行为，但情节轻微不足以给予上述处分的，由学生所在学院给予批评教育，督促其改正错误。其中批评教育包括口头批评、书面警示和通报批评等教育方式”。第九条第六款规定“违反本规定和学校规定，严重影响学校教育教学秩序、生活秩序以及公共场所管理秩序的”根据情节轻重情况，可以给予开除学籍处分。第十条规定“受行政处罚，情节较重的，给予记过直至留校察看处分；受行政处罚，情节严重，性质恶劣的，可以开除学籍处分”。第十五条第四款规定“拒绝、阻碍国家或者学校工作人员依法、依规执行公务，经批评教育不改者，给予警告直至严重警告处分；造成严重后果者，给予记过及以上处分”。第十七条第五款规定“对组织、参与其他有损大学生形象、有损社会公序良俗的活动，造成不良影响者，给予警告及以上处分”。第十八条第一款规定“在课堂、食堂、图书馆、会场等公共场所，乱扔废弃脏物，经劝告不改者，给予警告直至严重警告处分”等。

与正式制度相补充的是非正式制度，而非正式制度主要是指与推动提升公民绿色生活意识相关的乡规民约。它是“中国城乡群众自发制定和自愿执行的各种道德守则和公约。没有法律约束力。在中国历史上，乡规民约不同程度地带有封建性。建国后，产生了建立在社会主义法律和道德准则基础上的乡规民约，并被肯定是一种群众性的自我教育、自我监督、自我约束的办法。一般由村民委员会或居民委员会通过村民大会或居民大会讨论制定。主要内容有遵纪守法，自觉履行公民义务，爱护国家和集体财产，建立文明村、楼，破除陈规陋习等。中国宪法把制定和执行乡规民约作为加强社会主义精神文明建设的措施之一”①。

与党的十八大以来我们党大力推进生态文明建设相联系，新时代围绕提升公民绿色生活意识，推动形成绿色低碳生活方式所产生的乡规民约的形式多样。一方面有成文的乡规民约。一是通常的条文式乡规民约。如某

---

① 夏征农主编《辞海》，上海辞书出版社1999年版缩印本，第271~272页。

村在人居环境整治过程中，经村民代表会议讨论通过，制定了如下乡规民约。其一，环境保护。积极参与“四治四建”（治违、治脏、治乱、治差，建绿色环境、建整洁风貌、建良好秩序、建长效机制）和环保行动，营造优美生态环境和宜居美丽村庄。其二，清洁卫生。各户实行“门前三包”规定，每户各自负责房前屋后及周围的清扫，做到无果壳、烟蒂、纸屑；生活垃圾农户分类收集，集体统一转运；建筑垃圾清运到集体设立的临时堆放点，不随处倾倒。其三，文明新风。厉行节约，文明旅游、文明交通、文明祭扫、文明用餐、文明过节，文明简约操办红白喜事。二是非常接地气的标语式乡规民约。如“垃圾分类利国利民”“浪费粮食可耻”“节水节电光荣”“绿色社区需要大家共同建设”“全村同心低碳同行”。三是充满传统文化韵味的楹联式、古诗文式等乡规民约。楹联式如“养成文明习惯，留下美好印象”“追求环保时尚，参与绿色消费”“坚持垃圾分类，共建生态云岩”“倡导绿色消费，建设绿色家园”“垃圾分一分，环境美十分”。古诗文式如“村寨美如画，珍爱花与草；家乡诚可爱，绿色岂能少”，五言四句，间有押韵，读起来朗朗上口，字虽少但感染力很强。另一方面有非成文的乡规民约。这主要存在于农村地区。受当前我国农村许多成年劳动力在外打工的影响，村民代表大会经常因出席人数不足而难以顺利召开，然而一些工作的开展在时间上又很迫切，这在很大程度上推动了非成文的乡规民约的出现。如某村改造道路，推动村庄美丽宜居，其中政府财政补助60%的资金，剩余40%的资金需要该村村民自行筹集。因为政府财政补助资金规定在半年内要使用完毕，所以相关道路改造工作很是紧迫。但该村当时大部分村民在外地务工，在家的多是老人小孩，村民代表大会一时根本无法召开。村组基层领导从实际情况出发，以电话的方式联系到了各位身在外地的村民，大家畅所欲言，与居村常住的村民一起以口头的形式订立了一项乡规民约，大意包括如下六点。一是改造村道，建设美丽宜居乡村人人有责，大家有力出力，有钱出钱。二是鼓励本村在外经商等取得一定成就的村民自愿捐款改造道路，捐款数额最低五百元，上不封顶。村道改造完成后，在道口显眼位置树立一石碑，将捐资修路村民的姓名按照捐助金额多少排序刻在碑上以示褒扬。三是扣除上述款项后，如果改造村道资金仍然不足，则凡是有机动车辆的本村村民，按照摩托车、小汽车、轻型汽车、中型汽车、重型汽车以及车辆拥有数量的不同，出相应资金补足改造道路经费。四是以日工若干薪酬计酬方式，鼓励村民出工参与路面改造和路边植树种草，薪酬待改造工程完工结算时统一支付。

上述制度中，法律法规与党政机关、企事业单位等的相关规程或行动准则既是正式制度，也是强制性制度，与之相对应、相补充，乡规民约是非正式制度，同时又是引导性制度。这些制度立足于我国人与自然和谐共生的现代化实践，在万万千千中国人民加快生态文明体制改革，建设美丽中国的行动中聚合出的磅礴之力的推动下，有力保障了公民绿色生活意识的提升。按照全面依法治国的要求，其中法律法规是基本遵循，其他诸如乡规民约以及党政机关和企事业单位制度都是依据相关法律法规的规定制定公布的。它们之间非法律制度遵从法律制度，下位制度遵从上位制度，这样各种制度层层衔接，环环相扣，形成一个辩证联系在一起的制度保障体系。如图 3-1 所示。

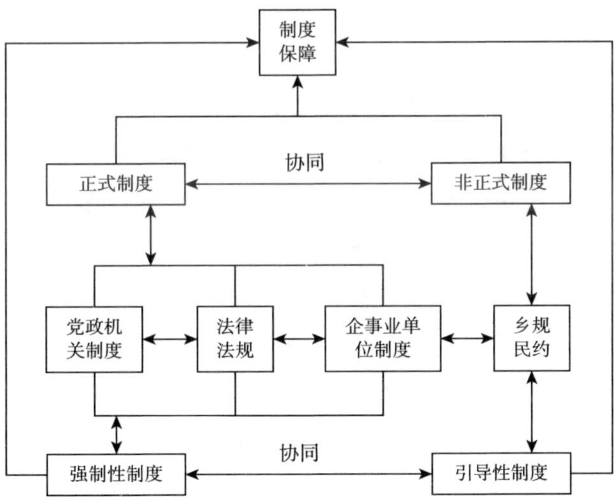

图 3-1　制度保障体系

每一种单独的制度都是这个制度保障体系中的一个“关节点”，其在作为一个相对独立的组成部分的同时又作为整个体系不可分割的功能结构单位被有机地融合在制度体系中。宪法是我国的根本大法，因而它作为相关保障制度的“头”，自然而然，又毋庸置疑就是整个制度体系中发挥引领作用的“总纲”。所有制度都要遵从宪法这个根本性的“总纲”，在此基础上，各制度一方面以自身个体的规定性从各自的向度强化公民的绿色生活意识。例如《中华人民共和国水法》《中华人民共和国节约能源法》《中华人民共和国反食品浪费法》分别对节水、节能、反对食品浪费作出了制度性规定。另一方面它们更合纵连横，构成一个个制度群。如围绕农村地区防治生活垃圾，强化公众的绿色生活意识，我国颁布了《中华人民共和国固体废物污染环境防治法》等法律，提出国家鼓励农村生活垃圾源头减量。人口密集的农村地区，应当建立生活垃圾管理系统；其他农村地区应当积极探索生活垃圾管理模式，禁止随意倾倒、抛撒、堆放或者焚烧生活垃圾。与社会普适性的法律制度相配合，诸多党政机关、企事业单位又制定了专门针对各自内部人员的相应制度，进一步从细节上要求本机关、单位人员强化绿色处理生活垃圾的意识，因地制宜解决生活垃圾污染环境的问题。作为法律法规等正式制度的补充，农村地区多个地方也以成文或非成文形式自发制定了乡规民约等非正式制度倡导绿色生活方式，妥善防治生活垃圾污染。如湖南某地农村乡俗中，凡是遇到丧事主事家庭必须大操大办，到时少则三日，多则七日，天天鞭炮不断，大摆筵席吃喝。其间出丧前一天傍晚附近村民按乡俗都需要到丧事操办家庭“看老”（祭奠逝者之意），一般来者每人燃放一挂鞭炮后，将被安排吃一顿晚饭；同时逝者家属、亲属要结队到同村村民家代替逝者“辞旧”（从正门进入村民家中，围绕堂屋走一圈后又从正门出来离开），这时双方互相燃放鞭炮，以示迎送逝者。到了出丧抬棺到埋葬地的清晨，更是鞭炮齐鸣，纸钱满地。如此一场丧事办下来，以逝者家庭为中心，鞭炮残余纸渣、纸钱整个村庄到处都是，使用过的一次性餐具堆积成山，其他残羹剩饭也有不少，给该地脆弱的农村生态环境造成了不小的压力。针对这种现象，近年来当地基层领导带头，联合地方乡贤一起出面组织村民订立乡规民约，引导村民们移风易俗，简约适度地操办丧事。其核心内容一是丧事主要为追思逝者，表达哀思，持续时间不宜过长。二是除操办丧事的必要人员以外，其他人员一般不安排就餐。并且就餐使用的杯盘碗筷等以环保节约为好，原则上不使用难以循环利用的一次性餐具。三是尽量不燃放传统鞭炮，改用以清洁天然气为燃料驱动的鞭炮模拟机模拟鞭炮声音代替。四是所使用的冥纸、冥钱须是易降解的纸张，不用镀金属的金箔纸、锡箔纸。五是丧事期间，安排专班人员处理环境卫生，及时清扫打包残纸残渣，分类装袋厨余垃圾，统一运送到村组垃圾收集处集中转运进行无害化处理。这些措施尽管不属于正式制度，但是非常接地气。这是因为当地操办丧事确实开销过大，一些村民甚至由于办一场丧事生活出现困难，但受地方乡俗影响表面上不得不打肿脸充胖子咬牙硬扛，内心其实是不愿意肆意铺张大办特办的。因此这种倡导绿色低碳、简约适度的乡规民约一经订立出台，当地群众都非常自觉地遵从，一时整个地方风气大变。这样，各种制度相互补充，并以各自不同的属性归属到正式制度、非正式制度等相互对立又相互统一的不同系列中，互相协调发挥作用，形成一个个制度相互作用、协同用力的“力的平行四边形”，相辅相成一起从制度上保障公民绿色生活意识的提升。

二　制度的执行机制

推动提升公民绿色生活意识的制度的执行，新时代集中体现为在归集责权、各自统一行使职责的同时，达成相关各方互联互通，协同用力。

在归集责权、各自统一行使职责方面，一段时期内，有关推动形成绿色生活方式，增强民众绿色生活意识的实践中，我国“九龙治水”现象比较突出。例如某村供饮用的井水被污染，村民找环保部门、国土部门、卫生防疫部门处理，这些部门的负责人都说这事不归他们管理。这样找来找去，最后村民们都找糊涂了，不知道到底该找谁去投诉解决问题。针对这种情况，党的十九大报告提出要“加强对生态文明建设的总体设计和组织领导，设立国有自然资源资产管理和自然生态监管机构，完善生态环境管理制度，统一行使全民所有自然资源资产所有者职责，统一行使所有国土空间用途管制和生态保护修复职责，统一行使监管城乡各类污染排放和行政执法职责”①。根据这一要求，2018 年 3 月，第十三届全国人民代表大会第一次会议审议通过了《第十三届全国人民代表大会第一次会议关于国务院机构改革方案的决定》，在国务院不再保留国土资源部、国家海洋局、国家测绘地理信息局和环境保护部，整合国家发展和改革委员会的组织编制主体功能区规划职责、水利部的水资源调查和确权登记管理职责、住房和城乡建设部的城乡规划管理职责、国家林业局的森林与湿地等资源调查和

① 习近平：《决胜全面建成小康社会　夺取新时代中国特色社会主义伟大胜利——在中国共产党第十九次全国代表大会上的报告》，人民出版社 2017 年版，第 52 页。

确权登记管理职责、农业部的草原资源调查和确权登记管理职责、国家测绘地理信息局的职责、国家海洋局的职责和国土资源部的职责，组建成立自然资源部，统一行使全民所有自然资源资产所有者职责以及所有国土空间用途管制和生态保护修复职责；整合环境保护部的职责、国土资源部的监督防止地下水污染职责、农业部的监督指导农业面源污染治理职责、国家发展和改革委员会的应对气候变化和减排职责、国家海洋局的海洋环境保护职责、国务院南水北调工程建设委员会办公室的南水北调工程项目区环境保护职责以及水利部的编制水功能区划、排污口设置管理、流域水环境保护职责，组建生态环境部，统一行使生态与城乡各类污染的排放监管和行政执法职责。这些制度安排，将自然资源资产管理和自然生态监管分别归集到自然资源部和生态环境部两个部门，让它们各自统一行使这两个大的方面的职责，从而在顶层设计上划分清楚了制度执行主体的权责，有效避免了“谁都在管，谁都不管”的问题。

当然，生态环境部进行城乡各类污染的排放监管和行政执法直接涉及公众生活废弃物如生活污水的处理问题。因此，依照相应制度对这些生活废弃物进行管制，在保护城乡生活环境，净化空气、水体、土壤的同时，也用法律法规制度强制规定公众在日常生活中为了促进人与自然的和谐能做什么，不能做什么。对此在《德意志意识形态》中，马克思说：“可以根据意识、宗教或随便别的什么来区别人和动物。一旦人开始生产自己的生活资料，即迈出由他们的肉体组织所决定的这一步的时候，人本身就开始把自己和动物区别开来。”① 这表明与人的精神活动相比，以生产劳动为重要形式的人的物质性活动才是从根本上区别人与动物的本质活动。当法律法规制度强制性地规约公众的行动，推动他们选择简约适度、绿色低碳的生活方式时，人们头脑中受物质活动决定的精神意识也必然随之同向度地绿色化，从而在这种转化活动中不断生成以绿色生活意识在场的“新我”，实现自己精神意识的绿色化更新与超越。并且因为这种更新和超越缘于人本质层面的转向，所以与本质的必然性、稳定性特征相联系，这种绿色生活意识的转向与强化也尤为稳定、执着。

如自然资源部开展的森林与湿地资源调查和确权登记管理等工作，它

① 《马克思恩格斯选集》第1卷，人民出版社2012年版，第147页。

们表面上似乎没有管制到公众的衣食住行游，但实质上在市场经济条件下，政府相关部门对林地进行的确权登记，是将林地良好的生态与林权所有者的经济利益和谐地整合在一起，因而在市场独特且强劲的经济手段的作用下，可以极大地调动林权所有人的积极性和主动性，使他们更加自觉地种植、管护林木，客观上起到了增强人们绿色生活意识的效果。其他如依法查处农村乱占耕地建房，据2021年7月自然资源部发布的《全国农村乱占耕地建房典型案例通报》，2021年5~6月，除了国家自然资源督察沈阳局在实地抽查时发现1宗以外，全国共有17个省份报送了地方主动发现的国务院电视电话会议以后新增违法占用耕地建房典型案例42宗。经相关地方政府及有关部门努力，截止到2021年7月7日，已整改到位的有40宗，正在整改中的有3宗。这些整改案例虽然直接强制性规约的是乱占耕地建房，但是它们却也与公众绿色生活意识的提升紧密缠绕在一起。原因在于依法查处乱占耕地建房一方面直接促使人们合理利用建设用地，反对在建设住宅过程中的奢侈浪费。自然资源部发布的《全国农村乱占耕地建房典型案例通报》要求地方各级党委和政府在对乱占耕地建房行为坚决做到“零容忍”的同时，也依法切实保障好农村村民合理建房用地需求。[①] 由此可见，当前农村乱占耕地修建住宅，很多情况下并不是这些人原来宅基地已经不能再利用，而是嫌弃自己的旧宅基地位置等不够称心合意（如旧宅基地坐落在村庄的中间，倚门而望时视线受村前房屋的阻挡，看起来不够敞亮），因此在村庄附近的耕地里新开宅基地建房。这既造成了原有旧宅基地的浪费，也容易造成大家相互攀比，甚至不充分考虑自己家庭的经济承受能力大建特建，导致房子一家比一家建得高，一家比一家占用的面积大，然而除了不合理的建房消费带来的沉重债务负担以外，从各个家庭的成员数量和日常生活需求来看，占用耕地建房的家庭根本就不需要这么多的房间和如此大的建筑面积。现在通过依法查处农村乱占耕地建房，就可以利用强制性的法律制度有效管制这些不合理使用土地的行为，促使人们增强绿色用地、简约生活的观念，最大效用地利用既有土地，构建绿色住宅、绿色家庭、绿色村寨。另一方面有效保护了耕地，实际上也是在间接弘扬珍惜

① 参见自然资源部《全国农村乱占耕地建房典型案例通报》，2021年7月13日，http：//gi.mnr.gov.cn/202107/t20210720_2663492.html。

粮食、节约粮食的美德。乱占耕地建起了新房，却也造成了耕地的永久性毁坏。本来，这些耕地一般是用来种植粮食作物的，如今由于变成了一栋栋砖头房子而丧失了其固有功能，从而间接影响到了粮食作物的种植利用。并且，这种影响多是农村村民追求不合理的住宅消费造成的。从这个意义上来说，乱占耕地修建住宅与在日常生活中浪费食品并无本质上的区别。因此，自然资源部依法查处农村乱占耕地建房，直接管制的是人们不合理的建房行为，但间接上却是在强制性要求人们保护粮食资源，既而由外在行动到内在认识，由物质性实践到精神性意识，推动我国广大农村地区公众绿色生活意识提升。

与国务院专门组建了生态环境部、自然资源部相一致，各地方政府也组建了专门的生态环境主管部门、自然资源主管部门。它们在党委的统一领导下，贯彻落实我国关于保护环境和节约资源方面的各项制度。如据福建省生态环境厅介绍，该厅负责组织实施生态环境基本制度、重大生态环境问题的统筹协调和监督管理、全省减排目标的落实和环境污染防治的监督管理、核与辐射安全的监督管理、生态环境准入的监督管理、生态保护修复工作的指导协调监督、生态环境监督执法以及组织开展省级生态环境保护督察和环境监察、组织协调生态环境国际条约履约等多项工作。这样中央和地方的生态环境部门、自然资源部门层层对接，每一个部门都有明确的职责与分工。它们根据授权各司其职、各负其责，关于其制度执行情况，生态环境部部长黄润秋在 2021 年全国生态环境保护工作会议上的工作报告中提到，2020 年一年来全国生态环境系统通过严格依法依规进行监管和引导，基本完成京津冀及周边地区、汾渭平原生活和冬季取暖散煤替代；全国共计新建污水收集处理设施 3.9 万个，全部完成全国 10638 个农村“千吨万人”水源地保护区划定，除新疆、西藏以外 29 个省份基本完成县域农村生活污水处理规划编制；“无废城市”建设试点形成一批可复制可推广的示范模式；特别是新冠疫情暴发期间加强饮用水水源地水质应急监测，全国生态环境质量没有受到疫情防控影响。[①] 这些制度执行方面取得的成效，有力地保障了公众绿色生活方式的形成与他们绿色生活意识的提升。

---

① 黄润秋：《深入贯彻落实十九届五中全会精神 协同推进生态环境高水平保护和经济高质量发展》，2021 年 1 月 21 日，http：//sthjt. yn. gov. cn/hjxx/202102/t20210209_211543. html。

在相关各方互联互通，协同用力方面，2015 年 1 月，我国施行了新修订的《中华人民共和国环境保护法》，这部面向整个生态环境保护的法律制度在第九条提出："各级人民政府应当加强环境保护宣传和普及工作，鼓励基层群众性自治组织、社会组织、环境保护志愿者开展环境保护法律法规和环境保护知识的宣传，营造保护环境的良好风气。教育行政部门、学校应当将环境保护知识纳入学校教育内容，培养学生的环境保护意识。新闻媒体应当开展环境保护法律法规和环境保护知识的宣传，对环境违法行为进行舆论监督。"[①] 可见，围绕强化与绿色生活意识紧密相关的环境保护意识，人民政府、基层群众性自治组织、社会组织、环境保护志愿者、学校、新闻媒体等一个都没有少，各方在履行自己职责的同时，也相互联通起来，协力推动制度的贯彻落实。

其他仅指向某一条块的制度例如 2021 年 4 月第十三届全国人民代表大会常务委员会第二十八次会议通过的《中华人民共和国反食品浪费法》也提出为了防止食品浪费，提倡简约适度、绿色低碳的生活方式，各级人民政府应当加强对反食品浪费工作的领导，"国务院发展改革部门应当加强对全国反食品浪费工作的组织协调；会同国务院有关部门每年分析评估食品浪费情况，整体部署反食品浪费工作，提出相关工作措施和意见，由各有关部门落实。国务院商务主管部门应当加强对餐饮行业的管理，建立健全行业标准、服务规范；会同国务院市场监督管理部门等建立餐饮行业反食品浪费制度规范，采取措施鼓励餐饮服务经营者提供分餐服务、向社会公开其反食品浪费情况。国务院市场监督管理部门应当加强对食品生产经营者反食品浪费情况的监督，督促食品生产经营者落实反食品浪费措施。国家粮食和物资储备部门应当加强粮食仓储流通过程中的节粮减损管理，会同国务院有关部门组织实施粮食储存、运输、加工标准"[②]。此外，机关、人民团体、企业事业单位、基层群众性自治组织、餐饮服务经营者、旅游经营者、新闻媒体、网络音视频服务提供者、网络信息服务提供者、超市与商场等食品经营者、食品与餐饮行业协会、消费者协会和其他消费者组

① 《中华人民共和国环境保护法》，2014 年 4 月 24 日，http：//www. npc. gov. cn/npc/c10134/201404/6c982d10b95a47bbb9ccc7a321bdec0f. shtml。

② 《中华人民共和国反食品浪费法》，2021 年 4 月 29 日，http：//www. npc. gov. cn/npc/c30834/202104/83b2946e514b449ba313eb4f508c6f29. shtml。

织等都要按照国家有关规定采取措施，防止食品浪费。这表明以反食品浪费为纽带，政府、市场、社会、个人也被全体发动，各方一齐用力推动相关制度执行。

综上所述，制度执行的安排一方面打通了提升公民绿色生活意识各个条块的壁垒，让相关领域的各方一起参与，相互配套工作；另一方面将制度执行的主体职责归集统一，让参与执行制度的各个部门不是犹如一盘散沙一样职责不分地堆积在一起，而是以生态环境部、自然资源部为统一行使职责的“头”，相关各部门主次分明有机地被整合在一起，通过牵头部门带动，一呼众应用力。如此参与执行制度的各方既相互横向配套，又主从有序联通，一起协力合作成为一个执行制度的有机系统，将人们日常生活中衣食住行游涉及的推动形成绿色生活方式的行动，以及深入学习宣传习近平生态文明思想、生态文明建设新闻宣传、生态文明教育和传播生态价值理念等一体化管控起来。通过这种外在行动的管理调控和内在精神世界的作用影响，推动我国公民不断强化其绿色生活观念。

三　制度的督察机制

党的十八大以来，针对强化公民绿色生活意识的制度的落地施行，有关督察工作突出地表现为一方面中央督察和地方督察上下联动，另一方面专职人员督察和社会群众监督横向协力。

在中央督察和地方督察上下联动方面，2014 年修订的《中华人民共和国环境保护法》规定，国务院环境保护主管部门对全国环境保护工作实施统一监督管理，同时制定监测规范，会同有关部门组织监测网络，统一规划国家环境质量监测站（点）的设置，建立监测数据共享机制，加强对环境监测的管理；省级以上人民政府应当组织有关部门或者委托专业机构，对环境状况进行调查、评价，建立环境资源承载能力监测预警机制；县级以上地方人民政府环境保护主管部门，对本行政区域环境保护工作实施统一监督管理。① 与此相一致，中央成立了生态环境保护督察工作领导小组，在生态环境部设立了中央生态环境保护督察办公室。通过督察办公室的组

① 参见《中华人民共和国环境保护法》，2014 年 4 月 24 日，http://www.npc.gov.cn/npc/c10134/201404/6c982d10b95a47bbb9ccc7a321bdec0f.shtml。

织协调，生态环境部直属的正局级事业单位固体废物与化学品管理技术中心负责协助指导各地落实有关生活垃圾等固体废物管理的各项要求，协助生态环境部开展固体废物环境管理的现场检查和日常监督等工作；作为生态环境部派出机构的华北督察局（辖北京、天津、河北、山西、内蒙古、河南）、华东督察局（辖上海、江苏、浙江、安徽、福建、江西、山东）、华南督察局（辖湖北、湖南、广东、广西、海南）、东北督察局（辖辽宁、吉林、黑龙江）、西北督察局（辖陕西、甘肃、青海、宁夏、新疆维吾尔自治区和新疆生产建设兵团）、西南督察局（辖重庆、四川、贵州、云南、西藏），被赋予的重要职责包括督察地方，以促使各地全面贯彻执行国家推动形成绿色生活方式的有关制度。同时，生态环境部还在长江、黄河、淮河、海河、珠江、松辽、太湖流域等七大流域设立了由生态环境部和水利部双重领导（生态环境部领导为主）的太湖流域东海海域生态环境监督管理局、长江流域生态环境监督管理局、黄河流域生态环境监督管理局、淮河流域生态环境监督管理局、海河流域北海海域生态环境监督管理局、珠江流域南海海域生态环境监督管理局、松辽流域生态环境监督管理局。对水资源、水生态、水环境方面有关推动形成绿色生活方式的制度的实施情况进行监管是这些机构的重要工作内容。

在地方，各省、自治区、直辖市相应地设立了负责督察生态环境制度施行情况的机构，作为中央生态环境保护督察的延伸和补充。如黑龙江省生态环境厅一方面内设省生态环境保护监察办公室、固体废物与化学品处等机构；另一方面外派大庆生态环境监察局、佳木斯生态环境监察局、牡丹江生态环境监察局、齐齐哈尔生态环境监察局、哈尔滨生态环境监察局等机构。它们根据法律法规的规定和上级部门的授权委托，采取例行督察、专项督察、派驻监察等方式开展工作，对包括倡导绿色生活方式在内的生态环境保护法律等制度的执行情况等进行监督检查。此外，地市级及以下地方党委和政府也在生态环境保护督察工作上与中央、省级相关部门联动，在本级生态环境部门安排协调配合生态环境保护督察和监察工作的机构，依规依法不断加强对下级党委和政府及其有关部门生态环境保护工作的监督，在推动形成绿色生活方式方面压实它们施行制度的责任。

至于自然资源部，它依据我国环保制度的要求也内设了国家自然资源总督察办公室，并向地方派驻了国家自然资源督察北京局、沈阳局、上海局、南京局、济南局、广州局、武汉局、成都局、西安局。它们与地方各级党委和政府在本级设置的相关监察机构上下联动，在对自然资源和国土空间规划的法律等制度的执行情况进行督察的过程中，有力推动了公众绿色生活方式的形成和他们绿色生活意识的提升。

在专职人员督察和社会群众监督横向协力方面，《中华人民共和国环境保护法》第五十三条明确指出："各级人民政府环境保护主管部门和其他负有环境保护监督管理职责的部门，应当依法公开环境信息、完善公众参与程序，为公民、法人和其他组织参与和监督环境保护提供便利。"① 这就从工作机制方面将专职人员督察和社会群众监督有机整合在一起。具体以生活垃圾的监督管理为例，2020 年中华人民共和国主席令第四十三号予以公布施行的《中华人民共和国固体废物污染环境防治法》第二十九条要求产生、收集、贮存、运输、利用、处置固体废物的单位，应当依法主动接受社会监督。第三十一条指出任何单位和个人都有权对造成固体废物污染环境的单位和个人进行举报。并且生态环境主管部门和其他负有固体废物污染环境防治监督管理职责的部门应当将举报方式向社会公布以方便公众举报，同时接到举报的部门应当及时处理举报。遵循全面依法治国的要求，各地结合自己的实际情况，以细节有异但本质一致的内容与方式全面贯彻执行《中华人民共和国固体废物污染环境防治法》提出的相关要求。例如某地一方面要求本市各级人民政府建立和完善生活垃圾管理的综合考核制度，并纳入政府考核指标。城市管理部门会同生态环境等有关部门加强对生活垃圾分类投放、分类收集、分类运输、分类处理的全过程监管，实行联单制度，进行分类计价，绩效管理，发现不符合规定的，及时督促改正。另一方面向社会公布举报和投诉电话、信箱和电子邮件地址，依法处理有关生活垃圾管理方面的举报和投诉。如举报查证属实，对举报人给予奖励。同时，实行生活垃圾处理社会监督员制度，即向社会公开选择一定数量的人员作为生活垃圾处理社会监督员，参与生活垃圾集中处理设施的监督管理工作。这些监督员有权监督生活垃圾集中处理设施运行、进入相关场所

① 《中华人民共和国环境保护法》，2014 年 4 月 24 日，http：//www.npc.gov.cn/npc/c10134/201404/6c982d10b95a47bbb9ccc7a321bdec0f.shtml。

了解污染控制的措施及实施情况、查阅环境监测数据等。涉及的运行管理单位对此应当予以配合、协助。

需要提及的是，乡规民约等非正式制度虽然是城乡群众自愿执行、自我约束的强化自己绿色生活意识的道德守则和公约，但是在具体执行过程中多有政府部门和社会组织一起协同参与督导。特别是在诸多农村地区，当地文化程度较高的青壮年多在外地务工，留守的基本上是文化程度相对较低甚至是文盲的老幼病残。这样一是留守人员囿于自己的文化水平难以充分认识到倡导绿色生活方式的重要性，因而在平时生活中因循守旧的观念难以扭转，导致他们一有红白喜事等就倾向于大办特办，造成不必要的铺张浪费。另外日常住宅打扫等产生的生活垃圾，他们也习惯于就近倾倒在自己的房前屋后。天晴时太阳一晒，垃圾散发出的腐臭气味刺鼻难闻，一旦碰到刮风下雨，塑料袋、废纸片乱飞，垃圾发酵产生的污水也到处横流。二是外出打工的村民们长期在外工作压力不断累积，同时经济能力也有了一定改善，这使他们逢年过节时一旦暂时回到老家，也会出现不少不合理的冲动性消费。比较典型的如青年人回乡操办婚宴，随随便便就摆个几十上百桌酒席，每桌安排就座的不过八到十个人，仅鸡鸭鱼肉等荤菜就上了二十多大碗，其他零食饮料等更是管够。一场酒宴下来，一桌将近一半的食物都吃不完，成了餐余的残羹剩饭。这些情况就需要会同当地乡镇人民政府组织辖区内的村民委员会一起出面加以督导。从形式上来看，地方乡镇人民政府通常组织、指导村民委员会，二者相互协同，平时会在村里通过高音喇叭播报、悬挂宣传横幅等进行督促引导，特殊情况下乡镇人民政府工作人员及村委会成员甚至会共同到村民家中沟通劝导，推动村民们在他们的日常生活中移风易俗，不断提升简约适度、绿色低碳生活的意识，自觉地反对各种奢侈浪费和不合理的消费。

由此可见，当下我国围绕推动形成绿色生活方式，提升公民绿色生活意识的制度督察安排，从中央到地方上下联动，从政府到社会互相配合，从而协同构建形成了一个有机的立体督察网状系统。其中始终坚持和加强党的全面领导的中央和地方政府监察是这个网状系统的“纲”，广泛的社会参与是网状系统的“目”。这样中央、地方政府部门举“纲”，社会组织和群众张“目”，相互协同监督相关制度的落地实施，因而在具体的督察实践中“用得好，敢于动真格，不怕得罪人，咬住问题不放松，成为推动地方党委和政府及其相关部门落实生态环境保护责任的硬招实招”①。2021 年 4 月生态环境部黄润秋部长向全国人大常委会的报告指出，在加强生态环境保护督察执法方面，“2018 年和 2019 年长江经济带生态环境警示片披露的 315 个问题，已完成整改 283 个，其他问题正在抓紧整改。全国开展生态环境执法检查 58.74 万家次，下达环境行政处罚决定书 12.61 万份，罚没款金额总计 82.36 亿元。持续开展蓝天保卫战监督帮扶，帮助地方发现和推动解决大气污染问题 11.8 万个。完成黄河流域试点地区入河排污口排查。组织实施‘昆仑 2020’专项行动，共侦办破坏生态环境资源犯罪案件 4.8 万起”②。这些督察行动，从天空到地面，从水体到陆地，多方位深层次地与人民群众的衣食住行游相互交织。如“昆仑 2020”行动聚焦持续依法严厉打击食药环和涉野生动植物等民生领域的违法犯罪活动，长江经济带生态环境警示片多次披露地方生活污水管理等方面的问题。它们通过强化督察问责，倒逼促使了相关制度进一步得到落实。比较典型的如 2021 年 1 月，某地专门发文对 2019 年国家长江经济带生态环境警示片披露的“××市截污管网建设缓慢，大量生活废水溢流、直排，部分区域生活废水直排”问题整改的完成情况进行公示。“公示”介绍了为解决问题，达到“坚持问题导向，切实举一反三，全面抓好整改，确保 2020 年 3 月底之前有实质性进展，2020 年底将城市黑臭水体问题整治到位”的整改目标，当地实施了由市住建局牵头、按照“属地主责、部门督导、齐抓共管”的原则，合力抓好城区污水整治等四项整改措施。在这些问题得以解决的过程中，广大民众通过感性认识，参与相关实践行动，他们绿色生活的意识也相应得到了增强。

---

① 《十九大以来重要文献选编》（上），中央文献出版社 2019 年版，第 446 页。

② 黄润秋：《国务院关于 2020 年度环境状况和环境保护目标完成情况、研究处理土壤污染防治法执法检查报告及审议意见情况、依法打好污染防治攻坚战工作情况的报告》，2021 年 4 月 26 日，http：//www.npc.gov.cn/npc/c30834/202104/3686107825e44b5d9d735ee05a580837.shtml。

第四章

公民绿色生活意识提升机制的总体构架与问题

我国公民绿色生活意识提升机制既是一个较为严整的有机整体，但也存在一些前进中的困难与问题。

第一节　公民绿色生活意识提升机制的总体构架

依赖于建设美丽中国的现实行动，新时代公民绿色生活意识的外在培育机制（教育引导机制、宣传导向机制、文化熏陶机制、实践养成机制）、内在发展机制（感性形成机制、理性跃迁机制、价值转化机制）和保障机制（领导保障机制、政策保障机制、制度保障机制）在各自对立扩展张力，揭示自己独特的机制涵容的同时，更统一起来，彼此配套形成了一个相互联系、相互影响、相互作用的有机整体，其总体构架及各构成部分的相互关系、相关功能如图 4-1 所示。

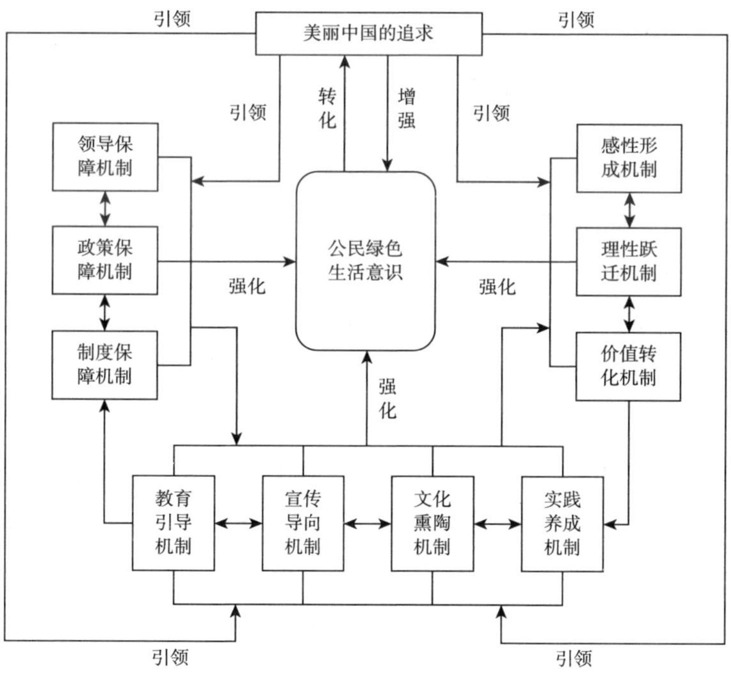

图 4-1　公民绿色生活意识提升机制的总体构架

在这个机制综合体中，从发展的逻辑序次上来看，“意识在任何时候都只能是被意识到了的存在"[①]，因而首先绿色生活意识的外在培育机制中的教育引导、宣传导向、文化熏陶、实践养成这些外在的客观性力量围绕公民绿色低碳生活观念的提升被辩证统一起来，它们相互协同用力，实际地构筑出来了一个事实上的原初"基地"。这个"基地"因为融含了教育引导、宣传导向、文化熏陶、实践养成这些外在的客观性力量，所以在这个意义上它的肯定—否定—否定之否定的前进上升运动也可以看作公民绿色生活意识的外在培育机制的现实客观性展开与跃进。但以客观性的力量在场的"基地"更是提高公民绿色生活意识依附的"土壤"。它作为人们的现实生活过程中的客观性的东西，让"道德、宗教、形而上学和其他意识形态，以及与它们相适应的意识形式便不再保留独立性的外观了"[②]，因为"在全部意识形态中，人们和他们的关系就像在照相机中一样是倒立成像的，那么这种现象也是从人们生活的历史过程中产生的，正如物体在视网膜上的倒影是直接从人们生活的生理过程中产生的一样"[③]。绿色生活意识尽管因其作为个别的特殊而与同样以个别在场的道德、宗教、形而上学等不同，但如果只考虑一般特性，这种意识与"道德、宗教、形而上学和其他意识形态，以及与它们相适应的意识形式"并没有什么差异即它也是主观的精神性的东西，因此这种主观的精神性的东西当然不像唯心主义者所说的那样是第一性的，是凭空从无中生出来的"有"，而是如道德、宗教等一样"也是从人们生活的历史过程中产生的"。换言之，没有教育引导、宣传导向、文化熏陶、实践养成这些外在的客观性力量的"优先性"作用，就不会有主观的绿色生活意识的现实实现。

其次，依赖于教育引导、宣传导向、文化熏陶、实践养成这些外在的客观性力量构筑的"基地"，公民逐渐了解自然规律，了解自然生态系统，了解山、水、田、园、湖、草之间及它们与人的一体化关系，由此进一步把握人与自然关系的本质，自觉地选择简约适度、绿色低碳的生活方式。这一过程鲜明地凸显了公民绿色生活意识的外在培育机制与内在发展机制不是形而上学地被割裂的两极，而是在时间上由外而内，从外在培育机制

① 《马克思恩格斯选集》第1卷，人民出版社2012年版，第152页。
② 《马克思恩格斯选集》第1卷，人民出版社2012年版，第152页。
③ 《马克思恩格斯选集》第1卷，人民出版社2012年版，第152页。

跃迁到内在发展机制的相辅相成、相互贯通的统一发展过程的两个阶段或者“环节”。因此也可以说，绿色生活意识的外在培育机制是内在发展机制的现实支撑和外在转换，内在发展机制是外在培育机制的行动目的和观念化的进一步展开。在这个展开过程中，感性形成机制、理性跃迁机制和价值转化机制相互作用、层层贯通，以“不是直线（也就是说，不是沿着直线进行的），而是无限地近似于一串圆圈、近似于螺旋的曲线”[①] 的形式向前推进，直接表现为具体个人的内在的主观精神开始从具体的绿色感性实在向抽象的绿色理性思维跃迁，最终转化成为整个社会普遍认同的主流价值观，完成自己的一个发展循环，并在新的起点上以同样的程式重新开启另一个发展循环。这样从低级到高级，一步一步不断把公民的绿色生活意识推升到新的高地。其发展的过程既体现了这些内在发展机制之间相互区别但又不绝对对立的相互依存、相互贯通的辩证关系，更以其思维自身的运动让我们看到了立足于外在客观性“基地”的内在绿色生活意识的相对独立性最为突出的表现。虽然客观现实的发展总是以其无限的丰富性挣脱主观逻辑的把握而决定主观逻辑，但主观逻辑抑或人的精神的被决定并非机械式的决定而是辩证的决定，它们在被决定的同时也会能动地加速或延缓决定性的东西的变化发展。当绿色生活意识的内在发展与其外在客观性力量的作用方向一致抑或相适应时，它们会类似于引发了“蝴蝶效应”一样放大教育引导、宣传导向、文化熏陶、实践养成等外在客观的作用力量，现实地促进绿色生活意识外在培育机制的发展，反之会成为外在培育机制发展的阻碍力量。此外，人们头脑中内在的绿色生活观念除了会能动地反作用于绿色生活意识的外在培育机制的发展以外，它的内在发展机制也有着自己相对独立的发展历史。在这个历史跃进过程中，感性形成机制、理性跃迁机制、价值转化机制辩证地从客观世界飞跃而去构造自我纯粹的从否定到肯定再到否定之否定的思想史，在扬弃现实的东西中现实地想象观念的东西，形成一个阶段接一个阶段前后相继的历史链条，其中前一个阶段是后一个阶段的前进阶梯，后一个阶段是前一个阶段的延续发展。这种呈现历史继承性的发展也使绿色精神生活的内在发展机制相对外在培育机制具有一定的稳定性或者不完全同步性，表明绿色生活意识的外在培育机

---

① 《列宁选集》第2卷，人民出版社，2012年版，第560页。

制向前发展，并不必然意味着内在发展机制表征出的人的精神世界的绿色化立即会被同方向深化，或者倡导绿色低碳生活方式的内在意识发展到了较高的水平，相关的外在培育机制也并不必然非常完善。不过，有一点却是必然的，即无论反映绿色生活的主观意识如何相对独立地去推动“纯粹”的意识运动，归根结底它都绝对地“受到物质的‘纠缠’”[①]，因而在现实性上它还是必然遵循从外在客观性到内在主观性的唯物主义路径以实现自身由感性到理性，由认识到价值的跃迁与转化。

再次，随着绿色生活意识被纳入社会主义核心价值体系，转化成为社会主流价值观，一方面，这种对美丽中国的追求也不是“天上掉下的毛毛雨”，从根本上来说它也是人们头脑中的主观性精神，因此它的生成也依赖于教育引导、宣传导向、文化熏陶、实践养成这些外在的客观性力量构筑出来的原初“基地”。另一方面，“美丽中国的追求”一旦跃迁成为社会主流价值观，它就承载了一个国家、一个民族的精神追求，体现着我国社会评判是非曲直的标准，是我们民族和国家最持久、最深层的力量，影响到整个社会的和谐与中华民族的永续发展。对此习近平同志指出：“任何一个社会都存在多种多样的价值观念和价值取向，要把全社会意志和力量凝聚起来，必须有一套与经济基础和政治制度相适应、并能形成广泛社会共识的核心价值观。否则，一个民族就没有赖以维系的精神纽带，一个国家就没有共同的思想道德基础。”[②] 与此相一致，以社会主流价值观在场的“美丽中国的追求”具有无比强大的精神动力，它汇聚了人心，引领整个公民绿色生活意识提升机制相互配套发力，推动最广大人民群众内在的观念世界与绿色生活的现实要求相互撞击，让这种要求不断内化，在以“美丽”为引领的同时也持续向“美丽”的“高地”飞跃。

最后，公民绿色生活意识提升的保障机制中，领导保障、政策保障、制度保障主要作为渗透性因素渗透到外在培育机制和内在发展机制之中，各方一起辩证作用，协力强化广大干部群众绿色生活的观念。因此，综观绿色生活意识提升机制发生的逻辑序次，无论是“逻辑在先”的外在培育机制的作用，还是“逻辑在后”的内在发展机制的推进，无不是在保障机

① 《马克思恩格斯选集》第 1 卷，人民出版社 2012 年版，第 161 页。

② 习近平：《论党的宣传思想工作》，中央文献出版社 2020 年版，第 52 页。

制诸作用力量全程渗透提供的保障下以相互联系又各有特点的样式辩证发力，推动人们生活观念的绿色化。但毋庸置疑，相关保障机制的全程渗透并不能改变它们也需要依赖于建设美丽中国的现实行动，也在接受“美丽中国的追求”的引领。没有这种革命性的行动，没有这种创新性引领的思想，就没有这种创造性的机制保障。

从实际活动的现实发生上来看，只要“是处在现实的、可以通过经验观察到的、在一定条件下进行的发展过程中的人”①，在面对如宣传导向等外在力量的作用时，他的头脑中就会立即产生相应的精神活动。这也意味着如外在培育机制和内在发展机制之间内、外活动的发生在现实中难以精确、绝对地区分出谁先谁后，其中一种活动的发动也意味着另一种活动的开始，总体上与保障机制一起作用呈现一种水乳交融、相互促进的概貌，共同用力构成公民绿色生活意识提升的现实机制图景。究其原因，公民绿色生活意识的提升机制是一个有机的整体，其中的外在培育机制和内在发展机制是同一机制体系的两个不同侧面，因而它们犹如组合在一起的齿轮组一样，虽然运转的发生在逻辑序次上确有先后之分，总有一个或几个齿轮作为主动齿轮会通过自身的运动带动其他齿轮转动，但是相互之间的组合关系导致主动齿轮在转动起来的同时其他从动齿轮也开始转动，也即现实的动作在发生上并无先后之分，各齿轮一动俱动，一停俱停。至于我们在公民绿色生活意识提升机制的统一整体中划分出有区别的外在培育机制和内在发展机制等，是我们根据思维的操作进行的划分。关于这种划分，列宁在《哲学笔记》中肯定了黑格尔提出的“造成困难的从来就是思维，因为思维把一个对象的实际联结在一起的各个环节彼此区分开来”②，并对之进一步解释说“如果不把不间断的东西割断，不使活生生的东西简单化、粗陋化，不加以划分，不使之僵化，那么我们就不能想象、表达、测量、描述运动。思想对运动的描述，总是粗陋化、僵化。不仅思想是这样，而且感觉也是这样；不仅对运动是这样，而且对任何概念也都是这样。这就是辩证法的实质”③。它一方面清晰地阐明了我们之所以要在思维活动中把

① 《马克思恩格斯选集》第 1 卷，人民出版社 2012 年版，第 153 页。

② 《列宁全集》第 55 卷，人民出版社 2017 年版，第 219 页。

③ 《列宁全集》第 55 卷，人民出版社 2017 年版，第 219 页。

"实际联结在一起的各个环节彼此区分开来"，是因为"不加以划分，不使之僵化，那么我们就不能想象、表达、测量、描述运动"，因此为了分析对象，有必要进行这种思维划分操作。这在一定程度上类似于医院为了更好地治疗疾病，人为划分眼科、骨科、皮肤软组织科、耳鼻喉科、呼吸科、心血管科、肝病科、肾病科、胃病科、肛肠科、神经系统科等一样。另一方面正如医院将统一的人分割为多个对象的操作不能否认现实的人的有机整体性一样，思维划分出来的各个环节、各个部分也没有否认这些环节、部分在现实中对立统一的整体性。公民绿色生活意识的外在培育机制、内在发展机制和保障机制之间的断裂是连续中的断裂，连续是断裂中的连续，都在建设美丽中国的行动中被统一起来作为一个整体辩证运行，从而实现从单个个人到整个社会的生活观念在绿色向度上的不断提升。

第二节　公民绿色生活意识提升机制存在的问题

在研究中，本书主要采用问卷调查的方式进行社会调研，揭示了我国公民绿色生活意识提升机制中存在的一些问题。

一　调研问卷

根据研究需要，为使相关社会调研工作落到实处，本书专门设计的调研问卷具体如下。

"公民绿色生活意识提升机制构建"调研问卷

亲爱的先生（女士）：

为全面了解我国公民绿色生活意识提升机制的现状，揭示其中存在的问题，进而为中国特色社会主义新时代强化公民的绿色生活意识提供参考，本书开展了此项调查。在问卷中您不用填写姓名，答案也不用考虑对错，请您根据自己的实际情况做出回答即可。如没有特殊说明，每题都只选一个答案。本着法律和道德的原则，我们将会为您的回答保密，请放心填写问卷。

衷心感谢您的支持与合作！

基本情况

1. 你的性别是______。

A. 男　B. 女

2. 你的民族是______。

A. 汉族　B. 少数民族

3. 你的年龄是______。

A. 13~16 岁　B. 17~19 岁　C. 20~23 岁　D. 24 岁及以上

4. 你的学历是______。

A. 小学及以下　B. 初中　C. 高中　D. 大学及以上

5. 你来自______。

A. 省会城市　B. 中等城市　C. 小城市　D. 乡镇　E. 农村

6. 你的政治面貌是______。

A. 中共党员　B. 共青团员　C. 民主党派　D. 普通群众

7. 你家庭经济状况在当地属于______。

A. 上层　B. 中上层　C. 中层　D. 中下层　E. 下层

主体内容

1. 你通过什么方式接受绿色生活教育？（可多选）

A. 言传　B. 身教　C. 网络　D. 其他

2. 你在哪些场所（或地方）接受绿色生活教育？（可多选）

A. 学校　B. 家庭　C. 社会　D. 其他

3. 你通过哪几种途径了解绿色生活方式？（可多选）

A. 媒体　B. 文艺　C. 法律法规　D. 其他

4. 你接触到的绿色生活知识的宣传主体有哪些？（可多选）

A. 政府　B. 市场　C. 社会　D. 个人

5. 你读过以下何种倡导绿色生活的书籍？（可多选）

A.《增长的极限》　B.《寂静的春天》

C.《绿色生活手记》　D. 其他

6. 你所在的单位、学校、社区、村组倡导了以下哪种活动？（可多选）

A. 节水节能　B. 垃圾分类　C. 爱惜粮食　D. 其他

7. 倡导绿色生活方式，你所居地有哪些方面的制度？（可多选）
   A. 国家法律制度　　B. 企事业单位规章制度
   C. 社会乡规民约　　D. 说不清
8. 近一年内你接受绿色生活教育的次数怎样？
   A. 完全没有　B. 极少　C. 偶尔　D. 较多
9. 为了彻底杀死害虫，可以过度喷洒农药吗？
   A. 绝对不可以　B. 不可以　C. 可以　D. 说不清
10. 当你刷牙、洗脸时会让水龙头一直开着吗？
   A. 经常如此　B. 偶尔　C. 从不　D. 说不清
11. 你对自己家里的电器的能效和能源消耗有所了解吗？
   A. 非常了解　B. 一般　C. 不太了解　D. 完全不了解
12. 你现在生活的环境状况怎样？
   A. 非常好　B. 好　C. 一般　D. 差
13. 你愿意生活在青山常在、清水长流、空气常新的环境中吗？
   A. 非常愿意　B. 愿意　C. 无所谓　D. 说不清
14. 生态环境好坏直接影响人身心健康的观点对吗？
   A. 非常对　B. 对　C. 不对　D. 说不清
15. 你认为发展和生态的关系怎样？
   A. 发展是第一要务　　B. 生态是第一要务
   C. 坚持发展和生态两条底线　　D. 说不清
16. 建设富强民主文明和谐美丽的社会主义现代化强国的奋斗目标表明美丽是什么价值观念？
   A. 个人普通价值观念　　B. 个人重要价值观念
   C. 社会一般价值观念　　D. 社会核心价值观念
17. 在日常生活中，你对待生态环境的态度怎样？
   A. 不重视　B. 不太重视　C. 重视　D. 像对待生命一样对待
18. 你所居地党员干部深入一线调研群众绿色生活方式的情况怎样？
   A. 经常　B. 偶尔　C. 从不　D. 说不清
19. 你所居地推动提高群众绿色生活意识的组织领导方式怎样？
   A. 各部门各行其是
   B. 只是对口的部门在抓

C. 党委统一领导、党政团体齐抓共管、相关部门各负其责

D. 说不清

20. 有人说提升公民绿色生活意识的政策可分为中央政策和地方政策，你认为这种说法怎样？

A. 完全对　　B. 对　　C. 有对有错　　D. 无法判定对错

21. 近年国家出台了不少推进绿色生活方式的政策，由此你感到人们的绿色生活意识怎样？

A. 显著提升　　B. 有所提升　　C. 没有提升　　D. 有所降低

22. 倡导绿色生活方式，你所居地相关制度由谁负责落实执行？

A. 个人负责落实执行　　B. 单一部门落实执行

C. 多部门互联互通落实执行　　D. 说不清

23. 关于落实倡导绿色生活方式方面的制度，你所居地怎样进行考评？

A. 只看结果，不考虑其他

B. 只评定优秀

C. 结果和成本一体化考量，既评定优秀也列出负面典型

D. 说不清

调查到此结束，再次感谢您的参与！

二　调研问卷剖析

1. 问卷设计

因为是针对我国普通公民的调查，受访对象覆盖省会城市、中等城市、小城市、乡镇和农村，所以在问卷设计方面，问题和选项的表述都尽量贴近他们的生活、学习和工作，少用或不用专业性术语。

根据相关评价指标，经过研究组充分讨论，调研问卷在“基本情况”部分设置了 7 个问题，在“主体内容”部分设置了 23 个问题。问卷包括 7 个不定项选择题，其他都是单选题，涵盖受访者基本情况、外在培育机制（教育引导机制、宣传导向机制、文化熏陶机制、实践养成机制）、内在发展机制（感性形成机制、理性跃迁机制、价值转化机制）和保障机制（领导保障机制、政策保障机制、制度保障机制）等方面的内容。另外考虑到问卷已有容量和后期处理的方便，此次调研问卷没有设置开放性问题。

（1）问卷“基本情况”部分

总共 7 个问题，分别从调研对象的性别、民族、年龄、学历、来源地、政治面貌、家庭经济状况等方面进行考察。

（2）问卷“主体内容”部分

①调查公民绿色生活意识的外在培育机制。问卷“主体内容”中的第 1~6、8~11 题分别从教育引导机制、宣传导向机制、文化熏陶机制、实践养成机制等方面进行考察。

②调查公民绿色生活意识的内在发展机制。问卷“主体内容”中的第 12~17 题，分别从感性形成机制、理性跃迁机制、价值转化机制等方面进行考察。

③调查公民绿色生活意识的保障机制。问卷“主体内容”中的第 7、18~23 题，分别从领导保障机制、政策保障机制和制度保障机制等方面进行考察。

以上内容，可以通过表 4-1 直观表示如下。

表 4-1　评价指标与问卷设计

	一级指标	二级指标	评价指标的解释	对应题目
基本情况	调研对象情况		调研对象的性别、民族、年龄、学历、来源地、政治面貌、家庭经济状况	1~7
主体内容	外在培育机制	教育引导机制	接受绿色生活教育的方式；接受绿色生活教育的场所；接受绿色生活教育的次数	1~2、8
		宣传导向机制	宣传绿色生活方式的途径；宣传绿色生活知识的主体	3~4
		文化熏陶机制	有关绿色生活的书籍的阅读；对过度喷洒农药的态度	5、9
		实践养成机制	绿色生活实践的倡导；节水；节能等	6、10~11

续表

	一级指标	二级指标	评价指标的解释	对应题目
主体内容	内在发展机制	感性形成机制	对生活环境状况的感性认知与感性认同	12~13
		理性跃迁机制	对生态与人、与发展的关系的理性认识	14~15
		价值转化机制	对绿色生活追求在社会价值体系中性质、地位等的被动判断与主动选择	16~17
	保障机制	领导保障机制	党员干部调研群众绿色生活方式的情况、推动提高群众绿色生活意识的组织领导方式	18~19
		政策保障机制	政策施行的客观效果与受访者的主观认知情况	20~21
		制度保障机制	保障制度的构成、制度落实及其有关监察考评情况	7、22~23

2. 问卷发放

面向我国各地，包括省会城市、非省会城市、乡镇、农村地区，调查当地公民绿色生活意识的提升机制。

（1）以典型抽样方式，按东北地区、华北地区、华中地区、华东地区、华南地区、西北地区、西南地区等不同区域，抽取了黑龙江、天津、北京、河南、湖南、湖北、江苏、浙江、山东、江西、广东、新疆、甘肃、陕西、西藏、四川、贵州等地公民为调研对象。

（2）2019 年 12 月以前主要是研究负责人定好调研区域后，部分研究成员乘车或委托来自该地的研究生去当地进行调研；2019 年 12 月以后因为新冠疫情发生，基本由研究成员雇请调研地人员帮助发放问卷调研。

（3）调研一部分采用线下形式，发放纸质问卷 7907 份；另一部分采用网络形式，将电子版问卷（与线下问卷一致）发放在问卷星平台上，让 4093 位调研对象通过微信在线填写。

3. 问卷有效性

（1）在有效问卷的判断方面

为保证调研问卷的真实性和统计的科学性，研究组专门设置了无效问卷的判定标准。

①没有填写完整的个人基本信息。

②超过两道题（包括两道题）未给出答案。

③回答超出问卷问题备选选项的范围。

按照上述要求，研究组共收回有效问卷 11979 份（纸质问卷 7900 份、网络问卷 4079 份），回收率为 99.83%，达到了分析的要求。

（2）在问卷的效度方面

①充分考虑了我国经济社会发展和区域的分布情况。抽样选取的既有经济发展水平较高的天津、北京、山东、江苏、浙江、广东等省份，也有河南、江西、湖南、湖北、黑龙江等经济次发达省份，还有属于后发赶超的甘肃、新疆、西藏、贵州等省份。

②发放问卷总体遵循随机化原则，在利用问卷调查所在地公民的过程中随机选择受访者。

③抽样时充分考虑了被调查对象的差异。问卷调查时分门别类地对受调研对象的性别、民族、年龄、学历、来源地、政治面貌、家庭经济状况等进行了专门性的考察，其具体情况如表 4-2 至表 4-8 所示。

表 4-2 受访者性别情况

单位：人，%

选项	小计	比例
男	4910	40.99
女	7069	59.01

表 4-3 受访者民族情况

单位：人，%

选项	小计	比例
汉族	9255	77.26
少数民族	2724	22.74

表 4-4 受访者年龄情况

单位：人，%

选项	小计	比例
13~16 岁	6	0.05

续表

选项	小计	比例
17~19 岁	3100	25.88
20~23 岁	5096	42.54
24 岁及以上	3777	31.53

表 4-5　受访者学历情况

单位：人，%

选项	小计	比例
小学及以下	6	0.05
初中	5543	46.27
高中	3764	31.42
大学及以上	2666	22.26

表 4-6　受访者来源地情况

单位：人，%

选项	小计	比例
省会城市	942	7.86
中等城市	1591	13.28
小城市	2375	19.83
乡镇	1667	13.92
农村	5404	45.11

表 4-7　受访者政治面貌情况

单位：人，%

选项	小计	比例
中共党员	1882	15.71
共青团员	3464	28.92
民主党派	630	5.26
普通群众	6003	50.11

表 4-8 受访者家庭经济状况

单位：人，%

选项	小计	比例
上层	56	0.47
中上层	612	5.11
中层	4471	37.32
中下层	4693	39.18
下层	2147	17.92

三 外在培育机制方面①

1. 教育引导机制存在的问题

问卷设计了三个问题，分别从接受绿色生活教育的方式、场所、次数等方面进行考察。

由图 4-2 至图 4-4 可见，当前我国公民通过现代化的网络形式接受绿色生活教育的占比为 85.72%，表面上看绝对值是比较高，但与之相比较，传统的言传（67.38%）和身教（59.08%）形式共占比 126.46%，比网络形式的占比高出了 40.74 个百分点，超过网络形式占比的近半壁江山，说明传统和现代教育形式双峰并立，但二者总体发展不平衡。

与在其他场所接受绿色生活教育（42.66%）相比，受访者在学校、社会（指场所）、家庭接受相关教育“三足鼎立”，依次排在前三位，分别占比 93.23%、74.22%、65.24%。与此同时，在一年内接受绿色生活教育的次数上，受访者选择“较多”的刚到三成，“偶尔”的占比 52.21%，“极少”和“完全没有”的共占比近 20.00%。因此，相对于教育场所的多样化，公民固定期限内（一年）接受教育的次数并没有同向度提高，实际接受绿色生活教育的次数平均起来不多。

① 针对外在培育机制、内在发展机制、保障机制，研究组主要利用 SPSS 软件的频数分析、描述分析等进行考察。

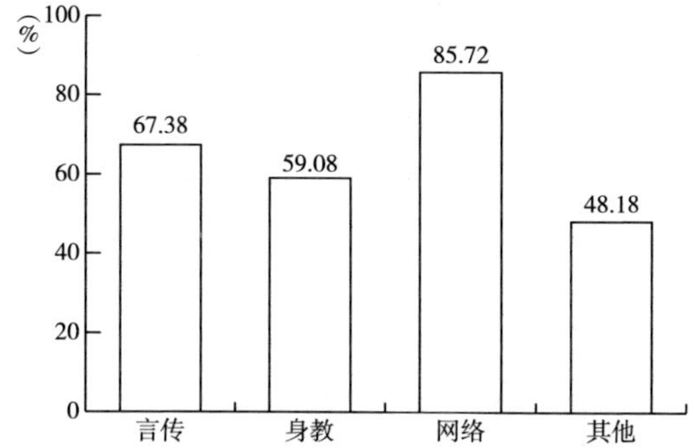

图 4-2　你通过什么方式接受绿色生活教育?

注：图中有关接受绿色生活教育的方式，言传、身教、网络、其他四项合计总百分比大于 100%，是因为有受访者同时通过两个以上方式接受了相关教育（受访者选择了多个选项）。在本节，其他地方如有所选项合计总百分比大于 100%，形成原因也相类似，即受访者选择了两个以上的选项。

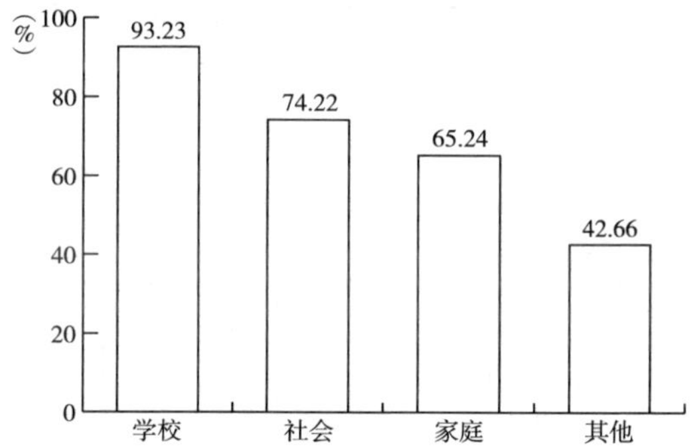

图 4-3　你在哪些场所（或地方）接受绿色生活教育?

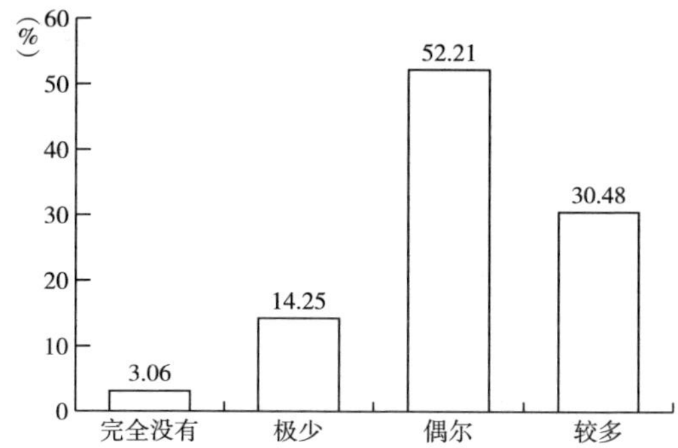

图 4-4　近一年内你接受绿色生活教育的次数怎样?

2. 宣传导向机制存在的问题

在宣传导向机制方面，问卷设计了两个问题，从宣传途径、宣传主体两个方面进行考察，受访情况主要表现为宣传途径上媒体“一家独大”，宣传主体上政府和社会（指主体）两只“高脚走路”，各要素发力不平衡。具体如图 4-5、图 4-6 所示。

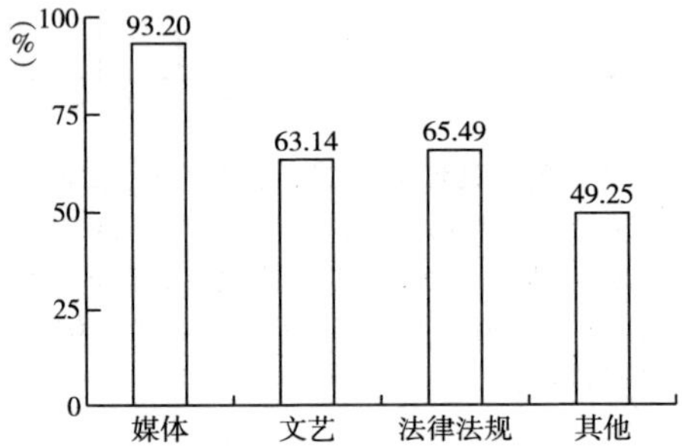

图 4-5 你通过哪几种途径了解绿色生活方式？

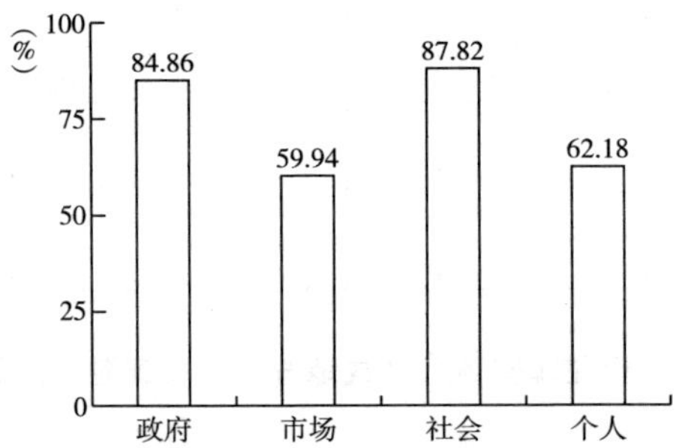

图 4-6 你接触到的绿色生活知识的宣传主体有哪些？

关于绿色生活方式的宣传途径，其中，媒体占比 93.20%，远高于文艺、法律法规和其他（指途径）所占比例（三者分别为 63.14%、65.49%、49.25%），说明在宣传过程中公众了解绿色生活方式主要是通过媒体这一途径。至于绿色生活知识的宣传主体，公众接触最多的是社会（指主体），其次是政府，二者占比分别为 87.82% 和 84.86%，市场和个人与之相差约 20 个百分点，呈现两只“高脚走路”的趋势。因此从总体上看，宣传导向的诸要素发力不平衡。

3. 文化熏陶机制存在的问题

问卷设计了两个问题进行分析，具体包括接受绿色生活文化熏陶的范围（属于“面”的考察）、与文化熏陶相关的特殊问题（属于“点”的考察）的回答。受访者虽然总体上接受绿色生活文化熏陶的范围比较广泛，涉及特殊主题的熏陶效果较好，但是仍有一定比例的人群不能参与，具体效果呈现不平衡性。具体如图 4-7、图 4-8 所示。

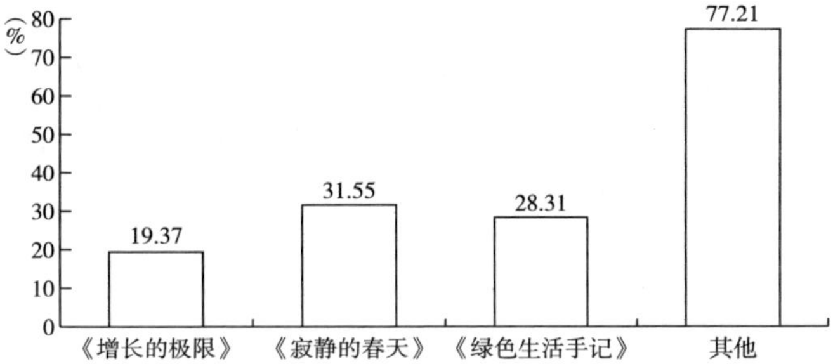

图 4-7　你读过何种倡导绿色生活的书籍?

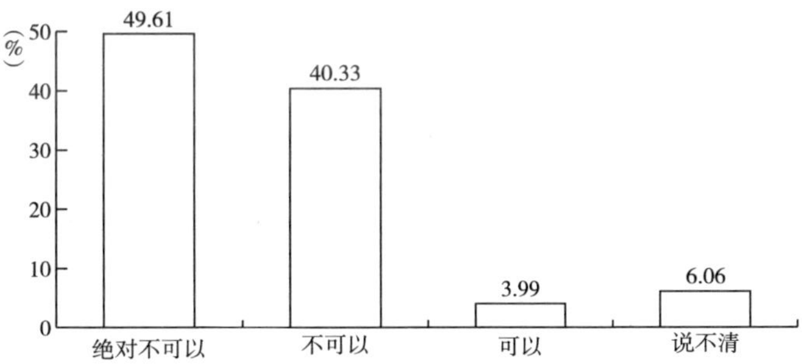

图 4-8　为了彻底杀死害虫，可以过度喷洒农药吗?

提问中涉及的具体的三本书（其中既有《绿色生活手记》《寂静的春天》这两本可读性比较强的读物，也有相对专业化的书籍《增长的极限》），按它们的可读性从强到弱分别占比 31.55%、28.31% 和 19.37%，同时选择“其他”的占比为 77.21%，意味着公众在日常生活中广泛接受多种绿色文化熏陶，这让他们的绿色生活意识不断显化。此外，对于“为了彻底杀死害虫，可以过度喷洒农药吗?”（《寂静的春天》集中揭示了喷洒化学农药对环境的危害）这一问题，回答“绝对不可以”的占比高达49.61%，“不可以”的也有40.33%，说明公民有关特殊主题的文化熏陶效果总体较好。不过，鉴于回答“可以”和“说不清”的占比相加也达到了10.05%，因此通过文化熏陶提升公民的绿色生活意识水平仍需解决部分人群不能参与、具体效果呈现不平衡的问题。

4. 实践养成机制存在的问题

在问卷中，安排的三个问题从在生活实践中了解家中电器的能效和能源消耗到开关水龙头、节水节能、垃圾分类、爱惜粮食等方面进行考察，可见动员广大干部群众从身边节约小事做起，提升他们绿色生活意识的工作各方面取得的成效并不均衡，总体上尚需将之进一步向前推进。详情如图4-9、图4-10、图4-11所示。

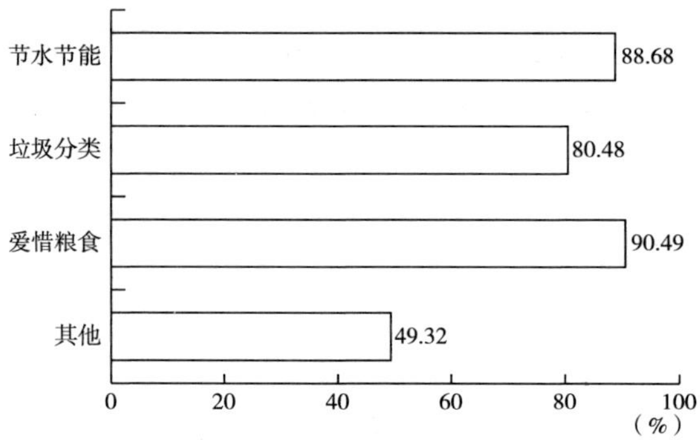

图4-9 你所在的单位、学校、社区、村组倡导了哪种活动？

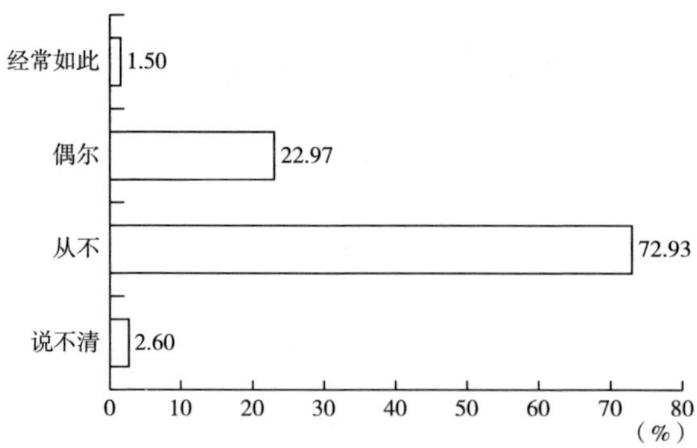

图4-10 当你刷牙、洗脸时会让水龙头一直开着吗？

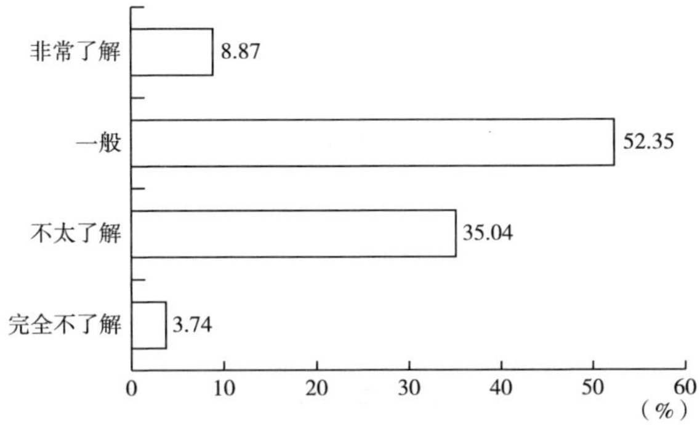

图 4-11　你对自己家里的电器的能效和能源消耗有所了解吗?

在开关水龙头，倡导节水节能、垃圾分类、爱惜粮食等方面，刷牙、洗脸时从不让水龙头一直开着的占比 72.93%；节水节能、垃圾分类选项占比均在 80%以上，爱惜粮食选项占比甚至高达 90.49%。这表明当前我们正在卓有成效地推动、鼓励公民在实践中倡导和践行绿色生活意识，凸显其价值意义，促使其转化成为社会普遍认同的核心价值。

而在如通过日常生活实践活动了解家中电器的能效和能源消耗方面，尽管一般了解家中电器的能效和能源消耗的占比（52.35%）“一枝独秀”，但是与一般了解占比相比较，不太了解的与完全不了解的总共占比也近四成，因此我国在动员广大干部群众从身边节约小事做起，参与美丽中国建设实践以强化他们的绿色生活意识上各方面取得的成效并不均衡，总体上它们尚需进一步被向前推进。

四　内在发展机制方面

1. 感性形成机制存在的问题

问卷安排了两个问题展开调研，具体内容涉及公民对绿色生活的感性认知及相关感性评判。

总的看来，公民通过感性认知获得的绿色生活感性体验性评价两极分化，提供更多优质生态产品以不断增强群众的绿色生活体验尚需跨越一些常规性和非常规性关口。具体如图 4-12、图 4-13 所示。

在回答“你现在生活的环境状况怎样?”这一问题时，一方面，认为

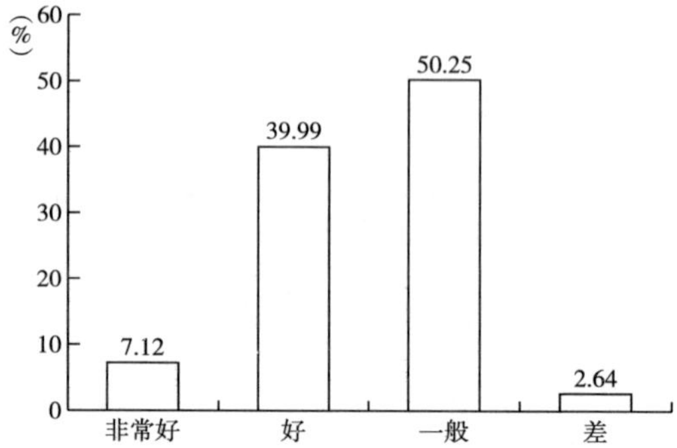

图 4-12　你现在生活的环境状况怎样？

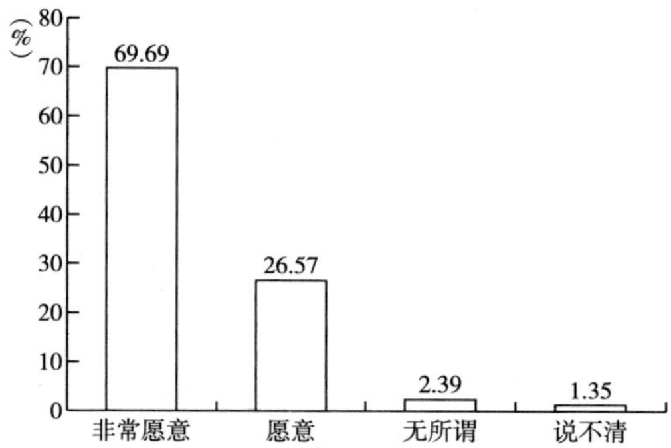

图 4-13　你愿意生活在青山常在、清水长流、空气常新的环境中吗？

“非常好”和“好”的共占比 47.11%，接近五成，说明当前我国生态文明建设取得了一定成效，因而也就能有力推动感性认知机制发挥作用，也即人们以主体感官直观感受美丽中国，促使他们在直接的感官反应过程中以感觉、知觉、表象的形式初步形成朴素的绿色生活意识。另一方面，在呈正态分布的调研结果中，除去“非常好”和“差”这两部分“极”性数据，评价“好”与“一般”的占比分别为 39.99%和 50.25%，呈现明显的两极分化状况。这也意味着当下我国生态环境质量好转的成效并不稳固，需要跨越一些常规性和非常规性关口以提供更多优质生态产品去不断增强公民的绿色生活体验。

2. 理性跃迁机制存在的问题

问卷安排了两个问题进行相关分析，包括对环境和健康、发展和生态的关系的理解等。这方面人们对于浅层次问题的理解较为透彻，对于深层次问题的思考尚有相当比例的考察对象认识比较模糊。具体如图 4-14、图 4-15 所示。

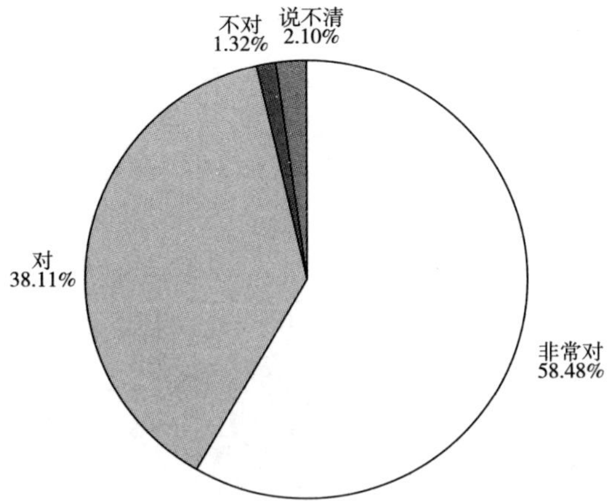

图 4-14　生态环境好坏直接影响人身心健康的观点对吗?

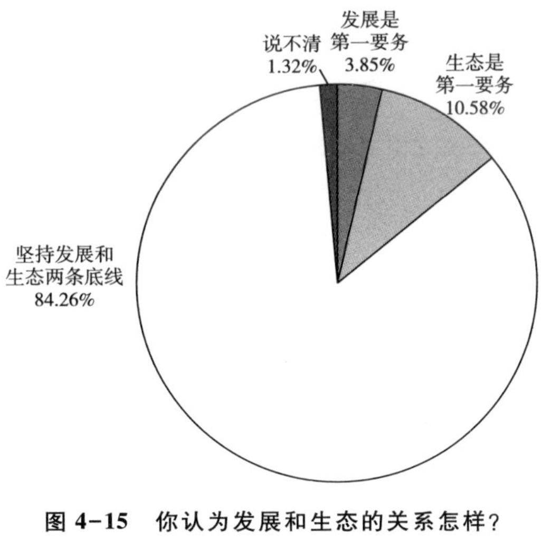

图 4-15　你认为发展和生态的关系怎样?

回答“生态环境好坏直接影响人身心健康的观点对吗?”时，答案为“非常对”和“对”的共占比 96.59%，说明受访者对这类浅层次的理性关系有较为透彻的把握。至于“发展和生态的关系怎样”这种需要更加深入地进行理性思考的问题，虽然多达 84.26%的受访者认为应该坚持发展和生态两条底线，但还是有将近 16.00%的调研对象不能回答出正确的答案。

3. 价值转化机制存在的问题

问卷中的两个问题，一个是关于美丽在当下社会价值体系中地位的被动式问答，另一个涉及受访者在自己日常生活中对待生态环境的主观性态度，结果显示受访者的被动判断与主动选择之间存在冲突，其主观的绿色生活价值自觉尚未上升到社会核心价值观要求的高度。具体如图 4-16、图 4-17 所示。

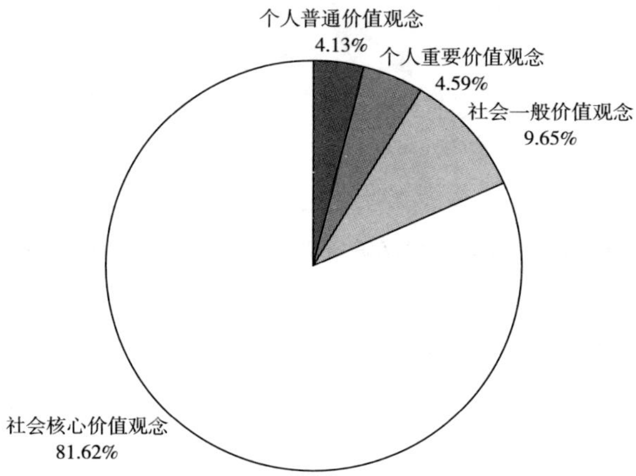

图 4-16 建设富强民主文明和谐美丽的社会主义现代化强国的奋斗目标表明美丽是什么价值观念？

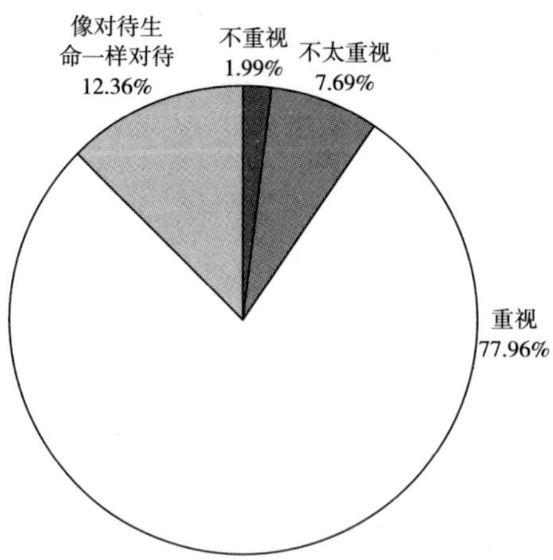

图 4-17 在日常生活中，你对待生态环境的态度怎样？

81.62%的受访者在被问到新时代美丽在社会价值体系中的地位时都能回答出正确答案，与之形成鲜明对比的是仅有12.36%的受访者在自己的主观意识中认为要像对待生命一样对待日常生态环境，因而可见受访者的被动判断与主动选择之间并未充分统一，我国公民主观的绿色生活价值自觉与社会核心价值观的要求尚有一定的距离。

五　保障机制方面

1. 领导保障机制存在的问题

从问卷设计的两个问题涉及的党员干部一线调研、组织领导方式方面来看，党员干部深入一线调研的频率不高，党政部门组织领导的协同性有待加强，如图4-18、图4-19所示。

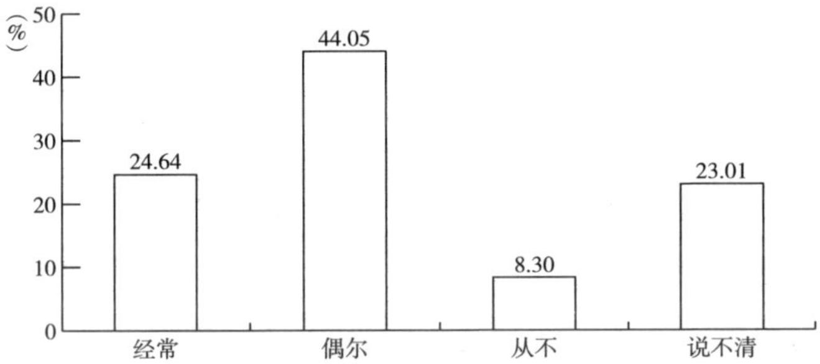

图4-18　你所居地党员干部深入一线调研群众绿色生活方式的情况怎样？

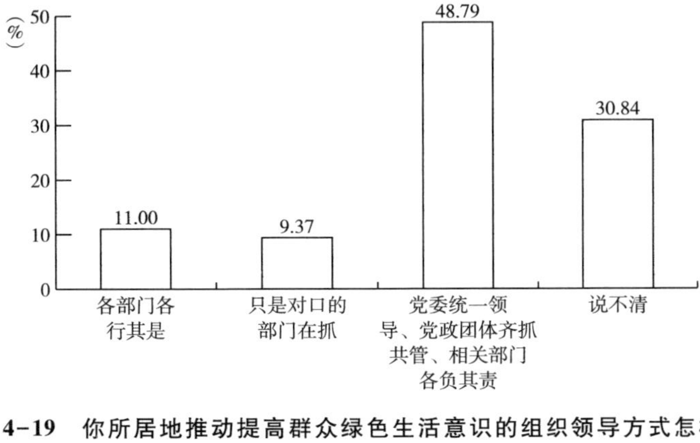

图4-19　你所居地推动提高群众绿色生活意识的组织领导方式怎样？

由图4-18、图4-19可见，党员干部多只是偶尔（44.05%）才深入一线调研群众的绿色生活方式。在党委领导责权规范和相互协同上，尽管回答党委统一领导、党政团体齐抓共管、相关部门各负其责的占比为48.79%，不过除了30.84%的受访者说不清以外，还有总共占比20.37%的受访者认为党政各部门在推动公民绿色生活意识提升的过程中相互之间没有进行充分的协同。

2. 政策保障机制存在的问题

问卷安排两个问题分别考察了强化公民绿色生活意识的政策施行产生的客观效果与受访者对相关政策的主观认知情况，其结果显示虽然相关政策施行产生的客观效度较高，但是公众对这些政策的主观认知还处于较低水平。具体如图4-20、图4-21所示。

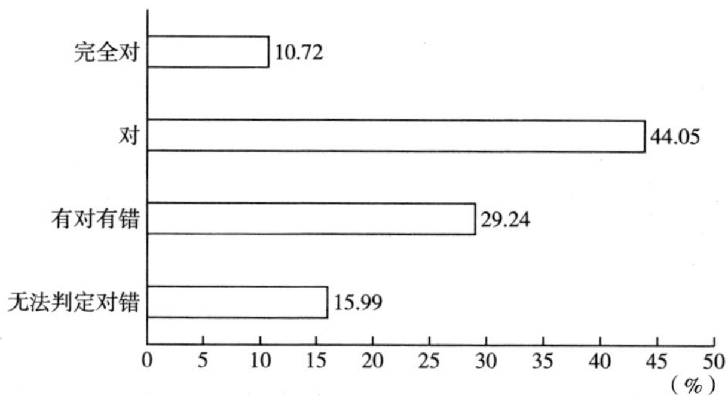

图4-20 有人说提升公民绿色生活意识的政策可分为中央政策和地方政策，你认为这种说法怎样？

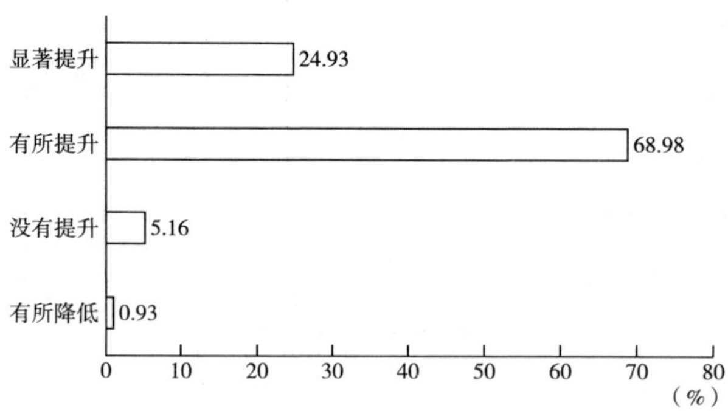

图4-21 近年国家出台了不少推进绿色生活方式的政策，由此你感到人们的绿色生活意识怎样？

近年在国家出台了一系列推进绿色生活方式的政策之后，占比 93.91% 的受访者认为人们的绿色生活意识有所提升或者得到了显著提升，说明强化公民绿色生活意识的政策施行产生的客观效度较高。与之相对立，当问到提升公民绿色生活意识的政策可分为中央政策和地方政策是否正确时，占比 45.23%的受访者无法回答出正确答案，表明公众对相关政策的主观认知度总体还比较低。

3. 制度保障机制存在的问题

问卷安排了三个问题进行分析，涉及相关保障制度的构成、制度的执行、制度的监察考评等，显示无论是制度的构成机制和执行机制，还是制度的监察考评机制均须进一步加以健全。具体如图 4-22 至图 4-24 所示。

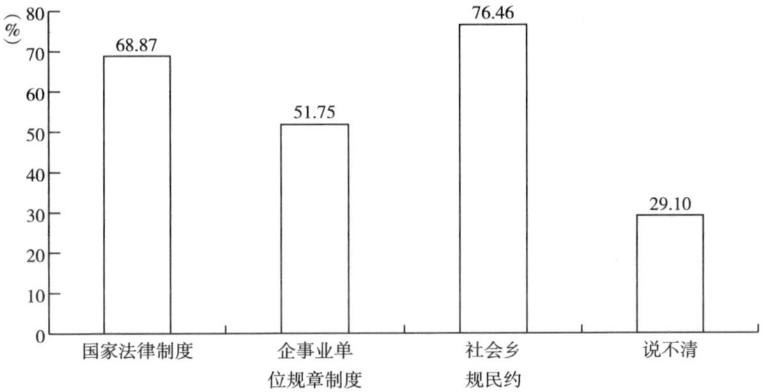

图 4-22　倡导绿色生活方式，你所居地有哪些方面的制度?

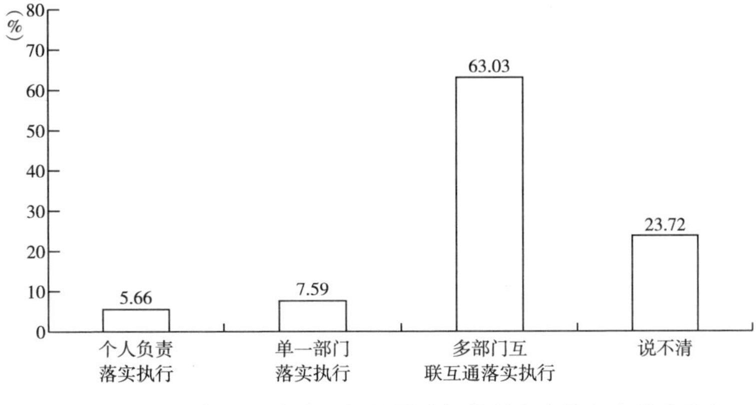

图 4-23　倡导绿色生活方式，你所居地相关制度由谁负责落实执行?

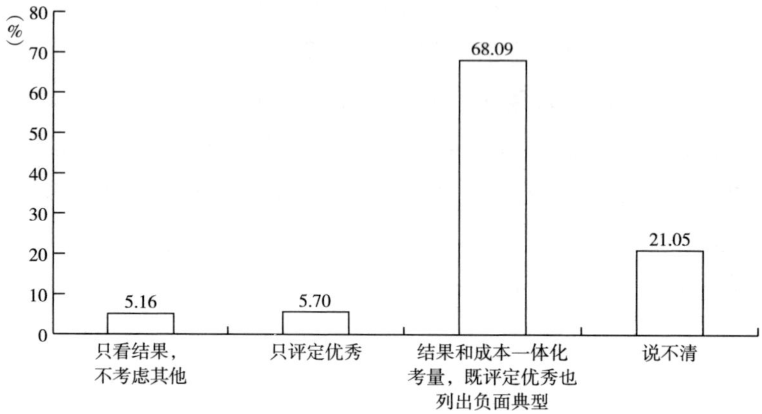

图 4-24　关于落实倡导绿色生活方式方面的制度，你所居地怎样进行考评？

在回答“倡导绿色生活方式，你所居地有哪些方面的制度?”时，国家法律制度、企事业单位规章制度、社会乡规民约的占比较为突出（分别为 68.87%、51.75%和 76.46%）；关于相关制度由谁负责落实执行，有 63.03%的受访者选择“多部门互联互通落实执行”；至于落实倡导绿色生活方式方面的制度的监察考评，也有 68.09%的受访者指出采取的是“结果和成本一体化考量，既评定优秀也列出负面典型”的方式。这说明相关制度大多构成较为完备，执行能体现相互协同配合，监察考评也能多向用力，综合评议。不过，无论是制度的构成、执行，还是监察考评（制度构成方面占比高达 29.10%、执行方面占比 13.25%、考评方面占比 10.86%）的选择结果显示或者制度的构成比较混乱，或者制度的执行缺乏协调性，或者制度的监察考评方式不全面，因而在机制上还要进一步健全完善。

六　外在培育机制、内在发展机制和保障机制的相互作用方面

1. 分析方法选择与分析对象检验

(1) 分析方法选择

在此研究组通过 SPSS 软件进行相关性分析（使用 Pearson 相关系数去表示相关关系的强弱情况），考察当下我国公民绿色生活意识的外在培育机制、内在发展机制及其保障机制之间的相互作用情况，借以揭示各机制之间的体系构建程度。其中 Pearson 相关系数计算公式如下：

$$r = \frac{\sum_{i=1}^{n}(x_i - \bar{x})(y_i - \bar{y})}{\sqrt{\sum_{i=1}^{n}(x_i - \bar{x})^2 \sum_{i=1}^{n}(y_i - \bar{y})^2}}$$

通常情况下，Pearson 相关系数的绝对值越大，相关性越强；相关系数越接近于 1 或−1，相关度越强；相关系数越接近于 0，相关度越弱或者无相关。

（2）分析对象检验

为了考察 Pearson 相关系数的适用性，在正式进行相关性分析前，先分别对外在培育机制、内在发展机制和保障机制进行正态性检验（若不具有正态分布特征，则相关性分析在此处不适用）。

①外在培育机制的正态性检验分析结果如表 4-9 所示。

表 4-9　外在培育机制的正态性检验分析结果

名称	样本量	平均值	标准差	偏度	峰度	Kolmogorov-Smirnov 检验		Shapiro-Wilk 检验	
						统计量 D 值	p	统计量 W 值	p
你通过什么方式接受绿色生活教育？									
A. 宣传	—	0.674	0.469	−0.742	−1.451	0.430	0.000**	0.591	0.000**
B. 身教	—	0.591	0.492	−0.370	−1.865	0.388	0.000**	0.625	0.000**
C. 网络	—	0.857	0.350	−2.043	2.175	0.516	0.000**	0.416	0.000**
D. 其他	—	0.482	0.500	0.073	−1.996	0.351	0.000**	0.636	0.000**
你在哪些场所（或地方）接受绿色生活教育？									
A. 学校	—	0.932	0.251	−2.444	9.871	0.539	0.000**	0.271	0.000**
B. 社会	—	0.742	0.438	−1.108	−0.773	0.464	0.000**	0.545	0.000**
C. 家庭	—	0.652	0.476	−0.640	−1.591	0.420	0.000**	0.602	0.000**
D. 其他	—	0.427	0.495	0.297	−1.913	0.379	0.000**	0.629	0.000**
近一年内你接受绿色生活教育的次数怎样？	—	3.101	0.748	−0.606	0.213	0.273	0.000**	0.815	0.000**

续表

名称	样本量	平均值	标准差	偏度	峰度	Kolmogorov-Smirnov 检验		Shapiro-Wilk 检验	
						统计量 D 值	p	统计量 W 值	p
你通过哪几种途径了解绿色生活方式?									
A. 媒体	—	0.932	0.252	-2.433	9.794	0.538	0.000**	0.272	0.000**
B. 文艺	—	0.631	0.483	-0.545	-1.704	0.409	0.000**	0.611	0.000**
C. 法律法规	—	0.655	0.475	-0.652	-1.576	0.421	0.000**	0.601	0.000**
D. 其他	—	0.493	0.500	0.030	-2.001	0.345	0.000**	0.637	0.000**
你接触到的绿色生活知识的宣传主体有哪些?									
A. 政府	—	0.849	0.358	-1.947	1.791	0.512	0.000**	0.428	0.000**
B. 市场	—	0.599	0.490	-0.406	-1.837	0.393	0.000**	0.622	0.000**
C. 社会	—	0.878	0.327	-2.314	3.357	0.523	0.000**	0.382	0.000**
D. 个人	—	0.622	0.485	-0.503	-1.749	0.404	0.000**	0.615	0.000**
你读过以下何种倡导绿色生活的书籍?									
A.《增长的极限》	—	0.194	0.395	1.551	0.405	0.494	0.000**	0.483	0.000**
B.《寂静的春天》	—	0.316	0.465	0.794	-1.370	0.436	0.000**	0.585	0.000**
C.《绿色生活手记》	—	0.283	0.451	0.963	-1.073	0.452	0.000**	0.564	0.000**
D. 其他	—	0.772	0.420	-1.298	-0.316	0.479	0.000**	0.519	0.000**
为了彻底杀死害虫，可以过度喷洒农药吗?	—	1.585	0.683	1.322	2.491	0.300	0.000**	0.702	0.000**
你所在的单位、学校、社区、村组倡导了以下哪种活动?									
A. 节水节能	—	0.887	0.317	-2.442	3.967	0.526	0.000**	0.367	0.000**
B. 垃圾分类	—	0.805	0.396	-1.539	0.369	0.494	0.000**	0.484	0.000**
C. 爱惜粮食	—	0.905	0.293	-2.762	5.634	0.532	0.000**	0.332	0.000**
D. 其他	—	0.493	0.500	0.027	-2.001	0.345	0.000**	0.637	0.000**
当你刷牙、洗脸时会让水龙头一直开着吗?	—	2.766	0.511	-0.959	1.222	0.432	0.000**	0.651	0.000**

续表

名称	样本量	平均值	标准差	偏度	峰度	Kolmogorov-Smirnov 检验		Shapiro-Wilk 检验	
						统计量 D 值	p	统计量 W 值	p
你对自己家里的电器的能效和能源消耗有所了解吗?	—	2.337	0.690	0.131	-0.149	0.299	0.000**	0.822	0.000**

②内在发展机制的正态性检验分析结果如表 4-10 所示。

表 4-10　内在发展机制的正态性检验分析结果

名称	样本量	平均值	标准差	偏度	峰度	Kolmogorov-Smirnov 检验		Shapiro-Wilk 检验	
						统计量 D 值	p	统计量 W 值	p
你现在生活的环境状况怎样?	—	2.484	0.667	-0.395	-0.259	0.309	0.000**	0.796	0.000**
你愿意生活在青山常在、清水长流、空气常新的环境中吗?	—	1.354	0.598	1.861	4.014	0.420	0.000**	0.606	0.000**
生态环境好坏直接影响人身心健康的观点对吗?	—	1.470	0.634	1.506	3.154	0.356	0.000**	0.663	0.000**
你认为发展和生态的关系怎样?	—	2.830	0.494	-2.251	5.532	0.490	0.000**	0.486	0.000**
建设富强民主文明和谐美丽的社会主义现代化强国的奋斗目标表明美丽是什么价值观念?	—	3.688	0.745	-2.494	5.329	0.479	0.000**	0.474	0.000**
在日常生活中，你对待生态环境的态度怎样?	—	3.007	0.529	-0.800	3.665	0.398	0.000**	0.641	0.000**

③保障机制的正态性检验分析结果如表 4-11 所示。

表 4-11 保障机制的正态性检验分析结果

名称	样本量	平均值	标准差	偏度	峰度	Kolmogorov-Smirnov 检验		Shapiro-Wilk 检验	
						统计量 D 值	p	统计量 W 值	p
你所居地党员干部深入一线调研群众绿色生活方式的情况怎样?	—	2.297	1.078	0.493	-1.031	0.295	0.000**	0.816	0.000**
你所居地推动提高群众绿色生活意识的组织领导方式怎样?	—	2.995	0.918	-0.844	0.031	0.299	0.000**	0.804	0.000**
有人说提升公民绿色生活意识的政策可分为中央政策和地方政策，你认为这种说法怎样?	—	2.505	0.886	0.213	-0.731	0.263	0.000**	0.866	0.000**
近年国家出台了不少推进绿色生活方式的政策，由此你感到人们的绿色生活意识怎样?	—	1.821	0.553	0.275	1.521	0.378	0.000**	0.700	0.000**
倡导绿色生活方式，你所居地有哪些方面的制度?									
A. 国家法律制度	—	0.689	0.463	-0.816	-1.336	0.438	0.000**	0.583	0.000**
B. 企事业单位规章制度	—	0.517	0.500	-0.070	-1.997	0.350	0.000**	0.636	0.000**
C. 社会乡规民约	—	0.765	0.424	-1.248	-0.443	0.475	0.000**	0.526	0.000**
D. 说不清	—	0.291	0.454	0.921	-1.153	0.448	0.000**	0.570	0.000**
倡导绿色生活方式，你所居地相关制度由谁负责落实执行?	—	3.048	0.733	-0.938	1.449	0.341	0.000**	0.755	0.000**

续表

名称	样本量	平均值	标准差	偏度	峰度	Kolmogorov-Smirnov 检验		Shapiro-Wilk 检验	
						统计量 D 值	p	统计量 W 值	p
关于落实倡导绿色生活方式方面的制度，你所居地怎样进行考评？	—	3.090	0.683	-1.090	2.516	0.359	0.000**	0.698	0.000**

可见，无论是外在培育机制、内在发展机制，还是保障机制，在正态性检验中其数据的峰度绝对值均小于 10 并且偏度绝对值均小于 3，这说明数据虽然不是绝对正态，但基本可接受为正态分布。

2. 相关性分析及其结论

外在培育机制和内在发展机制之间的相关性如表 4-12 所示。

外在培育机制和保障机制方面之间的相关性如表 4-13 所示。

内在发展机制和保障机制方面之间的相关性如表 4-14 所示。

结论：在 SPSS 软件的相关性分析中，输出结果对 P 值在显著性水平 0.05 下（$0.01<P<0.05$，表示差异显著）显著相关的相关系数用一个星号“*”加以标记；对 P 值在显著性水平 0.01 下（$P<0.01$，表示差异极显著）显著相关的相关系数用两个星号“**”标记。其他如“言传”与“你认为发展和生态的关系怎样?”之间没有呈现显著性（$P>0.05$），相关系数值（没有用星号“*”标记）接近于 0，说明二者之间没有相关关系。这样，在外在培育机制和内在发展机制之间、外在培育机制和保障机制之间、内在发展机制和保障机制之间三个方面，有相关关系的分别为 107 项、178 项、39 项，无相关关系的分别有 61 项、102 项、21 项。仅在外在培育机制和内在发展机制之间、外在培育机制和保障机制之间这两个方面，无相关关系的项数超过了有相关关系的项数的一半，而且从总的三个方面来看，无相关关系的项数占比 36.22%，也高于有相关关系的项数占比 63.78%的 1/2。由此可见，当下我国公民绿色生活意识提升机制之间的相互作用、相互影响、相互促进方面尚有很大的优化空间，它们在体系化建设上亟须进一步加以健全。

表 4-12　外在培育机制和内在发展机制之间的相关性

Pearson 相关-标准格式

	你现在生活的环境状况怎样？	你愿意生活在青山常在、清水长流、空气常新的环境中吗？	生态环境好坏直接影响人身心健康的观点对吗？	你认为发展和生态的关系怎样？	建设富强民主文明和谐美丽的社会主义现代化强国的奋斗目标表明美丽是什么价值观念？	在日常生活中，你对待生态环境的态度怎样？
你通过什么方式接受绿色生活教育？						
A. 言传	-0.013	-0.089**	-0.039	0.026	0.051**	0.012
B. 身教	-0.100**	-0.069**	-0.009	0.015	0.054**	0.134**
C. 网络	-0.012	-0.107**	-0.079**	0.039	0.153**	0.037
D. 其他	0.064**	-0.006	0.019	0.061**	0.058**	0.066**
你在哪些场所（或地方）接受绿色生活教育？						
A. 学校	-0.094**	-0.106**	-0.095**	0.021	0.121**	0.119**
B. 社会	-0.089**	-0.074**	-0.106**	0.043*	0.060**	0.111**
C. 家庭	-0.118**	-0.042*	-0.073**	0.009	0.003	0.175**
D. 其他	0.047*	-0.009	0.002	0.025	0.028	0.072**
近一年内你接受绿色生活教育的次数怎样？	-0.141**	-0.104**	-0.021	0.125**	0.176**	0.291**
你通过哪几种途径了解绿色生活方式？						
A. 媒体	-0.024	-0.126**	-0.116**	0.056**	0.136**	0.102**
B. 文艺	-0.074**	-0.067**	-0.013	0.001	0.027	0.123**

续表

	你现在生活的环境状况怎样？	你愿意生活在青山常在、清水长流、空气常新的环境中吗？	生态环境好坏直接影响人身心健康的观点对吗？	你认为发展和生态的关系怎样？	建设富强民主文明和谐美丽的社会主义现代化强国的奋斗目标表明美丽是什么价值观念？	在日常生活中，你对待生态环境的态度怎样？
C. 法律法规	-0.079^{**}	-0.070^{**}	-0.101^{**}	0.047^{*}	0.082^{**}	0.154^{**}
D. 其他	0.061^{**}	-0.016	0.014	0.087^{**}	0.081^{**}	0.068^{**}
你接触到的绿色生活知识的宣传主体有哪些？						
A. 政府	-0.084^{**}	-0.039	-0.121^{**}	0.010	0.062^{**}	0.101^{**}
B. 市场	-0.034	-0.048^{*}	-0.108^{**}	-0.038^{*}	-0.012	0.023
C. 社会	-0.025	-0.084^{**}	-0.053^{**}	0.108^{**}	0.147^{**}	0.138^{**}
D. 个人	-0.026	-0.039^{*}	-0.033	0.031	0.101^{**}	0.147^{**}
你读过以下何种倡导绿色生活的书籍？						
A.《增长的极限》	-0.084^{**}	0.020	-0.033	-0.153^{**}	-0.178^{**}	0.009
B.《寂静的春天》	-0.078^{**}	0.008	0.001	-0.056^{**}	-0.090^{**}	0.013
C.《绿色生活手记》	-0.035	0.034	0.007	-0.047^{*}	-0.075^{**}	0.074^{**}
D. 其他	0.006	-0.052^{**}	-0.033	0.111^{**}	0.172^{**}	0.016
为了彻底杀死害虫，可以过度喷洒农药吗？	0.078^{**}	0.025	0.226^{**}	-0.047^{*}	-0.142^{**}	-0.141^{**}
你所在的单位、学校、社区、村组倡导了以下哪种活动？						
A. 节水节能	-0.095^{**}	-0.123^{**}	-0.127^{**}	0.043^{*}	0.078^{**}	0.104^{**}

续表

	你现在生活的环境状况怎样?	你愿意生活在青山常在、清水长流、空气常新的环境中吗?	生态环境好坏直接影响人身心健康的观点对吗?	你认为发展和生态的关系怎样?	建设富强民主文明和谐美丽的社会主义现代化强国的奋斗目标表明美丽是什么价值观念?	在日常生活中，你对待生态环境的态度怎样?
B. 垃圾分类	−0.087**	−0.036	−0.095**	0.006	0.027	0.023
C. 爱惜粮食	−0.037	−0.121**	−0.121**	0.080**	0.140**	0.151**
D. 其他	0.038*	−0.015	−0.007	0.039	0.094**	0.102**
当你刷牙、洗脸时会让水龙头一直开着吗?	0.017	−0.009	0.022	0.094**	0.028	0.170**
你对自己家里的电器的能效和能源消耗有所了解吗?	0.217**	0.021	0.110**	0.0931	0.076**	−0.126**

注：$^{*}p<0.05$，$^{**}p<0.01$。

表 4-13 外在培育机制和保障机制之间的相关性

Pearson 相关-标准格式

	你所居地党员干部深入一线调研群众绿色生活方式的情况怎样?	你所居地推动提高群众绿色生活意识的组织领导方式怎样?	有人说提升公民绿色生活意识的政策可分为中央政策和地方政策，你认为这种说法怎样?	近年国家出台了不少推进绿色生活方式的政策，由此你感到人们的绿色生活意识怎样?	倡导绿色生活方式，你所居地有哪些方面的制度?				倡导绿色生活方式，你所居地相关制度由谁负责落实执行?	关于落实倡导绿色生活方式方面的制度，你所居地怎样进行考评?
					A. 国家法律制度	B. 企事业单位规章制度	C. 社会乡规民约	D. 说不清		
你通过什么方式接受绿色生活教育?										
A. 言传	−0.155**	−0.069**	−0.017	−0.157**	0.251**	0.226**	0.244**	−0.108**	−0.047*	−0.051**

续表

	你所居地党员干部深入一线调研群众绿色生活方式的情况怎样?	你所居地推动提高群众绿色生活意识的组织领导方式怎样?	有人说提升公民绿色生活意识的政策可分为中央政策和地方政策，你认为这种说法怎样?	近年国家出台了不少推进绿色生活方式的政策，由此你感到人们的绿色生活意识怎样?	倡导绿色生活方式，你所居地有哪些方面的制度?				倡导绿色生活方式，你所居地相关制度由谁负责落实执行?	关于落实倡导绿色生活方式方面的制度，你所居地怎样进行考评?
					A. 国家法律制度	B. 企事业单位规章制度	C. 社会乡规民约	D. 说不清		
B. 身教	−0.157**	−0.066**	−0.037*	−0.169**	0.246**	0.275**	0.248**	−0.073**	−0.060**	−0.055**
C. 网络	−0.035	0.029	−0.011	−0.070**	0.012	0.117**	0.186**	−0.005	0.049**	0.032
D. 其他	0.020	0.093**	0.033	0.003	0.017	0.010	0.018	0.205**	0.032	0.076**
你在哪些场所（或地方）接受绿色生活教育?										
A. 学校	−0.100**	−0.004	−0.006	−0.156**	0.208**	0.137**	0.225**	−0.124**	−0.027	−0.008
B. 社会	−0.012	−0.047*	−0.034	−0.164**	0.254**	0.278**	0.252**	−0.112**	−0.031	−0.031
C. 家庭	−0.195**	−0.051**	−0.037	−0.201**	0.302**	0.289**	0.295**	−0.010	−0.069**	−0.022
D. 其他	0.003	0.072**	0.024	0.009	0.034	0.059**	0.034	0.191**	0.067**	0.036
近一年内你接受绿色生活教育的次数怎样?	−0.259**	−0.060**	−0.080**	−0.245**	0.232**	0.189**	0.278**	−0.154**	−0.030	−0.053**
你通过哪几种途径了解绿色生活方式?										
A. 媒体	−0.073**	−0.014	−0.016	−0.111**	0.188**	0.144**	0.224**	−0.135**	−0.019	0.009
B. 文艺	−0.153**	−0.085**	−0.079**	−0.146**	0.288**	0.006	0.276**	−0.089**	−0.088**	−0.099**

续表

	你所居地党员干部深入一线调研群众绿色生活方式的情况怎样?	你所居地推动提高群众绿色生活意识的组织领导方式怎样?	有人说提升公民绿色生活意识的政策可分为中央政策和地方政策，你认为这种说法怎样?	近年国家出台了不少推进绿色生活方式的政策，由此你感到人们的绿色生活意识怎样?	倡导绿色生活方式，你所居地有哪些方面的制度?				倡导绿色生活方式，你所居地相关制度由谁负责落实执行?	关于落实倡导绿色生活方式方面的制度，你所居地怎样进行考评?
					A. 国家法律制度	B. 企事业单位规章制度	C. 社会乡规民约	D. 说不清		
C. 法律法规	-0.147**	-0.044*	-0.078**	-0.167**	0.038	0.323**	0.270**	-0.022	-0.001	-0.066**
D. 其他	0.037	0.010	0.015	-0.007	-0.002	0.001	0.018	0.235**	0.104**	0.070**
你接触到的绿色生活知识的宣传主体有哪些?										
A. 政府	-0.096**	-0.021	-0.032	-0.153**	0.276**	0.215**	0.220**	-0.104**	-0.038	-0.031
B. 市场	-0.211**	-0.116**	-0.107**	-0.214**	0.323**	0.416**	0.268**	-0.102**	-0.124**	-0.092**
C. 社会	-0.047*	0.019	-0.016	-0.138**	0.164**	0.166**	0.235**	-0.025	0.030	0.017
D. 个人	-0.089**	-0.001	0.009	-0.093**	0.159**	0.167**	0.187**	0.035	0.002	0.002
你读过以下何种倡导绿色生活的书籍?										
A.《增长的极限》	-0.223**	-0.159**	-0.138**	-0.151**	0.265**	0.349**	0.013	-0.007	-0.183**	-0.147**
B.《寂静的春天》	-0.183**	-0.120**	-0.021	-0.129**	0.223**	0.297**	0.005	-0.017	-0.135**	-0.011
C.《绿色生活手记》	-0.210**	-0.108**	-0.124**	-0.134**	0.252**	0.311**	0.185**	-0.061**	-0.173**	-0.151**
D. 其他	0.140**	0.149**	0.108**	0.021	-0.098**	-0.141**	-0.001	0.217**	0.168**	0.176**

续表

	你所居地党员干部深入一线调研群众绿色生活方式的情况怎样？	你所居地推动提高群众绿色生活意识的组织领导方式怎样？	有人说提升公民绿色生活意识的政策可分为中央政策和地方政策，你认为这种说法怎样？	近年国家出台了不少推进绿色生活方式的政策，由此你感到人们的绿色生活意识怎样？	倡导绿色生活方式，你所居地有哪些方面的制度？				倡导绿色生活方式，你所居地相关制度由谁负责落实执行？	关于落实倡导绿色生活方式方面的制度，你所居地怎样进行考评？
					A. 国家法律制度	B. 企事业单位规章制度	C. 社会乡规民约	D. 说不清		
为了彻底杀死害虫，可以过度喷洒农药吗？	0.043*	-0.010	0.022	0.135**	-0.054**	-0.013	-0.102**	0.015	-0.030	-0.054**
你所在的单位、学校、社区、村组倡导了以下哪种活动？										
A. 节水节能	-0.138**	-0.016	-0.100**	-0.175**	0.267**	0.024	0.265**	-0.132**	-0.035	-0.001
B. 垃圾分类	-0.156**	-0.018	-0.023	-0.184**	0.037	0.328**	0.031	-0.149**	-0.033	-0.067**
C. 爱惜粮食	-0.082**	-0.009	-0.021	-0.131**	0.196**	0.019	0.292**	-0.029	0.036	0.030
D. 其他	-0.030	0.032	0.014	-0.019	0.085**	0.032	0.102**	0.202**	0.027	0.046*
当你刷牙、洗脸时会让水龙头一直开着吗？	0.004	0.084**	0.021	-0.011	-0.003	0.019	0.050**	0.009	0.048*	0.072**
你对自己家里的电器的能效和能源消耗有所了解吗？	0.273**	0.163**	0.161**	0.240**	-0.204**	-0.224**	-0.146**	0.016	0.193**	0.170**

注：* $p<0.05$，** $p<0.01$。

表 4-14　内在发展机制和保障机制之间的相关性

Pearson 相关-标准格式

	你现在生活的环境状况怎样?	你愿意生活在青山常在、清水长流、空气常新的环境中吗?	生态环境好坏直接影响人身心健康的观点对吗?	你认为发展和生态的关系怎样?	建设富强民主文明和谐美丽的社会主义现代化强国的奋斗目标表明美丽是什么价值观念?	在日常生活中,你对待生态环境的态度怎样?
你所居地党员干部深入一线调研群众绿色生活方式的情况怎样?	0.233**	0.054**	0.050**	0.086**	0.030	-0.073**
你所居地推动提高群众绿色生活意识的组织领导方式怎样?	0.143**	0.013	0.025	0.188**	0.198**	0.021
有人说提升公民绿色生活意识的政策可分为中央政策和地方政策,你认为这种说法怎样?	0.148**	0.027	0.087**	0.139**	0.135**	0.023
近年国家出台了不少推进绿色生活方式的政策,由此你感到人们的绿色生活意识怎样?	0.272**	0.176**	0.202**	0.035	-0.030	-0.122**
倡导绿色生活方式,你所居地有哪些方面的制度?						
A. 国家法律制度	-0.097**	-0.016	-0.088**	-0.028	-0.008	0.090**

续表

	你现在生活的环境状况怎样？	你愿意生活在青山常在、清水长流、空气常新的环境中吗？	生态环境好坏直接影响人身心健康的观点对吗？	你认为发展和生态的关系怎样？	建设富强民主文明和谐美丽的社会主义现代化强国的奋斗目标表明美丽是什么价值观念？	在日常生活中，你对待生态环境的态度怎样？
B. 企事业单位规章制度	−0.092**	−0.014	−0.105**	−0.044*	−0.050**	0.104**
C. 社会乡规民约	−0.077**	−0.018	−0.062**	0.075**	0.098**	0.150**
D. 说不清	0.121**	0.071**	0.037	0.013	0.004	−0.027
倡导绿色生活方式，你所居地相关制度由谁负责落实执行？	0.131**	−0.023	0.020	0.238**	0.279**	0.112**
关于落实倡导绿色生活方式方面的制度，你所居地怎样进行考评？	0.089**	−0.002	0.012	0.178**	0.268**	0.130**

注：* $p<0.05$，** $p<0.01$。

第三节 公民绿色生活意识提升机制存在问题的成因[①]

一 外在培育机制存在问题的成因

在教育引导机制上，第一，相关人才选拔机制尚待进一步健全，导致专门强化公众绿色生活意识的教育次数不多，相关工作难以落到实处。

中国特色社会主义进入新时代，我们党和政府登高望远，创造性地采取了一系列措施致力于提高民众的科学文化素质，有力地推动了国人德智体美劳全面而充分地发展。但是在国民系列教育过程中，按照现有人才选拔机制的规定，诸如中考、高考涉及的理论考试内容在一定程度上尚滞后于我国正在开展的绿色生活创建行动。例如某省会城市教育局发布的《××市 2021 年高中阶段学校考试招生录取办法》规定，在考试科目上，"《义务教育课程设置实验方案》所设定的全部科目纳入初中学业水平考试范围，包括语文、数学、英语、物理、化学、历史、道德与法治、体育与健康、生物、地理、信息技术、音乐、美术等 13 门学科"[②]。其中计分科目语文、数学、综合理科（物理、化学）满分均为 150 分，英语满分为 120 分，综合文科（历史、道德与法治）满分为 130 分，体育与健康满分为 50 分。它们的总成绩是高中阶段学校招生录取的基本依据。非计分科目生物、地理、

① 为了弥补问卷调查的不足，研究组借鉴环境保护部宣传教育司在全国公众生态文明意识调查研究中采用研讨会形式进行访谈的经验（参见环境保护部宣传教育司编《全国公众生态文明意识调查研究报告（2013）》，中国环境出版社 2015 年版，第 63～64 页），在完成问卷调查工作以后组织了一次访谈性质的数据分析研讨会（时间为 2020 年 6 月）。会议采用线下与线上（腾讯会议）相结合的形式召开。研究组成员利用私人关系邀请了相关领域的 11 位专家学者（省内 6 人，省外 5 人，工作岗位涵盖高校、科研院所、政府部门等）与会，同时受邀请的还有与会专家学者所带的学生（包括博士生、硕士生、本科生，他们都以在线形式参与）。如此研讨会的参会总人数达到了 273 人（腾讯会议个人版最大参会人数为 300 人），他们年龄上跨越老中青，来源于全国多个省份。在会议召开过程中，与会专家学者在总体认为本研究问卷调查结果符合社会实证调研要求的情况下，也对绿色生活意识提升机制相关问题产生的缘由进行了深入的交流和热烈的讨论。此外，研究组与会期间也以即时聊天的方式在线随机访谈了参会的学生（人数占比参会总人数的 10%），主要了解他们个人对问卷调查梳理出的问题的评判及对这些问题出现原因的看法。最后研究组将各方的意见进行了综合，总结阐发了当下我国公民绿色生活意识提升机制存在问题的成因。

② ××市招生考试管理中心：《××市 2021 年高中阶段学校考试招生录取办法》，2021 年 4 月 29 日，http://jyj.guiyang.gov.cn/jyjjydt/jyjzywj/202104/t20210430_67984273.html。

信息技术、音乐、美术等设 A、B、C、D 四个等级，作为普通高中学校招生录取的资格条件。这就通过招生录取政策这根“指挥棒”，指挥老师、学生、学生家长和社会上的其他相关人员在兼顾体育、音乐、美术、生物、地理、信息技术的同时，都去重点关注语文、数学、外语、物理、化学、历史的学习。因为这些科目不学好，所谓升学到普通高中就读基本只是一厢情愿的精神想象，更遑论当事人将来进一步考入心仪的高等学校再进行人生的远景规划。表 4-15 是上述省会城市某示范性初级中学三年级 2021—2022 学年第一学期的课程表。

表 4-15　某示范性初级中学三年级 2021—2022 学年第一学期的课程表

			星期一	星期二	星期三	星期四	星期五
上午	1	8：10—8：55	语文	语文	数学	数学	英语
	2	9：05—9：50	英语	语文	英语	物理	数学
	9：50—10：20		大课间				
	3	10：20—11：05	化学	英语	道德与法治	语文	语文
	4	11：15—12：00	数学	数学	语文	道德与法治	历史
中午	12：00—12：30		中　餐				
	12：40—13：10		物理	语文	数学	化学	英语
	13：10—13：30		午　休				
下午	5	13：30—14：15	体育	化学	美术	化学	物理
	6	14：25—15：10	道德与法治	物理	音乐	历史	化学
	7	15：20—16：05	数学	信息技术	体育	英语	化学
	8	16：15—17：00	物理	历史	数学	英语	体育
	9	17：10—17：55	物理	数学	语文	英语	体育

可见，从星期一到星期五，每天上午 8：10 开始，一直到下午 17：55，学生除了各 30 分钟的大课间活动和中餐吃饭、20 分钟的午休以外，其他时间都被安排去学习语文、数学、英语、物理、化学、历史、道德与法治、信息技术、音乐、美术、体育等课程，而这些课程都是该市最新高中阶段学校考试招生录取办法规定要考试的科目（对于生物、地理两科，学生在初二年级第二学期末就已经统考完毕）。本来，该省教育厅和生态环境厅早

在2020年7月就共同组织专家、学者编定出版了分别适用于小学、初中和高中三个阶段的《生态文明建设读本》（2019年已在各级试验学校试用），在校学生人手一册，因而学校完全可以以“读本”为教材，立足地方的生态文明建设实践开设专门的课程，以提高师生的生态素养，强化他们的绿色意识。然而，中、高考升学的压力，却让有关提升公民绿色生活意识的课程一再被大家选择性地遗忘。与此相联系，受教育者在固定期限内实际接受绿色生活知识教育的平均次数当然非常有限。

第二，网络教育自身的局限性限制了它们在提升公民绿色生活意识的过程中充分发挥作用。教育由线下转向线上，一方面拓展了教育活动发生的场所，革新了教育话语表达的方式，增强了教育活动的参与性，但另一方面围绕公民绿色生活意识的提升，相关的网络教育也存在诸多局限性。一是相对线下教育，网络教育的教与学两极之间难以形成充分的互动。虽然当下随着网络技术的不断完善，在如超星学习通平台的同步课堂上师生之间通过在讨论区发送文字信息也能实现一定的互动，但是这种利用同步课堂上课的形式一般需要教学人员与受教育者在同一时间段同步进入规定的网络平台才能顺利开展教学活动，而事实上如前所述学校迫于升学的压力多不会如安排语文、数学、英语等一样在相对固定的教学时间内开设专门性的绿色生活教育课程。因此，有关绿色生活的线上教育多是单向的，也即老师讲课时没有学生同步听课，学生听课时老师没有同步讲课，造成了授课过程中师生相互实时“缺位”，基本不能即时进行有问有答的互动。这样对于学生来说他们听起课来不懂的地方无法当场得到解答，充分理解了教学内容也没有机会被老师及时肯定，时间一长，诸多学生就很有可能失去再参与这种单向性的网络教育活动的兴趣，极端情况下甚至不会再参与。二是网络教育针对学生是否在线听课等情况表面上设置了极为严格的督查手段，如超星学习通系统仅为了检查学生的出勤情况在签到方式上就设置了“普通”“手势”“位置”“二维码”多种模式，似乎完全能够将缺勤的学生“一网打尽”，但实际上在使用过程中“道高一尺，魔高一丈”，学生总是能找到办法有效规避检查。在繁重的学业的压力下，他们或者是为了“偷”得一时的清闲，或者是为了语文、数学、英语等科目能够得到更高的考试分数，往往利用网络课程在督查上的漏洞钻空子不参与绿色生活教育活动，造成线上教育活动安排越多，学生真正有印象的活动却越少。

三是在线开展绿色生活教育活动面临许多不确定的技术风险。如利用线上平台组织学习，一般要求平台的“傻瓜”程度尽可能高，但相应地该平台的后台支撑系统会更加精密繁杂。这使平台平时正常运行时效率较高，一旦平台出了问题就是个麻烦事。其他涉及网络黑客、流氓插件等的技术监管也是非常令人头痛的问题，它们与其他技术难题一起都对线上绿色生活教育产生了不可忽视的影响。

第三，教育者的传统定式偏向和受教育者的线上应用偏向影响到了人们通过现代化的网络形式接受绿色生活教育。较长一段时间内，我国学校教育多是在传统模式下开展工作。由于多年使用粉笔、黑板这些传统的东西，他们既对之无比的熟悉，也在很大程度上形成了一种利用“黑板+粉笔+纸质媒介”以言传、身教的方式开展教育活动的定式。在这种偏向传统的教育定式的作用下，这些教育工作者一旦开展教育工作去强化公众的绿色生活意识，就自然而然地拿起粉笔，使用黑板奋笔疾书，而对互联网融入教育带来的与传统大相径庭的新设备、新技术、新功能、新操作、新手段等很不习惯。这样，面对网络化时代公民绿色生活教育的信息化的要求，他们多难以适应，在学习时也通常事倍功半，效果不尽如人意。因此他们中间的一些人在上课时至今可能一直在采取传统授课模式，另一些人平时尽管也可能使用信息化的工具、手段，但经常是用着用着就把这些信息化的东西丢到了一边，转而完全采用早已习惯多时的传统的言传、身教模式。

另外，当今随着互联网的发展，我国线上活动人数比例、时长越来越高。据中国互联网络信息中心发布的数据，2020 年 12 月至 2021 年 6 月我国各类互联网应用用户规模和网民使用率如表 4-16 所示。

表 4-16　2020 年 12 月至 2021 年 6 月我国各类互联网应用用户规模和网民使用率

单位：万人，%

	2020 年 12 月		2021 年 6 月		
应用	用户规模	网民使用率	用户规模	网民使用率	增长率
即时通信	98111	99.2	98330	97.3	0.2
网络视频（含短视频）	92677	93.7	94384	93.4	1.8
短视频	87335	88.3	88775	87.8	1.6

续表

应用	2020年12月		2021年6月		增长率
	用户规模	网民使用率	用户规模	网民使用率	
网络支付	85434	86.4	87221	86.3	2.1
网络购物	78241	79.1	81206	80.3	3.8
搜索引擎	76977	77.8	79544	78.7	3.3
网络新闻	74274	75.1	75987	75.2	2.3
网络音乐	65825	66.6	68098	67.4	3.5
网络直播	61685	62.4	63769	63.1	3.4
网络游戏	51793	52.4	50925	50.4	-1.7
网上外卖	41883	42.3	46859	46.4	11.9
网络文学	46013	46.5	46127	45.6	0.2
网约车	36528	36.9	39651	39.2	8.5
在线办公	34560	34.9	38065	37.7	10.1
在线旅行预订	34244	34.6	36655	36.3	7.0
在线教育	34171	34.6	32493	32.1	-4.9
在线医疗	21480	21.7	23933	23.7	11.4
互联网理财	16988	17.2	16623	16.4	-2.1

表4-16的数据非常直观地显示出在2020年12月与2021年6月，我国网民在线教育使用率分别为34.6%、32.1%，不仅总体排名都是倒数第三位，而且其增长率为-4.9%，处于倒数第一位。这说明人们在线的主要关注点并不是在线教育，而是观看网络视频、进行网络购物等。这使学校在规划、安排线上绿色生活教育时即使做得再好，在与网络视频、网络音乐、网络游戏等争夺话语权的过程中其效果也难言乐观。

在宣传导向机制上，当下以集体身份“在场”的我国企业的社会责任意识与其对经济效益的追求之间尚未充分统一。新时代为实现“两个一百年”的奋斗目标，我们党“坚定不移把发展作为党执政兴国的第一要务，坚持解放和发展社会生产力，坚持社会主义市场经济改革方向，推动经济持续健康发展"[①]，国内生产总值不断增长，经济结构不断优化，区域发展协调性不断增强，创新驱动发展成果丰硕，开放型经济新体制进一步健全。不过，尽管我国广大民众在根本利益上是一致的，但在市场经济条件下，各个企业作为独立的市场经营主体其利益处在不断的分化当中。在自负盈亏的压力下，一些企业对经济效益和社会效益相统一的认识有可能出现偏差，极端情况下甚至为了经济效益而不顾社会效益。与此相关，一方面一些企业在现实生产过程中为了最大化自己企业的经济效益而胡排乱放，以致破坏公众生活环境的案件频繁发生。据生态环境部"生态环境执法·执法制度与行政处罚"板块通报，仅2020年一年内，全国共有14个省（区、市）域内的生活垃圾焚烧发电厂由于环境违法行为被处理处罚。它们有的烟尘折算浓度显示超标，而企业将相应时段虚假标记为"CEMS（烟气排放连续监测系统）维护"；有的焚烧厂自动监测设备烟气流速数据与手工监测数据相比，误差远超《固定污染源烟气（SO_2、NOx、颗粒物）排放连续监测技术规范》（HJ 75-2017）相对误差±10%的要求；有的焚烧炉数采仪一氧化碳、颗粒物、氯化氢设置的量程均等于或低于排放限值，烟气排放连续监测系统未按规定时间进行校准、参数异常等。上述这些行为或轻或重地影响到了当地的生态环境。另一方面一些企业宣传普及绿色生活意识难有积极的作为。因为针对人们的衣食住行游，全方位、多层次地倡导简约适度、绿色低碳，一定程度上会影响到企业的需求侧，进而会减少企业的出货量，缩减企业的利润空间，所以那些时刻紧盯经济利益的企业极有可能会为了企业自身的私利而将社会公利放在一边。它们不积极支持、参与旨在强化公众绿色生活意识的宣传活动，或者表面上表现比较积极，实际上阳奉阴违，出工不出力。

另外，宣传人员个人的"本领恐慌"，收窄了宣传绿色生活意识的路径。2013年8月19日，习近平同志在全国宣传思想工作会议上发表了重要讲话，指出根据形势发展的需要，从事宣传思想工作的人员"要解决好'本领恐慌'问题，真正成为运用现代传媒新手段新方法的行家里手"[②]。确

---

① 习近平：《决胜全面建成小康社会　夺取新时代中国特色社会主义伟大胜利——在中国共产党第十九次全国代表大会上的报告》，人民出版社2017年版，第29~30页。

② 中共中央文献研究室编《习近平关于全面深化改革论述摘编》，中央文献出版社2014年版，第83页。

实，多年以来我国宣传思想工作战线上一个接一个传统的宣传思想工作者听党指挥，坚守阵地，利用手中简单的笔和纸宣传普及党的方针政策，在平凡的岗位上做出了不平凡的业绩。当今随着中国特色社会主义进入新时代，我们党开展绿色生活创建行动，需要宣传思想工作者不断强化宣传活动，"大力增强全社会节约意识、环保意识、生态意识"①，因此要求宣传思想工作者个人具有多方面的宣传工具运用能力。与此同时，随着时代的发展，"很多人特别是年轻人基本不看主流媒体"②。这些情况相互叠加，造成了习惯于单纯用笔和纸进行宣传的传统宣传思想工作者个人的"本领恐慌"。因为不同的宣传思想工作者个人的认识素养各有差异，所以某个人可能清晰地觉察到了自己这种"本领恐慌"，因而也就能够做到"明者因时而变，知者随事而制"③，不断创新自己的宣传方式，丰富自己的宣传工具，拓宽自己的宣传途径以达到更好的宣传实效。另外某个人的"本领恐慌"尚处于自发的层面而没有达到自觉的高度，这种无知无觉的"本领恐慌"与自觉到的"本领恐慌"推动人主动地与时俱进开展宣传工作不同，它潜藏在人潜意识的底层，用它自发的"恐慌"性在具体的个人与充满时代感和现代化的宣传中介之间不知不觉地拉开了一段遮蔽了感知的潜在"距离"。在这种潜在"距离"的作用下，以特殊性存在的宣传思想工作者个人在宣传普及绿色生活意识时多会自然而然地对先前一贯利用的宣传途径有一种无间距的亲近感，而少对与自己有"距离"感的宣传途径进行开掘。这体现在具体行动上就是一旦开展绿色生活意识的宣传工作，最常见做法是用传统文字媒体去刷标语、挂横幅、出宣传栏，或者使用高音喇叭播放（多在农村地区），向受众传播诸如倡导绿色生活的基本内涵、作用意义等通常意义层面的知性内容。至于现代化的网络宣传等，由于个人并不熟悉，能不使用就最好不使用，能少涉及就最好少涉及。

在文化熏陶机制上，一方面，我国公众文化素养发展的不均衡影响到

---

① 中共中央文献研究室编《习近平关于社会主义生态文明建设论述摘编》，中央文献出版社2017年版，第19页。

② 中共中央文献研究室编《习近平关于全面深化改革论述摘编》，中央文献出版社2014年版，第83页。

③ 中共中央文献研究室编《习近平关于全面深化改革论述摘编》，中央文献出版社2014年版，第84页。

了绿色生活文化熏陶的广度。“中国共产党从成立之日起，既是中国先进文化的积极引领者和践行者，又是中华优秀传统文化的忠实传承者和弘扬者。”[①] 正是在中国共产党的带领下，新时代我国公民的科学文化素质得到了极大的提升。但是，与我国特殊的国情有关，我国公众的文化素养发展具有不均衡性。据国家统计局编写的《中国统计年鉴——2020》提供的数据，2019 年北京市 6 岁及以上年龄受调查的 15743 人中，接受研究生教育的人数有 1326 人。相对应地在 15 岁以上年龄人口中，北京市抽样调查了 14929 人，其中文盲人数为 258 人，所占比重为 1.73%。同年在贵州抽样调查 6 岁及以上年龄的 25671 人中，接受研究生教育的仅有 23 人。另外在 15 岁以上年龄人口中抽取了 21960 人，经统计文盲人数为 2237 人，占所抽取人口数的 10.19%。[②] 公众这种文化素养发展的不平衡，特别是所占比重不小的文盲人数的存在，意味着在我国一部分人因其文化素养过低而接受绿色生活文化的熏陶有很大困难。比如他们因为识字过少难以正常阅读，诸如《寂静的春天》《绿色生活手记》等书籍就会在他们的视野之外，即便让他们面对文优笔美的绿色文化的熏陶也无动于衷。

另一方面，“快餐文化”畸形膨胀降低了绿色生活文化熏陶的效度。当今时代，随着我国现代化的进一步深入拓展，同一地域内部或者不同地域之间人口流动频繁。2000 年，我国人户分离人口仅 1.44 亿，流动人口 1.21 亿。到了 2019 年，人户分离人口达到 2.8 亿，流动人口 2.36 亿，几乎在 2000 年的基础上翻了一番。[③] 这些流动的人口首先是从乡村流入城市或者从一个城市流入另一个城市，逢年过节则拖儿带女逆向回流。而一旦进入异地他乡，不仅面对的自然风物殊异，而且社会关系也被重组，因此人会出现各种各样的诸如焦虑、孤独等“应激”反应。此外，伴随人口流向城市，人们从生产到生活的节奏也不断加快。一天天、一日日大家朝九晚五劳碌奔波，经常是身心俱疲。在这种情况下，人们都迫切要求快速地释放自己

① 习近平：《决胜全面建成小康社会　夺取新时代中国特色社会主义伟大胜利——在中国共产党第十九次全国代表大会上的报告》，人民出版社 2017 年版，第 44 页。

② 国家统计局编《中国统计年鉴——2020》，2021 年 10 月 5 日，http://www.stats.gov.cn/tjsj/ndsj/2020/indexch.htm。

③ 国家统计局编《中国统计年鉴——2020》，2021 年 10 月 5 日，http://www.stats.gov.cn/tjsj/ndsj/2020/indexch.htm。

的负面“应激”情绪，舒缓个人的肉体与灵魂，这就导致了媚俗的“快餐文化”盛行。大家去蹦蹦迪、唱唱歌，看一些无厘头的玄幻小说、新都市传奇，在来去如风的文字游戏的催眠下，在转瞬变换的光电幻影的轰炸下，暂时摆脱焦虑、孤独，放松身体。然而，媚俗的“快餐文化”一旦占据了人们心灵的“神庙”，面向长远，凸显崇高的绿色生活文化就被“快餐”式的“劣币”从中心驱逐，最终只能游离在人们视线的边缘，难以受到应有的重视，当然它作用于公众，提升他们绿色生活素养的实效性也相应地会大打折扣。

在实践养成机制上，传统的“重知轻行”的“君子”养成范式在很大程度上禁锢了人们从实践到认识的主动性。我国在地理上是一个半封闭的大陆国家，处在这个山川、大海交互阻隔的环境中的人们在相对稳定的历史生活中创造出了源远流长的东方传统文化。其经过先秦诸子百家的相互争鸣，到汉武帝“罢黜百家，独尊儒术”，逐渐形成了以儒家为中心的一整套形式严整的“君子”养成范式。这种传统的范式讲礼重仁，绵延几千年来培养出了一代代坚守仁、义、礼、智、信，能够舍生取义、杀身成仁的志士仁人，他们的理性智慧和行动毅力相互缠绕，鲜明地体现了中华民族的昂扬志气。但与此同时，对于日常生活中的外在的现实行动，传统的“君子”养成范式却在其治国平天下的高远观想中剥夺了它们应有的基础性地位，例如《论语》就记载：“樊迟请学稼。子曰：‘吾不如老农。’请学为圃。曰：‘吾不如老圃。’樊迟出。子曰：‘小人哉，樊须也！’”（《论语·子路》）与此相联系，这种传统的范式注重的是先验性的人心净化，其所有的养成行为最终都单向指向人的精神世界，直接进行的是独断式的纯粹改造人精神世界的活动，旨在使人头脑中的精神世界或者主观意识在外在强力作用下被动地得到净化或改造，从而让相关养成活动指向的对象在被动的接受中逐渐成为品德高尚、心智开化的“仁人”或者“君子”。并且，这种传统范式在长期发展中还积淀形成了一套极为细致严格的规章制度，所有养成活动中的对象都必须循规蹈矩地无条件执行，不能有丝毫的逾越行为出现，否则轻则遭训被打，重则终身再难言走这条进阶之路。

然而，无论这种极力张扬人“心”的被动式的传统“君子”养成范式怎样扩展张力，在现实物质利益的“诱惑”下，它进行精神养成而来的纯粹的“理论人”最终也将主动撕毁抑或被动地失去其道貌岸然的伪装，完全顾及不到也无法去考虑大众的审视而暴露出他们的本来面目——在它作用下的诸多“君子”多讲究“远庖厨”，少亲身“事稼为圃”，做人事功上也多机械地从固有的先验程序出发，唯唯诺诺，少有立足于现实因时而变、因事而新的主动性、创新性。

这样，新时代在融通中华传统优秀文化资源推进绿色生活方式与倡导绿色生活意识的过程中，与社会意识的相对独立性有关，传统的“君子”养成范式在将其精华作为文化养分释放出来的同时，以旧文化在场的它的消磨人的主动性的糟粕的一面也将在一定时期内继续存在，并在一定程度和一定范围内对正在参与美丽中国建设的广大干部群众产生一定的影响，让他们中的一些人虽然亲身参与了创建绿色生活的实践，但是难以主动地从自己的生活实践中强化自己的绿色生活观念。

二　内在发展机制存在问题的成因

在感性形成机制上，我国发展的不平衡性影响到了公民通过感性认知获得的绿色生活感性体验性评价。2017 年 10 月，习近平同志在党的十九大报告中指出：“我国社会生产力水平总体上显著提高，社会生产能力在很多方面进入世界前列，更加突出的问题是发展不平衡不充分。”[①] 这意味着当下在我国，有些地方发展比较快，有些地方发展比较慢。而从本质上来看，发展和生态的关系是辩证的。它们之间既有统一的一面，都注重质量而不只看数量的发展，必然在发展中尊重自然、顺应自然、保护自然，以促进发展和生态二者和谐。同时也有对立的一面，人们发展经济，无论是程度深浅，还是范围大小，都意味着对大自然的人为扰动。这些应由人负责的扰动如果程度和范围都能控制在一定的限度之内，也即没有超过自然界能容忍的关节点，自然界都能通过它的运动、变化和发展在一段或长或短的时间内得以自我控制和恢复。不过，当人类对自然界的扰动突破了自然界能够自我调节和控制的关节点，人与自然之间就会爆发激烈的矛盾冲突，从而引发各种各样的生态问题。这说明一般情况下发展较快的地方对自然界的人为扰动相对更大，承受的生态压力也更大。因为在过去，“我们在生

① 习近平：《决胜全面建成小康社会　夺取新时代中国特色社会主义伟大胜利——在中国共产党第十九次全国代表大会上的报告》，人民出版社 2017 年版，第 11 页。

态环境方面欠账太多了"①，所以"经过三十多年快速发展积累下来的环境问题进入了高强度频发阶段"②。在这个阶段，发展较快的地方很可能环境问题表现得比较突出，发展较慢的地方环境问题相对缓和一些，相应的这些不同地方的公众在生活中获得的绿色生活感性体验自然会大相径庭。

此外，当下随着创建绿色生活行动的逐渐深入开展，如今相关工作中简单的问题基本上得到了解决，剩下的问题多是难中之难、坚中之坚。很多情况下，这些难中之难、坚中之坚的问题往往是群众受影响最深的问题，因而也是人们关注度最高、反响最强烈、最希望能被妥善解决的问题。因此，在存在这些困难问题的地方或者这些困难问题比较集中的地方，人们的绿色生活感性体验性评价肯定要受到这些问题的影响，相对于不存在这些困难问题的地方或者这些困难问题不集中的地方，公众对二者的评价相比较极可能各执一端而差异明显。

在理性跃迁机制上，受主观认识发展的内在规律以及客观认识对象的复杂性的制约，人们理解深浅程度不同的有关绿色生活的问题呈现一定的水平高低差异。在《实践论》中，毛泽东同志指出："马克思主义者认为人类社会的生产活动，是一步又一步地由低级向高级发展，因此，人们的认识，不论对于自然界方面，对于社会方面，也都是一步又一步地由低级向高级发展，即由浅入深，由片面到更多的方面。"③ 具体到我国，"从目前情况看，资源约束趋紧、环境污染严重、生态系统退化的形势依然十分严峻"④。对此我们党提出要大力推进生态文明建设，增强全民的节约意识、环保意识和生态意识。毫无疑问，这并不是一件即时就能完成的工作，而是一个面向未来的长远的行动过程。在这个过程中，人们建设美丽中国的实践活动一步步地由低级向高级发展，人们的认识，无论是绿色生产方面，还是绿色生活方面，都在横向涵容上不断丰富，在纵向深度上不断掘进，由浅入深一步步向更高的水平跃迁。不过，与党的十八大报告开始专章论

① 中共中央文献研究室编《习近平关于社会主义生态文明建设论述摘编》，中央文献出版社2017年版，第3页。

② 中共中央文献研究室编《习近平关于社会主义生态文明建设论述摘编》，中央文献出版社2017年版，第4页。

③ 《毛泽东选集》第1卷，人民出版社1991年版，第283页。

④ 中共中央文献研究室编《习近平关于社会主义生态文明建设论述摘编》，中央文献出版社2017年版，第7页。

述生态文明建设相关，这既表明了我们努力建设美丽中国的坚定意志和坚强决心，也表明了在这相对有限的时间内人们浅层次的认识向前跃进转化成为深层次的认识的进程尚待进一步充分展开。

在《自然辩证法》中，恩格斯提到“美索不达米亚、希腊、小亚细亚以及其他各地的居民，为了得到耕地，毁灭了森林，但是他们做梦也想不到，这些地方今天竟因此而成为不毛之地”①。在全国生态环境保护大会上的讲话中，习近平同志也指出：“必须清醒看到，我国生态文明建设挑战重重、压力巨大、矛盾突出。”② 由此可见，建设生态文明，其中有关短期利益和长期利益、局部利益和整体利益、表层利益和核心利益纠缠在一起积淀形成的问题极其繁难复杂。因此随着美丽中国建设的渐次展开，面对创建绿色生活行动中由各种各样相互影响、相互作用的联系勾勒出的一幅幅现实图景，现实的历史的人们在自己既有经验、认识能力的限制下，相对于他们对浅层次问题的理解水平，他们把握上述图景中的内在规律、内在联系在深度上当然有一定的差距。

在价值转化机制上，主要在于当前我们将生态文明纳入社会主义核心价值体系的工作正“走在途中”，因而公众难以将日常生活环境保护与社会主流价值追求高度自觉地统一起来。

2012 年 11 月，习近平同志在党的十八大报告中提出要把生态文明建设放在突出地位，融入文化建设的各方面和全过程之后，在《紧紧围绕坚持和发展中国特色社会主义学习宣传贯彻党的十八大精神》中再一次强调党“把生态文明建设纳入中国特色社会主义事业总体布局，使生态文明建设的战略地位更加明确，有利于把生态文明建设融入经济建设、政治建设、文化建设、社会建设各方面和全过程。这是我们党对社会主义建设规律在实践和认识上不断深化的重要成果”③。党中央的这些精神指示，实际上提出了将生态文明纳入社会主义核心价值体系的要求。2015 年 4 月，《中共中央、国务院关于加快推进生态文明建设的意见》公开发布，其中明确指出

---

① 《马克思恩格斯文集》第 9 卷，人民出版社，2009 年版，第 560 页。

② 中共中央文献研究室编《十九大以来重要文献选编》（上），中央文献出版社 2019 年版，第 447 页。

③ 中共中央文献研究室编《习近平关于社会主义生态文明建设论述摘编》，中央文献出版社 2017 年版，第 3 页。

“将生态文明纳入社会主义核心价值体系”[①] 是加快推进生态文明建设的一项基本原则。到了 2017 年 10 月，党的十九大报告特别强调要“把我国建设成为富强民主文明和谐美丽的社会主义现代化强国”，事实上将美丽和富强、民主、文明、和谐并列，使之成为我们的核心价值追求。至 2022 年 10 月，党的二十大召开，习近平同志在大会报告中再一次提出了“从二〇三五年到本世纪中叶把我国建成富强民主文明和谐美丽的社会主义现代化强国”[②] 的要求。由此可见，新时代我国正在持续推进将生态文明纳入社会主义核心价值体系的工作。受这个正“走在途中”的工作的影响，作为现实的具体的人，公众彻底地把握相关工作的内在内容、根本性质、开展路径、重要意义等也需要一个过程，为此他们当下难以高度自觉地把绿色生活的理念与社会最为核心的价值观念辩证地统一起来，并在这个基础上将生活环境等同于具体的人因只拥有一次而最为珍贵的东西——生命。

三　保障机制存在问题的成因

在领导保障机制上，一些党员干部中发生的脱离群众的问题，是他们深入一线调研频率不高的重要原因。我们党自成立以来，就“时刻把群众安危冷暖放在心上，及时准确了解群众所思、所盼、所忧、所急，把群众工作做实、做深、做细、做透”[③]。但面对长期、复杂的执政考验、改革开放考验、市场经济考验和外部环境考验，一些党员干部也存在脱离群众的问题。对此，2012 年 11 月，习近平同志在十八届中共中央政治局常委同中外记者见面时的讲话中指出：“新形势下，我们党面临着许多严峻挑战，党内存在着许多亟待解决的问题。尤其是一些党员干部中发生的贪污腐败、脱离群众、形式主义、官僚主义等问题，必须下大气力解决。”[④] 受到脱离群众这种影响党的先进性、弱化党的纯洁性的因素的影响，一些党员干部

---

① 中共中央文献研究室编《十八大以来重要文献选编》（中），中央文献出版社 2016 年版，第 487 页。

② 习近平：《高举中国特色社会主义伟大旗帜 为全面建设社会主义现代化国家而团结奋斗——在中国共产党第二十次全国代表大会上的报告》，人民出版社 2022 年版，第 24 页。

③ 中共中央文献研究室编《论群众路线——重要论述摘编》，中央文献出版社、党建读物出版社 2013 年版，第 117 页。

④ 中共中央文献研究室编《论群众路线——重要论述摘编》，中央文献出版社、党建读物出版社 2013 年版，第 119 页。

在推动提升公民绿色生活意识的各项工作中喜欢摆花架子，不扎扎实实地深入群众，而是满足于在办公室“上传下达”，偏好在单位、机关搞“文山会海”，以会议贯彻会议，以文件落实文件。即使有时不得不下去走访，这些人也多是“坐着车子下基层，隔着玻璃察民情”，浮光掠影、走马观花，难以真正做到完全倾听群众的呼声，透彻把握问题内在的症结。

党政部门组织领导的协同性有待加强，这主要是一些党员干部精神懈怠、能力不足。在党的十九大报告中，习近平同志指出新时代我们要“深刻认识党面临的精神懈怠危险、能力不足危险”[①]。本来，在人类社会发展客观规律的作用下，当下资本主义社会尽管仍有一定的提升生产力水平的空间，不过在将来随着资本主义基本矛盾的不断激化，这个社会必然会自我否定，最终飞跃到未来更为高级的社会。到了那时，因为人们已经充分驾驭了强制性的社会分工，所以人与自然之间将会达到极为充分的和谐状态，民众也将自觉地把选择绿色的生活方式作为自己最优先层面的需要。但是，当下我们一些同志“理想渺茫、信仰动摇”[②]。受此影响，这些同志多精神懈怠，对党旨在提升公民绿色生活意识的各项工作缺乏责任心，整天沉醉于自己的小天地，信奉“脚踩西瓜皮，滑到哪里算哪里”，不愿直面难题，积极与其他同志一起开动脑筋，齐心协力把事情做好。

另外，在第十八届中央纪律检查委员会第二次全体会议上的讲话中，习近平同志提到党员干部“如果成天忙于应酬，穿梭于发布会、表彰会等这样那样的会议，热衷于开幕式、开业式、竣工典礼等这样那样的活动，乃至白天黑夜都陪吃陪喝陪逛陪玩，常常是醉醺醺、昏沉沉、轻飘飘的，哪有时间深入基层、深入群众呢？哪有时间学习充电、领会政策呢？哪有时间思考问题、研究工作呢？”[③] 这样肯定会使他们的相应能力不足。面对需要调动各方、协调力量去推动提升公民绿色生活意识的工作任务，这些“常常是醉醺醺、昏沉沉、轻飘飘”的党员干部多说得好、讲得多，基本做

---

① 习近平：《决胜全面建成小康社会　夺取新时代中国特色社会主义伟大胜利——在中国共产党第十九次全国代表大会上的报告》，人民出版社 2017 年版，第 61 页。

② 中共中央文献研究室编《十八大以来重要文献选编》（上），中央文献出版社 2014 年版，第 116 页。

③ 中共中央文献研究室编《论群众路线——重要论述摘编》，中央文献出版社、党建读物出版社 2013 年版，第 132 页。

不好，也做得少。

在政策保障机制上，公民对相关政策主观认知度较低的重要原因在于他们在绿色生活创建行动中的参与度与推动形成绿色生活方式的现实要求尚有差距。

2015 年，中国环境出版社出版了环境保护部宣传教育司编定的《全国公众生态文明意识调查研究报告（2013）》，指出对于我国公众来说，他们进行生态文明建设的“政府依赖性”特征显著，调查研究得到的“数据显示，37.6%的被调查者认为‘美丽中国’主要是政府和环保部门的事情”[①]。2018 年，武汉大学出版社出版了齐睿等人开展完成的《全国大学生生态文明意识调查（2016）》，发现“在大学生群体中，仍然出现了政府指向性的情况，在责任意识调查的问题上，本调查运用选项综合赋分，把政府、个人、企业、社会组织、媒体 5 个责任主体进行排序，其中政府得分最高（3.52），其次是个人（3.15）。这表明大学生虽然具有一定的责任意识，但是仍然把生态文明建设的主要责任归结于政府。责任意识的强弱直接决定了生态文明建设的主力军群体，本来应该是以大学生为代表的公民，却出现了责任转移的情况，制定方针政策的政府被认为是生态文明建设的主要承担者”[②]。

与此相关，在倡导要简约适度、绿色低碳地生活方面，诸多社会成员把自己当成了被动的旁观者而不是主动的参与者。平时直接面对如生活中未按要求处理的废弃物散发的阵阵恶臭，他们确实也会义愤填膺，不过除了在私下埋怨糟糕的环境和在心底痛斥那些乱扔垃圾者以外，这些民众多想到的是当地政府有关部门应该赶紧行动起来，协调人员尽快把这些生活废弃物集中清理运走，而很少去主动关注近年来我们党和政府到底颁布了哪些相关政策，更遑论进一步将这些政策进行分类了解，由此弄清楚政府、社会和作为普通公民的个人按照政策的要求在推动形成绿色生活方式的过程中分别应该承担怎样的责任和义务，从而在此基础上一边积极协助政府部门、社区物业等开展绿色生活创建行动，一边从这些身体力行的行动中继续不断深化自己对相关政策的主观认知。

---

① 环境保护部宣传教育司编《全国公众生态文明意识调查研究报告（2013）》，中国环境出版社 2015 年版，第 59 页。

② 齐睿等：《全国大学生生态文明意识调查（2016）》，武汉大学出版社 2018 年版，第 101 页。

在制度保障机制上，以往偏重经济总量和增长速度的经济社会发展评价体系的“拖尾”影响，是强化公民绿色生活意识所依靠的制度需要健全的重要原因。2013 年 5 月，在十八届中央政治局第六次集体学习时习近平同志发表了重要讲话，谈到如何实行最严格的制度、最严密的法治，才能为包括提高公民绿色生活意识在内的生态文明建设提供可靠保障时指出：“在这方面，最重要的是要完善经济社会发展考核评价体系，把资源消耗、环境损害、生态效益等体现生态文明建设状况的指标纳入经济社会发展评价体系，建立体现生态文明要求的目标体系、考核办法、奖惩机制，使之成为推进生态文明建设的重要导向和约束。我看，我们一定要彻底转变观念，就是再也不能以国内生产总值增长率来论英雄了，一定要把生态环境放在经济社会发展评价体系的突出位置。如果生态环境指标很差，一个地方一个部门的表面成绩再好看也不行，不说一票否决，但这一票一定要占很大的权重。”[①] 否则，如果在经济社会发展过程中只单纯考核经济方面，那么我们就会忽视对生态环境的保护，相应地加强生态文明制度建设，构建最严格的制度、最严密的法治保障人们从物质实践到精神生活全方位、深层次地实现绿色化就会成为一句空话。

党的十八大以来，我们党明确要求“把资源消耗、环境损害、生态效益纳入经济社会发展评价体系，建立体现生态文明要求的目标体系、考核办法、奖惩机制”[②]，至今开展了一系列根本性、开创性、长远性的工作，其中制度出台频度之密、监管执法尺度之严前所未有。但总体上看，我国生态环境保护任重道远，我们的经济社会发展评价体系虽然经过改革现在基本上纠正了过于以经济总量与增长速度评定绩效的偏向，但是受以往评价体系的“拖尾”影响，即作为一种社会意识，这种没有把生态环境放在突出位置的评价体系并不会立即销声匿迹，而是在一定时间内、一定范围里和一定程度上还会在社会上产生作用，从而影响干部群众对环境保护和经济发展关系的认识。对此在参加十二届全国人大二次会议贵州代表团审议时，习近平同志就专门提到有人说“为了摆脱贫困必须加快发展，付出

① 中共中央文献研究室编《习近平关于社会主义生态文明建设论述摘编》，中央文献出版社 2017 年版，第 99～100 页。

② 中共中央文献研究室编《十八大以来重要文献选编》（上），中央文献出版社 2014 年版，第 32 页。

一些生态环境代价也是难免的、必须的"[①]，这种观点把生态环境保护和发展对立起来了。而只要不能自觉地、彻底地把发展和生态二者辩证地统一起来，围绕公民绿色生活意识的提升，诸如制度供给上滞后于现实需要、制度执行上主体责任缺失、制度督察上监督责任缺位等问题就会出现。

四 不同机制体系化不充分的问题存在的成因

从量的方面来看，提升公民绿色生活意识的水平是一个涉及广泛学科门类的工程，是一项与诸多工作相关、需要具备多种知识和才能才有可能完成的任务，所以其关涉的各机制之间相互作用、相互影响、相互促进的充分优化不可能一蹴而就。

具体而言，新时代公民绿色生活意识的提升机制，与哲学、法学、政治学、传播学、系统科学、马克思主义理论、计算机科学与技术等横跨文、理的多个学科相关，涉及教育引导、宣传导向、文化熏陶、实践养成、领导组织、制度保障等一系列工作。各机制之间的相互作用、相互影响、相互促进，即使仅限于某一方面，例如制度的配套，既包括同一制度体系中单一制度内在构成的统筹安排、系统构建完善的问题，不同制度的配套、协同的问题，也包括不同制度体系中制度的配套、协同的问题，还包括制度"硬措施"与"软约束"的配套、协同的问题，以及制度配套的推进机制及其构建等一系列问题。因此，掌握其中的规律性，完成这些工作任务要求相关人员具有多方面的知识和技能，经过长时间的研究去发现问题、观察问题、分析问题，这样才有可能找到有效解决问题的办法。

从质的方面来看，我国在全社会开展绿色生活创建行动，推动全民绿色生活意识提升是一项开创性的工作，其在以新破旧的进程中生成的新问题需要我们不断在解决新问题的过程中开新，在开新的过程中不断健全既有的机制体系。

新时代面对生态环境保护任重道远的现实，我们强化公民的绿色生活意识，推动形成绿色生活方式是前无古人的事业，其本身基本上没有成熟

① 中共中央文献研究室编《习近平关于社会主义生态文明建设论述摘编》，中央文献出版社2017年版，第22页。

的经验可以遵循，几乎一切都需要“摸着石头过河”，在探索中前进。在这个过程中，一些新情况、新问题、新挑战也随之陆陆续续出现。这些新问题从发生学来看，它们本身也表现为一个从孕育、发生到发展的过程，然而，随着这些问题的骤然出现，人们暂时并不清楚它们实际的孕育、发展的历史。这样，在公众的视域中，它们留给大家的记忆就是从它们被发现开始的，继而不断相互缠绕，重构生成一个个陌生领域。面对这些暂时因认识发展水平而被模糊了的并非熟悉的对象域，众多社会成员因其难以全面确知，而在这些新问题、新挑战、新情况凸显的“新”的冲击下，既有的传统生活也在急速发生辩证的转换。其中在私人生活方面，提升公民绿色生活意识的行动在个人利益和整体利益、短期利益和长期利益、经济效益和社会效益关系上更高层面的新要求破除了私人生活传统的私人性。人与周围的山水田园湖草是一个有机的生命共同体，因而任何个人对自己生活环境的破坏都会连锁地影响到他人的利益，所以本来属于我个人的活动抑或私人生活行为都不得不受表征公共利益的公共生活更为严格的规约。现在，由于关系人民福祉、关乎民族未来的建设美丽中国的需要，我购买私人住房、选择什么类型的私家车、怎样穿衣打扮、如何吃喝玩乐甚至倾倒生活垃圾的具体时间安排等，都必须打破既有的私人生活界限，对接进入公共生活，满足社会倡导的简约适度、绿色低碳的公共利益的要求。正是在这种私人生活翻天覆地的变化过程中，公民个人的私人生活事实上也在辩证地被公共化。在公共生活方面，当下推进绿色发展内在要求我们满足人民日益增长的美好生活需要的同时，也要求我们满足人民日益增长的优美环境需要，因此在创建绿色生活方式，增强全民绿色生活意识的过程中构建的公共生活并不是与人们私人生活相脱离的“云霄中的独立王国”。它不仅整体上与公民的私人生活对立统一，而且在具体层面越来越附着于私人生活的方方面面。当下，因为我们的人民期盼更优美的环境，所以诸如宏观的公共政策的制定、中观的某一城市的公共事务处理、微观的某个社区或者村庄的道路绿化等与以往相比都更多地考虑、汇集了公民个人的私人意见，以“让良好生态环境成为人民生活的增长点、成为展现我国良好形象的发力点，让老百姓呼吸上新鲜的空气、喝上干净的水、吃上放心的食物、生活在宜居的环境中、切实感受到经济发展带来的实实在在的环境效益”[①]。由此可见，在私人生活公共化的同时，公共生活也在私人化。这种私人生活和公共生活的辩证转换使以往既有的私人生活关系、公共生活关系以及私人生活和公共生活二者之间的关系不断经历由破而立、由立而破，由此又催生出一个个新的领域，连带出一系列新的问题。它们与先前的新问题、新挑战、新情况一起相互交缠，形成一个个新问题群，使提升公民绿色生活意识的各机制和谐互动、协调发展更加复杂难以处理，因而它们一方面需要在一个展开的过程中不断解决新问题，另一方面也由于新问题的不断出现而不得不需要进一步被完善、健全。

① 中共中央文献研究室编《习近平关于社会主义生态文明建设论述摘编》，中央文献出版社2017年版，第33页。

第五章

国外绿色生活意识提升机制建设及其启示

人类追逐现代化的历史，在文艺复兴和大航海时代就已经初露端倪。而正是借助现代化带来的人本质力量的飞跃性发展，生活在我们这个星球之上的人们斗天战地，导致人与自然之间爆发了极其尖锐的矛盾冲突。与此相联系，和现代化紧密缠绕在一起的生态危机——这个“狰狞的幽灵”很早就笼罩了西方世界。这个世界“的清晨曾经荡漾着乌鸦、鸫鸟、鸽子、樫鸟、鹪鹩的合唱，以及其他鸟鸣的音浪；而现在一切声音都没有了，只有一片寂静覆盖着田野、树林和沼泽”①。严峻的形势促使人们开始反思和行动，因此随着《寂静的春天》的出版，20世纪60年代以来现代意义上的对环境、生态的关注在西方风起云涌。② 经过半个多世纪的风云际会，西方在公民绿色生活意识提升机制构建方面取得了不少有益的理论观点和行动成果。毋庸置疑，这些“国外哲学社会科学的资源，包括世界所有国家哲学社会科学取得的积极成果，这可以成为中国特色哲学社会科学的有益滋养”③，为我们吸收借鉴以进一步推动我国公民绿色生活意识提升机制的建设。当然，西方世界地域广阔，相关论域也涉及较多，考虑到本书的主题与篇幅，因此只能着眼比较典型的国家及其行动，以从特殊中把握一般的方式展开相关研究。

① 〔美〕蕾切尔·卡森：《寂静的春天》，吕瑞兰等译，上海译文出版社2008年版，第2页。

② 对此，美国前副总统阿尔·戈尔在《寂静的春天》的引言中指出：“一九六二年，当《寂静的春天》首次出版时，在公众政策中还没有‘环境’这一条款。在一些城市，尤其是洛杉矶，烟雾已经引起人们关注，但这主要是因为它太显眼，而不是真正认识到它对公众健康的威胁。资源保护——环境保护主义的前身——在一九六〇年民主党和共和党的两党代表大会上曾经提到，但仅仅是在讨论国家公园和自然资源问题时顺便提及。……《寂静的春天》犹如旷野中的一声呐喊，以它深切的感受、全面的研究和雄辩的论点改变了历史的进程。如果没有这本书，环境运动也许会被延误很长时间，或者现在还没有开始。”（〔美〕蕾切尔·卡森：《寂静的春天》，吕瑞兰等译，上海译文出版社2008年版，引言第Ⅴ页）

③ 习近平：《在哲学社会科学工作座谈会上的讲话》，人民出版社2016年版，第16页。

第一节　西方社会环境抗议[①]与公民绿色生活意识提升机制

《寂静的春天》就像一根导火索，在20世纪60年代引爆了西方社会现代意义的环境抗议活动。随着它的出版，越来越多的公众以越来越广泛的行动参与到规模越来越大的“绿色运动”中，开始是零散地参加活动，接着就是一浪一浪地涌入，迅速汇集形成了一股一直持续到今天都方兴未艾的社会潮流。

其中首先在北美，美国的社区成员、志愿社团和专业组织“三位一体”，相互呼应推动了公民绿色生活意识的觉醒与提升。

在美国，对诸多专业组织来说，组织中的成员一般不在管理组织或参与组织活动上花费时间，而仅仅只是每年进行捐献，再雇用运动专业人员以诉讼、游说和专家陈述这些形式来代表他们的声音组织发起行动。与专业组织不同，通常情况下社区成员和地方志愿团体参与活动的关注点和作用路径不是捐献金钱，也不是把政治介入视为一种职业化的选择，而是拿出自己的时间和精力，亲力亲为对某一影响社区发展的环境利益问题进行一种必要回应。这样，如果仅从表面上来看，专业组织和志愿者活动近乎

---

① 根据英国学者克里斯托弗·卢茨的看法，“环境抗议只是环境运动和作为其中一部分的环境组织活动中最壮观的一种”（〔英〕克里斯托弗·卢茨主编《西方环境运动：地方、国家和全球向度》，徐凯译，山东大学出版社2005年版，中译本前言第3页）。至于环境运动，克里斯托弗·卢茨将之视为“由公众和组织组成，参与集体行动，以追求环境利益的广泛网络”（〔英〕克里斯托弗·卢茨主编《西方环境运动：地方、国家和全球向度》，徐凯译，山东大学出版社2005年版，中译本前言第2页）。这样，“政党特别是绿党在原则上不排除在外”（〔英〕克里斯托弗·卢茨主编《西方环境运动：地方、国家和全球向度》，徐凯译，山东大学出版社2005年版，中译本前言第2页）。而德国学者迪特·鲁赫特、约琛·卢斯在《处于十字路口的德国环境运动》一文中提出“对于环境运动，我们指的是致力于阻止通过政治与社会干预手段造成自然资源开发与破坏的非政府团体和组织的网络，包括集体性抗议。”（〔英〕克里斯托弗·卢茨主编《西方环境运动：地方、国家和全球向度》，徐凯译，山东大学出版社2005年版，第84页）因为“绿党有着远超出环境议题的全面纲领。不仅如此，很多活动分子和支持者主要关心的并不是生态议题。最后，既然该党的某些成员已经加入了不同的政府，它作为一个非政府团体的地位是成问题的。”（〔英〕克里斯托弗·卢茨主编《西方环境运动：地方、国家和全球向度》，徐凯译，山东大学出版社2005年版，第85页）所以，绿党政治不排除在环境运动（包括环境抗议）之外不应是“原则上”，而是应“附条件”。与此相联系，同时为避免论述浑浊，本节环境抗议活动的阐述并未论及绿党政治，相关内容将在本章第二节有所涉及。

两条平行线，各行各道，少有交集，其实实际情况并非如此。如表 5－1 所示。

表 5-1　国外专业组织和志愿者在环境抗议活动中的角色和行动类型

单位：%

议题	总计	角色		行动	
		专业	志愿	常规	非常规
空气污染	11	9	3	10	1
能源	3	3	0.4	3	0.1
核能与武器	43	10	33	12	30
污染	8	5	2	7	0.5
废物处置	17	8	9	10	6
水污染	12	8	4	10	2
野生保护	6	6	0.4	6	0.1
总计	100	49	52	58	40

资料来源：〔英〕克里斯托弗·卢茨主编《西方环境运动：地方、国家和全球向度》，徐凯译，山东大学出版社 2005 年版，第 125 页。

可以看到在环境抗议活动中的角色和行动方面，虽然专业化组织和志愿者有一定差异性，但在所有议题、角色、行动方面，无论是专业化组织，还是志愿者都没有自我缺席，这说明在现代美国风起云涌的环境抗议活动中，志愿性的社区个人、团体和专业化组织之间总体上是“三位一体”、相互呼应的。“正是更具表达性的地方志愿团体和更常规的全国专业组织之间的互动，使确认正在出现的环境议题和推动政治领域中的环境政策成为可能。”① 作为结果，在专业组织和志愿者活动有区别但又具有互补性的推动作用下，社会各界“对于生活质量和技术对人类健康影响的关切上升了”②。美国环境抗议活动的声势也随之不断高涨，1970 年 4 月 22 日终于形成了一个高峰——“地球日”大行动。这场环境抗议活动的主要组织者丹尼斯·海斯 1944 年出生于华盛顿州哥伦比亚河峡谷的一个普通家庭。在斯坦福大

① 〔英〕克里斯托弗·卢茨主编《西方环境运动：地方、国家和全球向度》，徐凯译，山东大学出版社 2005 年版，第 129 页。

② 〔英〕克里斯托弗·卢茨主编《西方环境运动：地方、国家和全球向度》，徐凯译，山东大学出版社 2005 年版，第 116 页。

学获得学士和硕士学位后，他休学三年远行考察，一路上的见闻促使他投身于环境运动。1969 年，丹尼斯·海斯特意飞到华盛顿会见了威斯康星州民主党参议员盖洛德·尼尔森，谈了自己组织针对环境问题大规模游行的构想并得到了尼尔森的鼓励。稍后 1970 年，当时丹尼斯·海斯已经进入哈佛大学法学和政治学院攻读博士学位，在他全力以赴的倡议组织下，这场声势浩大的环境抗议活动得以展开。这一天，整个美国一千多所中学、两千多所高等院校以及为数不少的机关、工厂和乡村共两万多人参加了活动。人们演讲、集会、游行，同声疾呼创造一个清洁、平和的生活环境。这“是人类有史以来第一次规模宏大的群众性环境保护运动，也是二战以来美国规模最大的社会活动。它标志着美国环保运动的崛起”①，也同时为环境保护运动本身开辟了更广阔的舞台。仅“地球日”行动本身，就迅速跨越国界，从美国走向了世界。其历届（1974~2016 年）特定主题如表 5-2 所示。

表 5-2　1974~2016 年“地球日”特定主题

1974 年	只有一个地球	1975 年	人类居住
1976 年	水：生命的重要源泉	1977 年	关注臭氧层破坏、水土流失、土壤退化和滥伐森林
1978 年	没有破坏的发展	1979 年	为了儿童和未来——没有破坏的发展
1980 年	新的 10 年，新的挑战——没有破坏的发展	1981 年	保护地下水和人类食物链；防治有毒化学品污染
1982 年	纪念斯德哥尔摩人类环境会议 10 周年——提高环境意识	1983 年	管理和处置有害废弃物；防治酸雨破坏和提高能源利用率
1984 年	沙漠化	1985 年	青年、人口、环境
1986 年	环境与和平	1987 年	环境与居住
1988 年	保护环境、持续发展、公众参与	1989 年	警惕，全球变暖
1990 年	儿童与环境	1991 年	气候变化——需要全球合作
1992 年	只有一个地球——一齐关心，共同分享	1993 年	贫穷与环境——摆脱恶性循环
1994 年	一个地球，一个家庭	1995 年	各国人民联合起来，创造更加美好的世界
1996 年	我们的地球、居住地、家园	1997 年	为了地球上的生命
1998 年	为了地球上的生命——拯救我们的海洋	1999 年	拯救地球，就是拯救未来

① 安雪菡等编《世界地球日》，广东省地图出版社 2016 年版，第 3 页。

续表

2000 年	2000 环境千年——行动起来吧	2001 年	世间万物，生命之网
2002 年	让地球充满生机	2003 年	我们与地球共存
2004 年	生命之源	2005 年	善待地球，珍惜资源
2006 年	气候变化解决方案	2007 年	冰川消融，后果堪忧
2008 年	植树	2009 年	绿色世纪
2010 年	纪念 40 年	2011 年	十亿绿行动
2012 年	地球动起来	2013 年	直面气候变化
2014 年	绿色城市	2015 年	未来，你我主宰
2016 年	地球上的树		

资料来源：安雪菡等编《世界地球日》，广东省地图出版社 2016 年版，第 9~13 页。

随着“地球日”一届接一届的举办，它带来的环境保护理念也深刻影响了世界各地的民众，推动了他们对环境议题的关注。从此，全球性的环保运动再也没有缺席，而倡导爱护地球、保护家园、绿色生活的观念也迅速成为社会意识的主流。

其次，在欧洲，德国、英国等国家的地方草根和环境组织采取直接行动的策略，以国际网络联系起来提供新关注点去推动强化公众的绿色观念。

例如 1988~1997 年这十年间，德国、英国、瑞典、法国、意大利、西班牙环境运动事件的主要组织者构成及其比例如表 5-3 所示。

表 5-3 1988~1997 年德国、英国、瑞典、法国、意大利、西班牙环境运动事件的主要组织者构成及其比例

国家	工会	商业团体	正规环境团体	非正规环境团体	团体网络
德国	—	—	435（36.9%）	—	—
英国	—	—	329（34.0%）	—	—
瑞典	16（8.3%）	1（0.5%）	119（61.6%）	10（5.2%）	18（9.3%）
法国	9（3.5%）	—	141（54.7%）	7（2.7%）	23（8.9%）
意大利	9（2.4%）	11（3.0%）	219（59.5%）	17（4.6%）	15（4.1%）
西班牙	23（3.0%）	—	385（50.8%）	—	—
合计	57（1.5%）	12（0.3%）	1628（43.7%）	34（0.9%）	56（1.5%）

资料来源：郇庆治《80 年代末以来的西欧环境运动：一种定量分析》，《欧洲》2002 年第 6 期。

可见，自治的地方草根团体网络与既存的自然保护和新一代的环境运动组织主导了这一地域环境运动的出现和发展。其中地方草根性活动把“反对‘高层人物’的权力傲慢的乡村抗议与左翼自由文化和城市的‘选择性’抗议形式联系了起来”[①]，而如“地球第一”等环境运动组织也大量参与组织绿色环保运动。这些地方草根团体网络和环境运动组织多采取直接行动的策略。通过这种策略，“我们与一个国际网络联系起来并且提供了一个使网络更加有效的新关注点”[②]，这也深刻影响到了环境运动发生的绝对数量、行动形式以及参与者构成。具体在环境抗议事件的数量上，如表 5-4 所示。

表 5-4 1988~1997 年德国、英国、瑞典、法国、意大利、西班牙发生的环境抗议事件的数量

单位：次

国家	1988 年	1989 年	1990 年	1991 年	1992 年	1993 年	1994 年	1995 年	1996 年	1997 年
德国	192	165	140	45	69	54	106	136	133	137
英国	62	95	78	62	88	113	113	162	151	64
瑞典	43	37	38	20	23	21	17	20	25	19
法国	22	26	25	32	22	9	30	22	22	49
意大利	67	48	52	17	18	17	31	55	14	9
西班牙	99	115	117	46	47	35	68	75	79	80
合计	485	486	450	222	267	249	365	470	424	358

资料来源：郇庆治《80 年代末以来的西欧环境运动：一种定量分析》，《欧洲》2002 年第 6 期。

抗议事件的年总计数量最高（1989 年）达到 486 次，最低（1991 年）也有 222 次，平均一年 378 次，即使将欧洲其他国家发生的抗议事件按数量除外，也可以说整个欧洲这十年之内每天都在发生环境抗议活动。

在行动形式上，如表 5-5 所示。

① 〔英〕克里斯托弗·卢茨主编《西方环境运动：地方、国家和全球向度》，徐凯译，山东大学出版社 2005 年版，第 46 页。

② 〔英〕克里斯托弗·卢茨主编《西方环境运动：地方、国家和全球向度》，徐凯译，山东大学出版社 2005 年版，第 100 页。

表 5-5　1988~1997 年德国、英国、瑞典、法国、意大利、西班牙发生的环境抗议事件的行动形式及其比例

单位：次

	传统型抗议	游行集会	对抗	暴力/攻击	其他	合计
德国	378（29.6%）	439（34.3%）	321（25.1%）	140（10.9%）	—	1278
英国	431（31.2%）	437（31.7%）	349（25.3%）	162（11.7%）	—	1379
瑞典	126（51.4%）	49（20.0%）	26（10.6%）	11（4.5%）	33（13.5%）	245
法国	110（37.3%）	105（35.6%）	44（14.9%）	18（6.1%）	18（6.1%）	295
意大利	229（57.2%）	88（22.0%）	48（12.0%）	35（8.8%）	—	400
西班牙	348（45.8%）	255（33.6%）	122（16.1%）	35（4.6%）	—	760
合计	1622（37.2%）	1373（31.5%）	910（20.9%）	401（9.2%）	51（1.7%）	4357

资料来源：郇庆治《80 年代末以来的西欧环境运动：一种定量分析》，《欧洲》2002 年第 6 期。

欧洲六国的环境抗议，既有占据主流地位的非暴力传统型抗议、游行集会，也有带暴力倾向的对抗及暴力/攻击等。总之抗议事件的行动形式不仅多有选择，而且主次分明，性质互补。

在参加者构成上，如表 5-6 所示。

表 5-6　1988~1997 年德国、英国、法国、瑞典、意大利、西班牙发生的环境抗议事件的参加者构成及其比例

单位：次

	青年	异质群体	学生	农民/工人	专业人员	妇女	其他
德国	43（22.4%）	41（21.4%）	17（8.9%）	16（8.3%）	10（5.2%）	4（2.1%）	60（31.6%）
英国	—	—	—	—	—	—	
瑞典	42（22.5%）	103（55.1%）	—	5（2.7%）	24（12.9%）	—	
法国	—	—	—	—	—	—	
意大利	—	—	—	—	—	—	
西班牙	—	—	—	—	—	—	
合计	85（23.2%）	144（39.3%）	—	21（5.7%）	34（9.3%）	—	—

资料来源：郇庆治《80 年代末以来的西欧环境运动：一种定量分析》，《欧洲》2002 年第 6 期。

尽管各国具体数据多有缺失，但就现有数据来看，也包括青年、异质群体、农民/工人、专业人员等多个群体。这一切都说明当时欧洲环境运动无论是在发生的绝对数量、行动形式方面，还是在参加者构成方面都达到了一个新的高峰。与此相联系，如表 5-7 所示。

表 5-7 1988~1997 年德国、英国、瑞典、法国、意大利、西班牙发生的环境抗议事件的动员地域及其比例

单位：次

	地方	国家	欧洲	国际
德国	354（53.2%）	266（40%）	11（1.7%）	34（5.1%）
英国	—	—	—	—
瑞典	—（34.2%）	—（41.2%）	—（10.4%）	—（14.2%）
法国	133（51.4%）	53（20.5%）	28（10.8%）	20（3.9%）
意大利	185（59.3%）	121（38.8%）	—	6（1.9%）
西班牙	578（72.0%）	84（11.0%）	—	84（11.0%）
合计	1250（60.9%）	524（26.2%）	39（1.9%）	144（7.2%）

资料来源：郇庆治《80 年代末以来的西欧环境运动：一种定量分析》，《欧洲》2002 年第 6 期。

欧洲环境运动的动员地域也从地方扩展到国家，再突破国界达到整个欧洲大陆，并一直扩展至全球。

此外，从 20 世纪 80 年代直到新近，采取直接行动的策略也使欧洲环境运动过程中环保组织和志愿草根在行动方式上一体化趋势日益明显。本来，传统的专业组织通常采用捐献等间接方式，志愿草根则偏向于亲力亲为的直接行动。不过，环保组织与志愿草根先前这种行动方式上的差别由于当下双方都倾向采取直接行动而变得更加模糊，二者正朝一体化方向发展。例如据路透社、BBC 等媒体报道，最近英国名为“反抗 HS2”的环保组织认为政府在尤斯顿火车站附近兴建的高速铁路将破坏 100 多处古老林地和近 700 处野生动物保护区，为此自 2020 年 8 月起，该环保组织占领了尤斯顿火车站附近土地，搭建帐篷、木栏作为据点，更以轮替的方式在尤斯顿广场公园地下挖掘了一条长达 30 米的地道以阻止高速铁路的兴建（见图 5-1）。“当地警方周三（27 日）凌晨清场，其间有环保组织成员利用绳索，把自己挂在两棵大树之间，另有 4 人继续死守地道，包括 18 岁成员桑福德。桑福德承认上述行动危险，但愿意牺牲任何东西阻止气候变化，批评 HS2 浪费金钱。”①

① 侯兴川：《英环保人士花两月时间挖地道 阻止修高铁》，2021 年 1 月 29 日，https://m.gmw.cn/baijia/2021-01/29/1302078212.html。

图 5-1　左边所示抗议人士瞭望并坚守现场，右边所示抗议人士在地道中

资料来源：侯兴川《英环保人士花两月时间挖地道 阻止修高铁》，2021 年 1 月 29 日，https：//m. gmw. cn/baijia/2021-01/29/1302078212. html。

受欧洲环保志愿草根和专业组织几十年来通过国际网络联系起来的直接行动策略的推动，一浪接一浪的环保抗议活动“已经吸引了大众媒体的关注，赢得了很大部分公众的支持”[①]。它“孕育了一种新的生态意识”[②]，使“环境关切至少在词汇上几乎得到了国家中所有团体和大部分工业界的赞同。即使考虑到环境条件仍然继续在许多领域中退化，情况总是比没有运动的活动要好一些”[③]。而随着环境保护议题在大众议程和现实政策舞台上进一步占据突出的地位，作为必然性的结果“绿色观念无疑在被推进”[④]。

最后，在亚洲，日本密切联系公民生活实践中的环境议题开展抗争，唤起人们对绿色生活方式的支持和对绿色生活观念的认同。

明治维新以来，长期工业化的野蛮扩张让日本国民深受环境破坏之苦。20 世纪 60 年代末，日本先后发生了新瀉水俣病诉讼（1967 年）、四日市污染诉讼（1967 年）、痛痛病诉讼（1968 年）和熊本地区水俣病诉讼（1969 年）。在法庭上，受害者所展示出的自己的悲惨生活经历让公众

① 〔英〕克里斯托弗·卢茨主编《西方环境运动：地方、国家和全球向度》，徐凯译，山东大学出版社 2005 年版，第 80 页。

② 〔英〕克里斯托弗·卢茨主编《西方环境运动：地方、国家和全球向度》，徐凯译，山东大学出版社 2005 年版，第 42 页。

③ 〔英〕克里斯托弗·卢茨主编《西方环境运动：地方、国家和全球向度》，徐凯译，山东大学出版社 2005 年版，第 80 页。

④ 〔英〕克里斯托弗·卢茨主编《西方环境运动：地方、国家和全球向度》，徐凯译，山东大学出版社 2005 年版，第 43 页。

瞠目结舌，最后法庭也不得不判决这四起审判中的原告获胜。这提供了新的司法判例，让起诉污染者变得更加容易，鼓励了其他公民环境运动。跨过70年代公民运动的“冬季”，80年代至今日本环境抗议活动的主流是反对核能。这种环境抗议活动的出现多受到人们现实生活中发生的重大核事故的影响。其中一个典型是1986年的切尔诺贝利核电站大爆炸。事故发生之后的惨状让日本“反对核能的公众舆论变得强大，并出现草根反核运动”[①]。另一个典型是2011年的福岛核灾难。它的爆发震惊了整个日本，直接导致“反核公民运动以前所未有的方式上升”[②]，甚至日本首相官邸一再遭到数万人抗议围攻。这些聚焦“我的后院”环境安全的行动争取到了日本“大多数公共舆论支持”[③]，有力地推动了民众绿色生活意识的提高。

第二节　西方政治活动与公民绿色生活意识提升机制

伴随着社会生活中现代环境运动的风起云涌，有关公民绿色生活意识的提升也开始与西方政治活动相互缠绕。这突出地体现在绿党政治与西方政府间合作之中。

具体到绿党政治方面，1973年，在美国民众支持和基层民主的推动下，美国绿党正式登上历史舞台。稍后20世纪80年代初，在关于核能、北约的中程核力量以及巡航导弹部署于西欧的激烈争议声中，欧洲国家的绿党也开始次第登场。仅在1980~1984年短短的五年间，绿党就在十二个西欧国家宣布成立。截止到80年代后期，绿党赢得了一系列选举并成功进入议会。几年后，法国、德国、意大利、芬兰和比利时等欧洲国家的全国性政府中也出现了绿党的身影。此外，2012年，日本由大约70名地方议员和普通市民组成的民间团体“绿色未来”在东京举行的年度会议上宣布成立绿党，其口号是“立刻废除全国的核电站”。表5-8是欧洲国家主要绿党（1998年）的大致情况。

---

① 〔日〕船桥晴俊等：《日本环境政策、环境运动及环境问题史》，《学海》2015年第4期。

② 〔日〕船桥晴俊等：《日本环境政策、环境运动及环境问题史》，《学海》2015年第4期。

③ 〔日〕船桥晴俊等：《日本环境政策、环境运动及环境问题史》，《学海》2015年第4期。

表 5-8　欧洲国家主要绿党（1998 年）的大致情况

	具体名称	共同特点
英国绿党	Green Party of England and Wales; Scottish Green Party; Northern Ireland Green Party	非常注重围绕环境议题开展活动，推行绿色发展
法国绿党	Les Verts	
德国绿党	Bündnis 90/Die Grünen	
意大利绿党	Fed. dei Verdi	
奥地利绿党	Die Grünen	
希腊绿党	Green Politics	
芬兰绿党	Vihreä　Liitto	
比利时绿党	AGALEV、Ecolo	
荷兰绿党	De Groenen; Groen Links	
丹麦绿党	De Grønne	
冰岛绿党	Icelandic Green Party	
卢森堡绿党	Déi Gréng	
挪威绿党	Miljøpartiet de Grønne	
葡萄牙绿党	Os Verdes	
西班牙绿党	Los Verdes	
瑞典绿党	Miljöpatiet de Gröna	
瑞士绿党	Grüne/Les Verts	
土耳其绿党	GreenFaction of ODP	

资料来源：郇庆治《欧洲绿党研究》，山东人民出版社 2000 年版，第 32~33 页。

可见，西方国家的绿党都特别重视环境议题，强调绿色发展。具体到国民生活意识的绿色化，首先，各国绿党通过进入政府参加执政，在环境保护领域影响国家政策，由上而下推动民众绿色生活意识提高。

成立后的西方国家绿党，参与执政多从地方起步，逐渐移向全国议会再与其他党派联合组建政府。比较典型的欧洲各国绿党，它们成立几年内，就有一批属于绿党的市镇议员和区域议员当选。不到十年时间，多个欧洲国家的绿党在制度政治中以“寂静的革命”的方式显现出来。它们在经历长短不一的议会前过程之后，随之达到“代表权门槛”，即为了取得全国议会席位，一个政党必须突破进出界限（很大程度上由选举制度决定）。表 5-9 是欧洲较有代表性国家绿党历年的选举政治绩效情况。

表 5-9 欧洲较有代表性国家绿党历年的选举政治绩效情况

	选举绩效		议会绩效			
	大选数量	平均得票	当选大选数量	平均议席	议席总数	平均代表权
奥地利	6	5.7	5	11	183	6.0
比利时	7	7.3	6	12	191	6.3
芬兰	6	4.3	5	7	200	3.5
法国	6	3.5	1	7	577	1.2
德国	6	5.7	5	35	608	5.7
意大利	4	2.6	4	15	630	2.3
爱尔兰	4	1.5	3	1	166	2.4
卢森堡	5	6.2	4	4	61	6.5
荷兰	3	4.9	3	7	150	4.6
瑞典	6	3.6	3	18	349	5.1
瑞士	5	6.6	5	10	200	5.0
希腊	2	0.7	2	1	300	0.3

资料来源：〔德〕斐迪南·穆勒-罗密尔等主编《欧洲执政绿党》，郇庆治译，山东大学出版社 2005 年版，第 8~9 页。

由此可知，虽然这些国家的绿党参与大选其政治绩效谈不上特别优秀，但是它们在选举中的表现也并非像某些政治分析家嘲弄的那样糟糕。并且，芬兰绿党、意大利绿党、法国绿党、德国绿党、比利时绿党等五个国家的绿党分别在 1995 年、1996 年、1997 年、1998 年和 1999 年受邀进入了政府。其中比利时绿党进入政府前已经拥有议会代表权 18 年，法国绿党首次跨越议会代表权门槛进入全国议会后就被邀请进入政府、联合其他党派一起执政。

西方多国绿党参与执政后，与政府中联合执政的政党相互协调，各自依据自己国家的实际情况提出并实行了一系列环境政策。表 5-10 是意大利等国绿党的环境政策及其影响。

表 5-10 意大利等国绿党的环境政策及其影响

	绿党的环境政策及其影响
芬兰	能源税在 20 世纪 90 年代的增加减少了二氧化碳的排放量达 400 万吨，相当于芬兰所有温室气体排放量的 3/4；“自然网络”计划从濒危动物比如环纹海豹、灰海豹、白尾鹰和白脸啄木鸟等的角度来说，所取得的结果是令人鼓舞的，同时也推动了芬兰自然财富的全面调查；改革了古老森林保护和自然保护立法；阻止了核能的进一步扩大

续表

	绿党的环境政策及其影响
意大利	完成了大量涉及区域水文地质破坏、废弃物处置、内陆水资源和海洋的保护、城镇交通污染、自然环境保护等问题的新法律、政策倡议和政府议案的制定推行；加强了环境影响评估的程序和全国委员会；对公共工程、交通、健康、文化遗产等部门有关环境保护的政策创意实施了适时的控制和系统性干预；致力于全国水平上环境政策发展的系统监测和文献整理；扩大了自然保护区，使其超出了10%国土的水平；推行了保护处在危险之中的风景遗迹的新措施；实施了内陆水域的保护行动（超常纯净计划的实施）
法国	关闭了“超级凤凰”快中子增殖反应堆核电站；在大西洋卢瓦尔省的卡内修建传统核电站的计划被搁置；拉海牙核废料处置厂的生产条件变得更为严格；暂停转基因产品种植；暂停了莱茵运河的建设；暂停了部分新高速公路建设计划
德国	引入了生态税；有了一个对于核工业达成一致意见的承诺，同意在未来20年或30年内分阶段消除核能；达成了一个关于对连接汉堡与柏林工程的公共补贴限额，而这一限额低得足以终止“高速磁悬铁路”计划这一工程协议
比利时	要求未来进口核电站的核燃料的国家必须接受其用途的外部控制，事实上阻止了来自比利时的核原料出口；围绕靠近布鲁塞尔的萨文特姆国际机场的夜间飞行，成立了一个旨在找到它干扰人们睡眠和损害周围地区公众健康这一问题长期解决方案的工作组

资料来源：〔德〕斐迪南·穆勒-罗密尔等主编《欧洲执政绿党》，郇庆治译，山东大学出版社2005年版，第35~36、39、55~56、81~83、103、154、176页。

显而易见，绿党施行的上述政策涉及多方面的环境议题，如芬兰的能源税能让其减少温室气体排放量高达400万吨，这些都说明即使有观点认为“绿党、环境运动和公众意见中生态议题关注的联系已经大大减弱”① 了，但“绿党可以做到宣称它在政府中尤其是环境问题上是有影响的”②。由于加入了全国政府，绿党在省或者州一级的行政官员们有关绿色策略的选择获得了比以往多得多的自由。同时，在很多政策领域，尽管具体管理职权属于州（或省）政府，不过在全国法律优先于州立法的条件下，可能还是会导致绿党的州（或省）级政府官员在利用管理上的处置权限推进某些环境议题时，与负责同一政策领域的政府部长产生冲突，并且前者往往迫于

① 〔德〕斐迪南·穆勒-罗密尔等主编《欧洲执政绿党》，郇庆治译，山东大学出版社2005年版，第72页。

② 〔德〕斐迪南·穆勒-罗密尔等主编《欧洲执政绿党》，郇庆治译，山东大学出版社2005年版，第43页。

命令即使不情愿也不得不推行上级的政策。而现在，如绿党的环境部长，就可以在中央一级与他的同事进行对抗以争取相关环境政策的施行落地。这样，在全国政府中，绿党一是可以凭借上述抗争既最大限度地贯彻落实自己的环境政策措施，也在地方水平上，因其国家层面的干预得到环境团体的支持，从而壮大它们的基础，加强它们的整体参政议政能力。二是可以通过巧妙连接政府内的忠诚合作，在很大程度上摆脱政府官僚体系制约，让可能实现的相当有限的改革得到实质性地推进。这也意味着在环境议题上绿党仍有着最高的政策能力。三是提高了绿党在社会公共舆论中的地位。“那些认为执政绿党由于将不可避免令它们的支持者的希望与志向落空从而肯定会失去选举支持的人被证明是错误的。”① 选民迄今并没有抛弃绿党。例如在法国，“51%的被调查者称对绿党有一个‘良好的看法’。这一结果接近于社会党获得的信任比例（55%），但远高于×××（33%）或极右翼政党，而温和右翼政党的法国民主联盟（UDF）和戴高乐创建的保卫共和联盟（RPR）均只获得了32%的支持率”②。绿党在公众舆论中的地位也让绿党在环境议题上所持的绿色主张持久而有力地在广大选民中回响，它们与绿党在国家层面的其他绿色政治操作影响相互叠加，形成了一股由上联下的合力，推动了各国民众在生活中绿色地思考，生态地规划自己的行动。

其次，各国绿党在参与执政前，作为在野党也非常积极地组织参与环境运动，由下而上推升民众的绿色生活意识。这与绿党是从环境运动中成长起来的政党有关。绿党草创伊始关注的就是各种环境议题。例如美国绿党，它秉持的生态智慧、非暴力、关注未来和可持续性等价值观，让它即使长期游走于府外，也一直致力于环境保护、城市绿化，反对使用暴力，提倡社会正义等活动。

具体而言，在野绿党府外主要采取四种方式宣传自己的绿色主张，以唤醒和强化民众的绿色生活意识。

一是围绕绿色议题开展基层组织动员。绿党的基层组织，一般依据组织原则，围绕大学、城镇和社区等特定区域进行组织，有时也围绕相关绿色议

① 〔德〕斐迪南·穆勒-罗密尔等主编《欧洲执政绿党》，郇庆治译，山东大学出版社 2005 年版，第 178 页。

② 〔德〕斐迪南·穆勒-罗密尔等主编《欧洲执政绿党》，郇庆治译，山东大学出版社 2005 年版，第 90 页。

题进行组织。这种绿色议题或是所在绿党一贯关注，或是该基层地方特定。一旦基层组织起来后，其中参与的成员会定期或不定期地被召集起来开会，除了商讨组织地方选举以外，也一起研究讨论以推进关涉的绿色议题。

二是参加地方选举和大选。如在亚洲，2012 年 7 月，民间团体“绿色未来”举行会议宣布成立日本绿党后，就推举政党候选人，围绕可能提前举行的众议院选举和 2013 年夏天的参议院改选，推出废除核电、倡导可再生能源等环境政策，争取参与国家政治。

在欧洲，各国绿党成立后也非常积极地参与选举。表 5-11 是 1978~2000 年欧洲主要国家绿党参选及其议会持续情况。

表 5-11　1978~2000 年欧洲主要国家绿党参选及其议会持续情况

国家	首次参加大选到首次获得全国议席的年数	议会持续年数	进入政府前议会持续年数
德国	3	17	15
意大利	0	13	9
法国	6	3	0
比利时	3	19	18
芬兰	0	17	12
瑞典	6	9	/
瑞士	0	17	/
爱尔兰	2	11	/
荷兰	0	11	/
奥地利	3	14	/
卢森堡	5	16	/

资料来源：〔德〕斐迪南·穆勒-罗密尔等主编《欧洲执政绿党》，郇庆治译，山东大学出版社 2005 年版，第 6~7 页。

参与执政的绿党中，意大利绿党、芬兰绿党虽然议会前活动时间很短（0 年），但是进入政府前议会持续年数都较长（9 年、12 年），而法国绿党则相反，它议会前活动时间较长（6 年），进入政府前议会持续年数很短（0 年）。至于德国绿党、比利时绿党，不仅议会前活动时间不短（3 年），进入政府前议会持续年数也非常长（15 年、18 年）。其他未参与执政的绿党，议会前活动时间尽管都不到 10 年，不过进入政府前议会持续年数都比较长（最短的瑞典绿党有 9 年，最长的瑞士绿党有 17 年）。

在北美，美国绿党更为突出，它分别于1996年、2000年两次推选党员参与了美国总统大选。

西方国家的绿党参与选举的过程，也是他们在所参选地区或者国家集中表达所持理念的过程。为了让选民了解政党和候选人，争取选民支持，各参选绿党或举行地方性政治集会，或访问选民家庭，向基层群众阐述自己的绿色信条和绿色蓝图。在空气、水、陆地的污染和自然环境的毒害已经危及人类生存发展的严峻形势下，绿党一改其他党派对此一贯以来漠不关心的态度，向公众大声疾呼承认原始自然的价值独立性，尊重自然存在形式的多样性；人类社会联系方式合生态化，人类政治思维方式合生态化；要求政党及其活动坚守绿色政治道德，保持对未来社会绿色非暴力的信念以及在社会变革中选择绿色非暴力手段和道路；并且明确指出“生活在今天的我们有为我们自己、我们的儿童、后代保持基本生活条件的天然责任；因此，我们必须停止陆地、空气、水的破坏，停止掠夺自然资源，减少社会脆弱性，消除核能、裁军和创造和平，帮助处在困境中的同伴”①。它们就像乌云笼罩之下的一缕阳光，冬至春来的一线春风，一路畅通无阻地进入了众多选民们的心田，在催出了他们的选票的同时，更为重要的是用“煽情”的绿色同化了他们的生活思想，强化了他们选择环保地生活的意识。

三是直接组织参与环境运动。据统计，在1988年至1997年间，欧洲仅德国、英国、瑞典、西班牙四个国家（当时这几个国家绿党都未参与执政）中由政党组织发起的环境运动就有185起，占总数的4.99%。② 在北美，据美联社报道，2016年美国绿党甚至其总统候选人吉尔·斯泰因都被起诉在Dakota Access公司建设输油管道的施工设备上涂鸦。详情为美国印第安保留地立岩地区（Standing Rock）抗议在当地建设输油管道，认为这将会亵渎圣地和污染水源，其间吉尔·斯泰因受抗议者邀请用颜料在工地一辆推土机的铲斗上写了“我赞同这些寄语”表示对抗议活动的支持，结果因此被施工方诉至法庭。为此完全可以说在西方国家，绿党已经成为环境运动极为重要的组织者和执行者。它们围绕威胁/武器、污染/能源、交通/建设、自

① 郇庆治：《欧洲绿党研究》，山东人民出版社2000年版，第143页。

② 此处数据参见郇庆治《80年代末以来的西欧环境运动：一种定量分析》，《欧洲》2002年第6期。

然/生态保护、动物权利/选择性生存等议题，针对政府、私人、公共机构、贸易社团与公司等开展抗议，以“全民公决、请愿运动、‘绿色股权’、保护环境的志愿行动（在沿海、河流和湖泊等地方）、游说、为媒体和直接的商业目的制作图书和音像出版物、学校的教育活动，甚至是通过把它们的标志作为一种生态商标授权给工商企业来换取资金和其他形式的基于环境创议的支持等”[①]，尽一切努力将社会各个角落的人们动员起来向活动目标传递压力。当然在这些传递压力的过程中，它们也以其“最壮观的形式”唤醒和强化了公众在“自己的后院”绿色地栖居的热情。

四是发行刊物，向民众宣传普及自己的绿色主张。比如美国绿党，就发行了自己的刊物《绿页》。该刊在内容上“主要报道绿党的新闻事件以及与绿党有关的消息，展示绿党及其各级组织、绿党成员的各项活动”[②]，不仅向美国社会各界宣传了绿党的主张，也将该党秉持的可持续发展等绿色理念有效对接到了千家万户，促使他们在生活中更为自觉地以绿色价值为导向。

最后，与其他国家绿党展开合作，联合起来协同推进民众绿色生活意识的提高。例如美国绿党，该党目前已经与德国、比利时、丹麦、瑞士等国的绿党建立了联系。日本绿党成立后，一个重要的努力方向也是计划与外域比如欧洲等国家正在不断取得成果的绿党进行合作。同时，与东京电力福岛第一核电站发生的核灾难相关，西方其他国家的绿党也在高度关注这次灾难后组建的日本绿党。至于欧洲国家的绿党，2004 年 2 月，在松散的合作组织即“欧洲绿党联盟”的基础上，29 个国家一共 32 个绿党组织齐聚意大利的罗马，发表宣言宣布成立统一的“欧洲绿党”。此外，美国、日本和欧洲国家的绿党还加入了国际绿党联合组织——“全球绿党”。本来，绿党在所在国家基本上属于小政党，相对大政党而言产生的影响一般比较小。但现在它们通过上述这些操作，不仅在地区范围，而且在世界范围都有通过宣言或章程组织起来的合作协调。这在进一步加强了它们相互之间联系的同时，西方各国绿党也因这种一体化性质的动作而使它们的声音得到了叠加性的放大。这种被放大的声音产生的力量是如此强大，甚至在澳

---

① 〔英〕克里斯托弗·卢茨主编《西方环境运动：地方、国家和全球向度》，徐凯译，山东大学出版社 2005 年版，第 19 页。

② 刘艳：《美国绿党》，《前进论坛》2006 年第 6 期。

大利亚首都堪培拉召开的国际绿党大会上代表们一度宣布将联合抵制埃克森-美孚公司等大石油公司，以此迫使美国政府低头重新加入《京都议定书》，限制温室气体的排放。

至于政府间合作方面，欧洲莱茵河流域国际协同治理和北美五大湖区域合作治理比较典型。[①] 二者虽然具体做法在细节上有一定差异，但是都通过以政府间生态协同治理为基础，公众共同参与为途径的行动机制，提升域内民众的绿色生活意识。

作为欧洲水量最丰富的河流之一，莱茵河流经德国、瑞士、法国、荷兰、比利时、卢森堡、奥地利、意大利、列支敦士登九国。随着欧洲各国工业化的发展，到 20 世纪 60 年代末，数量暴增的人口将巨量的生活污水排入莱茵河，使受污染越来越严重的莱茵河水中溶氧下降到了每升 2 毫克以下，导致整条河的水生动植物都受到累及而大面积消失。发臭的泥沙淤积了整个河床，水质持续不断下降，既有鱼类不见踪影，莱茵河因此也一度被称为“露天下水道”。

为了解决莱茵河面临的生态问题，1950 年 7 月，由荷兰发起，联合莱茵河沿岸的德国、瑞士、法国、卢森堡在巴塞尔成立了保护莱茵河国际委员会（ICPR）。它在计划目标、工作方法和活动内容等方面的情况如表 5-12 所示。

表 5-12 保护莱茵河国际委员会的计划目标、工作方法和活动内容

保护莱茵河国际委员会	
计划目标	促进整个莱茵河流域生态系统的可持续发展
工作方法	部长们作出决策→委员会和成员国分工明确；执行委员会决定是各成员国义不容辞的职责，但委员会作出的决定没有法律约束力；3 个常设工作小组和 2 个项目小组负责起草和解释委员会决定，专家小组负责具体工作，小组成员来自各国高级官员和专家；小型秘书处设在德国科布伦茨，负责委员会日常工作
活动内容	莱茵河水体及动植物体内的污染物调查；生物和化学监测；生态形态研究；污染物点源与面源调查；警报模型开发；污水排放监测

资料来源：董哲仁主编《莱茵河——治理保护与国际合作》，黄河水利出版社 2005 年版，第 181、183 页。

① 在环保领域，西方国家政府间的合作也体现在参加《京都议定书》《巴黎协定》等国际协定上，但这些协定的参与方多有发展中国家，考虑到本节论述的主题以及篇幅，因此暂未论及。

保护莱茵河国际委员会成立后，经过十几年的沉寂，1963 年上述五国签署了《伯尔尼公约》即《防止莱茵河污染国际委员会公约》，制定了跨国开展环保合作的法律文书依据。1976 年欧洲共同体作为《伯尔尼公约》的签约方加入，进一步扩大了签约国家的范围。此外，缘于莱茵河的重要地位，域内诸如莱茵河流域水文国际委员会、保护 Mosel 河和 Saar 河国际委员会、莱茵河流域自来水厂国际协会、保护康斯坦茨湖国际委员会、莱茵河航运中央委员会等跨国组织也先后成立开展活动。它们与保护莱茵河国际委员会一起，推动莱茵河流域的各国政府开始了跨国合作，协同起来在防洪、供水、灌溉、航运、水污染、生态保护等方面对莱茵河进行综合治理。在行动过程中，沿河各国政府围绕需要解决的环境问题，特别注意考虑采取多种措施促使公众广泛参与相关的治理活动。例如在 2001 年部长级会议发布的《莱茵河 2020 年——莱茵河可持续发展计划》的“引言”中，就指出 2000 年 12 月 22 日在欧盟官方日报上发表并生效的欧洲议会和委员会 2000/60EU 指令，为“水政策措施”中的欧盟行动确定了基本框架。它的主要内容一共有五条，“公众积极参与”被列为其中极为重要的一条。此后在阐述“手段和公共关系”时，又专门用一节内容介绍了“ICPR 将根据总体战略概念，为公共关系确定一个新方向。应通过公众呼吁的、通俗易懂的材料向公众公布信息”①，并特别强调相关战略概念应包括如表 5-13 所列要素。

表 5-13　实现目标的手段中的战略概念要素

实现目标的手段中的战略概念要素	确定目标群体：谁、什么时候、为什么和怎么做
	加强一般性和专门性媒体工作
	为学校制作学习材料
	提高公众对水资源价值、莱茵河美学以及莱茵河河谷地貌特色的认识
	将这些事实融入莱茵河河谷环保旅游（生态旅游）的概念中，并贯彻这个概念
	利用现代的在线信息系统、ICPR 网站等综合加强透明度

资料来源：董哲仁主编《莱茵河——治理保护与国际合作》，黄河水利出版社 2005 年版，第 198 页。

此外，为了进一步鼓励公众参与，各个国际委员会也很注重围绕公众

① 董哲仁主编《莱茵河——治理保护与国际合作》，黄河水利出版社 2005 年版，第 198 页。

的共同利益，使用直白易懂的话语制定保护目标，发布保护措施。如关于行洪，就提出“通过自然发展和植树造林，提高流域的蓄洪能力（到2005年自然发展和植树造林面积达到1200km^2，到2020年达3500km^2）”①。这些目标用语多易于被普通民众理解，同时植树造林、提高流域蓄洪能力也直接事关每一个沿河家庭“后院”的环境安全。如此整个莱茵河畔的公众不仅看得清楚明白，而且其中牵涉利益又与自己息息相关，因此这些目标和措施就很容易说服民众。“理论只要说服人，就能掌握群众”②，莱茵河流域内的工厂企业员工、农场主、居民甚至各类水理事会、行业协会等非政府组织纷纷被调动起来。他们或者参与决策讨论，或者亲力亲为就地开展环保活动，如政府委托沿河农民就近保护当地自然地貌。作为结果，一方面莱茵河的生态环境大为改善；另一方面在参与治理的过程中广大民众也提高了对自己的日常生活与周围自然环境关系的认识，提升了绿色生活的意识。普通居民越来越自觉地要求政府、工厂采取更为严格的措施来防控环境污染。由于环保行为与声誉形象、经济利益密切相关，越来越多的企业主也开始重视清洁能源的使用和循环生产。环保组织更是或通过直接影响政府、企业，或以新闻报道宣传吸引公众注意力等种种方式，呼吁和推进针对莱茵河的生态保护。

在北美的五大湖区，除密歇根湖单独归属于美国外，其余苏必利尔湖、休伦湖、伊利湖和安大略湖属于美国和加拿大共同所有。20世纪中期的经济发展和城市扩张，使五大湖受到严重污染。当时因无氧状态被宣告“死亡”的开放水域就有成千上万英里，大量难以降解的重金属颗粒、化学品、油类积聚在湖中导致湖水“窒息”，昔日碧波荡漾的“淡水海”一度变成了不堪入目的“生锈地带”。所有这些生态毒害和环境污染最终促使美国和加拿大开展区域合作治理五大湖区面临的环境破坏。与欧洲各国先成立国际协调组织再签署莱茵河流域治理相关协议有所不同，美、加两国在签订协议的同时成立了国际协调组织。如国际联合委员会，就是在美、加《边界水域条约》基础上成立的协调两国采取行动措施的行政机构。其成立目的、成员组成、主要职能如表5-14所示。

---

① 董哲仁主编《莱茵河——治理保护与国际合作》，黄河水利出版社2005年版，第203页。

② 《马克思恩格斯选集》第1卷，人民出版社2012年版，第9~10页。

表 5-14 国际联合委员会的成立目的、成员组成、主要职能

国际联合委员会	
成立目的	为推动跨界水质保护行动提供组织保障
成员组成	由 6 个成员组成，其中 3 个成员由美国总统任命，另外 3 个成员由加拿大总理任命
主要职能	站在独立、公正的立场上，针对涉及两国共同利益的问题，做出双方都能够接受的解决策略，有效预防和处理双边之间解决策略的争端

资料来源：国际联合委员会《区域环境合作的典范——保护五大湖》，哲伦译，《资源与人居环境》2011 年第 3 期。

当五大湖水质出现持续恶化后，美、加委托国际联合委员会调查，结果显示两国都对对方造成了环境破坏和生态损害。这促使美、加两国围绕五大湖的水质问题展开了外交谈判，并于 1972 年签署了《五大湖水质协议》。该协议经过 1978 年、1983 年、1987 年三次修订，增加了一个附件，内容更为完善细化，有力地推动了五大湖区开展一体化的生态系统管理。

不过，国际联合委员会尽管能协调美、加之间的合作，也难于解决所有的问题。因此，两国在签署环境条约的同时还成立了五大湖渔业委员会、五大湖州长委员会等跨国联合组织。一方面，如五大湖渔业委员会协调五大湖区相关渔业的调查研究，并在此基础上提出建议，同时还负责五大湖渔业管理协同战略计划（JSP）等框架性协定的实施，以促使湖区渔业资源的可持续发展。另一方面，上述两个组织都是非官方机构，它们面对问题时“不作最后的决定，不和政府争权”①，而是秉持客观的中立性立场，上联政府公共部门，下达民间团体，促使各参与方能集中交流自己所持的意见，相互合作提出问题的解决框架。

这样，在五大湖区，通过订立国际条约，成立官方和非官方的跨国性组织，美国、加拿大对湖区污染的治理就既“顶天”，又“立地”：一边是美、加两国政府合作协同管制环境这个核心的、基础性行动；另一边是解决环境问题的基础性活动发动起来的众多民间力量的参与奔走。在这种政府、学者、民间组织和普通居民一体化联动作用机制的撞击下，五大湖区民众的绿色生活意识不断得到强化。例如面对贻贝入侵的威胁，一大群生

① 国际联合委员会：《区域环境合作的典范——保护五大湖》，哲伦译，《资源与人居环境》2011 年第 3 期。

物学家和入侵物种专家立足于自己的科学研究，不断向湖区民众演讲、宣示，告诉他们贻贝正通过压载舱等搭便车入侵五大湖区。这类入侵者在离开水的拖船上仍能顽强地存活几天，它们不只割伤人的手足，损害人造湖床，甚至能破坏混凝土大坝上为100多万人供电的涡轮发动机的冷却系统。这使如今湖区居民不再认为那种把贻贝运到新水域的行为只是偶然发生的小概率事件或者是经商做生意过程中必须付出的不幸代价，相反他们认为这是重罪。政府部门受不同利益集团的影响进行环保修复项目效率欠佳时，民间环保人士也会挺身而起把国家环境保护署等机构告上法庭，迫使它们制定新的或者修订既有的保护条例提高环保效率。虽然是成百上千的普通民众，但他们却有着面向未来、着眼长远的远大志向。甚至一位湖区的退休建筑工人“还为五大湖的恢复制定了一项计划，该计划不需要操纵鱼的基因，也不需要长期饲养外来的鱼类。他希望湖泊管理人员将注意力从奇努克鲑鱼主导的系统转移到一个能够尽可能多地维持本土捕食者生存的系统。他不只是想让渔民捕捞到更多的物种，他也在思考湖泊的生态健康问题”①。

第三节　西方经济活动与公民绿色生活意识提升机制

二战以来的半个多世纪，一方面世界经济在迅速发展，另一方面生态环境也在持续恶化。诸如全球气候变暖、臭氧层空洞已经从学者们“话语中的威胁”变成现实的严峻挑战。2008年，美国次贷危机引发了全球性的金融海啸，导致世界经济发展停滞不前。面对深受国际金融危机冲击的全球经济，西方各国纷纷实施“绿色新政”，以在能够应对资源环境挑战的同时，创造多重经济机会走向新一轮经济增长的突破口。在这个过程中，西方国家总体上多以发展绿色经济为基础，带动作为上层建筑的公民绿色生活意识提升。具体机制构建上，各国根据它们的具体情况不同而互有差异。

一　以“能源新政”改变生活方式，提升民众绿色生活意识

在美国，2009年次贷危机后，时任总统贝拉克·侯赛因·奥巴马引述

① 〔美〕丹·伊根：《大湖的兴衰：北美五大湖生态简史》，王越等译，上海科学技术出版社2020年版，第273页。

《圣经》中的比喻指出“建在沙上的房子会倒掉，建在岩石上的房子则会屹立不倒”[①]。这也就是说，美国想重振经济，除了要加强金融衍生品的管理，对“次贷”造成的冲击进行有针对性的“灭火”以外，更重要的是要彻底改革，建立新的经济增长点，发展绿色经济。因此，奥巴马将涵盖新能源政策、维护气候安全等“绿色新政”纳入国家一揽子经济刺激行动规划中。其中“能源新政”是奥巴马政府“绿色新政”的核心，主要包括碳储存、碳捕获、高效电池、智能电网以及诸如风能、太阳能等可再生性能源的开发与利用。在政府的推动下，2009 年 2 月，奥巴马签署了《2009 年美国复苏与再投资法案》。“法案”围绕发展新能源和可再生能源、提高能源使用效率并推动能源结构的调整这些促进美国经济复苏和创造就业的重要举措，安排了 800 亿美元用于完成“绿色任务”，其中用于节能和提高能效的有 220 亿美元，用于可再生能源开发的有 200 亿美元。同年 6 月，美国国会表决通过了《2009 年美国清洁能源与安全法案》，再一次强调要以发展新能源为核心，并制订出了进一步推动节能和提高能效的能源战略发展框架，要求减少化石能源的使用，规定美国要在 2005 年的基础上，到 2020 年、2050 年这两个时间节点时温室气体排放量分别减少 17%、83%。

与上述目标相联系，奥巴马政府大量投资绿色能源项目。仅在汽车一项上，为使 2015 年美国混合动力汽车销量达到 110 万辆，支持汽车制造商的联邦政府资金总额高达 40 亿美元，其中专门划拨 25 亿美元以供混合动力车和新燃料电池的开发。另外只要消费者购买节能型汽车，就能得到 7000 美元的抵税额度。在建筑方面，不仅中央层面将对包括白宫在内的联邦政府办公楼进行大规模的节能改造，而且通过节能技术的使用推动全国各地的学校设施升级。其他全国公共建筑也更换原有的采暖系统，代之以节能和环保型新设备。在温室气体减排方面，受政府推动，已有数百座城市拟通过改造既有建筑物、换用混合动力汽车等方式来降低排放量。在能效提高方面，大幅调整既有的联邦能效标准，明确要求包括建筑、家电、交通运输和制造业等行业都提高能效。每年汽车燃料经济标准将提高 4%，五年之内所有建筑物能效将提高 40%。在“绿色就业”方面，承诺投资清洁能源，将创造多达 500 万个绿色就业新岗位，在清洁能源经济的转型期最大限

---

① 朱智文等：《生态文明制度体系与美丽中国建设》，甘肃民族出版社 2015 年版，第 58 页。

度地保护消费者的利益。在信贷支持方面，为激励普通投资者在可再生能源领域的发展，政府计划在联邦层面建立一个贷款机构，向可再生能源项目建设提供低利率贷款或承担贷款担保。即使这些清洁能源产业处在边远的乡村，也会得到一定额度的信贷支持。①

通过这一系列的决策和行动，奥巴马政府的“能源新政”致力于发展节能技术，提高能源利用效率，这将在很大程度上改变人们过去对能源浪费无度的生活方式。现在，大家使用混动汽车绿色出行；利用风力、太阳能发电提供的绿色电力居家；站在节能技术建成的教室里给学生上课；坐在绿色环保的办公楼里办公。所有这一切，都预示着一种倡导简约适度、绿色低碳的新的生活方式已经拉开了帷幕。因为“不是意识决定生活，而是生活决定意识”②，所以，随着美国政府实施“能源新政”推动民众的现实生活方式逐渐转向绿色低碳，作为被这种生活所决定的对象，他们的绿色生活意识也会从无到有凝实，由弱到强发展。

二 税收和法律法规“两条腿走路”，提升民众绿色生活意识

德国在推动绿色经济发展过程中提升民众绿色生活意识的方式，主要是“两条腿走路”：其一，征收生态税。1998 年秋，在时任总理施罗德的领导下，德国政府决定实施生态税改革。从 1999 年 4 月 1 日开始的改革第一阶段，电力、汽油、柴油、供暖用油和天然气都在能源税的征收范围内，其中各种能源税率和税收如表 5-15 所示。

表 5-15 各种能源税率和税收

能源类型	标准的税率	减税后的税率	1999 年 4~12 月的税收
燃料	每升 6 芬尼（增加）	每升 6 芬尼	28 亿德国马克
供暖用油	每升 4 芬尼（增加）	每升 0.8 芬尼（增加）	10 亿德国马克
天然气	每升 0.32 芬尼（增加）	每升 0.064 芬尼	14 亿德国马克
电力（普通用电）	每度 2 芬尼	每度 0.4 芬尼	33 亿德国马克
电力（有轨电车和公共汽车）	每度 1 芬尼	每度 1 芬尼	

① 文中数据引自张来春《西方国家绿色新政及对中国的启示》，《中国发展观察》2009 年第 12 期；朱智文等《生态文明制度体系与美丽中国建设》，甘肃人民出版社 2015 年版，第 57~62 页。

② 《马克思恩格斯选集》第 1 卷，人民出版社 2012 年版，第 152 页。

续表

能源类型	标准的税率	减税后的税率	1999 年 4～12 月的税收
		基础税收支付： 50000 度×2 芬尼每度＝ 1000 德国马克	
			85 亿德国马克（＝ 每年 113 亿德国马克）

资料来源：〔德〕保罗·维尔芬斯等《欧盟能源政策——以德国生态税改革为例》，吴剑峰等译，经济管理出版社 2013 年版，第 99 页。

到了改革的第二阶段（2000 年到 2003 年），德国政府为了鼓励使用清洁能源，特别规定对于使用可再生能源发电的实体免征生态税，燃料转换效率超过 57.5%的以石油或天然气为燃料的电厂可以免征石油税。这大大激发了人们开发风能、地热、水力、太阳能、生物能源的热情，一举使德国风能装机容量上升到全球总量的 39%左右。新能源的大力开发，让生态税改革在促使环境净化的目标上迈进了一大步。同时，“毫无疑问，私人家庭需要承受新生态税改革带来的负担，但是他们也会从精心设计的税收改革中获得有益的福利效应”①。这样，获得福利的热情和税改的负担让私人家庭在生活中对节能低碳具有最敏锐的感觉和给予最优先的选择。

其二，颁布施行绿色法律法规。德国在 20 世纪 70 年代初就出台了第一部环境保护法——《垃圾处理法》。20 世纪 90 年代，修改后的基本法也写入了保护环境的内容。“目前，德国已拥有世界上最完备、最详细的环境保护法，德国联邦和各州的环境法律、法规有 8000 部，还实施欧盟的约 400 项相关法规。”② 推行“绿色新政”过程中，在电力领域，2000 年 2 月颁布的关于《可再生能源优先法》在 2008 年进行了较大的修订，并于 2009 年 1 月 1 日起开始生效；在供热领域，2008 年《可再生能源供热促进法》出台，2009 年新年第一天落地实施；在交通领域，虽然这一时期没有新的法律出台，但是先前的相关立法诸如《引入生态税改革法》《进一步发展生态税改革法》《生物燃料配额法》都在继续施行。另外，德国相关部门对《燃气供应网准入条例》《燃气供应网支付条例》《激励措施条例》等法律法规也进

① 〔德〕保罗·维尔芬斯等：《欧盟能源政策——以德国生态税改革为例》，吴剑峰等译，经济管理出版社 2013 年版，第 100 页。

② 邬晓燕：《德国生态环境治理的经验与启示》，《当代世界与社会主义》2014 年第 4 期。

行了修订，以鼓励人们在社会生产生活中更多地去使用轻污染类燃气。

这些法律法规的颁布实施，以“硬约束”的形式给社会挥霍浪费资源套上了一个“紧箍咒”。它们和生态税改革形成的税收“软约束”措施相互配合，一起协同引导民众改变先前的奢靡之风，孕育出了一种健康、节俭、文明的生活方式。目前，“德国生态文明建设逐步成为市民普遍关注的焦点问题和热门话题。市民的环保觉悟和环保参与有力地推进德国的环保进程”①。

三　计划先行，行动落实，协同用力促使民众绿色生活意识提升

2009 年 7 月，英国政府发布了《低碳转型计划》，这是西方国家在应对气候变化方面极为系统的国家战略性文件，涉及能源、交通、住房等多个领域，与之配套的还有《低碳工业战略》《可再生能源战略》《低碳交通战略》三个方案。2018 年 1 月，英国环境、食品和农村事务部为进一步推行“绿色新政”和改善环境，发布了主要内容如表 5-16 的《绿色未来：英国改善环境 25 年规划》。

表 5-16　《绿色未来：英国改善环境 25 年规划》

《绿色未来：英国改善环境 25 年规划》	
规划目标	1. 清洁的空气；2. 洁净和充足的水资源；3. 欣欣向荣的植物和丰富的野生物种；4. 降低环境危害风险；5. 更加可持续和高效地利用自然资源；6. 美化自然环境、增加遗产保护及环保参与度
主要措施	1. 减缓和适应气候变化；2. 废物最小化；3. 管理化学品的环境暴露风险；4. 加强生物安全
关键领域	可持续地使用和管理土地等多个领域

资料来源：廖琴编译《英国发布“绿色未来”计划》，2018 年 3 月 12 日，见 http：//www.casisd.cn/zkcg/ydkb/kjzcyzxkb/2018/201803/201803/t20180312_4972129.html。

与英国相类似，进入新千年以后，法国先后制订并颁布了《可再生能源发电计划》（2003 年）、《实施加速发展生物能源计划》（2005 年）、《发展可再生能源计划》（2008 年）等系列计划。2020 年 4 月，法国政府最新发布的国家“能源计划”（PPE）主要包括表 5-17 所示内容。

① 〔新加坡〕彼得·程：《生态德国》，中国建筑工业出版社 2014 年版，第 112 页。

表 5-17　国家“能源计划”（PPE）

战略目标	2023 年实现 20.1 吉瓦的可再生能源发电能力，到 2028 年实现 44 吉瓦的能力
电改气项目	2023 年开发最多 10 个电改气试点项目，到 2028 年开发 10~100 个
绿色氢项目	2023 年绿色氢占工业氢的 10%，5 年后占 20%~40%
环保汽车项目	2023 年和 2028 年，保有 66 万辆和 300 万辆电动汽车、50 万辆和 180 万辆插电式混合动力车、17 万辆和 50 万辆电动或混合动力车、2.1 万辆和 6.5 万辆低排放的重型车辆
辅助设施项目	2023 年建成 10 万个公共充电站，外加 100 个公共氢燃料补给站，5 年后将达到 400~1000 个

资料来源：《法国官方公布了 44GW 的可再生能源发展目标》，2020 年 4 月 24 日，见 www.xny365.com/news/article-191905.html。

这些计划的构想与安排，为英、法推进“绿色新政”确立了一个清晰的行动框架。在此框架下，两国大力发展绿色经济。经过努力，近年来英国在节能低碳部门工作的人数超过了 50 万，仅政府全资控股的“绿色投资银行”（GIB）一家就在全国数百个不同地方投资了几十个涉及废弃物处理、温室气体减排和可再生能源生产的环保项目。法国也在水能、地热、太阳能、生物质能等领域成效显著。诸如卢瓦河、塞纳河等流域水电利用非常充分，社区依靠吸收地热来取暖或制冷，目前 85%的汽油掺入 15%的乙醇的混合性汽油也已经在法国全国得到普及。截止到 2020 年 9 月，法国的太阳能装机容量超过 10000 兆瓦，第三季度入网 283 兆瓦的新太阳能发电容量，迄今并网太阳能光伏发电容量累计达到 10 吉瓦。①

在这种计划先行，行动落实相互衔接推进绿色发展的大环境中，英、法两国民众的绿色生活意识也进一步得到了加强。在法国，保护环境的理念体现在每一个生活细节中。例如在妈妈的引导下，年龄尚小的孩子踮着脚尖把空酒瓶子扔进它该去的白色垃圾桶；大家不以开车出行为荣，最受欢迎的是乘地铁或公交出行，越来越多的人选择既环保又健身的自行车代步等。英国家庭的孩子长大了，家长会把他们以前穿过的衣服鞋帽等放到街头的旧物回收柜，捐给慈善商店再利用。人们不论贫富，有时间大都喜欢去这些慈善商店淘宝。“在英国，现在已经形成了一种社会文化和风气，

① 文中数据引自中华人民共和国驻法兰西共和国大使馆《法国：迈向“绿色大国”的步伐》，2013 年 7 月 4 日，http://www.amb-chine.fr/chn/ljfg/t1056064.htm。

购二手物品意味着更支持环保，更富有爱心。”①

四 绿色经济带动社会变革，推动提升民众的绿色生活意识

2008年“次贷”危机爆发，进一步推动了日本探索新经济模式的步伐。2009年4月，日本环境大臣齐藤铁夫向社会公布了《绿色经济与社会变革》政策草案，旨在通过在环境、能源等方面采取措施，以低碳转型为契机促进经济增长，最终带动社会变革，实现人与自然的和谐共生。与此相一致，日本多次强调推行绿色发展战略，以创造经济与环境的良性循环。其中2020年12月25日，菅义伟政府公布了涉及能源和运输等14个重点领域的绿色增长战略，其战略目标、主要手段和基本措施见表5-18。

表5-18 14个重点领域的绿色增长战略的战略目标、主要手段和基本措施

战略目标	2050年实现碳中和
主要手段	通过财政扶持、融资援助、税收减免、监管体制及标准化改革、加强国际合作等各种手段，吸引企业将巨额储蓄化为投资，推动经济绿色转型
基本措施	设立2万亿日元的基金，援助碳中和相关项目的创新型技术研发；拿出5000亿日元，协助设立长期化的大学基金，强化学界的研发基础，巩固人才队伍；设立1.1485万亿日元的业务重组补助框架，帮助中小企业转型；对进行节能和绿色转型投资的企业予以减税；投入1094亿日元，创设绿色住宅积分制度，引导居住领域绿色化，从技术研发、实证、推广、商业化各环节予以扶持

资料来源：刘春燕《绿色转型将成日本经济新动能》，《经济参考报》2021年1月13日。

受发展绿色经济的影响，日本社会在环境保护上呈现三个鲜明的特点。一是环保活动社会化。政府颁布相关法律规划，制定大框架后一般不再处理具体的污染防治。社会按照市场经济的原则分工形成独立的专业化环保企业或环保行业，它们向污染特定主体提供诸如日产日清的污水处理和垃圾处理等商业性环保服务。与环保相关的资料、咨询、监测、人才、技术、设备也面向社会，走向市场，甚至国民经济和出口贸易的支柱产业中就包括环保设备制造业。二是环保活动全民化。专门性的商业人员处理污染物，不等于其他人就无所事事站在一边什么都不需要做。例如垃圾处理，每年初垃圾中转运输站等机构都会给自己卫生责任区内的每一个家庭发放垃圾挂历，上面详

① 董必荣：《国外绿色发展模式借鉴——以英国为例》，《毛泽东邓小平理论研究》2016年第11期。

细说明了每天收运何种垃圾。区内住户将垃圾分类包好装袋，每天根据挂历的说明拎着相应的垃圾袋出门，把垃圾送往规定的地点按照不同类别堆放。之后经过运输站中转，可回收垃圾再循环利用，不可回收垃圾运到垃圾焚烧厂。三是环保活动日常生活化。经过多年的倡导和监督，日本民众对自然资源的保护工作落实到了生活中的每一个细节。考虑到节省木材资源，人们居家使用的厕纸一般都不太厚实，平时出门多携带手帕少用纸巾。城市大街小巷大都洁净自然，乡村房屋也有良好的排污系统。

总之，日本政府强力推行绿色经济的行动，带动整个社会相应发生了深刻的面向绿色化的变革。在这种注重生态的社会大环境的熏陶下，国民的环保意识也不断得到了进一步的发展和强化，当今时代在日本，“爱护自然、保护环境、维护生态平衡，成为人们生活追求的目标和重要内容”①。

第四节　西方现代环境教育与公民绿色生活意识提升机制

一　强调“生活—教育”的机制，将教育引导与现实生活相结合以提升民众的绿色生活意识

西方国家的现代环境教育开始于20世纪60年代。② 受现代环境运动的倒逼，1965年，在凯尔会议上“英国有记载的首次使用‘环境教育’一词”③。1974年，苏格兰教育部编写出版的《环境教育》报告特别强调“从小学到中学实施的环境教育，应当继续延伸到非正规教育范围和学生今后

---

① 《日本生态环境保护富有成效值得借鉴》，2013年6月7日，http://www.xinhuanet.com/world/2013-06/07/c_124826221.htm。

② 关于西方现代环境教育是什么时候开始的，学界的观点并不一致。例如英国学者帕尔默指出：“当环境和教育这两个词在20世纪60年代中期被连在一起使用时，环境教育的发展早已综合了一些18、19世纪伟大的思想家、学者和教育家的重要影响……尽管这些有影响的先行者明确地为环境的思想和实践出力，许多学者还是把英国的环境教育的‘奠基’归功于苏格兰波塔尼（Botany）教授与城镇和乡村规划的创始人格迪斯（Geddes）。”〔英〕帕尔默：《21世纪的环境教育——理论、实践、进展与前景》，田青等译，中国轻工业出版社2002年版，第2页。本书结合西方20世纪60年代由《寂静的春天》引爆的现代环境运动提出了相关看法。

③ 〔英〕帕尔默：《21世纪的环境教育——理论、实践、进展与前景》，田青等译，中国轻工业出版社2002年版，第3页。

的生活中”[①]，至于“正规和非正规教育都应利用本地和外埠的环境提供知识，进行适当的技能训练，并获得亲身体验”[②]。1976年，英国国家环境教育委员会（NAEE）发布了政策性文件《目标声明》。在“声明”中，1974年《环境报告》提出的要注意促使环境教育与日常生活相结合，强调在环境中学习的建议受到了特别的重视，甚至被列为学校学生学习和其他行为的目标。例如该文件指出“在小学阶段，环境教育主要是让小学生运用他们的感官获得对环境的体验，他们可以到学校及其邻近的环境中去体验，必要时可去更远的地方。这里所说的环境可以指小的自然保护区内的生活环境，学校的花园，也可以是乡村环境或是城市的街道和人为环境”[③]。受“声明”的直接影响，英国中小学培养学生的环境意识、环境技能等通常都比较注重结合学生的亲身经历来进行。无论是平时学习，还是一些公共科目考试，都不同程度地包含实地学习的内容。甚至有学校专门建立了一些实习基地，让学生循序渐进地进行实地学习。除了学校自身以外，在英格兰、威尔士的地方教育当局也开办了数百个设有青年旅馆，配备了专门设施的居住中心，提供给各个学校的学生开展实习活动。

20世纪70年代，随着国家环境教育法的颁布，以及环境质量令人触目惊心的下降所引发的对个人身体健康和生活质量正遭受环境严重影响的担心，美国在环境教育方面采取的行动激增，不仅提出了建立野外生态研究中心的计划，而且“为高等院校、州和地方教育机构、地区教育研究组织以及其他公立和私立机构、组织机构（包括图书馆和博物馆）提供资助和同它们签订合同，支持它们为在环境质量和生态平衡方面教育公众所进行的研究、演示和试验计划”[④]。此外，如环境教育使用的教科书《科学》也专门设置了“地球——我的住家”等课文，以穿插大量图片和照片、直观性极强的内容介绍了我们的家园中陆地与河川受到的污染及其对环境产生的严重影响，而这些影响通过捕食者与被食者关系构成的食物链将包括我

---

① 〔英〕帕尔默：《21世纪的环境教育——理论、实践、进展与前景》，田青等译，中国轻工业出版社2002年版，第9页。

② 〔英〕帕尔默：《21世纪的环境教育——理论、实践、进展与前景》，田青等译，中国轻工业出版社2002年版，第9页。

③ 〔英〕帕尔默：《21世纪的环境教育——理论、实践、进展与前景》，田青等译，中国轻工业出版社2002年版，第15页。

④ 徐辉等著：《国际环境教育的理论与实践》，人民教育出版社1996年版，第117~118页。

们人类在内的所有生物的生存、发展推到了一个十分危险的境地，由此为了地球物种的永续发展我们必须保持清洁无污染的环境。总之，这些做法凸显出“如今美国环境教育的特征是，集中关注人类健康、科学技术、社会环境、经济与社会问题，还有其他与生活质量相关的因素之间外显的与内在的联系”①。

1980年以来，澳大利亚的环境教育变得越来越有组织性，与此同时，对接公众具体生活环境开展教育也一直受到重视。环境教育这一领域的老师如果有兴趣，就有机会在自己所在社区里开设以环境问题田野调查为基础的课程，土地拥有者也可以申请联邦政府基金来研究本地的动物和土地管理，并以此支持他们发挥社区研究型教育工作者的作用。特别值得一提的是，澳大利亚为学校环境教育设计的发展策略中，通过实地调查进行个案学习的策略被诸多学校广泛采用。这一策略的具体做法是让学生选择在某一学年中，利用几天或几周的时间，跟随教师和地方专家一起对真正的生命情景进行实地探讨。它的基本点是围绕实地环境问题与学科理论知识的相互关系运思，探索该运用何种知识、技能和采取何种态度来解决面临的具体环境问题。

二　强调多领域、多学科交叉综合的协同机制，多向一起发力强化公民绿色生活意识

为培养公众的绿色生活意识，20世纪70年代以来，美国从国家、地方政府到经济机构都在环境教育方面做了大量的工作。教育者、教材出版者、资源管理者、环境主义者，还有商业和工业人士以多种形式联合起来，共同努力推出了诸如课程指南、教师指南、硕士生计划、科学课文、课程辅助材料等一系列成果。它们使“环境教育仍然是包容广泛的各种各样的混合，自然研究，户外教育和保护教育，科学的和美学的，客观和主观，环境主义和反环境主义的，所有这些以不同的地点不同的时间混合在一起”②。这也意味着在美国，环境教育并不是一门单一的学科，而是涉及多种学科

① 〔英〕帕尔默：《21世纪的环境教育——理论、实践、进展与前景》，田青等译，中国轻工业出版社2002年版，第281页。

② 〔英〕帕尔默：《21世纪的环境教育——理论、实践、进展与前景》，田青等译，中国轻工业出版社2002年版，第281页。

的学科群集合。这些学科尽管不一定“交谈”，但它们还是会经常性“对话”。在“对话”过程中，即使不可避免地存在一定的争论，但“这些争论看起来是健康的”[①]。因此，环境教育包括的众多学科，它们之间的关系不是各自平行或者互相对立的，而是相互紧密交叉，综合作用去提升国民的绿色意识，促使他们能与自然和谐地生活。

类似的情况也出现于西方其他国家。例如在英国，1974 年，苏格兰教育部门撰写出版的《环境教育》报告专门建议环境教育应渗透到校内和校外的所有课程中去。1977 年，在为联合国教科文组织召开会议所备文件的导言部分，英国代表团总结提出：“作为一种教育方法，它（环境教育）可以渗透到一系列学科，既有传统的，又有新兴的，同时成为许多综合课程的推进器。”[②] 在日本，“如 1977 年修订的小学和初中学习课程的各科教学大纲，1978 年修订的高中各科教学大纲中，开始加入大量环境教育内容”[③]。至于现行的学习课程教学大纲，更是在前者的基础上进一步充实了有关环境教育的内容。此外，其他如澳大利亚等国家，环境教育也多被纳入既有的课程如地理学等学科之中。在这里，环境的保护和改善或者作为教育的媒介，被数学、科学、逻辑学等学科用作激励学生们的材料；或者作为调查的主题，成为学校科学、地理、历史等学科研究聚焦的对象；或者作为教育的目标，以显性或隐性的方式贯穿于学生学习的文理各科。这种作为媒介、目的和主题的“环境内容”事实上就是一剂效力极为强劲的“黏合剂”，将语文、数学、物理、化学、历史、地理、生物、哲学等学科“黏合”在了一起。它们虽然学科性质殊异，但是通过不同科目相同内容的交叉，能够在不同学科的相互撞击中开拓新的知识领域，生成新的待解问题，形成新的探索方法。对多是喜欢标新立异的年轻受教育者来说，这些新的领域、新的问题、新的方法显然更能吸引他们的眼球，激发他们的兴趣，唤起他们的热情。因此，在这些由学科交叉综合协力投射的环保“阳光”的照耀下，不仅学生，而且老师的绿色生活意识都在“茁壮成长”。仅在北

① 〔英〕帕尔默：《21 世纪的环境教育——理论、实践、进展与前景》，田青等译，中国轻工业出版社 2002 年版，第 282 页。

② 〔英〕帕尔默：《21 世纪的环境教育——理论、实践、进展与前景》，田青等译，中国轻工业出版社 2002 年版，第 9 页。

③ 徐辉等著：《国际环境教育的理论与实践》，人民教育出版社 1996 年版，第 157 页。

美北部，“整个加拿大的教师和孩子们都在积极地清理学校的地面、公园、甚至湿地；回收利用（废品——引者加）；为雨林、鲸鱼和本地动物园一起筹集资金；植树，针对本地事务给民选官员写信。这些活动是教师们热情承诺的结果，即主张为环境做些事情”①。

三　强调创新性生态价值观和批判性思维能力双向发展，推升民众绿色生活意识

作为对中世纪宗教神学桎梏的反拨，在西方现代化过程中，人们非常重视张扬如人的自由等人的权利。18 世纪大革命时期法国甚至专门颁布了《人权和公民权宣言》，以纲领性文件的形式肯定了人生而自由等基本原则。与此相区别，生态价值观要求人自我规约，不能无限度地开发有限的自然界致使出现严重的环境问题。因此在人类面临严峻生态形势的今天，这种价值观通过否定之否定，扬弃了工业文明的现代性转而在生态文明中寻求达到人与自然和谐的现代化，由此在面向全局、整体、未来的通向明天的路途中展现出了自己独特的创新性、创造性的张力。

20 世纪 60 年代以来，西方国家开展环境教育的一个重要方面也是极其注意培养受教育者这种具有创新性的生态价值观，强调应向小学生和青少年介绍环境观念和环境价值。苏格兰教育部更是提出：“环境教育的最终目标是培养对环境负责任的态度和一种环境伦理。”② 事实上，综观英国正规环境教育的实践过程，把对环境的保护和改善作为教育的目标中就包括对环境价值观和态度的培养。其环境部撰写的《你想如何生活》一书中就说道：“作为人类栖息地的世界不仅仅是一个物质世界，它也是一个价值世界。环境教育的道德目标就是使公民理解这些价值，批判这些价值，在必要的地方改变这些价值。”③ 与英国相类似，其他如美国等西方国家的环境教育也多重视环境价值观的养成。这些国家无论是通过的一般层面的相关

① 〔英〕帕尔默：《21 世纪的环境教育——理论、实践、进展与前景》，田青等译，中国轻工业出版社 2002 年版，第 216 页。

② 〔英〕帕尔默：《21 世纪的环境教育——理论、实践、进展与前景》，田青等译，中国轻工业出版社 2002 年版，第 10 页。

③ 〔英〕帕尔默：《21 世纪的环境教育——理论、实践、进展与前景》，田青等译，中国轻工业出版社 2002 年版，第 10 页。

立法，还是具体的环境教育实践，都正走在“培养具有环境责任感的公民的教育”[①] 的途中。

另外，当下西方环境教育也强调培养受教育者的批判性思维能力。具体做法上主要表现为相互联系的四种方式。一是政府部门发布文件、出版报告直接提出目标要求。例如 1974 年苏格兰教育部在报告《环境教育》中就专门建议环境教育应“训练小学生和青少年以批判的眼光对当前环境问题的许多见解进行批判性的评价”[②]。1989 年，英国国家课程委员会负责环境教育的工作组起草的声明也把“批判性地进行细致的观察、评价、解释及体验，客观地认识周围的环境”[③] 规定为环境教育的重要目标之一。二是通过教材中大量生活实例的介绍培养、训练学生的批判性思维能力。其中美国的环境教育课本就很有代表性。它们之中既有食物链的形象性关系图，也有陆地、河川、核能、石化燃料、汽车排气、工厂排烟排水等阐述。从低年级偏重图片说明逐渐过渡到高年级图片、文字相结合进行阐发，用以调动学生反思面临的环境问题。三是在校举办展览，熏陶强化学生的批判性思维能力。如“阿尔伯特地区种子基金会学习者行动项目正在成千上万的加拿大小学的教室和走廊展出，旨在推进加拿大小学的绿色学校的建设”[④]，同时反思未来可能的决策。四是通过户外实地学习培养学生的批判性思维能力。学校组织学生走出教室，或就近考察学校、社区周围环境引发学生思考，或入驻较偏僻乡村的实训基地让学生对比喧嚣的现代都市进行反思。

当然，当前西方国家无论是强调创新性生态价值观，还是培育批判性思维能力，都不是单向的平行性活动，而是双向的互动发展。它们作为一体化行动的两面，让诸如尊重、承担责任等原则和价值成为基础和进入主流。这些原则和价值可以从通常的人际关系扩展到人与环境之间的关系，

---

① 〔英〕帕尔默：《21 世纪的环境教育——理论、实践、进展与前景》，田青等译，中国轻工业出版社 2002 年版，第 279 页。

② 〔英〕帕尔默：《21 世纪的环境教育——理论、实践、进展与前景》，田青等译，中国轻工业出版社 2002 年版，第 9 页。

③ 〔英〕帕尔默：《21 世纪的环境教育——理论、实践、进展与前景》，田青等译，中国轻工业出版社 2002 年版，第 21 页。

④ 〔英〕帕尔默：《21 世纪的环境教育——理论、实践、进展与前景》，田青等译，中国轻工业出版社 2002 年版，第 215 页。

也事实上在上述互动中做到了这种扩展。“将环境纳入伦理之内的人们，已经转变了他们对世界如何运转的看法，转变了对下一代的意识。”①

第五节　西方公民绿色生活意识提升机制的层级结构及其启示

在西方国家中，围绕公民绿色生活意识的提升，环境抗议、绿色政治、环境教育和绿色经济不是“偶然事件”的堆积，而是一个如图 5-2 所示的架构体系。

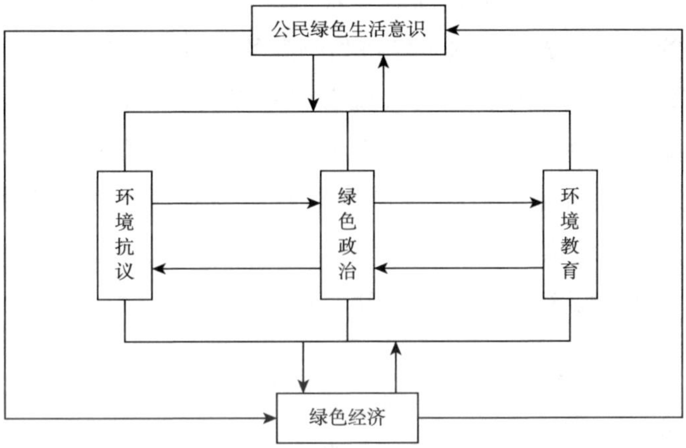

图 5-2　西方公民绿色生活意识提升机制的层级结构

综观这个架构体系，一方面，“经验的观察在任何情况下都应当根据经验来揭示社会结构和政治结构同生产的联系，而不应当带有任何神秘和思辨的色彩。社会结构和国家总是从一定的个人的生活过程中产生的”②，因此与生产的决定作用相联系，绿色经济是基础。在此条件下，大工业造成的人与自然之间尖锐的冲突，推动了西方国家的经济向绿色转型。而在这个转型过程中，属于旧的对抗自然的经济模式作为被扬弃的对象不是瞬间被消灭的，如果直接消灭旧的经济模式，那么在新的经济模式尚未建成以

① 〔英〕帕尔默：《21 世纪的环境教育——理论、实践、进展与前景》，田青等译，中国轻工业出版社 2002 年版，第 217 页。

② 《马克思恩格斯选集》第 1 卷，人民出版社 2012 年版，第 151 页。

前会导致社会生产的停滞。而人一来到世间，就需要生产物质资料满足自己衣食住行的需要，“这种生产，正是整个现存的感性世界的基础，它哪怕只中断一年，费尔巴哈就会看到，不仅在自然界将发生巨大的变化，而且整个人类世界以及他自己的直观能力，甚至他本身的存在也会很快就没有了”①。因此，旧的经济模式在新的绿色经济模式完全、彻底地建立以前，总是以向新的经济模式跃迁凭借的“阶梯”的形式在很长一段时间内一直存在。同时，资本对利润的贪婪也让新的绿色经济不时出现“黑色”的“溃口”。这些情况在某一时刻其矛盾积聚到了极限以后就会引起严重程度不一的各种环境问题。并且，绿色经济模式的转型与发展会由于自己的基础性作用而决定民众，使他们随着经济的绿色发展在灵与肉、知和行两个维度同向发生转变，成为与绿色经济相一致的“绿色人”。这时，一旦如环境抗议的组织者登高一呼，这些人就会一呼百应、千应、万应。甚至在他者还尚未考虑和行动的时候，他们之中许多人很有可能都已经在率先思考和组织活动。正是因为这种人能动的活动的存在和体现出来的价值聚向性，所以完全可以说绿色经济为抗议、环境教育生成了它们的参与者、合作方和同盟军，也提供了在某种意义上让它们取之不尽、用之不竭的开展自己的活动依赖的力量。

由此可见，因为“生产关系的总和构成社会的经济结构，即有法律的和政治的上层建筑竖立其上并有一定的社会意识形式与之相适应的现实基础。物质生活的生产方式制约着整个社会生活、政治生活和精神生活的过程”②，所以，新时代我们完善公民绿色生活意识的提升机制，虽然需要推进的工作涉及方方面面，但最为基础性的工作还是“建立健全绿色低碳循环发展的经济体系”③。这样，由于意识是“物质生活过程的必然升华物”④，而“随着经济基础的变更，全部庞大的上层建筑也或慢或快地发生变革”⑤，也即随着物质性的绿色经济发展水平的不断提高，我国公民也在

---

① 《马克思恩格斯选集》第1卷，人民出版社2012年版，第157页。

② 《马克思恩格斯选集》第2卷，人民出版社2012年版，第2页。

③ 习近平：《决胜全面建成小康社会　夺取新时代中国特色社会主义伟大胜利——在中国共产党第十九次全国代表大会上的报告》，人民出版社2017年版，第51页。

④ 《马克思恩格斯选集》第1卷，人民出版社2012年版，第152页。

⑤ 《马克思恩格斯选集》第2卷，人民出版社2012年版，第3页。

由“无数个力的平行四边形”汇集而成的合力中受到这种处于基础性地位的绿色经济同化力量的决定作用，因而也就能随之把自己的绿色生活意识提升到更高的水准。

另一方面，在《谈谈辩证法问题》中，列宁提出：“自然界的（也包括精神的和社会的）一切现象和过程具有矛盾着的、相互排斥的、对立的倾向。”① 与此相联系，环境抗议、环境教育、绿色政治在以绿色经济为基础的同时，也具有自身特有的发展形式和发展规律。例如前面论及欧洲各国政府合作治污，一起协同用力就影响到了绿色经济发展。其他诸如环境抗议和绿党政治，它们既以社会生活的一个侧面，在自己的发展过程中由于自己的特殊性形成了具有自身特点的提升民众绿色生活意识的机制，也在现实中相互紧密缠绕，彼此之间存在一定的相互联系、相互作用和相互影响。因为虽然参与执政的绿党的政治活动难以归入非政府、群众性的环境抗议行为，但绿党经常作为组织者、领导者参与环境抗议活动也是一道“美丽的风景”。

在十八届中央政治局第二十次集体学习时，习近平同志强调“我们的事业越是向纵深发展，就越要不断增强辩证思维能力”，需要“坚持从客观实际出发制定政策、推动工作”②。因为与西方国家的具体国情不同，所以一方面，对于它们提升公民绿色生活意识的做法我们不能照搬。另一方面，既然立足于经济基础之上的其他绿色行动具有能动性，那么不断加强从属于环境教育的绿色生活教育就必然是我们应该努力的方向。对此党的十八大报告也明确提出要“加强生态文明宣传教育”③。同时，由于“我们要着力推进国土绿化、建设美丽中国，还要通过‘一带一路’建设等多边合作机制，互助合作开展造林绿化，共同改善环境”④。因此，我们提升公民的绿色生活意识也需要借鉴西方国家采取的政府合作的方式，同世界各国深入开展交流合作，携手共建生态良好的美丽家园。

此外，西方公民绿色生活意识提升机制架构的成形，在很大程度上并

① 《列宁选集》第 2 卷，人民出版社 2012 年版，第 557 页。

② 习近平：《辩证唯物主义是中国共产党人的世界观和方法论》，《求是》2019 年第 1 期。

③ 中共中央文献研究室编《十八大以来重要文献选编》（上），中央文献出版社 2014 年版，第 32 页。

④ 中共中央文献研究室编《习近平关于社会主义生态文明建设论述摘编》，中央文献出版社 2017 年版，第 138 页。

不是西方国家权力机构自上而下的引导。对此美国前副总统戈尔说："作为一位民选官员给《寂静的春天》写序，我心怀谦恭，因为蕾切尔·卡森的这部里程碑式的著作已无可辩驳地证明，一种思想的力量远比政治家的力量更强大。"① 而且令人吃惊的是，诸如美国"为管制杀虫剂、杀菌剂和灭鼠剂而设立的法规标准远比管制食品和医药的法规宽松得多，并且国会有意让这些法规难以实施"②。

与此相对应，作为普通公民的一员，蕾切尔·卡森在旷野中的绿色呐喊使美国公众对环境问题有了更充分的思想准备。它推动了同样是普通公民的丹尼斯·海斯等人开始重视自己周围的环境，在深刻认识到自己生活的"后院"正在遭受农药等日益严重的污染的情况下，他们毅然投身于环境运动，由此推动了越来越多的普通公民积极参与其中，最终引发了 1970 年 4 月规模宏大的环境抗议大游行。它以排山倒海之势"促使美国政府采取了一些治理环境污染的措施。20 世纪 70 年代美国政府通过了《水污染控制法》和《清洁大气法》的修正案，并成立了美国环保局"③，自下而上倒逼美国政府推动经济进行绿色转型，尽管一度进展缓慢但确实在实施。

"《寂静的春天》播下的新行动主义的种子如今已成长为历史上伟大的群众力量之一。"④ 正是感受到了群众力量无与伦比的威力，如前所述在西方无论是发展绿色经济，还是开展环境抗议、环境教育、绿色政治等活动，均凸显了政府对公民参与的高度重视。这在由下而上不断强化西方公众绿色生活观念的同时，也启示我们，新时代我国提升公民的绿色生活意识，其"根基在人民、血脉在人民、力量在人民"⑤，也即这种前无古人的"历史活动是群众的活动，随着历史活动的深入，必将是群众队伍的扩大"⑥。而当千百万的"群众知道一切，能判断一切，并自觉地从事一切的时候，国家才有力量"⑦，我们推动形成绿色生活方式，努力建设美丽中国的长远

---

① 〔美〕蕾切尔·卡森：《寂静的春天》，吕瑞兰等译，上海译文出版社 2008 年版，引言第Ⅴ页。

② 〔美〕蕾切尔·卡森：《寂静的春天》，吕瑞兰等译，上海译文出版社 2008 年版，引言第Ⅺ页。

③ 安雪菡等编《世界地球日》，广东省地图出版社 2016 年版，第 3~4 页。

④ 〔美〕蕾切尔·卡森：《寂静的春天》，吕瑞兰等译，上海译文出版社 2008 年版，引言第Ⅷ页。

⑤ 中共中央文献研究室等编《习近平关于党的群众路线教育活动论述摘编》，党建读物出版社、中央文献出版社 2014 年版，第 3 页。

⑥ 《马克思恩格斯文集》第 1 卷，人民出版社 2009 年版，第 287 页。

⑦ 《列宁选集》第 3 卷，人民出版社 2012 年版，第 347 页。

大计才有希望。

在《资本论》中，马克思指出资本主义“生产剩余价值或赚钱，是这个生产方式的绝对规律”[①]。因此，无论西方在以绿色经济为基础，环境抗议、绿色政治、环境教育相互作用形成的公民绿色生活意识提升机制的层级建构中取得了怎样的成效，缘于资本主义私有制度的资本家对剩余价值绝对优先的追逐，西方国家对公民绿色生活意识的提升实质上都是有限的。这种有限性极为典型的表现在海湾战争期间，以美国为首的资本主义国家为了取得战争胜利，肆无忌惮地使用贫铀弹。这种炸弹的主要成分是高密度物质低放射性铀 238，也就是我们通常所说的分离浓缩铀之后产生的下脚料。当它爆炸后，会燃烧生成具有放射性和毒性的粉尘。一旦这些粉尘被人吸入或经过细小伤口进入人体内部，容易引起孕妇流产及新生儿畸形，还会引发肝脏、神经系统方面的疾病以及包括白血病在内的许多癌症。据“伊拉克政府的官方统计数据显示，在 1991 年第一次海湾战争爆发之前，伊拉克每十万人中有 40 人患癌。到 1995 年，这一数字增长到 800，而到 2005 年，这一数字翻了一番，达到至少 1600。目前的估算显示，这一增长趋势仍在继续。报道指出，贫铀弹和其他军事相关污染涉嫌造成伊拉克大部分地区先天性出生缺陷、癌症和其他疾病数量激增”[②]。同样被怀疑遭受到贫铀弹危害的还有参加伊拉克战争的美国等联军部队。战后多达几千名美国老兵患有无可救药的怪病：经常疲劳、肌肉关节疼、失眠、咳嗽等。由此可见，这种为了一己战争私利，不顾基本的生态伦理道义、损人不利己甚至搬起石头砸自己的脚的做法深刻地暴露了资本主义制度的内在矛盾与局限性。本来，“在生态环境保护上一定要算大账、算长远账、算整体账、算综合账，不能因小失大、顾此失彼、寅吃卯粮、急功近利”[③]，但是资产阶级“你们的观念本身是资产阶级的生产关系和所有制关系的产物”[④]，因而资本主义私有制的存在让西方众多的人只考虑自己当下是否获利，他

① 《马克思恩格斯选集》第 2 卷，人民出版社 2012 年版，第 276 页。

② 《伊拉克：将起诉美国》，2020 年 12 月 17 日，https：//m. gmw. cn/baijia/2020-12/17/1301949473. html。

③ 中共中央文献研究室编《习近平关于社会主义生态文明建设论述摘编》，中央文献出版社 2017 年版，第 8 页。

④ 《马克思恩格斯选集》第 1 卷，人民出版社 2012 年版，第 417 页。

们在观念中难以真正去“算大账、算长远账、算整体账、算综合账”，所以美国等西方国家在资本主义制度下健全相关机制以增强公民绿色生活意识归根结底只能是“客里空”。

为此，党的十八大报告提出我们要“努力走向社会主义生态文明新时代”[①]，党的十九大报告也强调“我们要牢固树立社会主义生态文明观”[②]。在新近召开的党的二十大上，习近平同志再一次指出：“尊重自然、顺应自然、保护自然，是全面建设社会主义现代化国家的内在要求。”[③] 这是因为社会主义作为资本主义的对立面，它“把资本变为公共的、属于社会全体成员的财产，这并不是把个人财产变为社会财产。这里所改变的只是财产的社会性质。它将失掉它的阶级性质”[④]。这就从根本上抽空了资本主义囿于个人私利的基础。因此在社会主义社会和共产主义社会，由于人们已经在不同程度上辩证否定了个人私利，因而面向长期利益、共同利益的构建公民绿色生活意识提升机制的行动获得真正的成功不仅是可能的，而且是必然的。

---

① 中共中央文献研究室编《十八大以来重要文献选编》（上），中央文献出版社 2014 年版，第 32 页。

② 习近平：《决胜全面建成小康社会　夺取新时代中国特色社会主义伟大胜利——在中国共产党第十九次全国代表大会上的报告》，人民出版社 2017 年版，第 52 页。

③ 习近平：《高举中国特色社会主义伟大旗帜 为全面建设社会主义现代化国家而团结奋斗——在中国共产党第二十次全国代表大会上的报告》，人民出版社 2022 年版，第 49~50 页。

④ 《马克思恩格斯选集》第 1 卷，人民出版社 2012 年版，第 415 页。

第六章

公民绿色生活意识提升机制健全的对策

在建设美丽中国的进程中，面对我国公民绿色生活意识提升机制存在的问题，我们必须下大力气，采取针对性对策推动它们得到有效解决。

第一节 优化外在培育机制，提高公民绿色生活意识

1. 健全人才选拔机制，强化绿色生活教育

一方面，坚持党的教育方针的理论指导，健全教育人才选拔机制。2021年4月30日起施行的《中华人民共和国教育法》在第一章第五条指出："教育必须为社会主义现代化建设服务、为人民服务，必须与生产劳动和社会实践相结合，培养德智体美劳全面发展的社会主义建设者和接班人。"① 它在将党的教育方针落实为国家法律规范的同时，也明确了我们的教育要培养的是德智体美劳全面发展的社会主义建设者和接班人。因此，我们在教育过程中选拔人才，就是要以党的教育方针规定的德智体美劳全面发展的人为导向目标。现在，诸如通常的小升初考试、中考、高考，我们确实考查了受教育者多方面的知识和技能，其中尤其是初级中学阶段进行的中考，语文、数学、英语、物理、化学、历史、道德与法治、体育与健康、生物、地理、信息技术、音乐、美术等十几门课程的知识多有涉及，甚至还可能需要学生掌握生物、物理方面的多种实验操作技能。这样如果不考虑其掘进的深度，受教育者的知识、才能在广度上的确是多向度呈现"面"的展开。并且与以往相比，音乐、体育、美术等所谓"杂课"受重视的程度和安排的课时量都有较为明显的提升或增加。这表明在根本方向上我们的教育一直都在踏踏实实地全面贯彻党的教育方针，也取得了极为明显的实际效果。同时在具体做法上，各个地方具体采取什么方式去落实教育方针，大家基本没有统一的模式。这方面在探索过程中各地施行起来有的可能要求考试的知识、技能多一些，有的可能少一些。这些具体方法的差异既体现了各地积极探索，勇于变革、勇于创新的精神，与习近平同志在主持十八届中央政治局第九次集体学习时提出的"要深化教育改革，推进素质教育，创新教育方法"② 的要求保持高度的一致，同时它们本身也并没有

① 《中华人民共和国教育法》，中国法制出版社2021年版，第7页。

② 教育部课题组：《深入学习习近平关于教育的重要论述》，人民出版社2019年版，第107页。

改变需要受教育者知识、能力、素养全面发展的价值取向。因为只要是事关学生德智体美劳的知识、技能，即使不考试，也需要学生学习掌握。不过，在我们当下教育人才选拔机制的规约下，作为选拔人才手段的考试这根“指挥棒”如前所述却“指挥”人们在很大程度上弱化了对非考试课程的重视。因为“考试是检查学习情况和教学效果的一种重要方法，如同检验产品质量是保证工厂生产水平的必要制度一样”[①]，所以，因噎废食取消考试肯定是错误的。这就需要我们从问题开始，坚持培养德智体美劳全面发展的人的价值导向，一是“要认真研究、试验，改进考试的内容和形式，使它完善起来”[②]。当下教育人才选拔过程中考试既然是“指挥棒”，那么我们完全可以因势利导，改进考试的内容，将有关绿色生活意识养成的知识纳入考试范围，利用这根“指挥棒”来强化公民的绿色生活素养。可能有人会提出这会加重学生的学业负担。其实在要求全民增强自己的节约意识、环保意识、生态意识的前提下，这方面的内容无论是否考试都属于学生必须把握的知识范围，因此学生学业负担的加重和这些知识点需要考试并没有必然的因果关系。同时，考试作为一种手段，它通过不同的内容和形式既可以加重学生的学业负担，也可以减轻学生的学业负担。因此，只要我们认真研究、试验，不断完善绿色生活知识、技能的考试内容和考试形式，不仅不会加重学生的学业负担，反而会达到减轻学生学业负担的目的。至于具体的做法，既可以单独开设专门性的绿色生活教育课程，也可以研究仿效“课程思政”的方式，进一步推动将有关绿色生活的知识、技能教育纳入语文、数学、外语、物理、化学、政治、历史、地理、生物等课程之中，借助这些考试课程为学生建立基本的和基础的绿色生活学习和体验，实现“课程绿色生活教育”。由此通过这些考试课程的教育教学活动，我们既能够强化受教育者绿色生活的知识和技能，也可以在课程考试过程中自然而然完善当下的人才选拔机制，让它以进一步得到健全的有机体系发挥作用，更加有力地推动中国特色社会主义的建设者和接班人的全面发展。二是“不能迷信考试，把它当作检查学习效果的唯一方法”[③]。我们既要通

① 《邓小平文选》第 2 卷，人民出版社 1994 年版，第 105 页。

② 《邓小平文选》第 2 卷，人民出版社 1994 年版，第 105 页。

③ 《邓小平文选》第 2 卷，人民出版社 1994 年版，第 105 页。

过考试考核受教育者，择优录取人才，也要探索以其他方式为补充，在了解招生对象的素质高低的同时，鼓励帮助每个人全面提高自己的知识能力水平。这样，即使旨在提升学生绿色生活意识的课程没有被列入考试范围，我们也可以通过其他方式保证这类课程开设的频次与质量。在这方面，有地方以查代考，采取过程性检查与阶段性检查相结合的方式推进绿色生活教育，迄今积累了一定的成功经验。其具体做法是在开学前，检查学校是否制订了开展有关绿色生活知识、技能的教学活动的计划，开学过程中按照学校制订的相关计划不定期、不打招呼专项检查计划的贯彻落实情况，期末派检查小组以随机抽查的形式到学校问卷调查学生对绿色生活知识、技能的掌握程度，并在一学期结束后的寒假（或者暑假）期间将检查情况综合形成简报反馈给每一所学校，督促学校进一步优化它们提升学生绿色生活意识的教育教学机制。

另一方面，一切从实际情况出发，健全教育人才选拔机制。从客观的人才绿色生活素养的实现机制来看，我们要强化受教育者的绿色生活知识和技能，就要紧密结合现实，不能盲目决策。例如由于选拔人才时多考查学生对语文、数学、外语等学科知识的掌握程度，少关注他们绿色生活素养的高低，据此我们就形而上学地进行否定，转为主要偏向于考查学生的绿色生活素养，甚至为了给提升学生绿色生活意识的工作让路而盲目取消某些课程的学习，显而易见这些做法都忽视了事物的发展是一个辩证的过程的实际，因此都不可能真正达到健全教育人才选拔机制的目的。而只要立足实际，站在现实生活面前，我们就会看到，全面发展的社会主义的建设者和接班人不具有绿色生活素养毫无疑问不是“合格品”，不过绿色生活素养只是受教育者一个方面的知识、才能的体现，一个现实的、历史的、各方面充分发展的人毋庸置疑还应当具备其他多个方面的知识与技能。因此，当前我们就要从这个实际出发，既采取得力措施加强对学生的绿色生活教育，也不能由于提升学生的绿色生活意识而降低对学生掌握其他方面知识、技能的要求。总之要做到二者相辅相成、相得益彰。

从主观的受教育者的绿色生活意识的情况来看，受教育者作为具体的、实践的人，他们自身的绿色生活意识水平呈现高低不一的差异。因此“我们在鼓励帮助每个人勤奋努力的同时，仍然不能不承认各个人在成长过程中所表现出来的才能和品德的差异，并且按照这种差异给以区别对待，尽可能使每个人按不同的条件向社会主义和共产主义的总目标前进"[①]。其中主要应把握两点，一点是我们的前进方向是实现教育选拔出的人才素质全面发展的总目标。我们既要求中国特色社会主义万万千千的建设者具有高水平的绿色生活素养，也需要他们能够充分掌握生活其他方面及至生产中的各种知识、技能，在我们党的带领下大家团结一致真抓实干，"努力建设美丽中国，实现中华民族永续发展"[②]。另一点是既然受教育者现实的绿色生活意识在水平上有一定差异，为了选拔到合格的全面发展的人才，我们就很有必要根据这些受教育者的实际情况因材施教。基础薄弱的先补好基础知识，再在打好基础的前提下继续提高，基础知识底子较好的在学习中可以对之提出更高的要求，这样先进激励后进，后进追赶先进，最后一起提高达到全面发展的人才选拔的要求。

2. 主客双向用力，增强网络教育宣传实效

在客体方面，线上线下相结合，增强网络教育的实效性。习近平同志指出："宣传思想工作是做人的工作的，人在哪儿重点就应该在哪儿。我国网民有近六亿人，手机网民有四亿六千多万人，其中微博用户达到三亿多人。"[③] 因此当下我们必须尽快掌握网络绿色生活教育的主动权，决不能被网络这条战线边缘化。具体针对网络教育自身的局限性，我们要特别重视把在线内容融入日常教学，避免线上线下两张皮。开展网络绿色生活教学活动过程中，无论是教与学两极之间难以形成充分的互动，还是在线督查学生学习情况效果不尽如人意，都与网上教学和网下教学二者形而上学地被割裂开来紧密相关。一旦线上与线下教学活动成为互不相交的两条平行线，那么一边是传统教学活动难以拥抱现代，充分利用现代的教学方法、教学手段。这种故步自封的传统落后于时代，因而想要在教学过程中达到它理想的结果肯定是困难重重。另一边是现代化的网络教学活动形而上学地否定了传统。因为传统是我们的"根"，所以割断了传统，就等于刨掉了我们的"根"。事实上，现代信息化教学活动无论怎样"新"，这种"新"都是相对"旧"而言的，都是在"旧"的基础上发展而来的。作为"旧"

---

① 《邓小平文选》第2卷，人民出版社1994年版，第106页。

② 《习近平谈治国理政》，外文出版社2014年版，第208页。

③ 中共中央文献研究室编《习近平关于全面深化改革论述摘编》，中央文献出版社2014年版，第83页。

的东西，传统教学活动是现代信息化的教学活动得以前进的阶梯，也即简单地否定、抛弃传统，现代信息化的教学活动必然是“空中楼阁”而难以独存，更遑论去超越传统。这种情况表现在现实中基本就成了墙上芦苇，头重脚轻根底浅的现代信息化的教学活动尽管手段新奇炫目、方法标新立异，但它们在引起受教育者短暂的“兴奋”之后，会带来更多的问题，实际取得的教学活动效果并不理想。因此，面对党的十八大以来我国互联网事业快速发展的现实，分别表征传统、现代的线下教学和线上教学必须辩证统一起来，其中极为重要的处于统一之中的一个向度是现代融入传统日常的绿色生活教学活动。在这种模式中，教育者还是在固定的现实空间（通常是教室）中对受教育者进行面授。不过，这时候教育者除了利用黑板和粉笔进行传统的言传与身教之外，他们在同一时间、同一间教室里还多使用接入互联网的多媒体、智能手机上的超星学习通 App 等进行授课。这时教育者不仅可以通过 PPT 课件将有关绿色生活教学的内容以影、光、声、色多维综合地推送给受教育者，而且对照教材随时可以在线查找绿色生活的信息资料，特别是声画一体的视频等，在传统的信息刺激的同时，叠加现代化的网络资源作用，让受教育者的眼、耳等感觉器官不断在更深程度、更广范围受到更为强烈的冲击，从而让绿色生活信息流单位时间内以爆发性的涵容进入受教育者的头脑，以前所未有的速率改造受教育者的主观世界，促使不同的观念世界，保有同性质的绿色色彩。并且，由于此时传统保证了教育者和受教育者同时空在场，因此教育者能够面对面地提问，点评得到的答案，受教育者的各种疑问也能即时求教于师长，师生互动依据课堂实际情况完全能达到即时、充分的要求。

线上线下相结合，除了现代融入传统以外，还有一个发展方向是传统融入现代，也即以线上绿色生活教学为主，恰如其分地融入传统的内容或方法作为补充。例如学校开展绿色生活网络教学活动，授课者和听课者可以时空相异，老师授课时没有学生同步听课，学生听课时老师没有同步授课，但是学生原则上还是在统一的时间内集中在固定场所听课，这时学校选派专门人员同步做好线上答疑、线下检查学生课堂纪律的工作。这样既可以充分利用线上课程具有的跨越时空等特点提高教学的实效性，也能融通传统方式方法有效补足单纯线上绿色生活教学活动的不足之处。

此外，因为开展有关绿色生活的线上教学活动离不开必要的软硬件支撑，所以在硬件上，我们要进一步推进校园网络的优化升级，持续加大对电脑等信息化设备的投入力度，切实加强学生网络学习终端硬件设备的保障。在软件上，各学校要具体考察校园网络各信息平台的信息资源情况，针对线上有关绿色生活的教学活动的开展厘清各种信息的处理流程。要防止网络操作系统等方面的标准尺度规范不一而相互冲突，影响师生上课体验。尤为需要注意的是要健全安全防护软件体系。这方面根据实际情况既可以在市场上购买相关防护软件，也可以组织人员开发专门的安全软件，或者二者相结合，一切以保证学校有关绿色生活网络教学活动的高效开展为要。

在主体方面，对于教育宣传工作者来说，针对他们在教育宣传过程中出现的传统定式偏向和“本领恐慌”的问题，我们要进一步加强教育宣传队伍建设，通过选拔和培训相互协力提高队伍的信息化素养，抓牢绿色生活教育宣传的话语权。其中在加强队伍选拔上，新形势下，“互联网越来越成为人们学习、工作、生活的新空间，越来越成为获取公共服务的新平台”①，因此我们的绿色生活教育宣传战线进行队伍选拔时必须坚持德才兼备、全面发展的要求，既要成员信念坚定、传统的基本功扎实，也要“随时以举事，因资而立功”，同时要求进入教育宣传阵地的工作者善于运用网络解疑释惑、开展工作。在强化队伍培训上，面对“当今世界，信息化发展很快，不进则退，慢进亦退”② 的现实，我们要根据中央和地方培训的不同层级情况，采取选派培训、集中培训和分散培训的培训方法，多渠道、多方位、多层面不断强化绿色生活教育宣传工作队伍的培训工作，以此促使负责绿色生活教育宣传的工作者们着力增强线上引导绿色生活方式的能力，掌握在线创建绿色生活行动议题、回应网上相关问题的关切的方法手段，熟悉线上绿色生活的信息发布、报送和思想引导工作规程，不断提高组织引领在线推动形成绿色生活方式的本领；持续强化针对线上绿色生活议题的评论能力，通过培育网络名编名师、开办网络名站名栏、发表网络名篇名作等路径，持续积累评论经验，提高评论水准；切实增强网络信息安全管理能力，学习掌握抵御和防范网络攻击的技术规范和技巧。

---

① 习近平：《在网络安全和信息化工作座谈会上的讲话》，人民出版社 2016 年版，第 2 页。

② 习近平：《在网络安全和信息化工作座谈会上的讲话》，人民出版社 2016 年版，第 4 页。

对于教育宣传活动的指向对象来说，我们特别要重视推动绿色生活教育与网民的线上偏好对象相融合。既然单纯的绿色生活网络教育的在线浏览比例落后于网络视频、网络购物、网络音乐、网络游戏等对象，那么我们就有必要将有关绿色生活教育的内容有机地融入这些对象之中，借力网络视频等网民偏好使用的线上应用对象倡导绿色生活方式。在融入过程中，我们要主动因时而变、因事而新，通过创造性的转化和创新性的发展将通常形态的绿色生活教育进行呈现方式上的转换以尽可能在形式方面使之适应网民的线上偏好。例如我们可以不通过一般的线上言传、身教来传递绿色生活教育所倡导的内容，而是把它们“打包”设计成一首首富有感染力的音乐、一段段声情并茂的视频、一款款新奇夺目的游戏进行推送，那这种样式的绿色生活教育对网民的吸引力肯定会有所加强。与此同时，相关部门也要依法依规加强引导，在坚持网络空间天朗气清、生态良好的发展方向上，推动网络视频、网络音乐、网络游戏等网民使用率较高、增长率较快的线上“应用”与绿色生活教育对接，鼓励它们双向、多向融合，相互协同和谐发展。

3. 扬弃传统的“君子”养成范式，激发公民提升绿色生活意识的主动性

在《关于费尔巴哈的提纲》中，马克思批判费尔巴哈“撇开历史的进程，把宗教感情固定为独立的东西，并假定有一种抽象的——孤立的——人的个体”[①]，因此，在费尔巴哈看来，人的“本质只能被理解为‘类’，理解为一种内在的、无声的、把许多个人自然地联系起来的普遍性”[②]。也就是说，以费尔巴哈为代表的旧唯物主义者“仅仅把理论的活动看做是真正人的活动”[③]。而黑格尔等唯心主义者虽然发展了人能动的方面，但只是“把能动的方面抽象地发展了”[④]，他们与费尔巴哈等人一样，都“是不知道现实的、感性的活动本身的”[⑤]。这使他们看来，所谓与动物有根本区别的人不过只是精神的创造物或其外化。由此可见，无论是旧唯物主义还是唯

① 《马克思恩格斯选集》第1卷，人民出版社2012年版，第135页。
② 《马克思恩格斯选集》第1卷，人民出版社2012年版，第135页。
③ 《马克思恩格斯选集》第1卷，人民出版社2012年版，第133页。
④ 《马克思恩格斯选集》第1卷，人民出版社2012年版，第133页。
⑤ 《马克思恩格斯选集》第1卷，人民出版社2012年版，第133页。

心主义都“从意识出发，把意识看做是有生命的个人”[①]，是人之为人的本质所在，“而对于实践则只是从它的卑污的犹太人的表现形式去理解和确定”[②]。与此相类似，在我国传统“重知轻行”的“君子”养成范式中，人们或者从主观的内心世界或者从客观的抽象原则出发，把人精神的改造和“仁人”的养成统一起来。这样他们在极力张扬礼、义、信等原则的同时，如“樊迟请学稼。子曰：‘吾不如老农。’请学为圃。曰：‘吾不如老圃。’樊迟出。子曰：‘小人哉，樊须也！’”（《论语·子路》）可见，传统的“君子”养成范式存在“重知轻行”的缺陷，从根本上来看是因为固守于这种霸权式范式的人们并“不了解‘革命的’、‘实践批判的’活动的意义”[③]。

这样，一旦把握了事物的根本，我们改造公民的精神世界，不断强化其绿色生活意识的工作，其进路就清晰起来。一方面，当下我们推进绿色生活方式，倡导绿色生活意识当然不能抛弃或者背叛自己的历史文化，而是要坚持文化自信，融通中华传统优秀文化资源，保留传统“君子”养成范式对人“心”的呵护与重视。因为人的能动性活动与其他动物的本能性活动不同，人的活动总是有意识纠缠其中，接受思想的引导，所以一个人的思想如果没有得到绿色化的后天改造，期望他天生就具有绿色生活意识，或者天上掉下来绿色生活意识的“毛毛雨”进入他的头脑中，都只是不能实现的“意识的空话”。要有革命的绿色观念，就必须关注人精神世界的绿色建构，重视人心灵的绿色净化。另一方面，我们在融通传统的“君子”养成范式以提升公民绿色生活意识的过程中，更要批判地克服这种范式少关注社会实践活动的不足。因为“意识并非一开始就是‘纯粹的’意识。‘精神’从一开始就很倒霉，受到物质的‘纠缠’”[④]。所以尽管“可以根据意识、宗教或随便别的什么来区别人和动物。一当人开始生产自己的生活资料，即迈出由他们的肉体组织所决定的这一步的时候，人本身就开始把自己和动物区别开来”[⑤]，为此不是意识，而是“现实的、有生命的个人

① 《马克思恩格斯选集》第1卷，人民出版社2012年版，第152页。
② 《马克思恩格斯选集》第1卷，人民出版社2012年版，第133页。
③ 《马克思恩格斯选集》第1卷，人民出版社2012年版，第133页。
④ 《马克思恩格斯选集》第1卷，人民出版社2012年版，第160~161页。
⑤ 《马克思恩格斯选集》第1卷，人民出版社2012年版，第147页。

本身”的实践才是人真正的本质。这表明“环境的改变和人的活动或自我改变的一致，只能被看做是并合理地理解为革命的实践”[①]，因而无论是传统的“君子”，还是当代人的绿色生活意识的养成问题都只“能在人的实践中以及对这种实践的理解中得到合理的解决”[②]。也就是说，在归根结底的意义上，真正的养成绿色生活意识的活动不是千方百计地仅去影响人的精神世界，而是要改变人的实践。只有人之为人的实践发生了改变，生成于实践的指导人现实行动的意识才会产生彻底而持久的与之相适应的变化。并且，受人的本质抑或实践的决定性影响，人的这种绿色转向是如此稳定、执着。在它面前，受其养成作用影响的人面向绿色生活的执着威武不能屈，富贵不能淫，利益不能移。因此，“思想要得到实现，就要有使用实践力量的人”[③]，只有立足于实践，以辩证否定的方式将能动的人“心”与物质性的实践活动统一起来，在它们二者的和谐互动中才能不断激发公民提高自己绿色生活意识的积极性、主动性。

4. 推动文化均衡发展，拓展和提高绿色文化熏陶的广度与效度

针对公众主体，我们要大力推动他们的文化素养均衡发展，不断拓展绿色生活文化熏陶的广度。具体到学龄人群，一要千方百计保证义务教育的入学率，让各地区尤其是教育落后地区不再出现新的文盲。其中政府主管部门要依法加强督促，各个学校要制订专门性的方案计划，在压实责任的同时，以领导带头，多向协同用力把工作做实做好。例如在义务教育阶段，农村学校某班有学生没来上学，如果仅仅制作一份失学学生名单上报，或者请在校学生回家途中带信让失学学生继续来校上课显然不是好的方式方法。面对如此情况，学校要按照制订的方案计划一边上报当地教育主管部门，一边选派老师实地去学生家里了解情况，依据实际情况的不同采取不同的方式动员学生复学。不过，这时假如仅仅由失学学生所在班级的班主任一人跑上跑下做学生的复学动员工作其效果多不会太好，特别是对那些因为家长没有来校读书的学生，几乎没有什么效果。但如果在当地基层政府相关部门的支持下，由学校领导带头，多位老师共同组成一个队会同

---

① 《马克思恩格斯选集》第1卷，人民出版社2012年版，第134页。

② 《马克思恩格斯选集》第1卷，人民出版社2012年版，第136页。

③ 《马克思恩格斯文集》第1卷，人民出版社2009年版，第320页。

当地村干部（一般为村民小组长）一起去失学学生所在家庭相互协力做学生和家长的工作，往往会取得良好的实效。二要推进教育优质资源均衡化。各地教育主管部门要优化教育规划布局，鼓励优质教育资源向落后地区辐射，加强薄弱地区教育资源配置。具体做法上，对于学校，例如条件较差的薄弱学校，我们可以考虑让它们与条件较好的学校进行一体化办学。在这种办学模式下，一般薄弱学校的校长、书记由较强学校的领导兼任，两个学校统一要求管理、统一安排教师、统一设置课程、统一备课教研、统一评价标准、统一调研措施、统一策划活动。另外也可采取强校托管弱校、强校办分校等方式，缓解优质教育资源分布不均的矛盾。对于老师，我们可以由主管部门设立教师管理中心，将辖区内义务教育阶段的所有教师进行归集管理。这时老师不再分属于一个个不同的学校，而是都被集中在教师管理中心。开学时由教师管理中心统一选派老师到辖区内的学校上课。选派时在保证学校教师大部稳定的前提下，划定一个百分比（一般不小于15%，不大于25%），让符合交流条件的教师按照这一比例进行校级交流，推动优秀教师由强校向弱校流动。对于学生，我们可以依据他们入学考试的成绩、性别、生源校、担任班干部情况等开展一体化的综合考量，进行均衡性分班。在学生分班的同时，班级授课教师也按照他们的工作经验、专业能力、年龄结构、男女性别等方面的实际情况相对均衡搭配，尽力化解“进了大门进不了小门”的矛盾。

对于学龄人群之外的对象，我们应当在基层政府部门的统筹下，各守一方，派专班摸清楚辖区内文盲的具体人数、姓名、住址、联系电话等，有条件的地区可以把辖区内的文盲情况纳入网格化管理。在做好这些工作的基础上，根据不同文盲对象的不同情况及其个人意愿等，采取集中开办扫盲班或者提供上门扫盲服务等方式，既一般性地提高他们的科学文化知识，也特别向他们宣传普及有关绿色生活的知识、技能及其重大价值意义，有意识地唤醒他们的绿色生活意识，强化他们的绿色生活观念，深化他们的绿色生活体验。

值得一提的是，在促使公众文化素养均衡化发展，强化他们的绿色生活认识和体验的过程中，对于那些文盲、半文盲人群，提高他们的读书识字能力当然非常重要。这样传统的文字书籍诸如《绿色生活手记》《寂静的春天》等就可以顺利地与这些先前的“陌生人”对接，通过文化熏陶的方式提升他们的绿色生活意识。不过，鉴于通常情况下人们读书识字能力的提高并不是一朝一夕的事情，因此我们推动公众文化素养平衡发展的工作，就不能狭隘地仅仅局限于促使文盲、半文盲读书识字能力的加强，还应因地制宜，尝试利用其他的方式来达到我们的目的。比如我们可以把有关绿色生活的文字材料转化成通俗性的音频、视频信息，刻成光碟，设计成“抖音”等形式，让那些文化程度不高的受众也能迅速理解和把握这些听觉、视觉材料传达的意义，从而在较短的时间内取得强化公众绿色生活认识和体验的较为明显的效果。

针对作为客体的不同性质的文化，我们也要“坚持百花齐放、百家争鸣”[①] 的方针推动它们均衡发展，切实防止“快餐文化”畸形膨胀，以此提高绿色文化熏陶的效度。一方面，我们要坚持社会主义先进文化发展方向，以满足人民日益增长的优美生态环境需要为中心，大力发展面向长远、注重整体的绿色文化。这一是要“回到马克思”，深入学习、研究马克思主义经典著作中的绿色思想，透彻把握它们的精神实质。这样我们就可以用这种彻底的理论紧密对接我国创建绿色生活方式的具体实际，指导推动与提升公民绿色生活意识相关的各项工作高效地被贯彻落实。二是要坚守中华文化立场，辩证汲取我国传统优秀文化中的绿色智慧，利用它们富有中国特色、中国作风和中国气派的表现形式为广大群众提供他们喜闻乐见的、绿色的精神食粮。三是“开门搞研究”[②]，借鉴国外有益的绿色文化思辨，面向世界着力强化我国公民的绿色生活观念。

另一方面，面对当今媚俗的“快餐文化”畸形发展的现实，为了更有实效性地倡导着眼整体、趋求崇高的绿色生活价值观，切实强化公民的绿色生活意识，有关管理部门要注意依法引导“快餐文化”健康发展，既要利用伦理道德等“软约束”导引，也要制定相应的规章制度等“硬措施”进行管控，保证它们不野蛮生长，使人们自觉地倡导绿色生活观念，追求绿色生活方式，并在这个倡导、追求的过程中推动人们不断提升自己的综合素养，在向全面发展的“自由人”持续跃迁的过程中为保护生态环境作

---

① 习近平：《决胜全面建成小康社会　夺取新时代中国特色社会主义伟大胜利——在中国共产党第十九次全国代表大会上的报告》，人民出版社 2017 年版，第 41 页。

② 习近平：《在哲学社会科学工作座谈会上的讲话》，人民出版社 2016 年版，第 18 页。

出我们这代人的努力。

当然，因为新时代人民群众过上美好生活的新期待体现在多个向度，所以我们在限制“快餐文化”畸形发展的同时，也要合理利用“快餐文化”。总体上应该在媚俗的“快餐文化”和表征崇高的绿色文化平衡协调的统一中不断强化它们二者之间的辩证关系，以实现“百花齐放”，在进一步巩固绿色文化中心地位的同时，也通过受到正确引导的“快餐文化”等向人们提供丰富的精神食粮。

5. 义、利两和谐，以绿色生产推升倡导绿色生活自觉性

从外因上来看，我们要进一步探寻政府和市场新的科学定位，优化企业的外部环境，以推动企业发展绿色生产，从而更加自觉地参与倡导绿色生活方式。

在党的第十九次全国代表大会上，习近平同志提出要“着力构建市场机制有效、微观主体有活力、宏观调控有度的经济体制，不断增强我国经济创新力和竞争力”①。这说明，一方面，政府要有度调控企业进行绿色生产，促使企业以绿色生产为基础带动提高公民的绿色生活意识。各级政府部门要利用行政、经济、道德等多种手段，对企业的经济运行状态和它们相互之间的经济关系依法进行宏观干预和调整，把微观层面的企业生产经营活动纳入国民绿色经济宏观发展的轨道，及时纠正企业具体经济运行中偏离宏观绿色发展目标的倾向，进而因势利导，促使企业以其绿色的物质生产为基础，带动本质上属于上层建筑的公民生活意识随着生产的绿色跃迁而合规律地发生绿色转向，使之蜕变成绿色的生活意识。并与企业的绿色生产活动不断在空间中拓展，在纵深上延伸的趋势总体保持一致，这种绿色生活意识也不断发生跃迁，持续在绿色水平上得到提高，在绿色强度上得以加强。

另一方面，我们也要有效地发挥市场机制的作用。显而易见，如果政府一切都大包大揽，管得过多过死，市场中的微观主体——具体的一个个企业肯定不会有什么活力。这就需要在政府有度的宏观调控的作用下，构建行之有效的市场机制来为企业立足于绿色生产提高倡导绿色生活意识的自觉性从外而内注入活力。因为在整个市场之中，供求、价格、竞争、风

---

① 习近平：《决胜全面建成小康社会　夺取新时代中国特色社会主义伟大胜利——在中国共产党第十九次全国代表大会上的报告》，人民出版社 2017 年版，第 30 页。

险等要素之间互相联系、相互作用，不断在利和义的两极间扩展张力，所以我们当前的一个非常重要的工作就是探索提炼出一套具体的方式手段，使这些联系与作用在政府有度的宏观调控下不会绝对优先地滑向某一极，而是既对立又统一，达到义、利两和谐。这些具体的方式和手段一边承接政府的宏观调控，把宏观性的调控具体化；一边贯彻落实到市场的供求机制、价格机制、竞争机制和风险机制之中，让具体的供求、价格、竞争和风险机制在经济效益和社会效益相统一的过程中有效规约企业的行为，推动企业在通过发展绿色生产提升公民绿色生活意识的向度上保持持久的耐性与更强的活力。当今尽管“摸着石头过河”的现实让我们对这些方式手段的提炼与把握总体上尚“走在途中”，不过由于“我们的人民热爱生活，期盼有更好的教育、更稳定的工作、更满意的收入、更可靠的社会保障、更高水平的医疗卫生服务、更舒适的居住条件、更优美的环境，期盼孩子们能成长得更好、工作得更好、生活得更好”①，因此，当下我们完全可以着眼于供求，利用广大人民群众日益增长的优美环境的需要来调动企业积极提供更多优质的生态产品参与创建绿色生活行动，进而推动提升公民的绿色生活意识。

从内因上来看，当今我们为实现“两个一百年”奋斗目标，实现民族复兴的梦想，“坚持社会主义市场经济改革方向”②，致力推动实现更高质量、更有效率、更加公平、更可持续的发展。在这个过程中，各个企业作为相对独立的经营主体，它们在社会主义市场通过其供求、价格、竞争等机制决定性地配置社会资源的规约下，直接从事生产、流通和服务性的经营活动，独立核算、自主经营、自负盈亏，既在促使自身潜在的生产力不断转化为现实的生产力，推动产业规模日益扩大的经济活动中彰显自己基础性的经济功能，也通过创造越来越多的物质财富和优质生态产品不断满足人民日益增长的生活与生态环境需要履行着企业的社会职能。不过，因为目前“我国仍处于并将长期处于社会主义初级阶段的基本国情没有变”③，

① 《习近平谈治国理政》，外文出版社 2014 年版，第 4 页。

② 习近平：《决胜全面建成小康社会　夺取新时代中国特色社会主义伟大胜利——在中国共产党第十九次全国代表大会上的报告》，人民出版社 2017 年版，第 30 页。

③ 习近平：《决胜全面建成小康社会　夺取新时代中国特色社会主义伟大胜利——在中国共产党第十九次全国代表大会上的报告》，人民出版社 2017 年版，第 12 页。

所以我国企业的社会责任意识与其追求经济效益二者之间尚未达到充分的统一。为了扭转这种状况，一是要以绿色生产催生企业绿色文化，为企业倡导绿色生活方式提供良好的内部软环境。企业文化是一个企业在长期生产经营过程中体现出来的由其价值观、信念和处事方式等有机组成的特有的文化形象。企业既是在市场中主要从事生产活动的一个个物质性的实体，也是受一定的价值观、信念等导引的文化存在。而且这种导引它们的价值观、信念等是如此强烈，以至于在很大程度上规定了企业物质性生产活动的方向。这意味着我们很有必要抓住企业文化这个“牛鼻子”，站在时代的高起点上，把绿色生产、绿色生活的理念与既有的企业文化和谐地统一起来，以绿色生产催生企业绿色文化，让这种新的企业文化在保有企业本来的经济效益诉求的前提下，也充分渗入绿色向度的社会责任担当。由此在这种经过辩证否定的新的企业文化的观照下，企业自身的活动除了着眼于经济利益的生产以外，必然还包括对绿色生活方式的倡导。

二是要立足于绿色生产优化企业人力物力财力配置，不断改善企业倡导绿色生活意识的内部硬环境。有了革命的意识，如果要有革命的行动，还离不开一定的物质条件的支撑。否则“巧妇难为无米之炊”，革命的行动也开展不起来。因此相关企业要立足于绿色生产，在人力上要主要领导挂帅，有对口的工作队伍；在物力上要安排相应的工作场所，提供必要的设施、设备；在财力上要有专项的经费支持。这样人、财、物一起运转，相互作用，在搞好绿色生产的同时也让企业承担社会责任——推动提升公民绿色生活意识的行动扎扎实实落到实处。

三是要按照绿色生产的要求加强企业内部的顶层设计，以此从顶层由上而下强化企业倡导绿色生活方式的社会责任意识。各企业应围绕“既要创造更多物质财富和精神财富以满足人民日益增长的美好生活需要，也要提供更多优质生态产品以满足人民日益增长的优美生态环境需要”① 的目标，在分析实现目标的关键要素、主要挑战和预测潜在的问题、风险当中梳理出企业为了达到目标、完成任务必须要开展的顶层设计工作，以此为依托，不断提高自己承担社会责任，推动提升公民绿色生活意识的主动性、自觉性。

① 习近平：《决胜全面建成小康社会　夺取新时代中国特色社会主义伟大胜利——在中国共产党第十九次全国代表大会上的报告》，人民出版社 2017 年版，第 50 页。

四是通过强化绿色生产推动企业内部员工全面发展，从下而上釜底抽薪，促使企业更为自觉地去开展提升公民绿色生活意识的工作。党的十九大报告中，习近平同志提出我们在取得了改革开放和社会主义现代化建设的历史性成就的同时，必须清醒看到，我们还面临如“社会文明水平尚需提高”等不少困难和挑战。由此可见，当今时代进一步推动人的全面发展，不断提高社会文明水平是我们必须着力加以解决的问题。而正是因为在社会主义初级发展阶段，企业员工的各方面尚未得到全面而充分的发展，所以他们考虑问题，开展工作时就难以突破个人所属企业的狭隘私利局限，从整个社会良性运行、协调发展的广阔时空中去规划、协同自己的思想和行动，做到义、利两和谐，经济效益和社会效益相统一。因此，现阶段我们要做的一项重要工作就是从精神到物质全方位、深层次地推动企业员工不断向全面发展的方向跃迁。

在《德意志意识形态》中，马克思和恩格斯指出：“只要分工还不是出于自愿，而是自然形成的，那么人本身的活动对人来说就成为一种异己的、同他对立的力量，这种力量压迫着人，而不是人驾驭着这种力量。”[①]在这种力量的驾驭下，“各个人所追求的仅仅是自己的特殊的、对他们来说是同他们的共同利益不相符合的利益，所以他们认为，这种共同利益是‘异己的’和‘不依赖’于他们的”[②]。这亦是说，由于强制性分工比如资本主义私有制经济活动的存在，表征共同利益的绿色生活对未得到充分发展的企业员工来说也是异己的、不符合他们特殊利益的东西。由此可知，虽然我们可以通过教育、宣传等一系列方式方法去推动企业员工全面发展，但归根结底，就是要大力推进绿色生产发展，促使社会分工在自愿的层级上不断跃迁，最终充分驾驭了自己本身的活动的各企业员工就会消除他们与共同利益之间的对立，从而在特殊利益和共同利益也即利和义两和谐的辩证统一中不仅仅追求企业自身的特殊利益，同时也能自觉地追求共同利益，积极地去参与关乎民族未来长远大计的强化公民绿色生活意识的各项工作。

---

① 《马克思恩格斯选集》第 1 卷，人民出版社 2012 年版，第 165 页。

② 《马克思恩格斯选集》第 1 卷，人民出版社 2012 年版，第 164 页。

第二节 健全内在发展机制，推动公民绿色生活意识跃迁转化

1. 统一能动性、规律性，强化绿色生活意识

在《资本论》中，马克思提出：“自由王国只是在必要性和外在目的规定要做的劳动终止的地方才开始；因而按照事物的本性来说，它存在于真正物质生产领域的彼岸。像野蛮人为了满足自己的需要，为了维持和再生产自己的生命，必须与自然搏斗一样，文明人也必须这样做；而且在一切社会形式中，在一切可能的生产方式中，他都必须这样做。”[①] 这意味着我们提高公民绿色生活意识的各项工作，按照它们的本性来说，都处于必然王国中受一定客观规律的制约。因此，开展这些工作时，我们必须要尊重客观规律，按照客观规律的要求办事。在具体做法上，首先，既然“从生动的直观到抽象的思维，并从抽象的思维到实践，这就是认识真理，认识客观实在的辩证的途径”[②]，那我们强化公民的绿色生活意识，就不能仅凭主观上的良好愿望，不切实际地要求公众能“一步登天”，瞬间跨越“生动的直观”达到“抽象的思维”，在理性层面深刻地认识和把握有关绿色生活内在联系的方方面面。如果非要违背客观规律企图“人定胜天”，那不仅不能实现提高公民绿色生活意识的目标，相反我们极可能离这个目标越来越远。其次，现阶段我国公民理解程度不同的有关绿色生活的问题呈现一定的水平高低差异正是认识发展规律作用的结果。它的存在在意识发展层次上确实是表明我们亟须进一步深化我国公民对绿色生活的认识，但在另一个向度又提示我们这一认识发展状况是我国公民观念把握绿色生活必须经过的一个阶段。因此，我们一边不能就此贬低或者怀疑我们先前所开展的诸种工作的成效，不能在公众绿色生活认识上认为“外国的月亮比中国圆”；另一边当下尽管提升公民绿色生活意识之“路漫漫其修远兮”（《楚辞·离骚》），不过“冬天”既已来临，那“春天”一定不会久远，因而

---

① 《马克思恩格斯文集》第 7 卷，人民出版社 2009 年版，第 928 页。

② 马特编《马克思列宁主义经典著作家论逻辑》，高等教育出版社 1958 年版，第 20 页。

我们要对自己正在进行的工作充满信心。最后，"实干兴邦，空谈误国"[①]。面对缘于思维发展的客观规律的制约而出现的这种前进中的问题和困难，我们在尊重规律的前提下，要脚踏实地，做老实人，办实在事，老老实实地从手头的工作做起，撸起袖子加油干，一步一步地渐次提高民众绿色生活观念的水准，最终一旦达到认识的"临界点"，我国公民的绿色生活意识在层级上必将发生飞跃。到了那时，他们不仅能透彻理解浅层次的问题，而且能透彻理解深层次的问题。

"自由是对必然的认识并根据对必然的认识成功地改造客观世界。"[②] 这说明具体的人虽然始终生活在必然王国之中，不能消灭和改变客观规律，但却不是客观规律宰制之下的奴隶，而是活生生的能动的创造者。他们能顺应和利用客观规律，制天命而用之，在必然王国中获得充分的自由。因此，我们在尊重客观规律的条件下，完全可以发挥自己的主观能动性，在客观规律性与主观能动性的辩证统一的过程中达到强化公民绿色生活意识的目的。这一方面要坚持用形上的马克思主义唯物辩证的普遍真理指导工作。在《矛盾论》中，毛泽东指出："辩证法的宇宙观，主要地就是教导人们要善于去观察和分析各种事物的矛盾的运动，并根据这种分析，指出解决矛盾的方法。"[③] 事物相互对立、相互斗争的矛盾不能孤立存在，而是在"事物发展过程中的每一种矛盾的两个方面，各以和它对立着的方面为自己存在的前提，双方共处于一个统一体中……矛盾着的双方，依据一定的条件，各向着其相反的方面转化"[④]。这就从哲学方法论的高度阐明了在提高公民绿色生活意识的过程中，事物发展的规律性和人的主观能动性在相互对立的同时，又是相互依存的矛盾着的两个方面。客观规律的存在以它们的自然必然性规定了人们不能按自己的主观意愿随心所欲地行动，同时客观规律与人的主观能动性又具有同一性，二者之间存在由此及彼的关系。人只要在认识客观规律性的前提条件下顺应客观规律，他们的主观能动性就带有客观必然性的特性。这让他们的主观能动性发挥的程度和客观规律

---

① 中共中央文献研究室编《论群众路线——重要论述摘编》，中央文献出版社、党建读物出版社 2013 年版，第 127 页。

② 《毛泽东文集》第 8 卷，人民出版社 1999 年版，第 118 页。

③ 《毛泽东选集》第 1 卷，人民出版社 1991 年版，第 304 页。

④ 《毛泽东选集》第 1 卷，人民出版社 1991 年版，第 327 页。

作用的效度成正比，因此人们就能通过自己能动的创造性行动如“道法自然”的“庖丁解牛”一样又好又快地推进倡导绿色生活方式的工作。

不仅如此，按照唯物辩证法的观点，“矛盾存在于一切事物发展的过程中，矛盾贯串于每一事物发展过程的始终”[①]，并且各种运动形式中的矛盾及这些运动在其发展的每一过程中的矛盾都带有特殊性。所以我们尊重客观规律，应当贯穿于倡导绿色生活方式过程的始终，决不能抱侥幸心理，企图在某一件工作上或者某一件工作的某一个阶段上不考虑客观必然性的制约完全迈进自由王国，那样不仅不会做好事情，反而会事倍功半，办不好事。另外，我们在发挥主观能动性的过程中一定要考虑事物发展规律的特殊性，要针对现实地倡导绿色生活方式的具体情况进行具体分析，做到因事而变、因时而化、因势而新。

另一方面我们要利用形下的现代科技工具手段去发现问题、分析问题、解决问题。在批判“德国的批判”时，马克思和恩格斯说：“在思辨终止的地方，在现实生活面前，正是描述人们实践活动和实际发展过程的真正的实证科学开始的地方。”[②] 因此，在实际工作中，我们要在尊重客观规律性与发挥主观能动性的辩证统一过程中强化公民的绿色生活意识，如果仅仅是在纯粹的思想领域进行哲学幻想，那么无论这种“吵嚷”多么“喧嚣”，也不会取得任何我们想要的结果。唯有立足现实，利用“描述人们实践活动和实际发展过程的”现代科学工具手段去发现问题，研究问题，才能有效地解决问题。从方法程式上来看，其一，我们要现实对接处于内外交错的复杂关系中的对象，只有一切从实际出发，我们才有发言权；其二，利用追求精确性的现代科技工具手段去分析、处理对象内部、对象之间的复杂联系，包括其中涉及的短期利益与长期利益、局部利益与整体利益、表层利益与核心利益等一系列方面，实事求是地揭示出这些内外联系当中内含的信息，找出其中存在问题，阐明它们的成因；其三，根据问题的成因，有针对性地提炼出相应的对策，推动问题的有效解决，并在彻底解决问题的过程中渐次“掌握”群众，富有实效地深化他们的认识，强化他们的绿色生活观念。

---

① 《毛泽东选集》第 1 卷，人民出版社 1991 年版，第 308 页。

② 《马克思恩格斯选集》第 1 卷，人民出版社 2012 年版，第 153 页。

需要特别注意的是，列宁指出："只要再多走一小步，看来像是朝同一方向多走了一小步，真理就会变成错误。"① 文艺复兴以来，人们高唱工具理性的赞歌，"宗教、自然观、社会、国家制度，一切都受到了最无情的批判；一切都必须在理性的法庭面前为自己的存在作辩护或者放弃存在的权利"②，以致形成了科技工具霸权，而对人的价值的呵护、人的能动性的弘扬等则畸形萎缩。毋庸讳言，我们如果把科技工具上升到霸权的高度，以此作为强化公民绿色生活意识的唯一手段，那么这种阉割了人的主观能动性，被窄化了的单向度科技力量的无限度膨胀也因为其与人的分离必然产生"无"的结果。

2. 善用"五步工作法"，推进生态文明纳入社会主义核心价值体系的工作

"五步工作法"，即按照调研、决策、部署、实施、验收五个步骤，抓住关键节点逐项发力，推进工作落地的科学方法。具体到当下进一步推进生态文明纳入社会主义核心价值体系的工作，我们一要扎扎实实做好调研。因为"现在推进改革的复杂程度、敏感程度、艰巨程度，一点都不亚于30多年前"③。所以，作为一项创新性的改革，将生态文明纳入社会主义核心价值体系更是一刻也离不开对现实情况的准确把握。这就需要我们"一定要把实事求是贯穿到各项工作中去，经常、广泛、深入开展调查研究，努力把真实情况掌握得更多一些、把客观规律认识得更透一些"④。真正做到深入基层、深入一线把相关工作中的问题摸清楚，把情况掌握全面，把关键性的痛点、堵点找到，把群众的呼声反应上来。这样才能做到心中有数，才有可能真正解决问题。

二要对照问题进行决断决策。这一过程中我们既不能搞家长制、一言堂的武断式决策，那样只有一个声音，肯定不能说"弹"好了生态文明纳入社会主义核心价值体系这架"钢琴"；也不能优柔寡断，没主见、无主张，揉来揉去，文来会去，推来推去，这实际上等于不作为，最终也会让

---

① 《列宁选集》第4卷，人民出版社2012年版，第211页。

② 《马克思恩格斯选集》第3卷，人民出版社2012年版，第391页。

③ 中共中央宣传部编《习近平总书记系列重要讲话读本》，学习出版社、人民出版社2016年版，第68页。

④ 中共中央党史和文献研究院等编《习近平关于"不忘初心、牢记使命"论述摘编》，中央文献出版社、党建读物出版社2019年版，第214页。

推进生态文明成为社会主流价值观的工作流于形式，产生不了什么实效。我们需要的是既充分发扬民主，又勇于集中的态度。所有参与相关工作的人员，都要认真听取他者的意见并作为自己行动的参考，此外也要能动地进行思考：在价值“圈子”里这个事情值不值得做，有没有意义，符不符合“绿色发展理念”，符不符合建设美丽中国的努力方向；在能力“圈子”里我们现在有没有这个能力，包括人员协调能力、资金实力、调动资源的能力等；在支持“圈子”里纵向的上级是否支持，横向的部门是否支持，基层的群众是否支持。“我们来分析研究三个圈，如果完全重合，那么这件事 100%没有问题，可以放心大胆拍板，不费吹灰之力就成功了。但这样的事情极其少见，三圈 100%重合几乎没有。大多数决策都是三个圈重叠一部分。那么这个重叠的比例就决定了决策能不能拍板。假如这个重叠部分在 50%以下，这是不能拍板的。假如这个重叠的部分超过 60%到了 70%，这个时候还不拍板，机遇就丧失了。”①

三要做好动员部署。我们要在前期调查研究的基础上，围绕生态文明纳入社会主义核心价值体系的各项工作，制订出具体的工作方案和实施办法，把要开展的工作说全、讲清，让参与各方在观念上充分认识使生态文明纳入社会主义核心价值体系的重要性、严肃性和紧迫性，并紧密结合大家在日常生活中对良好生态环境的期待让人们明白与此相关的工作没有旁观者，以此明确工作要求，做好思想准备。行动上把建设美丽中国、培育全体人民共同的价值追求的大局与本地强化公民绿色生活意识的实际情况统一起来，整体一盘棋加强联动配合，部署安排近期相关的重点工作，建立任务清单，细致梳理分工职责，压实各方责任，把工作做细、做实。在此基础上各方对标对表拿出倾尽全力、一往无前、奋战到底的干劲，从严、从快、从实、从细投入当前的各项工作，竭力做到人人自觉担责、个个自觉尽责。

四要着手实施推进。这一是“两手抓”。一手抓好的一头，抓先进典型；一手抓坏的一头，抓后进对象。好的一头在前面拉，坏的一头在后面推，这样比如说一个县有三四百个村，抓好的三四十个村，再抓坏的三四

① 《刘雪荣传授“六大工作法”，助你轻松开工向前冲!》，2018 年 3 月 2 日，http：//www.hg.gov.cn/art/2018/3/2/art_30_154233.html? from=singlemessage。

十个村，两头夹击，生态文明纳入社会主义核心价值体系的工作整体上就会被实质性的推进。二是学会“搬石头”。将生态文明纳入社会主流价值观的工作不可能不碰到一些问题也即“石头”。“你走在路上石头挡住了去路走不通怎么办呢？要搬石头，石头小，自己下来搬，石头比较大，你喊两个人来搬，石头再大，你找个吊车来搬，吊车也不行，你退回去，绕个五公里十公里，这就是搬石头。”[①] 只要学会了“搬石头”，就没有干不成的事情，没有做不好的工作。三是抓住重点带动面上。“抓住重点带动面上工作，是唯物辩证法的要求，也是我们党在革命、建设、改革进程中一贯倡导和坚持的方法。”[②] 实际行动中，我们一些同志总觉得推动生态文明成为社会主流价值观的工作千头万绪，一团乱麻，不知道从哪里下手，靶子在哪里，重点在哪里，这个“枪”该往哪里打，找不到。其实在我国中医领域有句名言即“通则不痛，痛则不通”。身体哪个地方痛，便是那个地方经络血脉不通。类似的，当人们工作推动不下去的时候，发现工作总是停在某个地方，那一定是这个地方堵住了，“经络血脉不通”，如此大家就需要顺藤摸瓜，一直摸到这个地方，这个地方就是工作的痛点或者重点。一旦找出了工作的重点，我们就要紧紧抓住重点问题精准发力，集中力量对之展开研究，人财物上进行全力支持，对症下药，在改革中把相关卡点、痛点给解决，再由点及面，抓住重点带动面上，把生态文明纳入社会主义核心价值体系的工作在全面推开的同时深度推进。

五要及时检查验收。针对推动生态文明成为社会主流价值观的工作，检查验收是抓其落实的“最后一公里”。这一是检查验收要及时。无论是整项工作，还是一项工作的某一阶段、某一环节完成后，检查验收活动都要及时跟进。这样奖勤罚懒、奖优罚劣等立马兑现，从而能一鼓作气助推其他工作或某项工作的其他阶段、其他环节高质量推进。二是检查验收既要听情况汇报，也要实地察看。我们要将二者作为检查验收的必要环节辩证地统一起来，对将生态文明纳入社会主义核心价值体系的各项工作的成效进行检查、打分、评定，充分肯定成绩，也反馈问题并提出改进意见和建

---

① 《刘雪荣传授“六大工作法”，助你轻松开工向前冲!》，2018 年 3 月 2 日，http：//www. hg. gov. cn/art/2018/3/2/art_30_154233. html？ from = singlemessage。

② 《习近平谈治国理政》第 2 卷，外文出版社 2017 年版，第 61 页。

议。三是检查验收要“回头看”。这主要是针对那些个别工作不力、问题较多的开展工作的地方或者单位，要有针对性地另外安排检查进行“回头看”，给予其相应的压力和推力，促使相关工作人员严格按要求采取得力措施推进工作，使生态文明成为社会主义核心价值体系的重要内容的要求真正落到实处。

3. 推动经济平衡发展，强化绿色生活感性体验

“千钧将一羽，轻重在平衡。”为了强化公民绿色生活的感性体验，我们要大力推动区域经济平衡发展。这一方面要在区域经济纵向发展目标上处理好效率和公平的问题。我们不仅要在经济中追求效率优先与兼顾公平，更要跳出单纯的经济对接经济之外的东西来探索效率优先与兼顾公平的辩证统一。就前者来说，经济上的效率与公平统一是基础。一个地方经济不发展，民众没有公平地共享发展的红利，还处于贫穷落后的状态，即使当地群众在自己的生活中获得了较强的绿色感性体验，我们创建绿色生活，提升公民绿色生活意识水平的行动也不会建立在坚实的基地上，因为“忧心忡忡的、贫穷的人对最美丽的景色都没有什么感觉”[①]。对于经济上贫穷的他们来说有关绿色生活感性体验还只是外在的东西，或者说如果不是他者向他们主动提起，他们甚至都意识不到这种感性体验的存在。此时在他们心中，排在第一位的是创造更多的物质财富来解决自己的衣食住行问题，至于绿色生活感性体验，当下的拥有并不能使他们感到有尊严和生活幸福。

此外，“我们要建设的现代化是人与自然和谐共生的现代化”[②]，不过和谐不等于一团和气，没有矛盾，而是矛盾面相对平衡，既相互对立又相互统一，从而使具体的有机体生机勃勃，不断在否定之否定中向前跃迁、发展。与此相关，虽然发展经济确实是要人为地扰动自然环境，导致人与自然之间产生矛盾，但这种矛盾关系的存在是必然的和必要的，否则哪怕这种矛盾关系只中断短短的一年，人和人类社会也将不复存在。因此，我们发展经济，追求效率，只要注意保持人与自然之间矛盾的平衡，就能在广大群众公平地共享发展成果的前提下筑牢生态文明建设的经济基础，继而

---

① 《马克思恩格斯文集》第1卷，人民出版社2009年版，第192页。

② 习近平：《决胜全面建成小康社会　夺取新时代中国特色社会主义伟大胜利——在中国共产党第十九次全国代表大会上的报告》，人民出版社2017年版，第50页。

在发展和生态的和谐统一之中把群众的绿色生活体验推升到一个又一个高地。

就后者来说，一花独放不是春，即使我们实现了纯粹经济上效率与公平兼顾，但“一头独大”的经济效率并不能说明什么。比如地区经济指标快速增长，绿色生活创建行动方面的指标却徘徊不前甚至出现倒退，这种所谓的高效率并不值得我们去追求。对此习近平同志指出：“如果就是简单为了生产总值，但生态环境问题越演越烈，或者说面貌依旧，即便搞上去了，那也是另一种评价了。”① 同样，单纯经济上的公平也是一种狭隘的公平。这种公平哪怕与地方的经济效率相统一、相一致，也只是狭隘的统一和一致。比较典型的假如某一地区从表面看随着经济的发展人们的经济生活水平也相应得到了提升，然而从深层次看该地由于野蛮发展经济，民众的生活环境遭到了严重破坏，因此在整体、长远上表面的经济公平掩盖的却是满足优美生态环境需要方面的不公平。所以，一个地方的经济建设必须要与当地绿色生活创建行动等均衡发展，相互相得益彰，只有这样才能扬弃狭隘的公平和效率的束缚，真正提高公众的绿色生活感性体验。

另一方面我们要在区域经济横向空间结构上正确认识平衡与非平衡的关系。区域经济发展空间结构上的平衡更应被看作一个多因素相互联系、相互影响、相互作用的动态的平衡。在这种平衡空间系统中，构成经济的各要素通过错综复杂的关系相互缠绕，辩证对冲成为一个相对平衡的内系统。同时它们又与各种非经济的东西例如生态环境的因子纵横交错，在相互对立统一之中达到经济的内系统与非经济的外系统的平衡。并且，这种平衡并非主观设定的目标，而是各种因素非均衡对冲的最终结果。因此，我们推进区域经济平衡发展，也是不断优化非均衡对冲的各种因素的相互关系，使之辩证统一为平衡发展时时刻刻要做的长期工作。而在区域经济横向空间结构从非平衡到平衡的一次次飞跃过程中，公众的绿色生活感性体验也会随之持续得到加深。

---

① 中共中央文献研究室编《习近平关于社会主义生态文明建设论述摘编》，中央文献出版社2017年版，第21页。

第三节 完善保障机制，强化公民绿色生活意识提升的支撑

1. 加强思想、能力与作风建设，强化组织领导

在党的二十大报告中，习近平同志提出我们要“全面推进党的自我净化、自我完善、自我革新、自我提高，使我们党坚守初心使命，始终成为中国特色社会主义事业的坚强领导核心”①。为此我们要以强化公民绿色生活意识的工作中有些党员干部精神懈怠、能力不足以及存在的形式主义作风等问题为导向，进一步推动从严治党，做到打铁时自身也硬。

第一，加强党员干部的思想建设，解决好“总开关”问题。“革命理想高于天。共产主义远大理想和中国特色社会主义共同理想，是中国共产党人的精神支柱和政治灵魂”②，毋庸置疑也是防止党员干部精神懈怠，在党以提升公民绿色生活意识为目的的工作中积极有为的思想的“总开关”。要解决好这个“总开关”的问题，我们必须“自觉抵御各种腐朽思想的侵蚀”③。其中在现实道路方向上，2013 年 11 月，习近平同志在中共十八届三中全会第二次全体会议上的讲话中特别指出当前社会上“一些敌对势力和别有用心的人也在那里摇旗呐喊、制造舆论、混淆视听，把改革定义为往西方政治制度的方向改，否则就是不改革。他们是醉翁之意不在酒，‘项庄舞剑，意在沛公’”④。受此影响，一定程度上一些同志可能难以自觉地把践行中国特色社会主义共同理想和倡导绿色生活方式，提高公民绿色生活意识的工作统一起来，从而有可能在融通中外方面走偏，脱离我国国情照抄照搬西方的相关学理和行动方式，结果当然是“画虎不成反类犬，不仅

---

① 习近平：《高举中国特色社会主义伟大旗帜 为全面建设社会主义现代化国家而团结奋斗——在中国共产党第二十次全国代表大会上的报告》，人民出版社 2022 年版，第 64 页。

② 习近平：《决胜全面建成小康社会 夺取新时代中国特色社会主义伟大胜利——在中国共产党第十九次全国代表大会上的报告》，人民出版社 2017 年版，第 63 页。

③ 中共中央文献研究室编《十八大以来重要文献选编》（上），中央文献出版社 2014 年版，第 117 页。

④ 中共中央文献研究室编《习近平关于全面深化改革论述摘编》，中央文献出版社 2014 年版，第 19 页。

不能解决任何实际问题，而且还会因水土不服造成严重后果”[①]。因此这更加需要我们在强化公民绿色生活意识的各项工作中保持战略定力，“不能把西方的理论、观点生搬硬套在自己身上。要从我国国情出发、从经济社会发展实际出发”[②]，在中国特色社会主义道路上有领导、有步骤地把增强公民绿色生活意识的工作不断推向前进。

在未来社会展望上，这方面比较典型的是“共产主义虚无缥缈”论这种错误思想。本来，在1845年发动哲学革命后，马克思、恩格斯创作了《德意志意识形态》《共产党宣言》等一系列论著，以彻底的科学理论论证了共产主义，指出随着“生产力的普遍发展和与此相联系的世界交往”[③]，实行各尽所能、按需分配原则的劳动者有序自由联合的社会经济形态也即共产主义社会成为经验的存在，从而给一代代马克思主义者指明了奋斗的方向，鼓舞了他们的斗志。但自这种革命性的理论诞生以来，这种“共产主义虚无缥缈”论在一定程度上给我们带来了思想上的混乱和实践上的困惑，让某些党员干部在强化公民绿色生活意识的工作中得过且过，做一天和尚撞一天钟。如习近平同志指出：“一些人认为共产主义是可望而不可及的，甚至认为是望都望不到、看都看不见的，是虚无缥缈的。”[④] 其实，所谓“共产主义虚无缥缈”论，尽管其表面上吵嚷喧嚣，实际上不过是形而上学的“思辨”。首先，在共产主义运动与共产主义飞跃方面，“共产主义对我们来说不是应当确立的状况，不是现实应当与之相适应的理想。我们所称为共产主义的是那种消灭现存状况的现实的运动”[⑤]。可见，共产主义不是一个封闭的僵死凝固点，而是一个不断扬弃生产力还没有得到充分发展的现存状况的现实运动。“共产主义虚无缥缈”论者完全无视共产主义运动与共产主义飞跃作为一体化发展过程的辩证联系，形而上学地将二者分割开来，否认推动社会渐进前进的共产主义运动，只承认生产力高度发达、

---

① 中共中央文献研究室编《习近平关于全面深化改革论述摘编》，中央文献出版社2014年版，第21页。

② 中共中央文献研究室编《习近平关于全面深化改革论述摘编》，中央文献出版社2014年版，第20页。

③ 《马克思恩格斯选集》第1卷，人民出版社2012年版，第166页。

④ 中共中央文献研究室编《十八大以来重要文献选编》（上），中央文献出版社2014年版，第116页。

⑤ 《马克思恩格斯选集》第1卷，人民出版社2012年版，第166页。

按需分配的共产主义飞跃。这样，在这种思维逻辑中，共产主义与我们的感性生活之间就被人为开掘出了一条“大运河”。

其次，在社会主义现实与共产主义理想方面，我们正在建设的社会主义，还只是共产主义的低级阶段，并不是我们为之不懈奋斗的远大理想即共产主义的高级阶段。“共产主义虚无缥缈”论者的一只眼睛看到了这种社会主义现实与共产主义理想的区别，但他们的另一只眼睛却忽略掉了社会主义现实和共产主义理想的内在联系，只盯着共产主义理想中的描述和展望。这一是否认社会主义各尽所能，按劳分配本身内在地具有各尽其能、按需分配的内容。“共产主义虚无缥缈”论者没有认识到人之所以进行生产劳动，是为了满足自己的需要。在这个意义上，按劳分配实质上也是按需分配，是与一定的生产力水平相适应的按需分配。二是否认社会主义各尽所能，按劳分配构筑了跨越进入共产主义各尽其能、按需分配的基础。按需分配绝不是随心所欲地分配，而是随着社会生产的发展，具体的按劳分配不断以自己为阶梯进行跃迁，最终在生产力的巨大增长和高度发展的条件下让人们跳出单纯物的束缚，依据人的实际发展需要按需分配劳动产品。因此，按需分配是按劳分配的特殊转化形式，是与生产力高度发展相适应的按劳分配。这决定了它既是可能的，也是可信的。

最后，在共产主义实践与共产主义理论方面，“共产主义虚无缥缈”论者做的工作只是把属于个别的某种社会主义模式的不成功夸大为整个共产主义斗争的失败，以此形而上学地扭曲个别与一般、特殊和普遍的辩证关系，用苏联解体和东欧剧变否定人类社会发展的基本规律。这使他们一叶障目，看不到“历史通常都是循着曲折的道路发展的”①，为此否定人类社会发展的根本方向，否定人类社会最终必将走进共产主义的科学论断。

一旦揭露出了“共产主义虚无缥缈”论的本来面目，理论彻底了，我们的党员干部就会坚定地用历史唯物主义的观点改造自己的世界观。而只要牢固树立起了唯物史观，那他们必然会依据人类社会发展的客观规律毫不动摇地确立共产主义的远大理想。这样党员干部“有了坚定的理想信念，

① 《列宁选集》第1卷，人民出版社2012年版，第734页。

站位就高了，眼界就宽了，心胸就开阔了”[①]，在包括提升公民绿色生活意识的各项工作中自然不会精神懈怠。

第二，建设高素质队伍，进一步提高党员干部的能力。增强公民的绿色生活意识需要一支素质高、能力强的领导队伍。这一要坚持正确的选人用人导向。我们要“提拔重用牢固树立‘四个意识’和‘四个自信’、坚决维护党中央权威、全面贯彻执行党的理论和路线方针政策、忠诚干净担当的干部，选优配强各级领导班子”[②]。党员干部的核心打造好了，在这些经过选优配强的领导班子的领导下，整个队伍“永远把人民对美好生活的向往作为奋斗目标，以永不懈怠的精神状态和一往无前的奋斗姿态”[③]坚定地贯彻落实我们党推进绿色发展，倡导绿色生活方式的方针政策，把强化公民绿色生活意识的各项工作又好又快地落到实处。

二要注意培养专业能力、专业精神，切实增强党员队伍推动提升公民绿色生活意识的能力。我们既要强调用习近平的生态文明思想改造党员干部的精神世界，也要注重在倡导绿色生活方式的基层一线和困难艰苦的地方培养锻炼党员干部，更要重视源源不断地选拔使用经过实践考验的优秀党员干部。这样党员队伍在带头开展相关工作时不仅由于接受了新时代最为先进的人与自然关系理论的精神改造而自然而然地“眼高”，而且缘因落脚了基层一线和困难艰苦的地方进行培养锻炼，经过了从理论到实践二者之间反复相互作用的严格考验因而“水到渠成”地“手高”。当这些既“眼高”又“手高”的党员干部一旦投身到强化公民绿色生活意识的各项具体工作，他们就完全有能力在面对纷繁复杂的现实时极其敏锐地从现象到本质，去粗取精、去伪存真、由表及里、由此及彼地发现问题、筛选问题、研究问题，并及时找到解决问题的最优路径，迅速推动相关问题的解决。

三要聚天下英才而用之。我们要“实行更加积极、更加开放、更加有效的人才政策，以识才的慧眼、爱才的诚意、用才的胆识、容才的雅量、

---

① 中共中央文献研究室编《十八大以来重要文献选编》（上），中央文献出版社 2014 年版，第 117 页。

② 习近平：《决胜全面建成小康社会　夺取新时代中国特色社会主义伟大胜利——在中国共产党第十九次全国代表大会上的报告》，人民出版社 2017 年版，第 64 页。

③ 习近平：《决胜全面建成小康社会　夺取新时代中国特色社会主义伟大胜利——在中国共产党第十九次全国代表大会上的报告》，人民出版社 2017 年版，第 1 页。

聚才的良方，把党内和党外、国内和国外各方面优秀人才集聚到党和人民的伟大奋斗中来"[①]，着力打造和不断加强领导队伍的知识技能智库，让广大党员干部在自己"站"得"高"的基础上，充分利用智库的支撑，通过"站"在他者的肩膀上以更加高远的视野在审视自身和外在形势的辩证统一过程不断自觉加强修养，提升能力水平，在整个领导队伍中"形成人人渴望成才、人人努力成才、人人皆可成才、人人尽展其才的良好局面，让各类人才的创造活力竞相迸发、聪明才智充分涌流"[②]，齐心协力推动增强公民绿色生活意识的工作不断向前跃进。

第三，持之以恒正风肃纪，杜绝形式主义的作风。这要求在强化公民绿色生活意识的工作中首先要增强党员干部的群众观念和群众感情。我们要通过讲道理、摆事实让广大党员干部清楚明白"我们党来自人民、植根人民、服务人民，党的根基在人民、血脉在人民、力量在人民。失去了人民拥护和支持，党的事业和工作就无从谈起"[③]。因此党员干部组织推动公众绿色生活意识的提升，要始终坚持全心全意为人民服务的根本宗旨，相关"一切工作的成效，最终都要看人民是否真正得到了实惠，人民生活是否真正得到了改善，人民权益是否真正得到了保障"[④]。同时，"必须紧紧依靠人民，充分调动最广大人民的积极性、主动性、创造性"[⑤]，让群众在党的带领下，自己改造自己的思想，自己绿色化自己的生活意识。

其次，强化政治纪律和组织纪律，带动工作纪律严起来。围绕强化公民绿色生活意识的各项工作，我们要以上率下，牢守政治纪律和组织纪律，坚决抵制特权思想，不搞特殊化，在工作中"把为民务实清廉的价值追求

---

① 习近平：《决胜全面建成小康社会　夺取新时代中国特色社会主义伟大胜利——在中国共产党第十九次全国代表大会上的报告》，人民出版社 2017 年版，第 64~65 页。

② 习近平：《决胜全面建成小康社会　夺取新时代中国特色社会主义伟大胜利——在中国共产党第十九次全国代表大会上的报告》，人民出版社 2017 年版，第 65 页。

③ 中共中央文献研究室等编《习近平关于党的群众路线教育实践活动论述摘编》，党建读物出版社、中央文献出版社 2014 年版，第 3 页。

④ 中共中央文献研究室等编《习近平关于党的群众路线教育实践活动论述摘编》，党建读物出版社、中央文献出版社 2014 年版，第 8 页。

⑤ 中共中央文献研究室等编《习近平关于党的群众路线教育实践活动论述摘编》，党建读物出版社、中央文献出版社 2014 年版，第 3 页。

深深植根于全党同志的思想和行动中”①，切实做到“凡是群众反映强烈的问题都要严肃认真对待，凡是损害群众利益的行为都要坚决纠正”②，使党员干部自觉把人民群众的态度作为反映自己开展工作得失的“镜子”，不断增强宗旨意识、进取意识、责任意识。

最后，运用监督执纪，强化问责。针对创建绿色生活行动，增强公民绿色生活意识工作中的形式主义作风，我们要特别注意抓早抓小，防微杜渐，要“赋予有干部管理权限的党组相应纪律处分权限，强化监督执纪问责。加强纪律教育，强化纪律执行，让党员、干部知敬畏、存戒惧、守底线，习惯在受监督和约束的环境中工作生活”③，以达到惩前毖后、治病救人的效果。

2. 推动公民参与，提高政策主观认知度

首先，要向公众彻底讲明白“什么是绿色生活方式”“为什么要倡导绿色生活方式”等一系列知性知识。试想一个人如果对绿色生活方式是什么都没有清晰的认识，那么他参与的积极性肯定不高，相对应其“政府依赖性”也极可能会更为严重，自然也难以主动去了解诸如政府对此颁布了什么政策，这些政策对自己有什么要求等问题。即使一时他参与了创建绿色生活方式的行动，也多会在参与活动过程中不知所措，不知道自己该做些什么和不该做些什么，更谈不上通过参与行动进一步拓展知识面，深化对相关政策的主观认知。因此，有关绿色生活方式的内涵和外延以及倡导绿色生活方式的原因这些前提性的问题我们必须要向广大群众介绍清楚。

其次，围绕“怎样创建绿色生活方式”这一问题，我们要特别重视把“绿色生活靠大家”的要求对接到各个机关、家庭、学校、社区、村寨的公众的心田。我们既要上升到建设美丽中国，实现中华民族永续发展的高度，向公众阐明我们不能把本来属于自己的责任主观想象地转移，疏离现实责任归结情况而观念地认为制定政策的政府才是绿色生活创建行动的主要责任承

① 中共中央文献研究室等编《习近平关于党的群众路线教育实践活动论述摘编》，党建读物出版社、中央文献出版社 2014 年版，第 5 页。

② 习近平：《决胜全面建成小康社会 夺取新时代中国特色社会主义伟大胜利——在中国共产党第十九次全国代表大会上的报告》，人民出版社 2017 年版，第 66 页。

③ 习近平：《决胜全面建成小康社会 夺取新时代中国特色社会主义伟大胜利——在中国共产党第十九次全国代表大会上的报告》，人民出版社 2017 年版，第 66 页。

担者；也要紧密联系公民个人具体的日常生活实际摆事实，讲道理，让他们深刻认识到假如个人在自己日常的衣食住行游中都只管“自扫门前雪”，甚至连自己门前的“雪”都不扫，那么大家热切期盼的清新的空气、清澈的流水、干净的社区、碧绿的草场、生机勃勃的树林等，都只会停留在期盼中，成为乌托邦式的空想。只有加强公众的参与意识，他们才会从被动依赖政府转变成主动思考创建绿色生活方式我应该做些什么，带着这个问题他们必然在大政方针上“回到”我们党和政府制定的政策，在弄清楚自己应承担的责任的同时也肯定会深化对相关政策的认知与了解。

最后，“一步实际运动比一打纲领更重要”①。因此对于各机关、学校、社区、村寨来说，当前极为重要的工作是放手发动群众，大家邻里相亲一起过，撸起袖子一块干，积极参与所属机关、学校、社区、村寨的各项创建绿色生活方式的公共事务，在具体行动中提高人们对我们党和政府相关政策的主观认知度。

一是行动前我们要对本机关、学校、社区、村寨群众的文化背景、风土人情、思想觉悟、生产生活水平等进行充分的摸底了解，根据基层的不同情况，详细地制订出与本地具体实际相结合的有针对性的实施方案和行动计划，促使行动预案在通过参与行动提高群众相关政策主观认知度上既有“中心”又有“边界”，既有“一枝独秀”又有“百花齐放”，既有典型措施又有普通方法。

二是行动中针对从“行”到“知”即从绿色生活创建行动到主观的政策认知过程中的突出问题集中攻坚，让广大群众的劲往一处使，集中精力办大事、做难事。同时充分相信群众，依靠群众，把开展绿色生活方式创建工作中涉及的做什么、怎么做、谁来做的话语权交给群众，鼓励群众参与如新时代文明实践人居环境整治“大比武”等，让群众在互相看、互相学、互相比的过程中相互促进，不断提高对推进绿色生活的政策的主观性认知。

三是行动后注意表彰激励。我们既可以采取制作图片、视频或者让群众自编自演节目等多种方式，充分展示人们热烈响应党和国家政策要求参与创建绿色生活方式的丰硕成果以及他们普通平凡但意义重大的劳动场面

① 《马克思恩格斯选集》第3卷，人民出版社2012年版，第355页。

等，也可以通过以奖代补的方式兑现贯彻落实政策推动形成绿色生活方式的奖补资金，还可以将群众按照政策要求，在绿色生活创建行动中将集资、投工投劳等情况在所属单位、社区、村寨进行展示，并对表现优秀的集体、贡献突出的家庭和个人采取授牌、评星等方式进行表彰。总之，采取多方面的措施让群众得亮相、得展示、得认可，以此进一步提高他们参与创建绿色生活方式的热情，不断通过创建行动深化自己对倡导绿色低碳生活的政策的主观认知。

3. 加强制度建设，健全制度保障

针对原先宏观的经济社会发展评价体系的“拖尾”影响，一方面，回首过去，我们应从以往这种过于偏重经济总量和增长速度的评价体系造成的后果中吸取经验教训。在《以新的发展理念引领发展，夺取全面建成小康社会决胜阶段的伟大胜利》的重要讲话中，习近平同志指出：“在三十多年持续快速发展中，我国农产品、工业品、服务产品的生产能力迅速扩大，但提供优质生态产品的能力却在减弱，一些地方生态环境还在恶化。”[①] 而“生态兴则文明兴，生态衰则文明衰。古今中外，这方面的事例众多”[②]。比较典型的如“三江源地区有的县，三十多年前水草丰美，但由于人口超载、过度放牧、开山挖矿等，虽然获得过经济超速增长”[③]，但随之也造成了当地生态的整体萎缩和深度退化。一是地表许多河流出现断流甚至完全干涸，湖泊由于来水减少而水位剧降，面积大大缩小，一度出现大量湖泊湖枯现象。二是原来葱绿的高寒草原化草甸也急剧退化，曾经的滚滚绿浪杳无踪迹，放眼而望多是稀稀疏疏的一块接一块的枯黄。三是土地沙化加剧。一些原本没有受到沙漠侵扰的地区也开始出现风沙肆虐的现象，大片沙漠无情的推进让人们不得不离开世代定居的家园而举家搬迁。四是鼠害呈现泛滥之势，越来越严重。受生态系统退化影响，数量众多的高原鼠兔挖洞啃草，导致个别地区原本就稀疏的植被被这些鼠兔啃食得寸草不生，最终放

① 中共中央文献研究室编《习近平关于社会主义生态文明建设论述摘编》，中央文献出版社2017年版，第10页。

② 中共中央文献研究室编《习近平关于社会主义生态文明建设论述摘编》，中央文献出版社2017年版，第6页。

③ 中共中央文献研究室编《习近平关于社会主义生态文明建设论述摘编》，中央文献出版社2017年版，第13~14页。

牧的牛羊也无草可吃。可见，如果我们继续坚持以往没有把生态环境放在突出位置的经济社会发展考核评价体系，固守过去的制度去“走老路，去消耗资源，去污染环境，难以为继”①。

另一方面，展望未来，我们要以史为鉴，围绕强化公民的绿色生活意识，“加快制度创新，增加制度供给，完善制度配套，强化制度执行”②。

其一，加快制度创新，增加制度供给。根据党的十九届四中全会通过的《中共中央关于坚持和完善中国特色社会主义制度　推进国家治理体系和治理能力现代化若干重大问题的决定》，我们推进生态文明建设，需要建立的制度有以排污许可制为核心的固定污染源监管制度体系，自然资源统一调查、评价、监测制度，生态文明建设目标评价考核制度。需要建立健全完善的制度有国土空间规划和用途统筹协调管控制度、主体功能区制度、绿色生产和消费的法律制度、生态环境保护法律体系和执法司法制度、自然资源产权制度、海洋资源开发保护制度、国家公园保护制度、生态环境监测和评价制度、生态环境公益诉讼制度。需要落实的制度有中央生态环境保护督察制度、生态补偿和生态环境损害赔偿制度、资源有偿使用制度。需要实行或普遍实行的制度有资源总量管理和全面节约制度、垃圾分类和资源化利用制度。这些制度虽然具体内容各有侧重，但是它们多与提高公民的绿色生活意识密切相关，甚至直接就是为倡导简约适度、绿色低碳的生活方式保驾护航。因此，我们必须科学谋划、精心组织，确保有关这些制度供给所确定的各项目标任务全面落实到位。

其二，完善制度配套。一方面针对强化公民绿色生活意识所依靠的生态制度，我们要完善它们之间的配套。比如生活垃圾分类制度，按照这种制度实施的基本原则，其要求“引导居民逐步养成主动分类的习惯，形成全社会共同参与垃圾分类的良好氛围”③；“加强垃圾分类收集、运输、资源化利用和终端处置等环节的衔接，形成统一完整、能力适应、协同高效的

---

① 中共中央文献研究室编《习近平关于社会主义生态文明建设论述摘编》，中央文献出版社2017年版，第4页。

② 《习近平谈治国理政》第三卷，外文出版社2020年版，第363页。

③ 《国务院办公厅关于转发国家发展改革委住房城乡建设部生活垃圾分类制度实施方案的通知》，2017年3月30日，http：//www.gov.cn/zhengce/content/2017-03/30/content_5182124.htm。

全过程运行系统”[①]。这意味着围绕这种制度的制定发布施行，我们需要在引导居民养成主动分类的习惯、形成共同参与生活垃圾分类的氛围、生活垃圾分类收集与运输、生活垃圾资源化利用等方面进行制度配套，新配套制定施行或者进一步完善相关的既有制度，使这些制度相互配合，环环相扣，协同形成合力推动生活垃圾分类的要求被全面贯彻。

另一方面对于生活垃圾分类制度本身来说，也存在源头严防、过程严管、后果严惩的配套问题。所以有关它自身的具体内容，各条文之间也需要相互配套。特别是随着我国改革开放进一步在空间上拓展和向深层次掘进，诸多新情况、新问题、新挑战纷至沓来，它们的出现使生活垃圾分类制度先前各部分之间配套的平衡关系被打破，从而由配套变为基本配套甚至难以配套。典型的如条文中虽然规定造成不良后果要惩罚，但是基于以往的经济发展水平等列出来的惩罚措施的力度不足以制止不良后果的发生。这既需要再平衡制度自身内容的配套关系，也说明了相关制度的配套绝不是一次达到了配套的目标就可以一劳永逸，而是一项永远“处在途中”的工作。

其三，强化制度执行。习近平同志指出：“制度的生命力在于执行，关键在真抓，靠的是严管。”[②] 因此在提高公民绿色生活意识的过程中，强化相关制度的执行，关键在于直面需要解决的问题，对标相关制度的要求，真刀真枪地抓好落实。我们在态度上必须做到紧之又紧、细之又细、实之又实；行动上不单单开会发文件，而是以真抓的实劲、敢抓的狠劲、善抓的巧劲、常抓的韧劲把新时代推进绿色发展的制度落地生根，切实做到抓铁有痕、踏石留印；价值目标上把措施有没有落实、问题有没有解决、状况有没有改变，作为检验工作成效的试金石，以此推动党倡导绿色生活方式，强化公民绿色生活意识的方针政策全面彻底地得到贯彻落实。

除了真抓，对于提高公民绿色生活意识的各项工作，我们还要按照制度的要求进行严管。习近平同志提出：“对那些不顾生态环境盲目决策、造成严重后果的人，必须追究其责任，而且应该终身追责。对破坏生态环境

① 《国务院办公厅关于转发国家发展改革委住房城乡建设部生活垃圾分类制度实施方案的通知》，2017 年 3 月 30 日，http：//www.gov.cn/zhengce/content/2017-03/30/content_5182124.htm。

② 《习近平谈治国理政》第三卷，外文出版社 2020 年版，第 364 页。

的行为不能手软，不能下不为例。要下大气力抓住破坏生态环境的反面典型，释放出严加惩处的强烈信号。对任何地方、任何时候、任何人，凡是需要追责的，必须一追到底，决不能让制度规定成为‘没有牙齿的老虎’。”[①] 这阐明了在增强公民绿色生活意识的工作中，我们要把制度的刚性和权威牢固树立起来，让党倡导绿色生活方式依靠的制度成为刚性的约束和不可触碰的高压线。在针对对象上任何人违反了相关制度，都不能做选择、搞变通、打折扣，该追责的就要追责，造成严重后果的应该终身追责；在方法上推动形成专职人员督察与社会群众监督相互协力进行监督的制度体系，让破坏制度执行的行为无处藏身；在力度上对反面典型严加惩处。以此我们严严实实地把增强公民绿色生活意识的行动装在制度的“笼子”里，通过制度规定这只“有尖牙利爪的老虎”切切实实地保障公民生活意识绿色化的各项工作不断取得更高的实效。

第四节　综合协同作用，推进提升机制的体系化建设

第一，理论认知上贯彻绿色发展理念，以此作为各学科的“头”，引领它们协调作用，促使公民绿色生活意识提升机制充分体系化。

新时代我们党将绿色发展作为我国经济社会发展的一个基本理念。它“以人与自然和谐为价值取向，以绿色低碳循环为主要原则，以生态文明建设为基本抓手”[②]，“是马克思主义生态文明理论同我国经济社会发展实际相结合的创新理念，是深刻体现新阶段我国经济社会发展规律的重大理念”[③]。因此，绿色发展理念一经提出，它就自然而然地成为思想理论的“头”。与此相联系，针对在强化公民绿色生活意识的过程中，与之相关的各个学科相互交织、互相对冲，关系极难厘清与理顺的状况，需要各方坚决贯彻绿色发展理念，以其具有的战略性、纲领性和引领性作为哲学等系列学科的“龙头”，通过绿色的“龙头”的引领，把这些学科都统统导向绿色领域。这样，在绿色这一“龙头”带头下，所有相关的学科虽然开始作用时各自

① 《习近平谈治国理政》第三卷，外文出版社 2020 年版，第 364 页。

② 任理轩：《坚持绿色发展——“五大发展理念”解读之三》，《人民日报》2015 年 12 月 22 日。

③ 任理轩：《坚持绿色发展——“五大发展理念”解读之三》，《人民日报》2015 年 12 月 22 日。

具体的指向可能有一定的差别，但是缘于绿色发展理念的引领，这些学科在总的方向上都一律整齐划一地朝向绿色。它们与绿色发展理念一致，强调“生态兴则文明兴，生态衰则文明衰”[①]，彰显了生态兴衰决定文明兴衰的发展规律；强调“保护生态环境就是保护生产力，改善生态环境就是发展生产力”[②]，揭示了马克思主义自然生产力理论的新的时代内涵；强调“倡导简约适度、绿色低碳的生活方式，反对奢侈浪费和不合理消费”[③]，凸显了新时代我们党强化公民绿色生活意识的要求。这样纵向一体，在各学科紧跟绿色发展理念齐步走的过程中不断提高相关机制体系化建设的水准。

至于具体做法上，一方面我们要加强顶层设计。各学科建设“必须牢固树立和践行绿水青山就是金山银山的理念”[④]，全面贯彻落实“推动绿色发展，促进人与自然和谐共生”[⑤] 的时代精神，把“加快发展方式绿色转型”[⑥] 放在突出的战略位置，让党和政府推动形成绿色生活方式的重大决策部署融入哲学、法学、生态学、政治学、传播学、教育学、系统科学、马克思主义理论、计算机科学与技术等所有关涉强化公民绿色生活意识的学科的各方面与全过程，深入持久弘扬生态文化，大力倡导简约适度、绿色低碳的观念。

另一方面各学科要紧密结合本学科的学理性质、特点等实际情况推进绿色发展理念的认知渗透和理论引领。“每一种社会形式和思想形式，都有它的特殊的矛盾和特殊的本质。”[⑦] 因此以思想形式在场的诸多理论性学科缘于它们的特殊性而贯彻绿色发展理念，引领这些学科协调作用，推动公民绿色生活意识的提升机制充分体系化的工作也绝非千篇一律，而是各有

---

① 中共中央文献研究室编《习近平关于社会主义生态文明建设论述摘编》，中央文献出版社2017年版，第6页。

② 中共中央文献研究室编《习近平关于社会主义生态文明建设论述摘编》，中央文献出版社2017年版，第4页。

③ 习近平：《决胜全面建成小康社会　夺取新时代中国特色社会主义伟大胜利——在中国共产党第十九次全国代表大会上的报告》，人民出版社2017年版，第51页。

④ 习近平：《高举中国特色社会主义伟大旗帜 为全面建设社会主义现代化国家而团结奋斗——在中国共产党第二十次全国代表大会上的报告》，人民出版社2022年版，第50页。

⑤ 习近平：《高举中国特色社会主义伟大旗帜 为全面建设社会主义现代化国家而团结奋斗——在中国共产党第二十次全国代表大会上的报告》，人民出版社2022年版，第49页。

⑥ 习近平：《高举中国特色社会主义伟大旗帜 为全面建设社会主义现代化国家而团结奋斗——在中国共产党第二十次全国代表大会上的报告》，人民出版社2022年版，第50页。

⑦ 《毛泽东选集》第1卷，人民出版社1991年版，第309页。

不同、互存差异。这就要求我们必须立足于相关学科的实际，“向着尚未研究过的或者尚未深入地研究过的各种具体的事物进行研究，找出其特殊的本质”[①]，在充分把握各学科特殊性的条件下紧紧抓住特殊的地方，分析揭示在某一学科中推进绿色发展理念认知渗透和理论引领的要点，在针对要点做好工作的过程中推动公民绿色生活意识的提升机制在充分体系化的道路上不断向前跃迁。

第二，价值意识上坚持社会主义核心价值观的要求，用“一”指引“多”，引导多样性的工作向“心”用力，推动关涉公民绿色生活意识提升的诸多机制充分体系化。

在党的二十大报告中，习近平同志提出要“广泛践行社会主义核心价值观”[②]，这在增强公民绿色生活意识方面为我们解决不同机制体系化存在的问题指明了方向。毋庸讳言，因为强化公民绿色生活意识涉及教育引导、宣传导向、文化熏陶、实践养成、领导组织、制度保障等方面的工作都是个别的对象，所以它们自身体现出来的复合性的价值取向也具有个性。相对于其他的工作，每一件工作都会由于其个性而与别的工作在价值向度上并不同一，这在一定的程度上会导致它们相互作用时难以和谐地互动，进而影响到整个公民绿色生活提升机制的体系化。随着新时代党和国家倡导把生态文明纳入社会主义核心价值体系，使之成为社会主义核心价值观的重要内容，我们完全可以凭借社会主义核心价值观的核心价值地位构建形成一个以它为核心的“价值场”，如此上述具体的系列工作都会由于自身普遍性的绿色追求而自然而然地被纳入以社会主义核心价值观为核心的“价值场”中。这时无论是教育引导方面的工作、宣传导向方面的工作、文化熏陶方面的工作、实践养成方面的工作，还是领导组织方面的工作、制度保障方面的工作，都会由于社会主义核心价值观这个“一”的引领，而以“多”的形式拥簇到社会主义核心价值观这个核心的周围。这时，作为社会主义核心价值观重要内容的生态文明就会凭借自己的核心价值地位作用到环绕在它周围的系列工作，通过核心的“一”来引领“多”，让这一系列工作被

① 《毛泽东选集》第1卷，人民出版社1991年版，第310页。

② 习近平：《高举中国特色社会主义伟大旗帜 为全面建设社会主义现代化国家而团结奋斗——在中国共产党第二十次全国代表大会上的报告》，人民出版社2022年版，第44页。

“一”在生态向度上统一起来，一起向心用力以达到增强公民绿色生活意识的价值目的。这一系列工作之所以能够被“一”统一起来，是因为它们各自内在性的内容无不是对绿色生活意识的张扬，它们存在本质方面的齐同性。并且，在这个统一体中，“社会主义核心价值观是凝聚人心、汇聚民力的强大力量”①，因而随着它的建设的不断加强，这个从中心到边缘由“一”引领“多”构成的统一体也日益稳定、和谐，最终必将成为一个充分体系化的有机统一体。

当然，为了使这种“价值逻辑”能够实现，首先我们必须全面准确地把握社会主义核心价值观及其与绿色生活意识辩证的关系。我们要从当代中国精神的集中体现和全体人民共同的价值追求的高度理解社会主义核心价值观的精神实质，从决定中国特色社会主义发展的方向体悟社会主义核心价值观的强大力量，从人民的精神指引的向度认识社会主义核心价值观的时代方位。在此基础上，紧密结合人们对优美生活环境的迫切期盼让各条战线上的诸多工作者无论男女性别、所在地域，都能在认识上充分准确地把社会主义核心价值观与绿色生活的意识辩证地统一起来。

其次我们必须要具有用社会主义核心价值观引领有关提升公民绿色生活意识各项工作的能力。这一方面要多自主学习。人的知识和才能都来源于后天的学习。针对推动公民绿色生活意识提升的工作，我们要具备相应的工作能力就必须坚持不断地学习，做到记住要求、心有榜样。“记住要求，就是要把社会主义核心价值观的基本内容熟记熟背，让它们融化在心灵里、铭刻在脑子中。”②“心有榜样，就是要学习英雄人物、先进人物、美好事物，在学习中养成好的思想品德追求。”③之后再在二者的基础上更多、更深、更透地去进一步学习领会相关的技能。另一方面要多向他者求教。我们要向直接参与工作的能力强的同志求教。以社会主义核心价值观为引领，推动公民绿色生活意识提升的工作开展过程中，众多参与者的能力肯

① 习近平：《高举中国特色社会主义伟大旗帜 为全面建设社会主义现代化国家而团结奋斗——在中国共产党第二十次全国代表大会上的报告》，人民出版社 2022 年版，第 44 页。

② 中共中央文献研究室编《习近平关于社会主义文化建设论述摘编》，中央文献出版社 2017 年版，第 120 页。

③ 中共中央文献研究室编《习近平关于社会主义文化建设论述摘编》，中央文献出版社 2017 年版，第 121 页。

定有高有低，一些同志的工作能力可能一般，相比较一些同志的工作能力可能较强。我们就要多向那些工作能力强的同志求教，“把他们立为心中的标杆，向他们看齐”[①]，力争通过求教实质性地提高自己的工作能力。与此同时我们工作之余也要向社会群众求教。人民群众万万千千，他们的才智无比深厚，力量无比巨大。我们要放下架子、扑下身子、接上地气，虚心向群众求教，在求教中锤炼素质，掌握技能。这样才能使自己各方面的素养最终满足践行社会主义核心价值观，充分发挥它的引领作用的工作要求。

最后我们要注意方法选择与运用的科学性。围绕用社会主义核心价值观引领多样性的工作以推动公民绿色生活意识提升机制体系化，一方面具体到各个开展工作的个人，他们都是现实的、历史中的活生生的人，因而每一个人都有专属于自己的特点，同时他面对的工作也有各自的不同之处，因此虽然具体的方法种类繁多，但是只有适合个人特点，与他面对的工作相适应的方法才是好的方法。另一方面我们也要坚持方法论的辩证性，注意对一般普遍性方法的挖掘和运用。例如我们可以在路径上坚持把社会主义核心价值观贯穿于公民绿色生活意识提升机制体系化工作的方方面面，把社会主义核心价值观的要求融入各种绿色生活创建活动的始终，“吸引群众广泛参与，推动人们在为家庭谋幸福、为他人送温暖、为社会作贡献的过程中提高精神境界、培育文明风尚”[②]，形成有利于用社会主义核心价值观引领倡导绿色低碳的工作的生活情景和社会氛围，使核心价值观对推动公民绿色生活意识提升机制体系化的各项工作的影响像空气一样无所不在、无时不有。

第三，现实实践上努力建设美丽中国，坚持用发展的办法解决前进中的问题。

“发展是解决我国一切问题的基础和关键。”[③] 因此，面对增强公民绿色生活意识过程中不同机制体系化存在的这种前进中的问题，我们完全可以用发展的办法，在努力建设美丽中国的实践中解决。

---

① 中共中央文献研究室编《习近平关于社会主义文化建设论述摘编》，中央文献出版社 2017 年版，第 121 页。

② 中共中央文献研究室编《习近平关于社会主义文化建设论述摘编》，中央文献出版社 2017 年版，第 110~111 页。

③ 《习近平谈治国理政》第三卷，外文出版社 2020 年版，第 17 页。

新时代，我们党提出要大力推进生态文明建设，开启了努力建设美丽中国的新征程，在这一过程中，我们党在不断提高公民绿色生活意识的同时也遇到了相关提升机制体系化不充分等问题。根据马克思主义的观点，“人的本质不是单个人所固有的抽象物，在其现实性上，它是一切社会关系的总和”[①]。因此，现实的历史的人是在一定的具体社会实践关系中的人，他们的实践活动既确证了他们的现实存在，也表征了他们作为人——这个万物的灵长具有的能动性。这使人们在生产、生活中开展实践活动时具有无限丰富的创造性，一边不断突破人活动的限度跃迁进入新的领域，在解决问题的过程中遇到一些新问题、新挑战、新情况；另一边社会总是在发展，“属于一定的社会形式的”[②] 人也会在人与社会的双向互动的实践中随着社会的发展而发展。正是通过这种双向互动的发展的辩证法，“凡是把理论引向神秘主义的神秘东西，都能在人的实践中以及对这种实践的理解中得到合理的解决”[③]，而“革命的”“实践批判的”活动本身，也能在解释世界的同时合理地改变世界。

由此可见，一方面从实践的确定性来看，“世界上的事情都是干出来的”[④]，因此，我们针对公民绿色生活意识提升机制体系化过程中出现的那些新问题、新挑战、新情况，要有“不入虎穴，焉得虎子”[⑤] 的大无畏的冲天干劲，亲身参与创建绿色生活的实践，站在这一系列行动的最前沿直接抓住诸如机关单位的绿色办公问题、与自然相和谐的简约出行问题、学校家庭的绿色生活观念灌输与践行问题、城乡建筑的低碳建造与使用问题等踏踏实实地去“干”。在这种一往无前的真抓实干的同时，也因人因事因时的变化灵活性地巧干。由此既在实干中“求是”，透彻理解问题的症结所在，也在认识彻底的条件下通过实干现实性地突破相关症结，“随时以举事，因资而立功”[⑥]，让所有的困难在实践行动的辩证否定中得到最大限度的克服。

---

① 《马克思恩格斯选集》第 1 卷，人民出版社 2012 年版，第 135 页。

② 《马克思恩格斯选集》第 1 卷，人民出版社 2012 年版，第 135 页。

③ 《马克思恩格斯选集》第 1 卷，人民出版社 2012 年版，第 135~136 页。

④ 《胡锦涛文选》第 2 卷，人民出版社 2016 年版，第 151~152 页。

⑤ 《毛泽东选集》第 1 卷，人民出版社 1991 年版，第 288 页。

⑥ 习近平：《在网络安全和信息化工作座谈会上的讲话》，人民出版社 2016 年版，第 4 页。

另一方面从实践的不确定性来看，具体个人或某一次、某一特定时期的社会实践是有限度的活动，因而我们不能把实践形而上学地绝对化，而要辩证地展开实践，在实践行动中有韧性、耐性，有“板凳要坐十年冷”①的执着坚守，“耐得住寂寞，经得起诱惑，守得住底线”②，通过一次又一次的实践去发现问题、研究问题，探求解决问题的途径。这样从实践到问题，再从问题到实践，形式上仿佛在循环往复，但内容上每一次具体的实践达到的对问题的解决，都上升到了新的高度，因而无数相对的对公民绿色生活意识提升机制体系化的问题的解决的总和，就构成了对这些问题的绝对性解决。这也表明虽然具体的实践具有不确定性，但这种不确定性与实践的确定性并不是绝对对立的。只要我们坚定信心，永不懈怠、永不停滞地勇于实践，我们就能构架起它们之间相互贯通的桥梁，在一系列具体实践的辩证接力中达到公民绿色生活意识提升机制充分体系化的目的。

在这个过程中，除了要持续大力推进一般性的实践工作，我们更要注意重点突破，牢牢揪住重点的实践工作或者实践工作中的重点。例如面对要“把生态文明建设融入经济建设、政治建设、文化建设、社会建设各方面和全过程”③，以及“积极参与应对气候变化全球治理”④ 的重任，我们建设美丽中国，提高公民绿色生活意识提升机制体系化水平的实践的一个重要努力方向显然是政府要行动起来，加强合作。这个向度的工作如果做好了，那么随着阶段性的重要节点的打通，整个公民绿色生活意识提升机制体系化的工作也必将向前跃进决定性的一大步，将来在这个基础上继续努力，就不再是没有实质性进展的原地踏步，而是立足于先前的创造性实践进行进一步的创新。这样一步一步地解决重点问题，也就一步一步在决定性地向着既定的目标迈进，最终量变发展成质变，充分实现公民绿色生活意识提升机制的体系化。为此我们一要“走进来”，进一步优化我国政府内部的合作，例如不同省、市、县等的合作，或者同一级行政机构中管理

① 习近平：《在哲学社会科学工作座谈会上的讲话》，人民出版社 2016 年版，第 29 页。

② 习近平：《在哲学社会科学工作座谈会上的讲话》，人民出版社 2016 年版，第 29 页。

③ 中共中央文献研究室编《习近平关于社会主义生态文明建设论述摘编》，中央文献出版社 2017 年版，第 3 页。

④ 习近平：《高举中国特色社会主义伟大旗帜 为全面建设社会主义现代化国家而团结奋斗——在中国共产党第二十次全国代表大会上的报告》，人民出版社 2022 年版，第 52 页。

绿色生活方式创建的部门和管理经济建设、政治建设、文化建设、社会建设的部门的合作等。其中特别是在社会主义初级阶段，有关绿色生活方式创建和经济建设的关系不同的人的认识可能并不一致，甚至相互对立，因此我们开展相关工作时更要注意不断提升不同地域政府或者政府不同部门之间的协同合作水平。大家一起树立大局观、长远观、整体观，全面贯彻落实"协调发展、绿色发展既是理念又是举措"① 的指示精神，一切依据公民绿色生活意识提升机制体系化过程中存在的具体问题确定合作的具体内容与方式，相互协力"让居民望得见山、看得见水、记得住乡愁"②。二要"走出去"，即我国政府和其他国家政府开展合作。这既包括选派政府代表到域外先发国家参观、访问，借鉴他们在公民绿色生活意识提升机制体系化工作中的可行性做法，汲取这些国家落实相关行动计划时得到的教训；也包括围绕提高公民绿色生活意识的主题，在《联合国气候变化框架公约》等框架下与世界各国政府合作。这样二者相互作用、相互促进，一起在全球视域中不断推动我国公民绿色生活意识的外在培育机制、内在发展机制和相关保障机制相互之间和谐互动与配套协同。

展望未来，随着扬弃了资本主义固有限度的中国特色社会主义持续扩展张力，我们必将在社会主义从初级阶段不断向前跃进的过程中真正克服与倡导简约适度、绿色低碳生活方式相关的各种矛盾，充分解决我国公民绿色生活意识提升机制存在的方方面面的问题。

---

① 中共中央文献研究室编《习近平关于社会主义生态文明建设论述摘编》，中央文献出版社 2017 年版，第 27 页。

② 中共中央文献研究室编《习近平关于社会主义生态文明建设论述摘编》，中央文献出版社 2017 年版，第 49 页。

结束语

本成果在建设美丽中国的视域中，以先分后总的形式系统地论述了我国公民绿色生活意识的提升机制。同时通过线上和线下相结合的社会调查，揭示了相关机制存在的问题及成因，并在充分借鉴国外经验的基础上，阐明了新时代进一步健全绿色生活意识提升机制的对策。

“理论的生命力在于创新。”[①] 针对既往研究的薄弱之处，本成果充分厘清了绿色生活意识的概念，首先在学术思想上，一是专门以公民绿色生活意识的提升机制为研究主题，直接专论提升活动本身“怎么样”，进一步延伸与拓展了相关分析的广度和深度。二是聚焦提升主体的内在主观世界，在低层次的感性认识与高层次的理性把握的辩证统一中具体探讨绿色生活意识的思维运动及其发展过程。并且围绕关于绿色生活意识提升“怎么样”的主题，超越知识性层面的论述，深入研究这种意识的不断跃迁转化。三是在系统研究公民绿色生活意识提升机制的过程中，专门针对这一机制的体系化方向发力，在一定程度上推进了相关机制相互协同方面的研究。

其次在学术观点上，一是认为公民绿色生活意识的提升不能仅归结为一种特殊的教育，它实际上是包含教育引导机制在内的多种机制构成的复合型活动。二是提出新时代我们党把美丽中国作为奋斗目标，这说明当下公民绿色生活意识的提升并不单纯只是认识真理的问题，它同时也是价值观的建构。三是在论述过程中特别注意古为今用，洋为中用，并生成结论。

最后在研究方法上，既把分析与综合辩证统一起来，以分析剖析对象，把综合作为落脚点和归宿贯穿于公民绿色生活意识提升机制研究过程的始终；也极力张扬辩证唯物主义和历史唯物主义方法论进行马克思主义宏观审视；还紧密结合生态学、教育学以及社会学等多学科方法进行交叉性研

---

① 习近平：《在哲学社会科学工作座谈会上的讲话》，人民出版社 2016 年版，第 20 页。

究与多向度考察。

在《浮士德》中，歌德曾借助魔鬼靡匪士陀的口吻感慨地说："灰色，亲爱的朋友，是一切理论。"① 由于时间有限等，本成果可能也有地方处理不妥，因而需要改进，但面对"一个需要理论而且一定能够产生理论的时代……一个需要思想而且一定能够产生思想的时代"②，论者将来会更加努力，同时也更希望看到本成果在中国特色社会主义的新时代能抛砖引玉，推动相关研究进一步深化发展。

---

① 〔德〕歌德：《浮士德》，梁宗岱译，华东师范大学出版社 2016 年版，第 129 页。
② 习近平：《在哲学社会科学工作座谈会上的讲话》，人民出版社 2016 年版，第 8 页。

附　录

公民生态文明意识培育案例

——基于贵阳市的管窥

一　贵阳市及其培育公民生态文明意识工作开展的优势

贵阳简称“筑”，位于苗岭中段、贵州省中部（东经 106°7′~107°17′、北纬 26°11′~27°22′），西北与遵义和毕节毗连，东南与黔南布依族苗族自治州接壤，西南与安顺相邻，面积 8043 平方公里；是贵州省省会城市，贵州省政治、经济、文化中心，联通西南与全国的重要交通枢纽；现辖区包括修文县、息烽县、开阳县、清镇市、云岩区、南明区、花溪区、乌当区、白云区、观山湖区以及贵阳国家高新技术产业开发区、贵阳经济技术开发区、贵阳综合保税区、双龙航空经济区等 4 个国家级开发区，共有 75 个乡镇，912 个村民居委会，635 个社区居委会，96 个社区服务中心，2228 个社区服务机构。整个市境属亚热带气候，是一座自然环境复杂、生物种类繁多、海拔较高、纬度较低、山中有城、城中有山、绿带环绕、森林围城、城在林中、林在城中、冬无严寒、夏季凉爽的内陆山地城市。整体西南部高、东北部低，处在中国地势三大阶梯的第二级阶梯云贵高原上，并且处在贵州大斜坡的第二梯级上，喀斯特地貌极为发育，是全国唯一一座位于长江与珠江两大流域分水岭地带的省会城市。域内没有天然湖泊，人工水库主要有红枫湖水库、迎燕水库、右二水库、百花湖水库、观山湖水库、松柏山水库、花溪水库、阿哈水库、红岩水库、石笋沟水库、沙田水库、汪官水库、杨梅水库、岩鹰山水库、蚌壳水库、烂泥水库、浪潮水库、高潮水库、格老寨水库、底寨水库、小桥河水库、翁井水库、东风水库、冷水沟水库、永温水库、宝林寨水库、元丰水库、新桥水库、拐二水库、台子田水库、十三寸水库等；地带性自然土壤主要是黄壤和黄棕壤，非地带性土壤有石灰土、紫色土、沼泽土、潮土和粗骨土；植物种类共有维管束植物 237 科 979 属 2908 种，古树名木共有 2201 株；植被类型主要分为针叶林、阔叶林、灌丛（或灌草丛）3 个植被型组 23 个群系，其中针叶林中的青岩油杉林以及常绿阔叶林中的红淡比林、川桂林和红山茶林为贵阳特有的森林植被；野生动物有脊椎动物 35 目 108 科 478 种，分别为鸟类 18 目 58 科 259 种、兽类 8 目 22 科 105 种、爬行类 2 目 7 科 30 种、鱼类 5 目 13 科 68 种、两栖类 2 目 8 科 16 种；自然资源全市主要有煤、铁、硅、重晶石、大理石、耐火黏土、铝矾土、磷、硫、汞等矿产资源，其中铝土矿保有储量 4.3 亿吨，煤炭储量达到 9 亿吨。[①]

与地方独特的自然环境相联系，贵阳市在强化公民生态文明意识方面具有自己的独特优势。

第一，从城市地方传统文化来看，贵阳市世居有汉族、苗族、布依族、土家族、彝族、侗族、仡佬族、白族、回族、满族、壮族、水族等 12 个民族，他们在自己长期的生产生活中形成了朴素的尊重自然、顺应自然、保护自然的生态意识。例如当地苗族古歌就记载枫树的“树心生出妹榜和妹留，即蝴蝶妈妈，蝴蝶与水泡游方，生出十二个蛋。由鸡尾鸟孵蝴蝶的蛋而生出人类，包括人类始祖雷公和姜央”[②]。其他例如侗族人也传说“起初天地混沌，世上还没有人，遍野是树蔸，树蔸生白菌，白菌生蘑菇，蘑菇化成河水，河水里生虾子，虾子生额荣，额荣生七节，七节生松恩”[③]，人树一体，人由树繁衍而来。这类“枫树—蝴蝶—人”及“树—人”的生成范式以神话的形式表达了苗族、侗族等少数民族的先民们所持的人与自然是生命共同体的观念，因而从思想逻辑与现实规范方面打通了人们应当尊重自然的进路。当然，历史上贵阳长期地处贵州政治和文化中心，阳明文化也是其文化根脉之一。这种文化认为：“身之主宰便是心，心之所发便是

① 贵阳市人民政府：《贵阳概况》，2023 年 3 月 6 日，https://www.guiyang.gov.cn/jcgy_5903964/gygk/zrdl/。

② 谢廷秋：《寻找诗意的家园——贵州生态文学研究》，社会科学文献出版社 2018 年版，第 5~6 页。

③ 王胜先编《侗族文化史料》，黔东南苗族侗族自治州民委民族研究所 1987 年版，第 189 页。

意；意之本体便是知，意之所在便是物。”（《传习录》上）尽管是以唯心主义的方式，但在一定程度上阐明了人与自然是和谐的一体。对此王阳明也直接提到“盖天地万物与人原是一体”（《传习录》下）。毋庸置疑，贵阳阳明文化以及其他宣扬人与自然相和谐的传统思想相互缠绕，它们就像一只看不见的手，从吃穿住行到婚丧嫁娶，从社会交际到精神信仰，在无形之中影响着贵阳当地的居民，使他们在自己的日常生活中生态地生活、绿色地思考。

第二，从城市现有精神荣誉来看，迄今为止，贵阳市获得了一系列与生态文明建设相关的城市荣誉，例如首个国家森林城市、首个国家循环经济试点城市、中国生态文明建设试点城市、中国园林绿化先进城市、中日环保示范城市、中国绿化模范城市、国家节水型城市、2011 年国家节水型城市、2011 年中国十大低碳城市、2011 年中国十大美丽城市、2013 年最佳中国生态名城、2013 年最佳生态文化旅游名市、2015 年中国十佳生态文明城市、2015 年国家节水型城市、2015 年最美生态旅游目的地、亚洲金旅奖首批最美生态旅游目的地、倡导地区可持续发展国际理事会（ICLEI）会员城市、废旧物资循环利用体系建设重点城市、“十四五”时期“无废城市”等，这些城市荣誉在提高贵阳市知名度的同时，也以显性或者隐性的方式作用于人们的精神内心，推动贵阳市广大干部群众不断强化他们的生态文明意识。

第三，从城市现有物质支撑来看，贵阳市作为自然资源富集之地，城在林中、林在城中；湖水相伴、绿带环抱，喀斯特作用形成了集峰林、溶沟、峡谷、溶洞为一体的“山奇、水秀、石美、洞异”的绚丽景观与山水相伴、绿带环绕的自然环境，积淀出了自然与人文完美结合的城市风貌。其中贵阳市风景一体之地如表 1 所示。

表 1　贵阳市风景一体之地

红枫湖	宛如一面晶莹的宝镜，镶嵌在贵州省中部的清镇与平坝县之间，青溪两岸层叠连绵的万重峰峦，被一池碧水淹没。整个湖域水面东西可达 2 公里，南北长达 25 公里。湖水面积 57 平方公里，相当于北京十三陵水库的 13 倍，杭州西湖的 10 倍，深达 100 米左右，有“高原明珠”之誉。其总体上以熔岩地貌和湖光山色为特色，既有桂林山水的碧丽俊秀，又有“高原岛国”的千姿百韵。湖域四周遍布红枫树，金秋时节、枫叶似

续表

红枫湖	火、湖水轻柔、互衬互耀。湖区分北湖、中湖、南湖和后湖。四湖风韵各异：北湖碧波万顷，中湖水狭山奇，南湖山重水复，后湖群峰环水。南湖将军湾溶洞群中的将军洞，长达600米，有3个洞中湖，白而透明的各种钟乳石倒映水面，宛如水晶宫殿，形成了山里有湖，湖里有岛，岛上藏洞，洞中有湖，洞湖相通，融山、林、水、洞诸景一体，具有“阔、秀、奇、爽”四大奇特景色
甲秀楼	东枕衡湘，西襟滇诏，南屏粤峤，北带巴夔，迢递关河，素有“水从碧玉环中出，人在青莲瓣里行”及“银汉浮空星过水，玉虹拖雨雁横秋”之誉
黔灵山	是贵阳城区西北面的大罗岭、象王岭、白象岭、檀山、杖钵峰、狮子岩、关刀岩、宝塔峰和北峰等崇山峻岭的统称，其山势雄奇，野趣盎然，全国少见。山中苍松翠柏巍然屹立，林木茂密，有不少树龄百年以上的大树，满山生长着1500多种植物，其中有些是珍稀品种，极具观赏价值；又有50多种珍禽稀兽，“九曲径”旁猕猴跳跃嬉戏，猴趣使游人忘记登山疲劳，笑声不绝于耳
开阳十里画廊	一是凤凰寨，有“旧林古渊”之称。村寨以外婆桥与外界相通，背山临水，林木葱郁，寄托了游人回归自我的田园梦想。二是南江坪寨，有“古风河韵”之称。遗有诸葛寨等地名，索桥连接两岸，古风犹存。三是万寿古桥，有“廊桥遗梦”之称。开阳跨度最大的清代石拱桥，造型古朴。四是百花富硒茶园，有“云山茶海”之称。所产“清和”碧芽和毛峰富含硒元素，已获有机茶认证。五是马头寨，有“土司古寨”之称。始建于明代，居民为水东宋氏后裔。民居多为百年以上建筑。六是底窝八寨田园，有“玉水金盆”之称。秋收时节，在观景台俯瞰，整个田坝在清龙河的包围下形似盆而色金黄。七是水头寨，有“水调歌头”之称。全寨均为罗姓布依族，现仍保存百年老宅，私塾学堂，朝门，神树等。八是王车村，有“书香门第”之称，书画与自然相谐
花溪风景名胜区	位于贵阳市花溪区境内，距贵阳市中心城区17千米，总面积891.56平方千米，由十里河滩、天河潭、燕楼马铃、青岩古镇、黔陶孟关、高坡等六区组成，既有绮丽典型的喀斯特自然风光，又有高坡云顶的草原风光，幽深的红岩峡谷，还有特色鲜明的文物古迹、古朴浓郁的民族风情
修文三潮水	位于修文县城西北1.5公里之观音山南麓，原名潮泉，实为间歇泉；泉水出自石穴，经石龙嘴中喷涌而出，泻于一扇形池内；池深三尺，池水澄澈见底，中伏一石如龟，每次潮水，必至淹没龟背，水方退去
翠微园	它是依山临水而建，以中轴线掘山筑台，逐层上升，两侧以同廊假山相连的古建筑群。由山门正门拾级而上，可达巍然而立的拱南阁，阁高约20米，白墙青柱，飞檐翘角，金匾高悬，其造型于敦朴中见生动。阁西为龙门书院，院内环境幽静，绿树成荫。阁东的清花空翠园，园内修竹婆娑，奇石临门

资料来源：《精彩贵阳·筑行》，2023年1月12日，https：//www.guiyang.gov.cn/jcgy_5903964/gyly/zx/。

如上所述贵阳市的这些人文与风物相互和谐，它们以自己的物质性在人们社会日常生活的最底层构建出了一个面向绿色、生态的“栖居地”，从而让广大贵阳市民强化自己的生态文明意识不是没有根基的“空中楼阁”，而是始终立足于厚重的物性“基地”。

二　贵阳市培育公民生态文明意识工作的成效

中国特色社会主义进入新时代，贵阳市广大干部群众在中共贵阳市委的团结领导下，深入贯彻新发展理念，坚持稳中求进工作总基调，改革发展稳定，各项事业大踏步前进，在开启了全面建设社会主义现代化新征程的同时，如表 2 所示其在公民生态文明意识培育方面也取得了重大成效。

表 2　贵阳市培育公民生态文明意识工作的成效

年份	物质支撑建设方面	精神意识建设方面
2022	一是全力筑牢生态屏障。统筹山水林田湖草一体化保护修复，阿哈湖城市“绿核”功能凸显，建成各类公园 1025 个，颗颗“绿色明珠”串成“千园之城”。完成营造林 174 万亩、山体治理 1.2 万亩。森林覆盖率提高到 55%，空气质量优良率提高到 98.9%，国控、省控河流断面水质和县级以上集中式饮用水水源地水质达标率稳定保持在 100%。二是全力打好污染防治攻坚战。新建污水处理厂 32 座，日污水处理能力达到 227.6 万吨，城市污水处理率超过 98.5%，城市黑臭水体全面消除，南明河复现水清岸绿的美丽景象。三是打响垃圾分类攻坚战，城区垃圾分类设施基本实现全覆盖，生活垃圾焚烧日处理能力达 2700 吨，城市生活垃圾无害化处理率达 100%。四是全力推进绿色转型。万元地区生产总值能耗累计下降 21.7%，一般工业固体废物处置利用率稳定在 98%以上，高新开发区、经济技术开发区入选国家级绿色园区。磷石膏利用处置实现产销平衡，装配式建筑占新增建筑面积比例超过 20%	在加强生态文明建设新闻宣传方面，一是持续强化媒体合作与生态文明建设宣传，不断完善贵阳生态环境融媒体中心建设，2022 年各类媒体发布贵阳市生态环境治理与保护相关的新闻、宣传信息 1000 余条。二是保持生态环境系统官方“双微”更新，及时向群众全面公开行业动态，2022 年官方微信公众号发布原创信息 800 余条，微博发布原创信息 580 条。三是加强生态文明宣传产品开发，围绕生态环境主题制作图述新闻、活动（会议）网络直播、电子海报、公益宣传动画短片等新媒体产品一批，丰富宣传产品形式，传递贵阳生态环境保护“好声音”。 在致力生态文明建设社会动员，广泛传播生态价值理念方面，一是开展贵州省暨贵阳市生态环境月宣传活动、贵阳市“贵州生态日”宣传活动等形式多样的生态环境主题宣传活动，打造“生态专列”呼吁市民低碳出行，通过趣味性网络“打卡”宣传活动，串联贵阳生态景区和环保设施，引导公众在互动的过程中加强环保工作认识，营造生态良好家园全民共建的社会氛围，引导群众将生态文明理念转化为实际行动，积极参与到生态环境保护中来。二是开展“美丽贵阳·山水林城—生态文明主题讲堂”12 期，900 多名公众现场聆听。截至 2022 年底，累计开展生态文明主题讲堂 21 期，140 多万人次在线观看。三是开展“探寻绿色奥秘”主题活动 24 期，组织市民上千人通过现场参观、听讲解、亲身体验等方式，走进全市各类环保设施，落实公众对环保工作的知情权、监督权、参与权，提升公众生态环境保护意识。四是开展志愿服务主题活动 20 余场次，利用元旦节、春节、世界湿地日、雷锋月、世界水日、“六·五”环境日、贵州生态日、全国科普日、志愿者日等开展志愿服务主题活动，引导公众参与生态环境建设，逐步形成共建共治共享的良好格局

续表

年份	物质支撑建设方面	精神意识建设方面
2021	贵阳市 28 个国、省控河流断面水质达标率 100%、优良率 96.43%，17 个县级以上集中式饮用水源地水质达标率 100%。环境空气质量优良率 98.9%，在全国 168 个重点城市中排第 11 位、省会城市中位列第 4 位。城市污水处理率 98%以上，城市黑臭水体全面消除。城市区域环境噪声和道路交通噪声昼间时段平均等效声级分别为 55.3dB（A）、69.8dB（A），城市功能区噪声昼间达标率 100%、夜间达标率 91.3%。城市生活垃圾无害化处理率 99%以上，一般工业固体废物处置利用率 100%，医疗废物集中处置率 100%。环境中陆地 γ 辐射剂量率在正常范围内波动，空气中氡浓度以及水体、土壤、生物等环境介质中放射性核素活度浓度均处于正常水平，各区域环境电磁辐射水平均满足《电磁环境控制限值》（GB 8702-2014）要求	在新闻宣传方面持续优化融媒体背景下的新闻采编工作方式，围绕大气环境、水环境、固体废弃物处理、生态环境信息化建设、生态环境执法行动等社会关注重点做好宣传策划，组织开展一系列的新闻发布活动，密切联系中央、省、市新闻媒体及时报道，全年通过电视、报纸、广播刊播新闻近 1000 条，网络转载约 2500 条次。继续做好生态环境系统官方“双微”推送工作，2021 年微信发布信息 1865 条，微博发布信息 1425 条。 在传播生态价值理念方面开展“六·五”环境日、贵州生态日、全国低碳宣传周、国际生物多样性日等形式多样的生态环境宣传活动，营造良好社会氛围，提升公众生态环境保护意识。举办生态文明主题讲堂活动，组织社会公众参观全市各类环保设施，定期开展生态环境志愿服务活动，引导市民积极参与到生态环境建设中
2020	贵阳市环境空气质量优良率达到 98.9%，在全国 168 个重点城市中位列第 10 位，省会城市中位列第 4 位；16 个地表水国、省控断面水质达标率 100%，水质优良率 93.75%；16 个县级以上集中式饮用水源地和 44 个农村千人以上集中式饮用水源地水质稳定达到Ⅲ类及以上，水质达标率为 100%；主城区区域环境噪声和道路交通噪声昼间时段平均等效连续声级分别为 55.2dB（A）、69.7dB（A），声环境质量稳定且呈一定改善趋势；环境中陆地 γ 辐射剂量率在正常范围	第一，大力宣传生态文明建设。密切联系中央、省、市新闻媒体，组织协调媒体单位对贵阳市生态环境建设成效、重要工作动态进行报道。在大气污染防治、空气质量、水环境治理、环保督察等方面，刊载新闻报道 1000 条，为加快建成全国生态文明示范城市，营造良好的舆论氛围。继续做好“生态贵阳”微信公众号及“贵阳市生态环境局微博”推送工作，微信发布 2364 条，微博 1823 条。 第二，开展生态文明现场宣传活动。开展“六·五”环境日、贵州生态日、全国低碳日、国际生物多样性日等形式多样的生态环境宣传活动，引导市民积极参与到生态环境建设中。 第三，开展生态文明志愿者活动。贵阳市生态环境志愿服务紧紧围绕生态环境保护主题，制定生态环境志愿服务计划，结合“生态环境‘三下乡’”、“美丽中国，

续表

年份	物质支撑建设方面	精神意识建设方面
2020	内波动；空气中氡浓度以及水体、土壤、生物等环境介质中放射性核素活度浓度均处于正常水平；各区域环境电磁辐射水平均满足《电磁环境控制限值》（GB 8702-2014）要求	我是行动者”、“迎中秋 · 庆国庆”和“创建民族团结进步示范市”等主题，组织开展了形式多样的生态环境志愿服务系列活动

资料来源：《2022 年贵阳市政府工作报告》，2022 年 2 月 18 日，http://jkq.guiyang.gov.cn/newsite/xwzx_5886658/rdjj/202202/t20220218_72582538.html；《2022 年贵阳市生态环境状况公报》，2023 年 5 月 31 日，http://sthjj.guiyang.gov.cn/zfxxgk_500528/fdzdgknr/tjxx/202306/t20230604_80041546.html；《2021 年贵阳市生态环境状况公报》，2022 年 6 月 5 日，http://sthjj.guiyang.gov.cn/zfxxgk_500528/fdzdgknr/tjxx/202206/t20220605_74614526.html；《2020 年贵阳市环境状况公报》，2021 年 6 月 4 日，http://sthjj.guiyang.gov.cn/zfxxgk_500528/fdzdgknr/tjxx/202106/t20210604_68421025.html。

三　贵阳市培育公民生态文明意识工作存在的困难

近年来，贵阳市在公民生态文明意识培育方面尽管已经取得了不俗的成效，但同时也存在一定的困难。

首先，市域物质基础设施建设尚不能完全满足公民生态文明意识培育的要求。例如 2021 年 9 月，贵阳市人民政府办公厅公布了筑府议复〔2021〕50 号，指出贵阳市的排水防涝系统仍存在一些问题，一是城市排水大沟的改造建设滞后。城市排水大沟是贵阳市重要的防洪排涝通道，排水大沟由于是分段建设，局部建成，还有的至今未进行分流改造，因此没有形成完整的排水系统；部分排水大沟在沟内建设污水管及边沟，侵占排水大沟防洪断面，导致防洪排涝能力降低，存在防洪排涝安全隐患。二是城市建设中海绵城市建设理念有待深入。贵阳市在城市建设中海绵城市建设理念贯彻仍然不够，工程设计中未考虑雨水调蓄、源头减量等海绵设施，导致雨水快速排放，缺乏调蓄利用等功能，源头减量效果差，不能缓解城市排涝压力。三是城市道路雨水收集系统损坏堵塞严重。由于管养维护资金投入不足，城市道路雨水管道长年缺少系统的维护清掏，管道堵塞、破损严重；低洼区域的雨水口及耳管长期淤积缺乏管理维护，堵塞严重，有的甚至堵死损坏完全失去作用；老城区由于建设时间较早，大部分道路雨水管道采用平接口的砼管，接口脱落破损的现象较为普遍。四是城区大部分老旧街坊、居住区仍旧以雨污合流排水管接入城市排水系统，管径小，管理维护缺失。五是排水设施排查与周期性检测以人工排查为主，即定期对排水设施进行日常巡检；排水设施检测主要以问题为导向，在排水设施运行中发现可能存在管道破损、沟渠垮塌时才纳入检测范围，或在新建排水设施投入运行移交管养前，对排水设施进行检测。六是新建小区在建设和管理过程中，由于监管措施不力，存在小区雨污管网混接的情况，最终雨污合流排入城市雨水管或污水管。① 这些问题的存在可能会让一些居民小区出现生活污水横流的情况。如果一些人长期生活在这种生活污水未得到有效排放的环境中，培育他们生态文明意识行动的实效性也在很大程度上会受到削弱。

其次，专门性培育机构的培育状况与实际要求尚有差距。贵阳市某小学、初级中学和高级中学课程表如表 3 所示。

表 3　贵阳市某小学、初级中学和高级中学课程表

贵阳市××小学 2022—2023 年度第二学期课程表					
节次	星期一	星期二	星期三	星期四	星期五
第一节	语文	语文	语文	语文	语文
第二节	数学	语文	科学	数学	道德与法治
第三节	地方课程与学校课程人工智能	数学	数学	综合实践活动研究性学习和综合学习	体育与健康（室内）/双周健康教育
第四节	体育与健康	科学	美术	英语	数学
午间休息					
第五节	英语	道德与法治	音乐	美术	地方课程与学校课程/班会课少先队活动？法制教育/毒品预防

① 参见《贵阳市城市排水防涝系统存在问题及建议》，2021 年 9 月 17 日，https：//www.guiyang.gov.cn/zwgk/zwgkzdlxxgkjyta/zwgkzdlyxxgkjytarddbjywfws/zwgkzdlyxxgkjytarddbjywfwsgys/202109/t20210917_70448083.html。

续表

贵阳市××小学 2022—2023 年度第二学期课程表					
节次	星期一	星期二	星期三	星期四	星期五
第六节	综合实践活动技术（双周上机）	音乐	道德与法治	体育与健康/足球	综合实践活动/社团活动劳动心理健康

贵阳市××中学（初级中学）课程表						
	节次	星期一	星期二	星期三	星期四	星期五
上午	第一节 8：10—8：55	语文	数学	外语	语文	语文
	第二节 9：05—9：50	外语	外语	劳动	历史	综合实践
	9：50—10：20	眼保健操与课间操				
	第三节 10：20—11：05	道德与法治	物理	地方课程（国学）	数学	外语
	第四节 11：15—12：00	数学	语文	语文	社团活动（数学与建模）	数学
午休	12：40—14：10	语文	政治	化学	历史	英语
下午	第五节 14：10—14：55	物理	体育与健康	社团活动（春秋学社）	道德与法治	物理
	14：55—15：25	眼保健操与课间操（跑操）				
下午	第六节 15：25—16：10	化学	历史	美术	化学	体育与健康
	第七节 16：20—17：05	音乐	化学	数学	社团活动（口语与交际）	班团活动
	第八节 17：15—18：00	体育与健康	社团活动（法制与生活）	数学	地方课程（阅读与写作）	社团活动（化学与实验）

贵阳市××高级中学 2025 届高一教学课程表						
节次	时间	周一	周二	周三	周四	周五
1	8：30—9：30	语文	英语	物理	数学	数学
2	9：40—10：40	英语	数学	生物	语文	化学
3	10：50—11：50	数学	语文	英语	物理	地理
中餐、午休						
4	14：30—15：30	物理	历史	化学	政治	语文
5	15：40—16：40	生物	政治	地理	历史	英语
6	16：50—17：50	自习	自习	自习	自习	自习
艺体活动、劳动实践、晚餐						
7	19：00—19：30	新闻联播				
8	19：30—22：00	晚自习				

从这些课程表中可以看到，贵阳市的小学开设的课程主要是语文、数学、政治、美术、音乐等。与此相类似，普通中学周一到周五所开设的课程主要是语文、数学、英语、物理、化学、生物、地理、历史、政治等中、高考所涉及的课程。专门性的生态文明课程教材虽然已经发放给了学生，但是学校并未安排专门的时间来授课。这说明贵阳市无论是中学还是小学，这些专门性的承担培育公众生态文明意识的机构因为中、高考等关系，它们培育学生生态文明意识的工作状况与我们强化公民生态文明意识的现实要求尚有差距。

再次，如企业等辅助性培育力量尚待进一步强化。贵阳市生态环境局发布的《2022 年贵阳市生态环境状况公报》指出“全年共出动执法人员 2.2 万人次，检查企业 1.04 万家次，下达行政处罚决定书 232 件，罚款金额 1959.22 万元。二是办理《中华人民共和国环境保护法》配套办法案件 23 件。其中，查封扣押 4 件，限制生产 3 件，移送公安行政拘留 13 件，移送涉嫌环境犯罪案件 3 件。三是严格执行‘双随机、一公开’制度，抽查一般排污单位 1731 家次，重点排污单位 1410 家次，联合抽查检查 130 家次”①。从这些执法数据来看，贵阳市一些企业过多地关注自己的经济利益，

① 《2022 年贵阳市生态环境状况公报》，2023 年 5 月 31 日，http：//sthjj.guiyang.gov.cn/zfxxgk_500528/fdzdgknr/tjxx/202306/t20230604_80041546.html。

过少地履行自己作为企业的社会责任。在国家大力推进生态文明建设，努力建设美丽中国的背景下，一些企业不仅不在生态环境保护方面真抓实干，反而通过违法行为破坏环境以满足一己私利。自然而然，这些企业主动走进社区、进入学校等场所宣传环保，倡导生态文明的生活理念也就多是一句空话。

第四，公民强化生态文明意识的参与度还有待提高。生态文明是人类继农耕文明、工业文明之后的文明形态。这种文明形态需要在满足人类自身需要的同时保持人与自然的充分和谐。因此它要求人们深刻洞见人与自然的本真关系，在整体性、长远性的扩大深邃的向度看待、处理自我和外在对象的相互作用。这也意味着如果一个人自身的文化素养达不到相应的高度，他就难以自觉地去参与生态文明建设以及强化自己的生态文明意识。据第七次全国人口普查数据，贵阳市常住人口中，拥有大专及以上文化程度的人口为1403339人；拥有高中（含中专）文化程度的人口为881787人；拥有初中文化程度的人口为1736937人；拥有小学文化程度的人口为1306869人。与第六次全国人口普查相比，每10万人中，拥有大专及以上文化程度、高中（含中专）文化程度的人分别上升为23440人、14728人；拥有初中文化程度、拥有小学文化程度的人分别下降为29012人、21828人。全市常住人口中，15岁及以上不识字的人即文盲人口尽管与2010年第六次全国人口普查相比减少23932人，文盲率由3.81%下降为2.35%，下降1.46个百分点，但绝对人口数量仍有140634人。[①] 如此数量文盲人口的存在，使我们培育公民生态文明意识遇到很大的阻力，比如只要是文字资料，这些文盲群众都不能直接理解，需要中介“翻译”。翻译的过程，表面上是一种语言符号形式向另外一种语言符号形式的转换，实质上是在语言符号系统之间寻找等价词和句子的过程。而在现实生活中，相异的语言符号之间，在宗教、认知、风俗、习惯、地域、情感等多种因素的共同作用下绝对同义的词和句子的比例少之又少。由此可知，翻译总体上都是对出发语言的近似表达。这种情况在培育这些文盲群众的生态文明意识的过程中表现尤为突出。与这些人的文化水平普遍不高甚至部分人根本没有文化相联

① 贵阳市统计局：《贵阳市第七次全国人口普查公报（第五号）》，2021年5月31日，http://tjj.guiyang.gov.cn/2020_zwgk/2020_zdlygk/2020_sjfb/tjgb/202105/t20210531_68341394.html。

系，中介这一环节意味着原生形态的表达生态文明的语言实际上要经过两次翻译的过程才能成为这些文盲群众自己的语言，因而更加拉大了生态文明意识和这些群众的理解的“间距”，强化了二者之间的疏远状态，由此公众的参与度也很可能被进一步拉低。

此外，贵阳市各区（市、县）每10万人口中拥有的各类受教育程度人数如表4所示。

表4　贵阳市各区（市、县）每10万人口中拥有的各类受教育程度人数

单位：人/10万人

地区	大专及以上	高中（含中专）	初中	小学
南明区	27027	18865	28786	16519
云岩区	28965	17304	26902	17076
花溪区	28701	13406	28912	18654
乌当区	21572	15614	29550	20943
白云区	18224	17900	30931	21228
观山湖区	32378	14887	23765	18033
开阳区	8006	9228	31222	36734
息烽区	8238	8845	32994	36067
修文县	5904	8713	35704	35392
清镇市	17532	10424	30374	28983

资料来源：贵阳市统计局《贵阳市第七次全国人口普查公报（第五号）》，2021年5月31日，http：//tjj. guiyang. gov. cn/2020_zwgk/2020_zdlygk/2020_sjfb/tjgb/202105/t20210531_68341394. html。

从表4中可以看到，贵阳市各区（市、县）每10万人口中拥有的各类受教育程度人数相差较大。例如拥有大专及以上的学历人口最多的观山湖区是人口数最少的修文县的近5.5倍；拥有初中及以下学历观山湖区的总人口数仅41798人，相比较而言修文县的总人口数多达71096人，后者是前者的1.7倍。相应的，各区（市、县）的文盲人口数也分布不平衡。像南明区、云岩区、花溪区、乌当区、白云区、观山湖区与开阳区、息烽区、修文县、清镇市相比，前者的绝对文盲人口数比后者要少很多。这种文盲人口数分布不平衡性致使贵阳市开展公民生态文明意识培育活动要考虑更多的具体情况，其涉及的事情也更为复杂，作为结果，必然会在一定程度上影响公众在培育生态文明意识工作中的参与度。

最后，培育生态文明意识的制度尚需进一步健全与优化。近年来，随着贵阳市培育公民生态文明意识的工作不断深入，在新的实践工作中也不可避免地会遇到一些新问题、新挑战。例如据贵州省通信管理局联合贵州省互联网协会发布的《2021 年贵州省互联网发展报告》指出贵州互联网普及率 71.1%，省际出口带宽同比增长近 65%，IPv6 流量占比位列全国第四位；1000M 以上宽带速率接入用户数量达 32 万户，同比增长近 10 倍；移动互联网用户总数达 3811 万户，较 2020 年新增 213.6 万户；网民在线教育的使用率为 43.8%，远高于全国平均水平的 34.6%。① 贵阳市作为贵州相对发展较快的地区，这方面的特点更为突出。这种条件的具备使贵阳市培育公民生态文明意识的很多工作可以放在线上进行。这样一来，先前主要针对线下培育的相关制度面对新的培育公民生态文明意识的线上革新就需要与时俱进。在新的形势下这既涉及贵阳市单一生态文明意识培育制度内在构成的统筹安排、系统构建完善的问题，不同生态文明意识培育制度的配套、协同的问题，也涉及生态文明意识培育制度体系与其他相关政策体系、经济制度体系、文化制度体系、社会制度体系的配套、协同的问题，还涉及生态文明意识培育制度“硬措施”与相关“软约束”的配套、协同的问题以及生态文明意识培育制度体系化建设推进机制的构建问题，等等。面对这些方面的内外要求，贵阳市现有相关培育公民生态文明意识的制度必然需要进一步健全。

四　贵阳市培育公民生态文明意识的对策思考

面对存在的困难，贵阳市更有实效地提升公民生态文明意识，应当采取有针对性的对策。

第一，加强物质支撑建设。按照马克思主义的基本原理，在物质和意识的相互关系中，意识是第二性的东西，物质是第一性的东西，物质决定意识。与“人们的想象、思维、精神交往在这里还是人们物质行动的直接

---

① 贵州省通信管理局等：《〈2021 年贵州省互联网发展报告〉发布：互联网推动数字经济高质量发展》，2022 年 5 月 17 日，https://gzca.miit.gov.cn/xwdt/gzdt/art/2022/art_929938ffb66f4b1483c87731d545f623.html。

产物。表现在某一民族的政治、法律、道德、宗教、形而上学等的语言中的精神生产也是这样"① 相联系，公民要提升自己的生态文明意识，最为根本的是相对应的物质支撑条件在现有的基础上得到进一步的强化。这样一旦物质基础牢了，公民的生态文明意识就会在这种更为深厚、坚实的基地上以更新颖的内容、更完善的形式、更高远的价值趋向不断向前跃迁，持续获得创造性的提升、创新性的发展。贵阳市在相关的物质基础建设方面已经做了一系列工作。其中在大气环境方面，2022 年，贵阳市细颗粒物年均浓度为 0.021 毫克/米^3，同比下降 12.5%；可吸入颗粒物年均浓度为 0.035 毫克/米^3，同比下降 18.6%；臭氧日最大 8 小时平均第 90 百分位数浓度为 0.113 毫克/米^3，同比下降 0.9%；二氧化氮年均浓度为 0.016 毫克/米^3，同比下降 20%；一氧化碳日均第 95 百分位数浓度为 0.8 毫克/米^3，同比下降 11.11%；二氧化硫年均浓度为 0.007 毫克/米^3，同比下降 30%。全年未出现Ⅲ级（轻度污染）及劣于轻度污染天气，环境空气质量Ⅰ级（优）253 天，Ⅱ级（良）112 天，环境空气质量优良率首次达到 100%。在水环境方面，如表 5 所示。

表 5　2022 年贵阳市国控、省控断面水质状况

序号	断面名称	断面属性	水体名称	控制类别	实达类别	是否达标	超标污染物
1	六广	国控	乌江	Ⅱ	Ⅰ	是	无
2	沿江渡	国控	乌江	Ⅲ	Ⅱ	是	无
3	麦穰	国控	清水河	Ⅳ	Ⅲ	是	无
4	棉花渡	国控	清水河	Ⅲ	Ⅱ	是	无
5	贵铝泵房	国控	百花湖	Ⅲ	Ⅱ	是	无
6	花鱼洞	国控	红枫湖	Ⅱ	Ⅱ	是	无
7	乌江渡水库	国控	乌江	Ⅱ	Ⅱ	是	无
8	南明河水站	国控	清水河	Ⅱ	Ⅱ	是	无
9	龙井	国控	猫跳河	Ⅱ	Ⅱ	是	无
10	紫江水电站下游	国控	鱼梁河	Ⅲ	Ⅱ	是	无
11	青岩	国控	青岩河	Ⅱ	Ⅱ	是	无

① 《马克思恩格斯选集》第 1 卷，人民出版社 2012 年版，第 151~152 页。

续表

序号	断面名称	断面属性	水体名称	控制类别	实达类别	是否达标	超标污染物
12	山水黔城	省控（长江经济带）	清水河	Ⅲ	Ⅱ	是	无
13	息烽河口	省控（长江经济带）	息烽河	Ⅲ	Ⅱ	是	无
14	桃源	省控（长江经济带）	鱼梁河	Ⅲ	Ⅱ	是	无
15	神石钙业	省控（长江经济带）	麦架河	Ⅳ	Ⅳ	是	无
16	花溪	省控	清水河	Ⅱ	Ⅰ	是	无
17	沙溪村	省控	修文河	Ⅲ	Ⅲ	是	无
18	三江村	省控	三江河	Ⅲ	Ⅱ	是	无
19	红岩	省控	马铃河	Ⅲ	Ⅱ	是	无
20	楠木渡	省控	乌江	Ⅲ	Ⅱ	是	无
21	谷撒河	省控	谷撒河	Ⅲ	Ⅱ	是	无
22	阿哈水库	省控	阿哈水库	Ⅲ	Ⅲ	是	无
23	花溪水库	省控	花溪水库	Ⅲ	Ⅱ	是	无
24	汪家大井	省控	汪家大井	Ⅲ	Ⅱ	是	无
25	北郊水厂	省控	北郊水厂	Ⅲ	Ⅱ	是	无
26	车田村	省控	车田河	Ⅲ	Ⅱ	是	无
27	青鱼塘	省控	麻线河	Ⅲ	Ⅱ	是	无
28	下五龙	省控	乌江	Ⅱ	Ⅱ	是	无

可见 2022 年贵阳市国、省控断面水质状况都处于达标要求以上，整体水环境质量优良率近 97%。在土壤环境方面，通过强化土壤污染源头预防、保障建设用地准入安全、实施农用地分类管理等措施的落地施行，2022 年贵阳市实施受污染耕地安全利用与严格管控面积 99.49 万亩，重点建设用地安全利用率 100%，土壤环境质量总体保持稳定（见图 1）。在声环境方面，贵阳市有针对性地采取了噪声污染防治体系建设、工业企业噪声污染防治、建筑施工噪声污染防治、交通噪声污染防治、社会生活噪声污染防治等措施，值得一提的是完成全市 22 所学校校园广播噪声治理试点，强化文化娱乐活动等噪声管理，开展广场、沿街店铺商业噪声整治，全年累计劝导、处理社会生活噪

声污染投诉问题3万余起，用实际行动提升了贵阳市人民群众对生活环境的满意度。在固体废物污染防治方面，2022年度完成工业固体废物申报登记企业323家，危险废物申报登记企业5615家，全年大宗工业固体废物综合利用率69%，一般工业固体废物处置利用率100%；依法安全处置医疗废物14917.4吨，完成废弃电器电子产品拆解582124台（套）；按照国家、省重金属污染防控工作要求，积极推进重金属污染物减排工作，在完成2家企业落后工艺设备淘汰工作的同时，严厉打击涉重金属环境违法犯罪行为，2022年以来出动执法人员463人次，检查涉重金属企业153家次。①

图1　贵阳土壤防治显成效

资料来源：笔者摄于2022年。

第二，强化专门性培育机构建设。提高贵阳市域公民的生态文明意识，如学校等专门性培育机构的建设是重中之重。一要依据实际情况在学校数量和办学规模上用力。当然这不是学校数量越多越好，办学规模越大越好，而是学校数量与其办学规模要与当地经济、人口等相和谐，要与地方强化公民生态文明意识的要求相适应。二要调动学校广大师生的积极性，不仅

① 参见《2022年贵阳市生态环境状况公报》，2023年5月31日，http://sthjj.guiyang.gov.cn/zfxxgk_500528/fdzdgknr/tjxx/202306/t20230604_80041546.html。

自己做到提高生态文明素养的要求，也自觉关注和尽力帮助其他师生向提高生态文明意识的目标靠拢。其中比较典型的诸如义务教育阶段本校、本班或身边的失学情况，学校、班级和与该生关系较为密切的领导、老师和学生要在帮助该生复学上拧成一股绳，劲往一处使，各方面同心协力促使失学学生重新回到学校。这样就在培育公民生态文明意识的进程中减少了一个文盲或者半文盲，继而立足于公众高的文化素质把提升人们绿色生活、生产的观念不断推到新的高地。三要学校在开好事关升学的核心课程的同时，也开好培育公民生态文明意识的课程。当今我国还处于社会主义初级阶段，因而学校关注升学率重视中考、高考必修的语文、数学、外语、物理、化学、历史、政治等课程与社会对学校的期待并不矛盾，但在重视这些课程的同时，也要为培育学生生态文明意识留够时间。学校开展这方面工作的具体方式方法可以多样，但不能玩花架子，一定要讲究实效性。四要综合协同，各方一起用力。在培育公民生态文明建设的专门性机构中，贵阳市各级各类的学校毋庸置疑是主力军，但除此之外，如社会培训机构及政府也需要与学校相协调。在这里，政府要加强培育公民生态文明意识上的宏观引导，比如对相关培育工作开展积极且成效比较显著的学校授予“绿色学校”等，都是在实践中被证实行之有效的办法。社会培训结构也可以开展公益性质的活动，包括但不限于举办旨在提高群众生态文明意识的交流会、展览会等，总之以推动公众健康生活、绿色生产为要。学校等专门培育机构应综合施策，不仅要通过通常的教学等方式强化公民的生态文明意识，还要利用一切可能的其他方式例如建设环境优美的校园等作用培育对象的心灵，让他们在绿色环境润物无声的影响下强化自己内心的生态性追求。

需要提及的是，针对贵阳市教育发展不平衡的困难，我们一方面要大力推动教育发展平衡化。在这项工作中，一是各级政府要起主导作用，依据实际情况分类施策，促使地方教育均衡化发展。例如既可以针对性地采取专门性行动的方式在一定期限内推动解决本地教育教学均衡化的问题；也可以平时在资源强校和弱校之间推动优质教育教学资源在市域中合理流动。二是学校层面要积极作为。先进教育教学资源较多的地方要努力探索与自己情况相适应的方式去帮扶生态文明意识培育资源相对薄弱的地方。既可以考虑让开展培育公众生态文明意识工作较好的学校典型示范，现身说法交流经验，也可以让资源较好的学校与资源较差的学校结成一对一帮扶学校，二者同享资源，共同进步。优质资源不足的学校也不能被动地等靠要，应既主动向强校取经学习，也内部挖潜，二者辩证结合推动地方教育教学事业大发展。另一方面由于提升民众文化素质不是一朝一夕就能完成的任务，我们还要因地制宜，除了直接提高对象的文化水平以外，还需要采取其他一些办法，例如使用音频、视频文件，让倡导生态文明的资料能直接与公众对接，这样即使这些群众的文化水平还不能达到顺利阅读文字材料的要求，他们也可以通过耳朵听、眼睛看的方式了解文本资料的信息，进而实质性地提升自己的生态文明意识水平。

具体到实践行动上，据贵阳市统计局发布的数据，与 2017 年相比较，2021 年贵阳市各级各类学校总数从 2277 所增加到 2598 所，绝对数量增加了 321 所，并且增长的学校都是幼儿园与普通中小学。[①] 幼儿园、中小学办学规模的扩大能够有效降低贵阳市域文盲的数量，有利于公民生态文明意识水平的提高。同时，贵阳市各学校也不断创新形式，安排专门的时间开展各种活动以强化学生的生态观念。例如 2023 年 3 月 18 日，贵州财经大学外语学院就举行了“生态文明进校园——做好垃圾分类　共创美好家园”宣讲活动，活动开展过程中，宣讲老师“紧紧围绕为何要进行垃圾分类以及如何实施垃圾分类，通过普及两分法和四分法，列举生活中常见物品分类归属，讲解有害垃圾和可回收物的概念，深入浅出教同学们学好垃圾分类。在提问互动环节，同学们积极踊跃，争相发言”[②]。

其他如搞好校园生态环境，让良好的校园生态同化学生的心灵方面，贵阳市各学校也是真抓实干，在美丽校园创建上成绩斐然。如贵州师范大学在搬迁至花溪大学城新校区后，由学校领导牵头，后勤服务集团根据学校相关文件的精神切实做好校园环境管理，坚持搞好校园绿化、美化和环境卫生工作，迄今贵州师范大学花溪大学城的新校园里，林木幽深、花草繁茂、绿荫簇拥、环境优雅，师生生活学习停留其间，身心都受到了优美环境的熏陶（见图 2）。在综合协调各方面力量方面，贵阳市各学校也做出

---

① 数据引自贵阳市统计局《贵阳统计年鉴 2022 年》，2023 年 3 月 3 日，http://tjj.guiyang.gov.cn/2020_zwgk/2020_zfxxgkzl/2020_fdzdgknr/2020_tjxx/202303/t20230303_78354469.html。

② 《生态文明进校园——做好垃圾分类 共创美好家园》，2023 年 3 月 18 日，见 https://wyxy.gufe.edu.cn/info/1060/4229.htm。

了不少成绩。其中比较典型的如 2023 年贵阳市生态文明基金会联合贵阳市教育局、贵阳市科学技术协会等多家单位发起“生态文明”进校园系列活动，如表 6 所示。

图 2　贵州师范大学新校区校园一角

资料来源：笔者摄于 2022 年。

表 6　“生态文明”进校园系列活动

“生态文明”进校园系列活动	活动主旨	为深入贯彻落实习近平生态文明思想，加强生态文明建设，传播绿色发展理念，提升青少年生态文明素养与环境保护意识，全面推进生态文明学校教育工作
	活动主题	活动分别以生态科普、低碳环保、生态环境保护教育实践为主题
	活动时间	“生态文明”进校园活动于 2023 年 3 月 10 日启动，5 月 5 日，随着最后一场生态科普进校园活动在贵阳市观山湖区石硐小学结束，为期近两个月的“生态文明”进校园系列活动圆满落下帷幕
	活动组织者	贵州省贵阳市生态文明基金会发起了“生态文明”进校园系列活动，活动联合贵阳市教育局、贵阳市科学技术协会等多家单位共同实施，得到贵州省植物园、观山湖区教育局、凯里市智慧劳动、黔东南州盛世华美教育咨询有限公司、贵州趣研学教育科技有限公司、贵州风之原教育科技有限公司等单位的大力支持

续表

“生态文明”进校园系列活动	活动参与学校及人数	活动覆盖贵阳市等地 48 所小学及 3 所幼儿园 4~12 岁的少年儿童，累计达 1 万余人
	活动内容	活动围绕校园“低碳环保大课堂”，结合乐童计划及 5+2 课后服务公益课程，开展校园生态文明教育。通过寓教于乐的生态环保课程及互动体验活动引导孩子们树立尊重自然、顺应自然、保护自然的生态文明理念。除生态文明课程外，贵阳市还特别增设了全市生物多样性本底调查阶段性成果展览、STEAM 和人工智能编程等科学课程，培育孩子们生态环境意识的同时提升动手能力和探索科学的兴趣
	活动成效	通过参与活动学校、教师及学生的反馈，活动赢得了广大师生及学校的高度评价与认可，学校认为本次活动提高了师生自觉参与生态环境保护的意识，进一步引导少年儿童从垃圾分类、节约用水、一物多用等环境保护的日常行为入手，积极参与到生态文明实践活动中。孩子们纷纷表示，通过这么多有趣的生态课程和游戏，学到了许多生态环保知识，愿意从一言一行做起，为生态环境保护贡献自己一分力量

资料来源：参见贵州省贵阳市生态文明基金会《“生态文明”进校园系列活动圆满收官》，2023 年 5 月 12 日，https://mp.weixin.qq.com/s?__biz=MzA3Nzg4NDkyNw==&mid=2652037398&idx=8&sn=375bee2c9ec857154230309cedf52bbf&chksm=84ad7d86b3daf49094ef1f4b37e5898f453287c96b5180994f271794c0ba17df2e4ea62de7fe&scene=27。

通过活动主旨、活动主题、活动组织者、活动参与学校及人数、活动内容及活动成效等来看，此类活动在协调各方力量一起提高师生生态文明意识上发挥了重要作用。

至于教学教育发展平衡化方面，据贵阳市人民政府政务资讯发布的消息，2022 年，贵阳市启动了义务教育阶段公办强校工程，具体内容如表 7 所示。

表 7　义务教育阶段公办强校工程

指向学校	根据学校基础设置强校工程培育校、强校工程实验校、强校工程品质校三个发展梯度，将所有义务教育公办学校全部纳入公办强校培育对象
计划时间	四年时间
总体目标	通过一系列措施，推动各区（市、县）基本达到县域义务教育优质均衡发展国家标准，实现管理水平、队伍素养、办学质量、群众满意度“四个提升”
工作内容	围绕严格招生管理、强化学校管理、加强队伍建设、落实教学常规、提升办学水平等工作内容

续表

方式途径	深化教育资源协同发展，实行“1+1+N”模式，组建三类教育共同体。一是区域共同体，以主城区为一环，花溪、乌当、白云为二环，“三县一市”为三环，由一环引领二环辐射三环，形成“云岩—乌当—开阳”“南明—花溪—清镇”“观山湖—白云—修文—息烽”三大协作联盟；二是县域共同体，各区（市、县）以强校工程品质校为龙头，涵盖实验校、培育校和非项目校，按照相对就近原则组建大学区；三是乡镇共同体，强化乡镇中心校或片区中心校的枢纽作用，构建乡镇与村组同步发展的教育体。通过组建教育共同体，实行捆绑考核，推进学校管理、课程实施、教师发展、教育科研、评价考核一体化，以优质资源带动，推动薄弱学校跨越式发展。市县两级将分别组建专家指导组，为各地各校实施“强校工程”提供专业指导
阶段任务	确保实现到2022年底，县域内40%以上公办初中和乡镇中心完小及以上的公办小学不低于强校工程培育校水平，公办学校大学区全覆盖；到2023年底，县域内70%以上公办初中和乡镇中心完小及以上的公办小学不低于强校工程培育校水平；到2024年底，县域内90%以上公办初中和乡镇中心完小及以上的公办小学不低于强校工程培育校水平；到2025年底，所有公办初中和乡镇中心完小及以上小学不低于强校工程培育校水平，义务教育阶段公办学校主体地位更加彰显；到2030年底，贵阳市义务教育发展水平基本满足教育现代化要求，优质教育资源总量进一步增加，县域内“强校工程”品质校占比不低于50%，县域义务教育优质均衡通过国家验收的目标

资料来源：《贵阳市启动义务教育阶段公办强校工程》，2022年7月5日，https：//www.guiyang.gov.cn/zwgk/zwgkxwdt/zwgkxwdtjrgy/202207/t20220705_75384654.html。

从表7中可以看到，随着义务教育阶段公办强校工程的落地施行，贵阳市教育教学发展不平衡的问题将得到比较充分的解决。

第三，提高公民强化生态文明意识的参与度。除了前面提到的要克服教育教学发展不平衡的具体困难以外，从一般的层面来说，无论人们的文化素养水平提高到何种程度，如果他们没有先进的面向生态文明的理论的导引，在社会主义初级阶段人暂时还受物束缚的状态下他们也很难非常自觉地参与到提升公民生态文明意识的行动中去。这就需要在强化公民生态文明意识的工作中坚持将生态文明纳入社会主义核心价值体系，培育和践行社会主义核心价值观，以其思想“龙头”的身份引领群众，让他们单个人的价值在社会主义核心价值体系的统帅下趋向绿色与生态，并在这个积极参与行动的过程中一步步地提高自我的生态素养。此外，我们还应在培育公民生态文明意识的形式上下功夫，采取方式方法不拘一格，以贴近贵阳广大干部群众的生活实际为要，以丰富多样的路径推动贵阳市民众广泛参与培育生态文明意识的各项活动。

在行动实践方面，据《贵阳日报》报道，中国特色社会主义进入新时代，贵阳市始终把培育和践行社会主义核心价值观作为凝魂聚气、强基固本的基础工程，推动公民生态道德建设，努力建设有温度的生态道德高地和精神家园，形成人人参与、全民行动的生态道德自觉，推进城市生态文明水平不断迈上新台阶。[①] 其中市委制定下发了专门性文件，明确提出将社会主义核心价值观融入贵阳市实现经济发展与生态改善"双赢"可持续发展的具体实践，融入全市人民生产生活和精神世界。具体一是结合党的群众路线教育实践活动，贵阳市开展了社科理论走基层活动，如"培育和践行社会主义核心价值观"征文等，并将获奖作品编辑成《贵阳市培育和践行社会主义核心价值观理论征文优秀文集》出版。二是《贵阳日报》、贵阳广播电视台、贵阳新闻网、中国·贵阳网、爽爽贵阳网、贵阳文明网等全市各级新闻媒体拿出重要版面、时段推出了专栏专题，运用新闻报道、言论评论、访谈节目、专题节目等多种形式，开设"明礼知耻·崇德向善""诚信典型人物事迹""邻里守望"等多个网络专题，深入持久地传播社会主义核心价值观。刊登"讲文明树新风"等多个专题页面。三是以公益广告为传播途径，通过新闻媒体刊播和户外广告、电子显示屏、楼宇电视、宣传栏、文化墙、交通工具、建筑围挡、灯箱展板等宣传阵地，刊播"图说我们的价值观"公益广告等多个报纸类、广播类、电视类广告，持续向民众推送核心价值观。四是启动贵阳市"使用放心粮油示范餐饮单位"诚信评价活动，以深入开展"文明餐桌"行动为载体，引导和激励全市餐饮单位规范采购、使用放心粮油，促使社会主义核心价值观更好地融入群众社会生活的方方面面。[②] 这些措施的施行，在强化贵阳市干部群众的社会主义核心价值观的同时，也通过这种最为核心的价值引导，将其中指向生态文明的向度在万万千千的贵阳民众的心中不断固化，成为他们生产生活中核心的自觉价值诉求。

其他如培育公民生态文明意识的形式上，贵阳市也做了不少工作。例如多年来，贵阳广泛发动全市群众一起开展"义务植树"、"绿色清明、文

---

① 金毛毛：《"铸魂工程"凝聚正能量》，《贵阳日报》2020 年 12 月 14 日。

② 樊兵：《贵阳市培育和践行社会主义核心价值观综述》，2014 年 7 月 29 日，http：//zt. gog. cn/system/2014/07/29/013696532. shtml。

明祭祀”、“爱鸟周暨世界野生动植物日”、“6·5”环境日、“6·18”贵州生态日等生态文明宣传活动，引导公民激发积极参与生态文明建设的热情。除此之外，贵阳市还广泛开展了生态文明志愿服务活动以激发市民认同感。仅2017年一年，贵阳市围绕环保政策法规、野生动物保护、文明祭祀、辐射安全、垃圾分类等主题，就组织了2000余名生态文明志愿者开展宣传服务活动，共计发放各类宣传资料及宣传用品上万份。与此同时，贵阳市还开展了生态文明评选比赛活动以提高市民荣誉感。比较典型的如“美丽贵阳”生态文明征文比赛、“森林城市·绿美贵阳”摄影活动、儿童环保剧比赛等，力争推动每个公民从现在做起、从自己做起、从小事做起，为生态文明建设贡献自己的一分力量。①

第四，推动企业更为自觉地承担宣传生态文明意识的社会责任。在中国特色社会主义市场经济中，企业在注重经济效益的同时，也要重视社会效益，要将经济效益与社会效益统一起来。因此，在培育公民生态文明意识的过程中，贵阳市各类企业应当自觉地承担起强化群众生态文明意识的社会责任。这一方面政府相关部门要加强引导、督查。在市场经济中，企业本身的行动受逐利的资本规约，天然具有追逐经济利益的本性。因此我们要发挥我国社会主义市场经济的优越性，加强政府的宏观引导，让企业在生态文明的公利和自身经济效益的私利之间保持平衡与统一，在追逐合理、合法的经济效益的同时把倡导生态文明的公利放在重要的位置。另一方面作为社会主义市场经济中的主体，贵阳市的诸多企业自身既要扮演好自己的经济角色，也要主动面向长远，履行好自身宣扬生态文明的社会职责。这需要企业在搞好生产的同时多到社区、学校等地方“走透透”“看遍遍”，因时因地依据不同的情况开展宣传普及生态文明的工作。

据贵州省发展和改革委员会介绍，近年来贵阳市政府在引导域内企业绿色生产上成效显著。如对贵阳闽达钢铁有限公司和贵阳长乐钢铁有限公司两家钢铁生产企业共计50万吨“地条钢”落后产能进行了淘汰，有效地化解了过剩行业产能；依法对贵州鑫悦煤炭有限公司息烽县永靖镇山王煤矿、贵州博鑫矿业股份有限公司贵阳市花溪区燕楼乡长冲煤矿和花溪区燕

① 参见《贵阳市推进生态文明建设加强生态环境保护综述》，2018年6月19日，http://fgw.guizhou.gov.cn/ztzl/dstzlxd/201806/t20180619_62053458.html。

楼乡兴达煤矿等在建项目进行关停，真抓实干处理过剩行业在建项目；对息烽县贵州太和制药有限公司息烽制药厂、云岩区贵州轮胎股份有限公司、开阳县贵州开阳青利天盟化工有限公司、修文县国药集团同济堂（贵州）制药有限公司、修文县贵州贵酒有限责任公司的90蒸吨燃煤锅炉进行了关停，持续推进淘汰燃煤小锅炉。[①] 具体到企业内部，针对企业员工的生态文明意识培育，如2023年6月9日，贵阳产控集团开展了“党建引领兴生态 爱护环境筑文明”主题党日，旨在帮助和引导全体党员进一步树牢“绿水青山就是金山银山”发展理念，争做节能降碳的践行者、引导者和宣传者。活动开展过程中，各位党员在贵阳市南明区南明河东畔主城区参观了全省第一座无声、无味、绿色高效的下沉式污水处理厂也即负一层的青山再生水厂，深入了解了这座污水处理厂，主要处理设备均处于地下，机械的噪声和振动分贝小，水处理采用水清洗药液清洗法、活性炭吸附法和填充式微生物脱臭等气体处理方式，既节约了土地，又为周边居民打造了一处休闲放松的地面景观公园等特点。之后在飞行棋竞技比赛中，党员将垃圾分类知识穿插进趣味十足的飞行棋游戏中，让参与者回答每一个停留格中有关垃圾分类的小问题，以此学习垃圾分类的重要意义及分类标准、分类方法、垃圾如何变废为宝等相关知识。这些活动的开展让贵阳产控集团的各位党员在用实际行动守护生态环境的同时，也切实提高了他们的生态文明意识水平。[②] 在企业对外宣传倡导生态文明意识方面，据贵阳网报道，贵阳代从祥大山洞社区商会企业主动组织志愿者参与社区的文明值守、卫生巡查等工作，积极参与文明城市创建。其一方面自行组织并对商会企业的门前三包、物品摆放等进行自我检查和改正，并为文明值守的志愿者免费提供矿泉水、休息场所；另一方面在白云北路、帝景家园片区等地，社区商会还联合社区志愿者、网格员一起针对“牛皮癣”、污水、路面杂物、乱堆乱放等开展了环境整治、环保宣传、文明劝导等志愿服务活动。这些活动有力推动了商会企业参与社区的工作，营造了培育公众生态文明观念的良

---

① 参见《贵阳市推进生态文明建设加强生态环境保护综述》，2018年6月19日，http：//fgw.guizhou.gov.cn/ztzl/dstzlxd/201806/t20180619_62053458.html。

② 参见《贵阳产控集团开展“习近平生态文明思想进企业”活动暨机关党支部“党建引领兴生态 爱护环境筑文明”主题党日活动》，2023年6月14日，https：//www.gyckjt.cn/xwzx/jtyw/20230614/i18633.html。

好的氛围。①

第五，健全培育生态文明意识的制度。培育公民生态文明意识的工作要顺利、高效地开展必须有完善的制度保障。因此贵阳市既要完善既有的制度，也要依据形势变化制定新的制度，还要注意促使同一制度内部各部分、不同制度之间相互协同。如表 8 所示是党的十八大以来贵阳市发布的与培育公民生态文明意识直接相关的较有代表性的文件。

表 8　党的十八大以来贵阳市发布的与培育公民生态文明意识直接相关的较有代表性的文件

名称	相关内容
《贵阳市人民政府关于印发贵阳市国家生态文明建设示范区规划（2023—2035 年）的通知》	以生态文明“研究+宣传+教育”为抓手，持续完善生态文明宣教载体，丰富生态文化宣教形式，形成一批生态文明研究机构、绿色学校、生态文化教育基地，引导公众参与生态文明建设，全力营造生态文化社会氛围。以生态文明贵阳国际论坛为纽带，向全市广泛传播生态文明理念
《贵阳市建设生态文明城市条例》	第二十条　县级以上人民政府应当采取措施，弘扬生态文化，实施城市精神塑造工程、城市形象传播工程和诚信体系建设工程，发展体现生态文化、地方特色的文化事业和文化产业，推进生态文化建设。 县级以上人民政府以及有关部门应当利用媒体、文化设施和文学艺术等途径形式，组织开展生态文明宣传，普及生态文明知识。 第二十一条　机关、企业事业单位、社会团体和其他组织，应当开展生态文明区域、单位、家庭以及示范教育基地等创建活动，组织开展生态文明教育培训和志愿服务，改善生产生活秩序和人居环境，提高生态文明素质，促进形成绿色消费、绿色出行等生态、环保、健康和文明的行为方式和生活习惯。 教育主管部门应当将生态文明教育纳入地方课程，学校应当设置生态文明教育校本课程并且保证相应课时，托幼机构应当安排生态文明教育活动，开展儿童、青少年的生态文明养成教育

① 参见《贵阳大山洞社区组织商会企业助力文明城市创建》，2017 年 9 月 14 日，http：//news. gog. cn/system/2017/09/14/016097841. shtml。

续表

名称	相关内容
《贵阳市水污染防治行动计划工作方案》	树立“节水洁水，人人有责”的行为准则。加强宣传教育，把水资源、水环境保护和水情知识纳入国民教育体系，提高公众对经济社会发展和环境保护客观规律的认识。依托全市中小学节水教育、水土保持教育、环境教育等社会实践基地，开展环保社会实践活动。支持民间环保机构、志愿者开展工作。倡导绿色消费新风尚，开展环保社区、学校、家庭等群众性创建活动，推动节约用水，鼓励购买使用节水产品和环境标志产品
《贵阳市“十三五”节能减排综合工作方案》	引导城乡居民广泛使用节能型电器、节水型器具，提倡健康节约的饮食文化，抵制过度包装商品，减少一次性用品使用，倡导文明节俭的婚丧嫁娶行为活动。大力推广绿色低碳出行，倡导绿色生活和休闲模式。建立节能低碳产品认证长效机制……深入开展全民节约行动，鼓励公众参与节能减排公益活动。建立完善公众参与节约能源与环境管理决策的有效渠道和合理机制，充分发挥公众参与作用，形成合力共同推动节约能源资源、环境治理和深化环保改革。鼓励公众对政府节能环保工作、企业排污行为进行监督。在建设项目立项、实施、后评价等环节，建立健全沟通协商平台，听取公众意见建议，保障公众知情权、参与权、监督权和表达权。充分发挥各种媒体作用，报道节能减排先进典型、经验和做法，曝光各种污染浪费行为
《贵阳市“十三五”控制温室气体排放工作实施方案》	加强应对气候变化宣传和科普教育，充分利用新闻媒体、自媒体和其他宣传平台，以世界环境日、全国低碳日、“贵州生态日”等为契机，创新形式和渠道，广泛开展丰富多样的宣传活动，提升全民低碳意识。建立应对气候变化公众参与机制，在政策制定、重大项目工程决策等领域，鼓励社会公众广泛参与，拓展公众参与渠道，创新参与方式，营造低碳发展的良好社会氛围
《贵阳贵安运用森林碳票推进生态修复实施方案（试行）》	充分利用各类媒体，通过各种渠道，多层次、多形式地宣传森林碳票，引导全社会共同参与森林碳票工作。加强政务公开，将涉林案件损害森林生态环境的调查、鉴定评估、赔偿等信息在媒体平台公开，充分保障公众知情权
《贵阳贵安深入推进“五林”工作实施方案（2023—2025年）》	充分利用广播、电视、报刊、网络等媒体，多层次、多形式开展宣传和科普教育活动，引导群众绿化环境、崇尚自然、节约资源，增强森林保护和生态文明意识。大力宣传先进事迹和先进人物，营造浓厚的林业发展氛围
《贵阳贵安河长制办公室关于开展“碧水清河”专项整治行动的通知》	要充分发挥新闻媒体和新媒介宣传引导作用，营造良好的社会舆论氛围，提高公众、企事业单位自觉保护水生态环境的意识

续表

名称	相关内容
《贵阳市“十四五”时期“无废城市”建设实施方案》	积极营造良好氛围，塑造贵阳特色“无废文化”，促进“无废文化”与贵阳以阳明文化为代表的传统优秀文化、红色文化、山水文化、民族民俗文化相融合。加强“无废城市”建设宣传和教育培训，推动“无废城市细胞”建设，充分利用生态文明贵阳国际论坛等渠道宣传“无废”理念。强化“无废”意识。引导公众主动参与贵阳“筑城无废”建设，养成绿色低碳生活方式，凝心聚力营造“无废”氛围，提高各行各业、广大市民对“无废城市”建设的参与度和满意度

资料来源：《贵阳市人民政府·政府信息公开》，2023 年 6 月 24 日，https：//www. guiyang. gov. cn/so/s？ qt=%E7%94%9F%E6%80%81%E6%96%87%E6%98%8E&siteCode=5201000056&tab=gk。

从表 8 中的文件及其相关内容来看，新时代贵阳市委、市政府团结带领全市人民，在建立健全培育公民生态文明意识的制度方面快步向前。

第六，综合协同用力，推动培育公民生态文明意识的工作走上新“台阶”。贵阳市培育公民的生态文明意识是一项系统工程，因此必须充分调动各方面的力量综合协同用力。这方面我们首先要遵循新发展理念的要求，在共享的前提下推动各方综合协调。因为新时代我国大力推进生态文明建设，推动绿色发展，促进人与自然和谐共生，最终的落脚点都在人民群众身上，都是“既要创造更多物质财富和精神财富以满足人民日益增长的美好生活需要，也要提供更多优质生态产品以满足人民日益增长的优美生态环境需要”①，所以贵阳市培育公民生态文明意识的一切工作归根结底也是为了贵阳市广大干部群众。为此，按照共享发展理念的要求，一方面，我们必须始终坚持以人民为中心，一切为了群众，一切依靠群众，从群众中来，到群众中去，把培育公民生态文明意识的工作做扎实；另一方面，“一个国家的力量在于群众的觉悟”②，因而我们必须让贵阳市的广大干部群众对于培育生态文明意识的活动“知道一切，能判断一切”③。一旦他们彻底地了解到相关的工作最终是为了自己，所有的成果由贵阳市全体民众共享，

---

① 习近平：《决胜全面建成小康社会　夺取新时代中国特色社会主义伟大胜利——在中国共产党第十九次全国代表大会上的报告》，人民出版社 2017 年版，第 50 页。

② 中共中央文献研究室编《论群众路线——重要论述摘编》，中央文献出版社、党建读物出版社 2013 年版，第 8 页。

③ 中共中央文献研究室编《论群众路线——重要论述摘编》，中央文献出版社、党建读物出版社 2013 年版，第 8~9 页。

他们就会发挥出自己的冲天干劲，更为“自觉地从事一切”[①]，从而把培育生态文明意识的所有工作不断推升到新的“高地”。

新时代贵阳市在培育公民生态文明意识的活动中牢固树立和自觉践行共享发展理念，各项相关工作由各方在齐抓共管中不断推进。例如《贯彻落实〈贵阳市建设生态文明城市条例〉工作分工方案》就明确指出弘扬生态文明，开展生态文明养成教育，由市文化广播电影电视局、市教育局等牵头，多个部门相互配合。与此密切相关的如年度生态文明建设绩效考核，更是仅牵头单位就有市督办督查局、市生态文明委、市发展改革委等多个。当然，在这个过程中，贵阳市的广大干部群众更是被广泛发动起来。据贵阳网消息，“近年来，贵阳实施生态文明志愿服务计划，开展垃圾换礼品活动、保护‘两湖一库’志愿活动、保护母亲河巡河系列活动……截至目前，贵阳已成立市级生态文明志愿服务队 37 支，培训志愿服务骨干 310 余名，实名注册的生态文明志愿者达 2.7 万余名”[②]。他们在当好主力军，共建绿色家园的同时，将推动贵阳市在培育公民生态文明意识的道路上取得更大成绩。

① 中共中央文献研究室编《论群众路线——重要论述摘编》，中央文献出版社、党建读物出版社 2013 年版，第 9 页。

② 《当好主力军 共建绿色家园——贵阳市民参与生态文明建设见闻》，2017 年 6 月 27 日，https://www.guiyang.gov.cn/ztzl/wqzt/ztzlzyhbdczl/ztzlzyhbdczlgzdt/201707/t20170725_17111521.html。

参考文献

《马克思恩格斯文集》第1—10卷，人民出版社2009年版。

《马克思恩格斯选集》第1—4卷，人民出版社2012年版。

《列宁选集》第1—4卷，人民出版社2012年版。

《毛泽东选集》第一、二、三、四卷，人民出版社1991年版。

《毛泽东文集》第二、六、八卷，人民出版社1993、1999、1999年版。

《邓小平文选》第一、二、三卷，人民出版社1994、1994、1993年版。

《江泽民文选》第一、二、三卷，人民出版社2006年版。

《胡锦涛文选》第一、二、三卷，人民出版社2016年版。

习近平：《高举中国特色社会主义伟大旗帜 为全面建设社会主义现代化国家而团结奋斗》，人民出版社2022年版。

习近平：《决胜全面建成小康社会 夺取新时代中国特色社会主义伟大胜利——在中国共产党第十九次全国代表大会上的报告》，人民出版社2017年版。

习近平：《论把握新发展阶段、贯彻新发展理念、构建新发展格局》，中央文献出版社2021年版。

习近平：《论中国共产党历史》，中央文献出版社2021年版。

习近平：《论党的宣传思想工作》，中央文献出版社2020年版。

习近平：《论坚持全面依法治国》，中央文献出版社2020年版。

《习近平谈治国理政》第一、二、三卷，外文出版社2018、2017、2020年版。

习近平：《论坚持党对一切工作的领导》，中央文献出版社2019年版。

习近平：《论坚持全面深化改革》，中央文献出版社2018年版。

习近平：《论坚持推动构建人类命运共同体》，中央文献出版社2018年版。

《习近平谈“一带一路”》，中央文献出版社2018年版。

习近平：《在哲学社会科学工作座谈会上的讲话》，人民出版社2016年版。

习近平：《在网络安全和信息化工作座谈会上的讲话》，人民出版社2016年版。

中共中央党史和文献研究院编《习近平关于力戒形式主义官僚主义重要论述选编》，中央文献出版社2020年版。

中共中央党史和文献研究院编《十九大以来重要文献选编》（上），中央文献出版社2019年版。

中共中央党史和文献研究院等编《习近平关于“不忘初心、牢记使命”论述摘编》，中央文献出版社、党建读物出版社2019年版。

中共中央文献研究室编《论群众路线——重要论述摘编》，中央文献出版社、党建读物出版社2013年版。

中共中央文献研究室编《习近平关于实现中华民族伟大复兴的中国梦论述摘编》，中央文献出版社2013年版。

中共中央文献研究室等编《习近平关于党的群众路线教育实践活动论述摘编》，党建读物出版社、中央文献出版社2014年版。

中共中央文献研究室编《十八大以来重要文献选编》（上），中央文献出版社2014年版。

中共中央文献研究室编《习近平关于协调推进“四个全面”战略布局论述摘编》，中央文献出版社2015年版。

中共中央宣传部编《习近平总书记系列重要讲话读本》，学习出版社、人民出版社2016年版。

中共中央文献研究室编《习近平关于全面建成小康社会论述摘编》，中央文献出版社2016年版。

中共中央文献研究室编《习近平关于社会主义生态文明建设论述摘编》，中央文献出版社2017年版。

中共中央党史和文献研究院编《习近平扶贫论述摘编》，中央文献出版社2018年版。

中共中央党史和文献研究院编《习近平关于全面从严治党论述摘编》，中央文献出版社2021年版。

中共中央党史和文献研究院编《习近平关于注重家庭家教家风建设论述摘编》，中央文献出版社 2021 年版。

教育部课题组：《深入学习习近平关于教育的重要论述》，人民出版社 2019 年版。

人民日报评论部：《习近平讲故事》，人民出版社 2017 年版。

人民日报评论部编著《习近平用典》第一、二辑，人民日报出版社 2018 年版。

国家环境保护总局等编《全国公众环境意识调查报告》，中国环境科学出版社 1999 年版。

国家环境保护总局宣传教育司编《环境宣传教育文件汇编（2001—2005 年）》，中国环境科学出版社 2006 年版。

环境保护部宣传教育司编《全国公众生态文明意识调查研究报告（2013）》，中国环境出版社 2015 年版。

齐睿等：《全国大学生生态文明意识调查（2016）》，武汉大学出版社 2018 年版。

陈学明等：《走向人类文明新形态》，天津人民出版社 2022 年版。

王雨辰：《中国形态的生态文明理论研究》，崇文书局 2021 年版。

黄锡生：《生态文明视阈下的环保监管模式创新研究》，中国社会科学出版社 2019 年版。

沈满洪等：《生态文明制度建设研究》（上、下卷），中国环境出版社 2017 年版。

徐嵩龄主编《环境伦理学进展：评论与阐释》，社会科学文献出版社 1999 年版。

余谋昌：《创造美好的生态环境》，中国社会科学出版社 1997 年版。

刘湘溶：《生态意识论——现代文明的反省与展望》，四川教育出版社 1994 年版。

诸大建主编《生态文明与绿色发展》，上海人民出版社 2008 年版。

杨通进：《环境伦理：全球话语 中国视野》，重庆出版社 2007 年版。

王学俭等：《生态文明与公民意识》，人民出版社 2011 年版。

李世书：《生态文化·生态意识与生态文明建设》，社会科学文献出版社 2021 年版。

刘宗超等:《生态文明理念与模式》,化学工业出版社2015年版。

祝怀新:《环境教育论》,中国环境科学出版社2002年版。

郇庆治:《欧洲绿党研究》,山东人民出版社2000年版。

董哲仁主编《莱茵河——治理保护与国际合作》,黄河水利出版社2005年版。

〔德〕黑格尔:《自然哲学》,梁志学等译,商务印书馆1980年版。

〔美〕蕾切尔·卡森:《寂静的春天》,吕瑞兰等译,上海译文出版社2008年版。

〔英〕帕尔默:《21世纪的环境教育——理论、实践、进展与前景》,田青等译,中国轻工业出版社2002年版。

〔英〕克里斯托弗·卢茨主编《西方环境运动:地方、国家和全球向度》,徐凯译,山东大学出版社2005年版。

〔德〕斐迪南·穆勒-罗密尔等主编《欧洲执政绿党》,郇庆治译,山东大学出版社2005年版。

〔美〕丹·伊根:《大湖的兴衰:北美五大湖生态简史》,王越等译,上海科学技术出版社2020年版。

〔德〕保罗·维尔芬斯等:《欧盟能源政策——以德国生态税改革为例》,吴剑峰等译,经济管理出版社2013年版。

〔新加坡〕彼得·程:《生态德国》,中国建筑工业出版社2014年版。

习近平:《领导干部要认认真真学习 老老实实做人 干干净净干事》,《学习时报》2008年5月26日。

任理轩:《坚持绿色发展——"五大发展理念"解读之三》,《人民日报》2015年12月22日。

寇江泽:《六部门联合发布行动计划 生态文明教育将纳入国民教育体系》,《人民日报》2021年3月2日。

习近平:《推动我国生态文明建设迈上新台阶》,《求是》2019年第3期。

杜群:《环境法体系化中的我国保护地体系》,《中国社会科学》2022年第2期。

黄承梁:《中国共产党百年生态文明建设的历史逻辑和理论品格》,《哲学研究》2022年第4期。

侯衍社：《新发展理念是21世纪马克思主义发展哲学的精髓》，《哲学研究》2022年第7期。

蔡华杰：《习近平生态文明思想中坚持“党的领导”命题诠释》，《马克思主义与现实》2022年第5期。

项久雨：《新发展理念与美好生活》，《马克思主义研究》2021年第10期。

王金水等：《“生态问题意识形态化”批判》，《中共中央党校（国家行政学院）学报》2021年第2期。

方世南：《践行人与自然和谐共生平衡的绿色生活方式》，《毛泽东邓小平理论研究》2020年第1期。

秦书生等：《西方生态伦理学“生命共同体”的逻辑与超越》，《自然辩证法通讯》2020年第1期。

张云飞：《社会主义生态文明观的科学典范》，《马克思主义研究》2020年第10期。

刘焕明：《生态文明逻辑下的绿色技术范式建构》，《自然辩证法研究》2019年第12期。

张盾：《马克思与生态文明的政治哲学基础》，《中国社会科学》2018年第12期。

张三元：《绿色发展与绿色生活方式的构建》，《山东社会科学》2018年第3期。

焦艳鹏：《生态文明保障的刑法机制》，《中国社会科学》2017年第11期。

洪大用等：《推进绿色生活方式培育的科学化》，《广东社会科学》2017年第1期。

郝文斌：《对大学生开展美丽中国教育的思考》，《思想理论教育导刊》2016年第9期。

郑又贤：《关于绿色发展的内在逻辑透视》，《东南学术》2016年第4期。

任平：《生态的资本逻辑与资本的生态逻辑》，《马克思主义与现实》2015年第5期。

李晓西等：《人类绿色发展指数的测算》，《中国社会科学》2014年第6期。

万俊人：《美丽中国的哲学智慧与行动意义》，《中国社会科学》2013年第5期。

王晓毅：《建设公平的节约型社会》，《中国社会科学》2013年第5期。

《中共中央、国务院关于加快推进生态文明建设的意见》，2015年4月25日，见 http：//www. gov. cn/xinwen/2015-05/05/content_2857363. htm。

环境保护部等：《全国环境宣传教育行动纲要（2011—2015年）》，2011年4月22日，http：//www. mee. gov. cn/gkml/hbb/bwj/201105/t20110506_210316. htm。

教育部等：《全国环境宣传教育工作纲要（2016—2020年）》，2016年4月6日，https：//www. mee. gov. cn/gkml/hbb/bwj/201604/t20160418_335307. htm。

《国务院关于印发国家教育事业发展"十三五"规划的通知》，2017年1月10日，http：//www. gov. cn/zhengce/content/2017-01/19/content_5161341. htm。

国家统计局：《中华人民共和国2020年国民经济和社会发展统计公报》，2021年2月28日，http：//www. stats. gov. cn/tjsj/zxfb/202102/t20210227_1814154. html。

国家发展和改革委员会：《绿色生活创建行动总体方案》，2019年10月29日，https：//www. ndrc. gov. cn/fggz/hjyzy/stwmjs/201911/W020191106335558437011. pdf。

生态环境部等：《"美丽中国，我是行动者"提升公民生态文明意识行动计划（2021—2025年）》，2021年1月29日，https：//www. mee. gov. cn/xxgk2018/xxgk/xxgk03/202102/W020210223571520349051. pdf。

后　记

本书在撰写过程中得到了贵州师范大学马克思主义学院的汪勇老师、彭法老师、路世传老师、李红军老师以及其他诸位同人的帮助，他们在本书的成文等多个方面提供了诸多帮助；也得到了我家人的帮助，其默默的奉献与支持使我能够安心写作；还得到了社会科学文献出版社任文武等专家学者的帮助，他们在本书的出版过程中提出了诸多富有建设性的意见。谨向提供了帮助的所有人致以最为诚挚的敬意！

余满晖

2023 年 10 月

图书在版编目(CIP)数据

公民绿色生活意识提升机制研究 / 余满晖著. -- 北京 : 社会科学文献出版社, 2023. 10
ISBN 978-7-5228-2601-1

Ⅰ. ①公… Ⅱ. ①余… Ⅲ. ①公民-生活方式-研究-中国 Ⅳ. ①D669. 3

中国国家版本馆 CIP 数据核字(2023)第 193280 号

公民绿色生活意识提升机制研究

著　　者 / 余满晖

出 版 人 / 冀祥德
组稿编辑 / 任文武
责任编辑 / 郭　峰
文稿编辑 / 公靖靖
责任印制 / 王京美

出　　版 / 社会科学文献出版社 · 城市和绿色发展分社 (010) 59367143
地址：北京市北三环中路甲 29 号院华龙大厦　邮编：100029
网址：www. ssap. com. cn
发　　行 / 社会科学文献出版社 (010) 59367028
印　　装 / 三河市龙林印务有限公司

规　　格 / 开 本：787mm × 1092mm　1/16
印 张：21. 5　字 数：342 千字
版　　次 / 2023 年 10 月第 1 版　2023 年 10 月第 1 次印刷
书　　号 / ISBN 978-7-5228-2601-1
定　　价 / 98. 00 元

读者服务电话：4008918866